통일한국 정부론

급변사태를 대비하며

나남
nanam

나남신서 · 1619

통일한국 정부론

급변사태를 대비하며

2012년 3월 31일 발행
2012년 3월 31일 1쇄

편저자_ 김병섭 · 임도빈 외
발행자_ 趙相浩
발행처_ (주) 나남
주소_ 413-756 경기도 파주시 교하읍
출판도시 518-4
전화_ (031) 955-4601 (代)
FAX_ (031) 955-4555
등록_ 제 1-71호(1979.5.12)
홈페이지_ http://www.nanam.net
전자우편_ post@nanam.net

ISBN 978-89-300-8619-6
ISBN 978-89-300-8001-9 (세트)
책값은 뒤표지에 있습니다.

나남신서 · 1619

통일한국 정부론

급변사태를 대비하며

김병섭 · 임도빈 편

나남
nanam

머리말

2011년 12월 17일 오전 8시 30분, 북한의 김정일 국방위원장이 갑자기 사망하였다. 이제 세계의 관심은 29세의 후계자 김정은에게 쏠리고 있다. 북한의 3대 권력세습이 과연 잘 작동할 것인지 의심하는 사람들이 적지 않다. 어떤 경우에도 요지부동으로 움직일 것 같지 않았던 중동의 전제국가들이 이른바 '재스민 혁명'에 의해 하나 둘 넘어지는 것을 보면 그러한 의심은 충분히 설득력이 있다. 그리고 이런 분위기 속에서 남북 통일에 대한 기대감이 다시 고조되고 있다.

유비무환(有備無患)이라는 말은 우리 인생의 여러 상황에서 교훈을 주는 말이지만, 남북통일과 관련해서는 단순한 교훈을 뛰어 넘어 어떠한 절박함으로 다가오는 것 같다. 통일은 무비유환(無備有患)이란 말이 그대로 적용되는 가장 대표적인 분야이기 때문이다.

하지만 막상 통일을 대비해 무엇을 준비하고, 어떻게 준비해야 할 것인지를 고민하는 단계에 들어서면 이것이 그렇게 간단하지 않은 문제임을 금세 알게 된다. 통일이 언제 어떠한 모습으로 우리에게 다가올 것인지를 알 수 없는, 즉 불확실성이 존재하기 때문이다. 하지만 그렇다고 팔짱을 끼고 '통일이여! 오려면 오고 말려면 마라'는 식으로 마냥 기다리고만 있을 수는 없는 노릇이다.

진실여부가 밝혀지지는 않지만 미국에서 한반도 통일에 대해 여러 가지 시나리오를 준비하고 있다는 말이 나오고, 우리 정부도 역시 통일에 대비하고 있다는 설도 있다. 그렇지만 이런 정보는 모두 비밀로 분류되어 그 존재여부나 구체적인 내용에 대해 일반 국민은 전혀 알 수가 없다. 한국의 장래에 중대한 영향을 미칠 것임에도 불구하고 정작 주권자인 우리 국민들은 통일을 대비하는 데 한 조각의 체계적인 지식도 갖고 있지 못한 것이다. 그런 까닭에 매스컴을 통해 간헐적으로 흘러나오는 몇 가지 정보에 흥분도 했다가 또 불안해하기도 하는 것이 지금 우리나라 평범한 소시민의 모습이다.

한국정책지식센터는 국민들에게 정부와 정부정책에 대한 지식을 전파하고, 정부가 해야 할 중장기적 전략과제를 제시하는 것을 사명으로 하는 기관이다. 이에 통일을 대비해 우리가 어떠한 준비를 하고 있고, 또 무엇을 더 준비해야 하는지에 대한 국민의 궁금증을 풀어드리고자 이번에 통일문제에 관한 주요 정책분야의 최고 전문가를 모셨다.

복잡한 문제를 해결하기 위해서는 간단하고 극단적인 전제를 하고 시작하는 것이 편하다. 따라서 참여 연구자들께는 어떠한 이유나 과정에 의해서든 한반도에 갑자기 통일이 찾아왔다는 것을 전제로 연구를 수행하실 것을 부탁드렸다. 유비무환의 효과는 최악의 시나리오에서 시작할 때 더 효과가 있다고 생각하였기 때문이다.

정책연구라는 것은 많은 경우 실증적 자료를 토대로 이루어져야 하는데 북한 실태에 관한 최소한의 객관적 정보도 구하기 어려운 우리의 연구 현실에서 각 분야별로 통일 상황을 예측하고, 그에 대한 준비방안을 마련해야 했던 참여 연구진의 어려움은 이루 다 말로 표현하기 힘든 정도였다. 수고로울 것을 알면서도 이를 마다하지 않고 힘든 작업에 동참하신 필진 여러분께 깊은 감사의 마음 전하고자 한다.

아울러 서울대 행정대학원에서 2011년 1학기 매주 월요일마다 개최한 '정책&지식 포럼'에 참여해 이 책이 다루는 다양한 주제에 대해 열띤 토론으로 지혜를 모아주신 여러 토론자 분께도 지면을 빌려 고마움을 전한다. 특히 첫 번째 포럼에서 발제를 맡아주시고 또 매주 빠지지 않고 참석하여 유익한 조언 많이 해주신 염돈재 성균관대 국가전략대학원 원장님께는 특별한 감사의 말씀을 올리고자 한다.

아직 부족한 부분이 많은 책이다. 그럼에도 불구하고 아무쪼록 이 책의 출간이 통일에 대해 좀더 진지하고 구체적인 고민을 하는 계기가 되었으면 한다.

김병섭 · 임도빈

나남신서 · 1619

통일한국 정부론

급변사태를 대비하며

차 례

• 머리말 4

서언 : 통일은 어떻게 다가올 것인가_임도빈 11

북한의 체제변화와 통일 시나리오 12
이 책의 구성 21

제 1 편

1. 통일준비 행정체계를 점검한다_정용덕 · 안지호 33

들어가며 33
통일과정의 성격과 통일준비 추진체계의 조건 34
통일준비 추진체계의 분석 43
글을 마치면서 63

2. 돈이 정말 문제인가 : 통일재원의 조달과 활용_김영윤 69

들어가며 : 통일재원 논의의 전제 69
통일비용과 재원조달 문제 71
통일재원 조달에 대한 우리 사회의 논의 76
통일대비 재원조달 규모 80
통일독일의 경험과 통일비용 조달 92
글을 마치면서 : 정책과제와 대안 103

제 2 편

3. 통일 직후 북한지역의 안정 : 과제와 해법_손기웅 111

들어가며 111
통일독일 사례가 주는 시사점 113
통일 직후 북한지역의 안정 124

4. 굶주림부터 해결해야 :
통일 이후 한반도 식량문제 대응방안_권태진 141

들어가며 141
남·북한 통일과 식량수급 145
독일통일과 농업정책 변화 152
통일 이후 과도기 상황의 한반도 식량문제와 대응책 157
중장기 대응책의 모색 162

5. 첫 단추를 잘 채우자: 행정체제의 정비_임도빈 169

들어가며: 몇 가지 전제와 원칙들 169
북한의 정치행정체제 173
통일독일의 사례 181
통일 이후 북한행정조직의 정비방안 188
북한지역 내 행정조직의 설치문제 195
남한 정부행정조직의 변화 200
북한 관료의 분류와 수용 202
남·북한 관료의 동질화: 단계적 접근 211
글을 마치면서 215

6. 남·북한 지방행정체제, 어떻게 통합할 것인가_이승종 219

들어가며: 통일과 지방행정 219
남·북한 지방행정체제 비교 223
남·북한 지방행정체제의 통합방안 241
글을 마치면서: 추진전략 248

제 3 편

7. 남·북한 경제통합, 어떻게 대비할 것인가_이지순 253

들어가며: 지금 준비해도 늦다 253
경제통합의 이론과 현실 256
경제통합 관련 주요이슈: 통합의 방향과 전략 262
경제통합을 위한 준비 279
글을 마치면서 283

8. 남·북한 화폐통합_김병연 289

들어가며 289
외국의 화폐통합 사례 290
화폐통합의 원칙과 시기 294
화폐통합의 전환율 결정: 전환율 추정방법론과 추정치 300
북한의 변화 시나리오와 화폐통합 방안 319
글을 마치면서 325

9. 통일과 법제통합_홍준형 329

들어가며 329
통일과 법통합: 의의, 과제, 기본방향 332
통일독일의 법통합 사례와 시사점 339
통일에 따른 법통합 방안 347
이 글을 마치면서 359

10. 북한 사회복지체제의 재구축_권혁주·류이현 369

들어가며 369
북한의 사회복지체제 372
2000년대 변화: 2002년 7·1 조치 이후와 현재 384
독일의 통합적 접근과 함의 391
북한 사회복지체제의 재구축 393
글을 마치면서 398

11. 북한지역 사회기반시설의 구축_김동욱 401

들어가며 : 통일한국의 사회기반시설 비전과 전략 401
교통기반시설의 재구축 405
에너지와 수자원기반시설의 재구축 408
산업단지·경제특구와 통신시설 411
투자재원 확보를 위한 제도개선 413
글을 마치면서 : 현 정부를 위한 정책제언 415

종합적 논의_최동훈 417

들어가며 417
통일시기 한국정부의 대응 전략 418
더 고려해야 할 사항들 437
글을 마치면서 447

• 편저자 약력 451

서언: 통일은 어떻게 다가올 것인가

임도빈

남·북한의 통일이 어떻게 실현될 것인가를 예측하는 것은 결코 쉬운 일이 아니다. 무수한 변수가 존재하고, 그 변수들이 서로 어떠한 연관 작용을 하게 될지 쉽게 파악하기가 힘들기 때문이다. 통일이라는 사건(*event*)을 야기하는 일반적인 조건(*condition*)과 법칙(*law*)에 대해 우리의 지식은 너무나 부족한 것이다. 더욱이 통일은 일정기간을 거치면 자연스럽게 도달하는 어떠한 상태가 아니라 당사자들의 의지와 노력에 의존하는 측면이 강하다는 점이 예측을 더욱 어렵게 만들고 있다.

하지만 그렇다고 통일이 언제, 어떤 과정을 거쳐, 어떠한 방식으로 이루어질 것인가를 예측하는 노력을 게을리 해서는 안 된다. 예측과 그에 따른 대비를 하지 않고 맞이하는 통일 상황은 남·북한 서로에게 막대한 고통을 낳고, 갈등을 유발할 수 있기 때문이다.

북한의 체제변화와 통일 시나리오

기로에 선 북한

현재 북한은 심각한 체제위기에 직면하고 있다. 1980년대 이후의 장기적인 경제침체와 자연재해에서 비롯된 1990년대 후반의 식량난을 겪으며 북한은 체제 붕괴의 위기상황을 맞고 있는 것이다.

사실 북한경제는 1990년대 초중반 지속적인 마이너스 성장을 지속하다 90년대 말 플러스로 반전하여 어느 정도 회복되는 기미를 보이기도 했다. 그러나 2000년대 중반 이후 다시 침체돼 마이너스 성장하는 해가 늘고 있다. 가장 최근인 2009년과 2010년에도 마이너스 성장을 기록하였다. 여전히 경제위기는 현재진행형인 것이다.

특히 식량난은 이제 만성적이라 할 정도로 심각한 지경에 이르렀다. 2000/2001~2009/2010 양곡년도 기간 중 북한의 곡물 수요는 연 평균 534만 톤〔세계식량계획(WFP)의 최소 소요량 기준〕이었으나 생산량은 연평균 417만 톤에 불과해 평균자급률은 80% 정도에 머무르고 있는 것이다. 그리고 식량난, 외화난과 함께 경제 3난으로 불리는 에너지난도 심각해 2009년도 북한의 석탄생산량, 원유도입량, 발전량은 1990년에 비해 각각 23.1%(2,550만 톤), 79.4%(381만 배럴), 15.2%(235억 kWh)에 불과하여 경제회복의 걸림돌이 되고 있기도 하다.

천안함 사고 이후 남북 간 경제교류 급감, 핵무기 등 대량살상무기의 개발에 따른 주변 강대국의 제재와 지원 중단은 북한경제의 회복을 더욱 더디게 하고 있다.

이와 같이 심각한 경제적 어려움에도 그간 북한체제가 유지될 수 있었던 것은 한편으로는 주체사상이라는 이념과 우상화로써, 다른 한편으로는 억압적이고 폭력적인 국가기구로써 주민들을 정신적·육체적으로 효과적으로 통제한 결과라 할 수 있다.

하지만 북한이 보여주는 체제의 안정성에 대해 최근 의문이 제기되고 있다. 경제위기를 극복하기 위해 추진하는 부분적인 개혁과 개방 정책은 지지부진하여 그 효과가 여전히 가시화되지 않고, 관료계층의 부패, 일반주민의 사회적 일탈, 부도덕, 퇴폐 문제가 만연하고 대규모의 탈북 행렬이 계속되는 등 철저했던 사회통제 시스템에도 틈이 생기는 실정이다.

과거 구소련 및 동구 사회주의 국가가 장기적인 경제침체와 사회적 통제력의 이완으로 정치적 위기가 조성되고, 그로 인해 구체제를 옹호하던 정권이 붕괴됨으로써 체제와 국가의 종말을 맞이한 선례를 볼 때, 이러한 북한의 현실은 체제, 나아가 국가의 붕괴를 가져오는 시작점으로 볼 수 있어 주목해야 한다.

특히 최근 김정일의 사망으로 후계체계가 공고화되지 않은 상태에서 김정은으로의 3대 세습이 이루어졌는데, 충분히 '후계자 수업'을 받을 시간이 부족했던[1] 김정은이 급작스레 물려받은 정권을 제대로 유지할 수 있을지에 대해 의문이 제기되고 있고, 이는 북한체제의 안정성에 대한 회의감을 더욱 증폭시키고 있다.

결국 북한은 지금, 체제변화의 기로에 서 있다고 할 수 있다. 특히 최근 발생한 김정일의 사망은 분명 북한체제에 변화를 가져오는 계기로 작용할 것이다. 다만 어떤 방식의 체제변화를 일으킬지, 나아가 통일에 어떤 영향을 미칠지는 예측하기 쉽지 않다.

김정일 유고와 통일 시나리오

분명히 어떤 사건이 발생할 것으로 예측되나 그 사건이 어떻게 전개되고 어떻게 결론 맺을 것인지 확신할 수 없을 때 몇 가지 가능성, 즉 몇 가지 시나리오를 작성해 보고 예측한 것의 실현가능성을 서로 비교해

1 이는 김정일이 김일성 종합대학을 졸업한 직후인 1964년 6월 중앙당 핵심부서인 조직지도부 지도원으로 중앙당 사업 참여를 시작하여 1974년 2월 당 정치위원회 위원(정치국원)이 됨으로써 후계자로서의 기반을 공고히 하기까지 약 10년 동안 이른바 '후계자 수업'을 받은 것과 비교된다.

보는 것은 매우 요긴한 전략이다. 이를 통해 불확실성을 체계적으로 탐색할 수 있고, 따라서 실제로 그 사건이 발생했을 때 보다 수월한 대응이 가능하기 때문이다.

우리가 통일을 준비할 때 통일 시나리오를 상정하고, 그 시나리오 내용의 실현가능성을 평가하는 작업을 해야 하는 것도 바로 이런 이유 때문이다. 특히 무수한 사건과 변수가 서로 영향을 주고받으며 복잡하게 얽혀 있는 남북통일이라는 이슈를 연구하는 데 그 유용성이 더욱 크다 할 수 있다.

여기서는 최근 발생한 김정일의 사망이라는 구체적 사건을 두고, 이 사건이 북한체제에, 나아가 남·북한 통일에 어떠한 영향을 미칠 것인가에 대한 시나리오를 탐색해 보기로 한다.

3대 세습체제의 구축과 통일의 지연

이 시나리오는 김정일의 사망 직후 권력기반이 제대로 구축되지 못했고, 제대로 국가를 운영할 경험이 부족한 후계자 김정은으로의 권력승계에 반발하는 세력이 일부 출현하나 장성택(김정일 매제)·김경희(김정일 여동생) 등 '로열패밀리'와 군부 실세들이 김정은을 중심으로 단결하여 반발세력을 축출하고 3대 세습체제를 구축하여 과거 김정일 정권이 추진했던 정책들(핵무기 프로그램의 지속적인 추진, 폭력에 의한 통치, 적대적 대남관계 유지, 중앙집권적 계획경제체제 아래 제한적인 경제개방 및 개혁)을 그대로 계승하게 된다는 시나리오이다.

이는 ① 3대 세습에 저항하는 사회세력이나 정치세력을 충분히 제어할 수 있을 정도로 북한의 내부통제 시스템이 잘 가동되고, ② 중국, 미국 등 주변 강대국들이 북한체제에 급작스런 불안정이 초래되는 것을 원치 않아 3대 세습을 용인하는 상황을 전제로 한다.

이렇게 안팎의 위기를 극복하고 권력 세습이 성공할 경우 통일은 상당기간 지체될 가능성이 크다. 적대적인 대남 관계의 유지, 핵무기의 지속적 개발과 그로 인한 국제사회의 제재 분위기로 '불편한' 균형 상태가 지속될 가능성이 크기 때문이다. 그리고 이 경우 북한의 경제위기는 계속될 가능성이 크고, 이 때문에 북한은 오랜 시일에 걸쳐 서서히 붕괴되는 과정을 겪게 될 것이다.

다만 심각한 경제난으로 북한 주민과 권력집단의 불만이 누적되고 조직화돼, 기존의 내부통제시스템 또는 김정은의 역량으로 감당할 수 없는 수준에 이르게 될 경우 김정은은 이러한 혼란을 타개하기 위해 전쟁과 같이 강경한 모험주의적 노선을 취할 가능성이 있으며, 내부 권력투쟁이 일어나 김정은이 축출되고 새로운 지도자 또는 군부 중심의 집단 지도체제가 등장할 수도 있다. 또한 내부 권력투쟁을 북한 스스로 해결하지 못할 경우 유엔 등에 의해 신탁통치를 받는 상황이 벌어질 수도 있다.

북한의 내부분열 및 급속한 남북통합(흡수통일)

이 시나리오는 후계체계가 공고화되지 않은 상태에서 김정일이 사망함으로 인해 체제 내부에서 격렬한 권력투쟁이 일어나 북한은 체제가 급속도로 붕괴되는 상황에 직면하게 되고, 이에 국제사회가 개입하여 안정을 회복한 후 북한 주민의 자발적 투표에 의해 남한과 국가통합을 이루게 될 것이라는 시나리오이다. 상술하면 다음과 같다.

> 김정은으로의 후계체계가 확립되지 않은 상태에서 김정일이 사망함으로 인해 최고 지도집단 내부에서 김정은의 통치역량이나 3대 세습의 명분에 의문을 제기하는 반대파와 김정은으로의 권력승계를 지지하는 옹호파 간에 내부 권력투쟁이 일어나게 된다.
>
> 그런데 이러한 권력투쟁은 극렬하게 전개되는 양상을 보이게 된다. 김정은을 반대하는 세력은 자칫 자신들이 투쟁에서 패배할 경우 대대적인 숙청의 대상이 될 것을 알기 때문이다.
>
> 그래서 초기에 국지적 양상을 보이던 무력충돌은 점차 확대되어 북한 전 지역이 전장으로 변해버리고, 이로 인해 북한 전역의 질서와 치안이 붕괴되며 대규모 주민이탈 현상이 나타나게 된다. 결국 북한은 체

> 제붕괴의 위기에 직면하는 것이다. 이러한 상황에서 북한의 핵무기, 장거리 미사일의 관리 문제에 우려를 표하던 국제사회는 이를 구실로 북한에 개입한다.
>
> 즉, 유엔은 안전보장이사회의 결의를 통해 평화유지군을 구성하여 북한에 투입하여 대립하는 두 세력 간의 전투를 중지시키고 군정을 시작한다. 군정을 실시한 후 어느 정도 북한 내의 치안과 질서가 안정되면 유엔은 북한 주민들의 자유투표를 통해 남한과의 통합 의사를 묻고, 이 투표에서 과반 이상의 찬성이 나와 남북은 통합을 이루게 된다.

이 시나리오는 ① 북한의 내부통제 시스템이 3대 세습에 저항하는 사회세력이나 정치세력을 제어하는 데 실패하고, ② 중국, 미국 등 주변 강대국들과 국제사회가 체제붕괴 위기를 맞은 북한에 적극적으로 개입하는 상황을 전제로 한다.

김정일 사후 이와 같은 상황이 전개될 경우 통일은 매우 급속히 이루어질 가능성이 크다. 또한 이 경우 통일은, 독일통일과 유사하게, 이미 체제와 국가가 붕괴된 북한이 시장경제와 자유민주주의 체제를 근간으로 하는 남한체제에 편입되는, 즉 흡수통일 방식으로 이루어질 것이다.

하지만 이와 같이 '급속한', '흡수통일'이 가능하려면 한 가지 전제가 더 요구된다. ③ 주변 강대국들이 남·북한 간의 통합에 반대하지 않아야 한다는 것이다. 만약 주변 강대국들(특히, 미국과 중국)이 남·북한의 통합에 동의하지 않을 경우 군정이 장기화될 수 있고, 또 군정 아래에서 질서와 안정을 회복한 후 북한이 다시 독자적인 정부를 구성하여 과거와 같이 분단국가체제로 돌아갈 여지도 있다.[2] 어느 경우든지 통일에 이르기까지는 상당한 시일이 소요될 수밖에 없게 된다.

2 다만 이렇게 수립되는 북한 정부는 과거 김정일 정권과 같이 중앙집권적 계획경제체제, 억압적 통치기구를 근간으로 하는 전통적 사회주의 정권으로 회귀하는 성격의 정부는 되지 않을 것이다. 어떤 주변 국가도(심지어 중국까지도) 예측가능성이 없어 동북아 정세를 불안정하게 만들던, 과거 김정일 정권과 같은 성격의 정부가 수립되는 것을 원하지 않을 것이기 때문이다.

시장사회주의 정권의 등장과 민주적 절차에 따른 남북통합(합의통일)

이 시나리오는 김정일 사후 북한 정권의 핵심 권력기관인 국방위원회가 권력을 장악하게 되는데, 이들은 권력장악을 정당화하기 위해 과거 김정일 정권의 정책실패(경제위기, 핵무기 개발에 의한 국제고립 등)를 비판하고 중국식 시장 사회주의 개혁과 개방을 추진하여 점진적인 체제변화 과정을 거친 후 남한과 통일 협상을 시작할 것이라는 내용이다. 이 시나리오는 국제사회가 ① 김정은으로의 3대 세습에 반대(특히, 중국)하고, ② 북한의 개혁정권에 대해서는 적극적인 지지와 지원을 하는 상황을 전제로 하고 있다.

한편 이 시나리오에서는 일단 김정일 사후 국방위원회를 중심으로 한 군부가 권력을 획득하는 것으로 상정하는데, 이는 선군정치를 표방하는 지금의 북한 정치지형에서 국방위원회가 최고 권력기관이라는 점을 고려하였기 때문이다. 그러나 군 정치총국을 통해 군대를 지도하고, 군 고위간부들의 인사권까지 장악한 노동당(당 중앙위원회)이 권력을 획득할 가능성도 배제할 수는 없다. 다만 어느 경우든 김정일 사후 북한의 권력은 한 사람에게 집중되기보다 집단 지도체제를 통해 행사될 가능성이 크다.

만약 김정일 유고 이후 북한에서 이와 같은 상황이 전개될 경우 남·북한 통합까지는 상당한 시일이 소요될 것으로 판단된다. 개혁·개방과 한국을 비롯한 주변국의 지원에 따른 북한경제의 회복은 최소한 중·단기적으로 주권국가로서의 북한을 유지하게 하는 토대가 될 것이기 때문이다. 하지만 이 시기 개혁·개방에 따른 남·북한 사이의 사회·경제적 교류와 이에 따른 관계의 개선은 긴장을 완화하고, 서로가 신뢰감을 회복하도록 해 통일에 긍정적인 영향을 미칠 것이다.

부분적인 시장경제 채택과 사유재산제의 확장을 통해 북한경제가 정상화될 경우, 이는 새로운 중산층의 출현을 촉진해 시민사회를 성장시키는 원동력이 될 것이다. 그리고 이와 같이 성장한 시민사회는 그동안 잠복해 있던 권력의 분산, 정치의 민주화에 대한 요구를 분출하게 될 것이다.

만약 북한이 이러한 요구를 수용하여 전체주의적 통제로부터 자유로워질 경우, 합의를 통한 통일 논의는 새로운 국면을 맞게 될 것이다(문정인, 1997: 101). 남·북한은 점진적 통합과 연방제, 국가연합제 혹은 상호 협상과 합의를 통한 완전한 통일 등을 포함하는 다양한 통일방식들에 대하여 폭넓은 선택권을 가질 수 있기 때문이다. 물론 통일 유형의 선택은 궁극적으로 남·북한에서 민주적으로 관리되는 국민투표에 의하여 결정될 것이다. 이러한 과정에서 통합의 역효과를 최소화하기 위하여 홍콩식의 일국양제(一國兩制) 유형이 적용될 수도 있다.

통일 시나리오 평가

앞에서 소개한 3가지 통일 시나리오를 정리하면 다음과 같다.

계 기		대내외 여건		결 과 (통일 유형)
	→	① 효과적 내부통제 ② 주변국의 3대 세습 용인	→	3대 세습체계 구축 (통일의 지연 또는 전쟁형)
① 김정일 사망 ② 후계체제의 불안정	→	① 내부통제 실패 ② 주변국의 적극적 개입	→	내부분열 (급진 / 흡수형)
	→	① 주변국의 3대 세습 반대 ② 주변국의 개혁정권 지지	→	시장사회주의 정권 등장 (점진 / 합의형)

이 중 우리의 입장에서 가장 바람직한 북한의 체제변화와 통일 시나리오는 김정일 사후 북한에 시장사회주의 정권이 등장하여 개혁·개방 정책을 펴고, 남북 간 협상에 의해 점진적으로 통일을 모색하는 세 번째 시나리오일 것이다. 비록 통일에 이르기까지 시일은 상당히 소요되겠으나, 통일을 위해 치르는 희생이 가장 적기 때문이다. 더욱이 통일까지의

시간은 지연되지만 북한의 개방에 따른 남북 간의 교류와 협력으로 상당한 수준의 남북 간 평화상태를 누릴 수 있다는 측면에서도 긍정적이라 할 수 있다. 그러나 현재 북한의 대내외적 여건을 감안하면 가장 실현가능성이 높은 시나리오는 첫 번째 시나리오라고 볼 수 있다. 그 이유는 다음과 같다.

첫째, 북한이 당면한 체제위기는 심각한 것이 사실이지만, 주민들이 내핍(耐乏) 생활에 익숙하고, 시민사회도 미약할 뿐만 아니라 외부세계의 영향력도 지극히 제한되기 때문에 밑으로부터의 체제에 대한 도전은 당분간 억제할 수 있다는 점을 지적할 수 있다.

둘째, 북한의 권력 엘리트 내에서 개방파와 보수파의 갈등이 존재하고 정책논쟁도 진행되지만, 당과 군, 그리고 행정부의 기득권세력들은 모두 김정일·김정은 정권의 유지에 공통적인 이해관계가 있으며, 현 체제를 대체할 수 있는 정치세력도 형성되지 못하기 때문에 당분간 김정일·김정은 정권의 안정성은 유지될 수 있기 때문이다.

셋째, 중국은 물론, 미국과 일본도 한반도에서의 돌발사태를 원하지 않으며 장기적으로 현상유지를 지지할 가능성이 높기 때문이다(서진영, 1997: 167).

결국 김정일 사후 북한에서는 다소간의 내부갈등은 있겠지만 김정일이 후계자로 지명한 김정은이 권력을 승계해 지금과 유사한 정책노선을 유지할 것으로 판단된다. 그리고 이에 따라 조속한 통일의 가능성 또한 기대하기 어려울 것으로 보인다. 그럼에도 불구하고 정작 이 책에서는 두 번째 시나리오(북한의 내부분열에 따른 급진/흡수형 통일)를 상정하고 논의하려 한다.

그렇다면 왜 이 책에서는 가장 바람직한 것도 아니며, 가장 실현가능성이 높은 시나리오도 아닌 두 번째 시나리오를 굳이 상정하고, 그에 대한 논의를 진행하고자 하는가. 그 이유는 쓸모없을지도 모를, 학자로서의 우려 때문이다. 즉, 급진/흡수형 통일이 다른 유형의 통일시나리오보다 더 많은 비용과 고통을 초래할 가능성이 크기 때문에 그만큼 더 신중한 접근과 대응책을 마련할 필요가 있다고 보고, 이를 다루고자 하는 것이다.

급진/흡수형의 통일이 아닌 점진/합의형의 통일방안은 결국 연방제와 같은 점진적인 과정을 거치기 때문에 통일로 야기될 여러 문제에 대해 미리 구체화 작업을 할 필요성이 낮고, 또한 전쟁형 통일은 실현 가능성도 낮을 뿐만 아니라, 만약 전쟁이 발발하여 남한이 승리하는 방식으로 통일될 경우에는 흡수형과 마찬가지의 논의가 필요하기 때문에 결국 준비해야 하는 것은 유사하다.

그런데 여기서 두 번째 시나리오를 상정한다 함은 ① 북한이 내부분열에 의해 붕괴되고, ② 이에 따라 급진/흡수형 통일이 실현될 것이라는 시나리오의 내용 중 뒷부분에 주목한다는 의미이다. 즉, 이 책에서는 '어떠한 원인에 의해서든' 북한 내에서 스스로 해결할 수 없는 급격한 변화가 초래되어 정권(*regime*) 뿐 아니라 체제(*system*)와 국가(*state*)까지 유지할 수 없는 상황에 이르러 흡수형 통일이 불가피한 경우를 상정하고, 그렇게 될 경우를 대비해 우리가 어떠한 준비를 해야 하는가를 논의하고자 한다.[3]

3 실제 북한의 붕괴를 낳을 수 있는 원인은 ① 김정일 유고로 일어난 권력투쟁과 이로 인한 체제와 국가 존립의 위험사태, ② 군부쿠데타에 의해서 김정일 정권의 붕괴, ③ 북한지역의 식량배급 중단으로 인한 대규모 난민사태, ④ 민중봉기로 유혈사태가 발생하고 주민의 폭동을 김정일 정권이 진압하기 어려운 상황, ⑤ 외부의 군사적 공격에 의한 체제붕괴 등 다양하다(한관수, 2009).

이 책의 구성

이 책에는 앞에서 설명한 급진/흡수형의 통일 시나리오 아래, 그러한 시나리오가 실제로 나타났을 때 정부가 대책을 마련해야 할 것으로 예상되는 여러 과제 중에서 그 과제를 슬기롭게 해결하지 못할 경우 막대한 비용(경제적, 사회적)과 갈등을 초래할 것으로 판단되는 몇 가지 과제를 선정하여 그에 대한 해법을 모색하고자 한다.

욕구계층이론을 통해 본 급진/흡수 통일 시 북한 주민의 예상 행정수요

특히 이 책에서는 이러한 과제를 사안의 시급성에 따라 단계를 구분하여 논의하고자 한다. 이 책이 북한의 급변사태 발생을 전제로 하기 때문에, 이를 고려한 시기구분이 적절하다고 판단되기 때문이다. 그렇다면 사안의 시급성을 어떻게 판단할 것인가. 사안의 시급성을 판단하고자 여기에서는 매슬로(Maslow, 1970)의 인간욕구 계층이론의 틀을 빌렸다.

인간의 욕구는 계층을 이루고 있고, 계층상 높은 욕구는 낮은 욕구가 만족될 때까지는 나타나지 않는다는 이 이론에 의하면, 인간의 욕구는 생리적 욕구 → 안정과 안전 → 사랑과 소속감 → 자아존중 → 자아실현 순으로 계층을 이루고 있다고 한다.

이를 응용하여 급진/흡수형 통일 직후 북한 주민들의 요구사항을 크게 3단계로 구분한 것이다. 구체적으로 설명하면, 첫째는 긴급구호 단계로서 인간의 기본적인 생리적 욕구를 충족시키는 단계이다. 둘째는 사회안정화 및 경제발전 단계로서 인간의 기본적인 안전욕구를 충족시키는 단계로, 치안유지, 안정된 직업의 부여와 이를 위한 경제발전을 추진하는 단계이다. 셋째는 사회적 욕구를 충족시키는 단계로서 참여욕구를 충족시켜 실질적인 민주주의 체제로의 이행단계로 볼 수 있다.[4] 이를 구체적으로 설명하면 다음과 같다.

긴급구호단계

매슬로의 욕구단계 중 첫 단계인 생리적 욕구가 지배적인 단계이다. 즉, 의식주(衣食住)의 해결이 제일 급선무인 단계이다. 특히 북한의 식량문제는 매우 심각한 상황이다. 더욱이 생산량이 매년 감소추세를 보이고 있는 데 반해 인구는 증가하고 있어 더욱 문제이다(통계청, 〈북한통계〉). 남한의 농촌진흥청과 유엔식량농업기구(FAO) 등에 의한 추정치에 따르면 2010년 총 곡물공급량은 약 440만 톤 내외로, 수요량에 비해 최소 20만 톤에서 최대 100만 톤가량 부족한 것으로 추정될 정도이다(임강택 외, 2011: 26).

상수도, 의료/보건 서비스도 남한에 비해 매우 열악한 상황이다. 영아사망률의 경우 2010년 기준, 남한에 비해 북한이 10배 이상 높은 실정이다(통계청, 〈북한통계〉). 이러한 차이는 식량난에 따른 주민의 영양상태 악화와 경제난으로 빚어진 영양실조, 후진성 질병 발생, 필수 의약품 부족과 의료시설 손괴 등 열악한 보건의료 상황이 지속적으로 이어지면서 초래된 것으로 볼 수 있다(통일연구원, 《2009 북한개요》). 또한 북한의 주택사정도 매우 심각한 상황으로 볼 수 있는데, 신혼부부가 주택을 배정받기 위해서는 4~5년을 기다려야 할 정도라고 한다(통일연구원, 《2009 북한개요》).

따라서 급변사태에 따른 통일의 경우 북한지역에 식량, 의약품 등 긴급물자를 공급하는 것이 중요한 행정수요로 등장할 것임을 예견할 수 있다. 이 경우 긴급구호를 위한 헬기 및 소형비행기의 활용이 급증할 수 있으므로,[5] 소방방재청과 국방부에서는 이러한 문제에 대한 대

4 한편 이러한 틀은 자원과 시간의 제약 때문에 북한 주민들의 모든 요구사항을 일시에 충족시킬 수 없는 현실적 여건을 고려한 것이기도 하다.

5 비상물자는 육로, 해로 또는 상공을 통해 공급하는 세 가지 방안을 고려해 볼 수 있다. 그런데 북한의 도로 사정은 상당히 열악하다. 2009년 북한의 도로 총연장은 25,854km로서 남한의 104,983km와 약 4배 정도 차이가 난다. 뿐만 아니라 북한의 항만시설도 남한의 800,533동에 비해서 37,000동 정도로 매우 열악하다(통계청, 〈북한통계〉). 그러므로 통일 직후 육로와 해로를 활용하기 어려운 지역에 다한 항공운송 수요가 일시적으로 증가할 수 있다.

책을 마련해 둘 필요가 있다.

이외에도 긴급서비스 공급과 관련하여 중앙정부와의 긴밀한 연락을 위해 통신시설을 구축하는 작업이 필요하다. 또한 북한지역은 현재 에너지 문제가 매우 심각한 수준[6]이라 취사 난방에 어려움을 겪고 있으므로 에너지 및 전력 서비스를 공급하는 시설을 건립하는 일도 초기 단계에서 수행되어야 할 행정서비스로 볼 수 있다. 그리고 무엇보다도 인적 자원의 파악과 각종 물적 자원(주택, 토지 등)에 대한 조사 및 통계 구축작업이 이때 이뤄져야 할 것이다. 정확한 현실파악이 선행되어야 치밀한 계획 수립이 가능하기 때문이다.

사회안정화 및 일자리창출 단계

기본적인 식량 및 의료물자가 공급된 이후에는 북한지역에 대한 안정화 작업이 필요하다. 매슬로의 욕구단계 중 2단계인 안전의 욕구가 지배적인 단계이다. 사회안정화를 위해서는 우선 치안과 국방서비스가 제대로 공급되어야 한다. 북한지역에 군대를 배치하는 것은 주변국 간에 민감한 문제이므로 우선 경찰서비스의 공급에 중점을 두어 범죄의 발생을 억지하는 노력을 기울여야 할 것이다. 또한 기존체제에서 북한 주민들을 탄압하고 반인권적 행위를 한 범죄자들을 수용할 수용시설을 건립하는 것도 이 단계에서는 중요한 행정서비스가 될 것이다.

이러한 치안서비스 외에도 사회의 안정화를 위해서는 주민들에게 안정적인 일자리를 제공하는 것이 중요하다. 장기적인 실직상태에 빠지면 기존체제에 대한 향수를 불러올 수도 있기 때문이다. 특히 기존 사회주의 체제에서는 국가가 직업을 부여했기 때문에 북한 주민들이 일자리를 구하는 데 수동적인 태도를 보일 수 있으므로 국가에서 적극적으로 일자리를 창출하는 노력을 해야 한다.

6 남한의 발전량 수준은 2009년 4,333kWh인 데 반해 북한은 235kWh로, 남한의 발전량이 북한의 18배 이상이다(통일연구원, 《2009 북한개요》).

직업안정성을 가져오기 위해서 국가는 북한지역의 경제발전을 위해서 노력해야 할 것이다. 따라서 북한지역의 산업발전을 위한 노력이 선행되어야 할 것으로 보인다. 북한지역은 현재 농업위주의 국가라 할 정도로 농업이 국가의 전체 생산에서 차지하는 비중이 크다. 하지만 농가 1인당 식량작물 생산량은 남한의 절반에도 미치지 못하는 수준으로, 기술적으로 취약한 상황이다(통계청, 〈북한통계〉). 따라서 농업생산량을 높이기 위한 노력도 중점적으로 추진해야 할 것이다.

하지만 북한지역의 산업발전에는 시간이 필요하고, 당분간은 북한주민들에게 좋은 일자리를 제공하는 것이 어려운 과업일 수 있다. 따라서 실직상태에 있는 근로자들에게 실업수당을 제공하고, 사회적 약자를 배려하는, 사회보장 서비스에 대한 수요가 많을 것을 예측할 수 있다.

사회적 욕구 충족 : 민주주의로의 이행

매슬로의 욕구단계 중 3단계 이후, 즉 사랑의 욕구, 사회적 인정, 자아실현 등이 점차적으로 발현되는 단계이다. 갑작스러운 통일 이후에는 북한의 민주화가 단기적으로는 어려운 과제가 될 수 있다. 왜냐하면 민주주의를 실행하기 위해서는 그것을 위한 준비, 교육과 그에 따른 학습이 필요한데, 급격한 통일이 이루어질 경우 주민들에게 이러한 민주주의적 소양을 기대하기는 어려울 것이기 때문이다.

따라서 식량안정과 같은 기본적인 욕구가 어느 정도 충족된 이후인 이 단계에서는 북한의 교육문제에 대해 적극적인 고려가 필요하다. 그러나 1단계인 긴급구호의 단계에서도 최소한의 교육서비스를 제공하는 노력은 이루어져야 할 것이다. 아무리 힘들어도 하루라도 배움을 게을리 할 수는 없고, 북한지역의 발전을 위해서도 교육문제는 시급하기 때문이다.

과거 한국이 발전할 때 우리가 먹고살기 어려운, 즉 욕구의 1차적 단계도 해결되지 않은 상황 속에서도 아이들을 학교에 보냈던 높은 교육열

이 크게 기여했던 점을 상기한다면 교육문제는 식량문제와 함께 가장 시급한 문제로 보고 계획하는 것이 필요한 것이다.

주민들의 민주주의에 대한 의식수준이 낮으므로, 초기에는 북한 주민들의 참여에 의한 민주적 국정운영은 이뤄지기 어려울 것으로 보인다. 특히 민주적 소양이 갖추어지지 않은 주민들에 대해 지방자치제와 같은 풀뿌리 민주주의를 실시하는 것은 많은 부작용을 가져올 수 있기 때문에 이들에 대한 교육과 적응기간을 두고 민주주의로의 이행을 계획하는 것이 바람직할 것이다. 또한 이 단계에서는 남한 주민들이 북한 주민들에 대해 이질감을 느끼지 않도록 북한 주민뿐만 아니라 남한 주민에 대한 교육도 필요할 것이다.

지금까지 매슬로가 제시한 인간욕구계층이론의 틀에 따라 급진통일에 다른 북한 주민의 각 시기별 행정수요와 그에 따른 준비과제를 예측해 보았다. 다만 이러한 기준에 따라 모든 과제들을 시기별로 구분하는 것이 명확하지 않음은 물론이다.

통일 직후에 북한의 식량난을 해결하거나, 치안불안에 대한 대책을 마련하는 것은 통일 직후 최대한 서둘러 추진해야 할 사안이라 할 수 있으나, 다른 많은 과제들, 예컨대, 북한의 행정체제 정비나 복지체제 확립과 같은 경우에는 단기적으로 해결해야 할 과제(북한지역을 관할하는 임시행정조직의 설치, 북한지역 긴급의료체계 구축 등)와 장기적으로 해결해야 할 과제(통일 이후의 행정수요를 반영한 중앙정부 조직의 재설계, 남·북한사회보장제도의 통합)가 혼재하기 때문이다.

단계별 행정수요와 각 수요 관련 행정기관

단계	서비스	담당기관
1단계 긴급구호단계	식량문제, 치안	식량배급, 행안부, 경찰(군),통계청
	의류/보건서비스	보건사회부
	통신	한국통신 등
	주택수리(및 공급)	주택공사
	긴급수송수단(도로복원)	국토관리청
	주민파악(호적, 주민등록)	행안부, 국정원, 전산원
	상황파악(지적, 측량)	지적공사
	에너지/전력	한전, 석유공사
2단계 사회안정화 및 일자리창출	상하수도	상수도사업소
	국방	국방부
	법원, 교정	법무부, 검찰청,
	실업문제(노동)	노동부
	농업기술, 교육문제	교육부, 직업능력개발원
	실업수당 등 사회복지	보건사회부
	산업육성지원	산업자원부
3단계 민주주의로의 이행	시장 기능복원 지방자치의 실시 문화	공정거래위, 행안부, 문화관광부

이 책의 구성

제 1편에서는 북한의 급변사태에 대비해 통일 이전에 우리 정부가 어떠한 준비를 하고 있고, 또 어떠한 준비를 해야 하는지에 대해 다루고자 한다.

우선 제 1장에서는 우리나라 통일준비행정의 추진체계를 전반적으로 살펴보도록 한다. 특히 여기서는 우리 정부의 통일정책 추진체계에서 무엇이 미흡한지, 어디를 더 보완해야 하는지를 주로 논의할 것이다.

다음 제 2장에서는 통일을 준비할 때 현실적으로 가장 중요하게 고려해야 할 사항인 통일재원에 대해 고민해 보고자 한다. 구체적으로 여기서는 여러 통일 유형별로 통일비용이 어떻게 차이가 나는지, 그러한 비용을 어떻게 조달하고 어떻게 활용할 것인지에 대해 논의할 것이다.

제 2편은 북한과의 급진적 통일이 실제 일어났을 경우 단기적으로 발생할 수 있는 여러 사회문제에 대해 우리가 준비해야 할 사항들을 살펴보도록 하겠다. 즉, '단계별 행정수요' 중 1단계인 긴급구호단계에 대한 논의이다.

먼저 제 3장에서는 급속한 통일이 이루어질 경우 벌어질 수 있는 북한사회의 무질서와 안보 공백을 해결하기 위해 어떠한 과제들을 준비해 두어야 할지에 대해 논의하도록 한다.

다음으로 제 4장에서는 북한경제난의 핵심이자, 북한 내부분열의 가장 큰 원인 중 하나인 식량난 문제에 대해 살펴보고자 한다. 현재와 같은 경제위기가 지속된다고 가정할 경우 급진적 통일이 이루어졌을 때 우리 정부가 대규모의 북한 식량부족 문제를 떠안게 될 개연성은 충분하다. 따라서 반드시 이 문제에 대해 준비해야 한다. 이에 여기서는 식량이 얼마나 부족할지, 어떻게 조달할 것인지, 어떻게 배분할 것인지 등에 대한 논의를 다루게 될 것이다.

제 5, 6장에서는 통일 이후 북한지역의 중앙과 지방의 행정체제를 어떻게 개편해야 할 것인가에 대해 살펴보도록 한다. 엄밀히 말하면

이 주제는 통일 이후 단기적으로 논의해야 할 문제만은 아니다. 행정체제 개편은 정부운영의 근간을 바꾸는 것이므로 오랜 시일을 두고 폭넓은 현실 진단을 바탕으로 점진적으로 이루는 것이 바람직하기 때문이다.

반면 통일 이후 폭발하는 여러 사회문제에 대해 정부가 능동적이고 효과적으로 대응하기 위해서는 정부의 행정이 (적어도 한시적으로라도) 그에 맞는 체제를 갖추는 것이 무엇보다 필요하다고 볼 수도 있다. 이에 5장에서는 중앙 행정체제가, 6장에서는 지방 행정체제가 이러한 두 가지 상황을 고려할 때 어떻게 변화되어야 할 것인가에 대해 살펴보도록 하겠다.

제 3편에서는 통일 이후 급한 사회문제를 해결한 후에 국가의 장기적인 발전과 물리적 통일을 넘어선 화학적 통일을 이루기 위해 계획하고 실천해야 할 사항들에 대해 살펴보고자 한다('단계별 행정수요' 중 2, 3단계). 다만 이 분야들에서도 급진적 통일이 이루어질 경우 단기적으로 시급히 해결해야 할 문제가 예상되므로 이 부분에 대한 논의도 함께 다루게 될 것임은 앞에서 언급한 바와 같다.

제 7장에서는 남·북한의 경제통합에 대해 살펴본다. 여기서는 구체적으로 경제통합의 방향과 원칙은 어떠해야 하는지, 세부적으로 논의해야 할 경제통합 관련 이슈들은 무엇이 있는지를 살펴보고, 그에 대한 해법을 제시할 것이다.

제 8장에서는 특히 경제통합 중 화폐통합 이슈에 대해 자세히 살펴보도록 하겠다. 이 책에서 경제통합과 별도로 이 부문을 다루는 이유는 독일통일의 선례 때문이다. 즉, 독일통일 당시 정치적 결정에 의해 조기에 화폐통합을 단행한 것이 이후 독일경제가 이른바 '통일 후유증'을 겪게 된 가장 큰 요인의 하나로 지적되었기 때문이다. 이에 여기서는 급진적 통일을 전제할 경우 화폐통합은 언제 하는 것이 적절한지, 이때 화폐전환율은 어떻게 하는 것이 좋을 것인지에 대해 자세히 다루도록 하겠다.

제 9장에서는 통일한국의 국가 · 사회 운영의 근간이 될 남 · 북한 법체제의 통합에 대해 살펴보도록 하겠다. 법통합의 시기와 방식은 어떠해야 하고, 세부적으로 어떠한 법적 이슈들이 쟁점이 되는지, 그에 대해 어떠한 준비를 해야 하는지를 논의하게 될 것이다.

제 10장에서는 복지체제 통합문제에 대해 다루도록 한다. 연금, 공적 부조, 의료보장, 여성 · 아동 · 장애인 복지제도 등에서 남과 북의 차이점은 무엇이고, 이를 어떻게 통합할 것인가에 대한 해답을 제시하게 될 것이다.

마지막 제 11장에서는 통일 이후 북한지역의 사회기반시설을 어떻게 정비하고, 어떻게 새로 구축할 것인가에 대해 살펴보도록 한다. 통일 이후 교통, 에너지, 통신 등 사회기반시설 분야에서 장 · 단기적으로 어떠한 문제가 발생하고, 이를 어떻게 해결해야 할 것인가를 논의할 것이다.

■ 참고문헌

단행본

구종서 외(1996), 《북한 통일시나리오》, 삼성경제연구소.

문정인(2003), "한반도 통일 시나리오와 헌법 구상의 개연성", 《한반도 통일 핸드북 I》, 한국경제연구원.

박관용 외(2007), 《북한의 급변사태와 우리의 대응》, 한울.

오관치 외(2007), 《통일시나리오에 따른 경기도의 대응과제》, 경기개발연구원.

정우일(2006), 《공공조직론》, 박영사.

조홍래(2005), 《통일한국의 행정체제 통합방안에 관한 연구》, 경기대학교 행정학 박사학위논문.

최 성(2004), 《남북통합과정의 시나리오》, 정보정책연구원.

황장엽(2001), 《어둠의 편이 된 햇볕은 어둠을 밝힐 수 없다》, 월간조선사.

학술논문 및 보고서

김태현(2002), "동북아질서의 변동과 한반도", 〈국제·지역연구〉 제11권 1호.

서진영(1997), "북한의 급변사태 유형과 대응방안", 〈평화연구〉 제6권, 고려대학교 출판부.

안병준(2000), "북한의 변화와 통일시나리오", 〈사회과학논집〉 제31권, 연세대학교.

한관수(2009), "북한의 급변사태와 군사대비", 〈전략연구〉 제47권.

제 1 편

1. 통일준비 행정체계를 점검한다 **정용덕 · 안지호**

2. 돈이 정말 문제인가:
통일재원의 조달과 활용 **김영윤**

통일준비 행정체계를 점검한다

1

정용덕 · 안지호

들어가며

통일은 실존하는 제도적 유기체인 '국가'(*the state*) 간의 통합을 의미한다. 따라서 국제적이면서 국내적이고, '국가' 정책의 문제이자 시민사회의 유기적 협력이 필수적인 과정이다. 그러하기에 다차원적이고 상황변동적이며 신축적인 대응이 가능한 '시무'(時務)와 '맥락지성'의 리더십이 발휘될 수 있는 통일준비 행정/거버넌스 체계를 필요로 한다.[1]

순조롭게 남 · 북한 관계를 관리하고 통일을 일구어 내는 일은 현대를 살아가는 한국인에게 주어진 가장 중요한, 역사적인 공공의 과제 가운데 하나다. 70년 가까운 기간 동안 분단 상태로 이어진 남 · 북한 관계는 시대에 따라 차이는 있었으되, 불확실성과 위험성 면에서는 그다지 호전되지 않은 채로 남아 있다.

통일을 준비하고 추진하는 과정은 이처럼 불확실성과 위험성을 배경

1 시무 혹은 맥락지성의 개념에 대해서는 박병련, 2009; Nye, 2008; 정용덕, 2011 참고.

으로 하면서도, 그 속에서 기회를 포착하고 가능성을 확보해야 하는 매우 어려운 정책과제다. 남·북한 관계를 관리하고 통일을 준비하고 추진하기 위한 행정 혹은 거버넌스 체계를 설계하고 제도화하는 일은 이 시대를 살아가는 한국의 행정학자들에게 부여된, 지고의 연구과제가 아닐 수 없다.

이 글은 기존의 통일준비 추진체계를 점검하고 개선방안을 모색하기 위한 하나의 시론이다. 분석에 앞서 통일과정의 특성, 그리고 통일준비 추진체계의 특성에 대해 먼저 검토해 본다.

통일과정의 성격과 통일준비 추진체계의 조건

통일과정에 내포된 여러 가지 특성

베를린 장벽이 무너지고 1990년 10월 3일 동·서독의 공식적 통일이 이루어진 직후에 브란덴부르크 문(Brandenburger Tor) 주변 가두에서 노점상들이 판매하는 상품 가운데에는 구(舊) 동독 군대의 계급장과 훈장을 비롯한 각종 군장비들이 다수 포함되었다.

이 장면이 암시하듯, 한 '국가' 체제의 붕괴는 그 제도적 유기체를 지탱하는 가장 기본적 수단인 물리적 공권력을 포함하여 거의 모든 '국가기구'의 해체를 의미하는 것이다.[2] 따라서 두 '국가'가 하나의 '국가'로 통합되는 과정, 즉 통일의 과정은 그만큼 큰 저항의 여지가 내재될 개연성이 크다.

더욱이 일제의 군국주의 식민통치의 유산으로, 남·북한은 세계에서도 손꼽히는 강한 '국가성'(*stateness*)을 지니고 출발했으며, 분단과

2 베버(Weber, 1978: 54)에 의하면, '국가'란 주어진 영토 내에서 공권력의 독점적 사용에 대한 정당성을 부여받은 유일한 제도적 집합체다.

전쟁 그리고 냉전의 국제환경 속에서 더욱더 그 강도가 심화되었다. 문제는 남·북한의 강한 '국가성'이 지속되면 될수록 양자 간의 통합과정은 그만큼 강력한 추동력을 필요로 한다는 점이다(Jung, 1991).

남·북한 통일과정의 또 다른 특성은 다차원성이다. 즉, 다양한 수준의 요인들이 상호작용하는 가운데 '정책의 창' 혹은 '역사의 창이 잠깐 열렸을 때 그 틈으로 들어가야' 비로소 실현될 수 있는 성질의 것이다(염돈재, 2011; 최보식, 2011). 우선, 우호적인 국제관계가 형성되어야 하는데, 주변 국가들의 공식적인 동의를 필요로 하지는 않는다는 점에서 과거 동·서독의 경우와는 상대적인 차이가 있다(염돈재, 2011).

그럼에도 불구하고, 남·북한의 경우도 주변 국가들의 협력은 절대적으로 필요하다. 남·북한 통일은 특히 미국을 비롯하여 중국, 일본, 러시아 등 한반도 주변 국가들과의 협력이 국제관계의 맥락에서 유리한 상황으로 전개되어야 가능하며, 따라서 외교정책과는 불가분의 관계에 있다는 특성이 있다.[3]

이밖에도 아시아태평양경제사회위원회(ESCAP)나 유엔개발계획(UNDP) 등 국제기구들, 그리고 국제민간항공기구(ICAO)나 다양한 형태의 글로벌 비정부기구들과의 협력도 필요하다(황병덕 외, 2006).

비록 이 책은 급진적 통합의 가능성이 더 큰 것으로 보고 있지만 현실적으로 통일에는 점진적 통합의 가능성과 급진적 통합의 가능성이 모두 상존하고 있다고 할 수 있다. 화생방(*Chemical, Biological, Radiological*: CBR)전을 포함한 전면전에서부터 평화로운 대화와 협상에 의한 통합에 이르기까지, 양극단 사이에 다양한 형태의 상황이 전개될 수 있는 것이다. 다만 최근의 '천안함'과 '연평도' 사건에서 보듯이 남·북한 관계는 여전히 높은 수위의 위험성을 노출하고 있다.

한 국제기구의 분석(*Global Peace Index*: GPI)에 의하면 2000년대에

3 북한에서 급격한 변화가 전개되는 경우에 대외 관계와 관련하여 중국의 개입, 유엔의 개입, 한·미·중·일·러의 개입, 한·미의 개입, 한국의 단독 개입 등 적어도 다섯 가지의 서로 다른 시나리오를 상정할 수 있다고 한다(조선일보, 2011.5.30).

들어와서도 한반도의 '평화지수'는 여전히 낮은 상태이다(김진현, 2011: 40~49). 정치부문의 세계평화지수 순위의 경우 조사대상 140개 나라 가운데 남한은 평균 41위, 북한은 평균 81위를 각각 차지했다. 특히 군사·외교 부문에서의 세계 평화지수 순위는 남한이 평균 116위, 북한은 평균 137위를 차지하여 세계에서도 최상위 수준의 위험성이 있는 것으로 분석되었다. 20세기 중반에 '6·25 한국전쟁'을 겪은 지 반세기가 지난 21세기 초에도 한반도의 위험지수는 여전히 세계 최고수준에 머물고 있다.[4]

그럼에도 불구하고 어떻게 해서든 해로운 결과가 발생할 확률이 높은 것을 의미하는 '위험'이나, 심각한 수준의 갑작스러운 참사 혹은 피해를 초래하는 것을 의미하는 '재난'의 상황은 피해야 한다. 불가피하게 중대한 비상사태를 거쳐야 하는 경우라고 할지라도 그 과정에서 오히려 기존의 상황을 깨고, 보다 좋은 상태로 발전하는 전환점 혹은 기회가 될 수 있는, 차라리 '위기'의 특성을 지니도록 유도할 수 있어야 한다.[5]

두 개의 제도적 유기체로 실존하는 남·북한 '국가'가 물리적인 충돌 없는 통합으로 전개될 수 있는 여지는 과거 동독처럼 북한 주민들에 의한 내부로부터의 자체 변화가 이루어지는 경우이다. 북한 주민들의 변화욕구와 그에 따른 체제변화의 가능성, 그리고 유사시에 남한과의 통합의지는 남한체제에 대한 그들의 긍정적인 인식의 형성여하에 달려 있다.

그러자면 무엇보다도 남한이 북한에 비해 구성원의 삶의 질을 포함하여 국가발전에서도 우월함을 유지해야 하고, 그 사실이 북한 주민들에게도 알려져야 한다. 또한, 남한의 주민들이 북한의 주민들에 대해 우호적인 인식을 심어줄 수 있어야 한다. 북한 주민들에 대한 인도적

4 1978년에 중국에 이어 1985년에 소련에서 대내적인 '개혁'과 대외적인 '개방'이 추진되면서 1991년 이후 대부부의 구공산주의 '국가'들이 '이행국가'(*transitional state*)로서의 변화를 모색해 왔다. 그러나 북한에서는 여전히 별다른 변화가 이루어지지 않고 있으며, 따라서 한반도에는 여전히 위험과 재난의 요소가 남·북한 관계에서 지속되고 있다.

5 위험, 위기, (인위적 및 자연적) 재난 등의 개념에 대해서는 정지범·서재호(2009: 3~40) 참조.

차원의 식량지원이나 경제협력 그리고 민간 영역에서의 상호작용이 필요한 것은 이 때문이다.

동·서독의 통일은 다양한 변수들의 절묘한 조합이 이루어지면서 '정책의 창'이 열렸고, 그 호기를 정치지도자들이 놓치지 않으려는 결단이 있었기에 가능했다(염돈재, 2010).[6] 그리고 통일 이전 동·서독 간의 '국가' 수준 및 주민들 상호 간의 지속적으로 이루어진 접촉과 협력과정에서 동독 주민들의 서독체제에 대한 우호적 인식이 도움이 되었다. 이와 같은 상황을 감안할 때, 통일은 '국가'의 정책적 노력에 더하여 시민사회 영역에서의 자발적인 상호작용에 이르기까지 다양한 행위자의 참여를 요하는 과정이다. 남·북한의 통일은 전략적 기획과 실천에 따른 통합의 가능성과 우연적 상황변화, 그에 대한 신축적 대응에 의해 통합의 가능성이 모두 상존하는 과정이다. 통일은 이 책이 상정하는 바와 같이 단시간에 갑자기 이루어지는 경우도 있을 수 있고, 오랜 기간에 걸친 상호작용을 통해 이루어지는 경우도 있을 수 있다. 그런데 어떠한 경우든 남·북한 관계를 관리하고, 통일을 준비하는 과정은 국민들의 인내와 이해와 지지를 필요로 한다. 통일준비 과정은 국민들의 합의형성이 순탄하게 이루어져야만 하는 과정인 것이다.

지금까지 간단히 짚어 본 것처럼 통일에 이르는 과정은 국내외 정치와 경제를 막론하는 다차원적 맥락에 연계되는 복잡하고 불확실한 과정이다. 그리고 최악의 경우 위험이나 재난 혹은 위기상태가 초래되는 과정이기도 하다. 그래서 통일에 대비하는 최선의 방법은 한마디로 '준비성'이다(Jones & Givens. 2010; McGuire, Brudney & Gazley. 2010).

6 "당시 헬무트 콜 총리는 '역사의 창(窓)이 잠깐 열렸을 때 그 틈으로 들어가야 한다. 다시 닫히기 전에'라며 밀어붙였다"고 한다(최보식, 2011).

통일준비 추진체계: 거버넌스 관점

거버넌스 관점의 필요성

이상에서 간단히 짚어 본 몇 가지 요소들만을 감안하더라도 남한의 통일준비 추진체계는 다차원적이고 상황변동적인 접근법을 적용하여 설계할 필요가 있음을 알 수 있다. 따라서 전통적인 행정의 개념을 넘어 '거버넌스로서의 행정'이라는 보다 광의의 개념을 적용하여 통일준비 추진체계를 설계하고 제도화하는 것이 바람직하다(정용덕, 2002: 8~11). 이는 계서제(階序制) 방식의 조직화 원리와 연결망 형태의 조직화 원리를 결합한 것으로 볼 수 있다. 이에 대해서는 아래에서 자세히 설명하기로 하고 여기서는 통일준비 추진체계가 거버넌스적으로 구성되어야 하는 이유를 두 가지 더 제시하고자 한다.

우선, 앞에서 살펴 본 것처럼 통일과정은 국내외에서 현재로서는 짐작할 수 없는 요인들을 포함하여 다양한 영역과 차원으로부터 영향받을 수 있다. 따라서 통일준비 추진체계를 조직화할 때도 '분화' 혹은 '전문화'가 가능한 극대화되도록 해야 한다(김상묵, 1994; 정용덕, 2002: 21~25). 이는 이른바 '나비효과', '혼돈', '우연성', '복잡성' 등의 용어로 표현될 수 있는 상황을 포함한 통일과정에서의 불확실성에 대비하는 첫걸음이다(강성남, 2009; 최창현, 2005).

분화와 전문화의 대상에는 '국가'뿐만 아니라 시민사회 영역도 포함되어야 한다. 시민사회 부문의 다양한 제도와 행위자들의 자발적이고 긴밀한 협력 또한 절대적으로 필요한 것이다.[7] 통일준비 추진체계는 전통적인 공식제도의 경계를 넘어 사회부문에서의 이른바 '사회적 인공지능 체계'나 '자기조직화 연결망'을 수용하는 시각을 필요로 한다(Rhodes, 1996; Jung, Mazmanian & Tang, 2009). 또한, 글로벌-중앙

7 최근에 농협의 전산망 마비 등 각종 사이버 사건의 경우가 좋은 예가 될 것이다(서울신문, 2011.5.19).

정부-지방정부 관계를 넘나드는 다차원 수준의 협력을 요하는 것이기도 하다(Pierre & Peters, 2005).

둘째, 통일준비 추진체계의 분화 혹은 전문화가 증대되면 될수록 그만큼 '통합' 혹은 '조정'의 문제 또한 증대된다(김상묵, 1994; 정용덕, 2002: 21~25). 더욱이 위험이나 재난의 요소도 포함하는 '국가'간의 통합과정일진대, 국가 전체수준에서 추진체계의 통합은 필수적이다. 이 때문에 통일준비 추진체계는 '계서제'와 '연결망'(*network*)의 적절한 조화를 통해 설계될 필요가 있다(Moynihan, 2008; Jones & Givens, 2010; McGuire, Brudney & Gazley, 2010). 불확실성의 과정에서는 다양한 수준에서 "대응자들의 연결망을 필요로 한다. 그러나 이 연결망들은 계서제에 의해 관리되어야"(Moynihan, 2008) 하는 것이다.

계서제와 연결망

국정운영의 조직화에서 계서제는 조직간 혹은 각 조직 내에서 종적인 지휘체계와 협력관계를 강조하는 반면에, 연결망은 조직간 혹은 조직 내에서의 횡적 연대와 협력관계를 강조한다. 전자는 업무의 분담과 권한과 책임에 대해 미리 설정된, 명확하고도 공식적인 기준을 통해 작동된다면, 후자는 기본적으로 비공식적이고 자발적인, 업무의 배분과 협력에 의해 작동된다.

전자를 강조하는 경우에 피라미드형의 수직적이고 지속적인 그리고 제도적 경계가 분명한 조직화가 선호되는 반면에, 후자를 강조하는 경우는 평면조직의 수평적이고 임시적인 그리고 제도적인 경계가 불분명한 조직화가 선호된다(정용덕, 2011).

이 두 가지 개념은 공사(公私) 부문을 막론하고 모든 조직화에 공통적으로 적용되는 원리다. 다만 조직이 추구하는 본연의 목적에 따라 그 비중에 의미 있는 차이가 나타난다. 조직의 목적이 뚜렷하고 업무가 일관성을 지니는 경우는 계서제 원리가 더 강조되는 반면에, 조직의 목적이나 업무 내용이 가변적이고 창의성을 요하는 경우는 연결망의 조직원리가 더 강조된다. 전자의 예로서 군대나 경찰을, 후자의 예로서 연구소나 벤처기업을 들 수 있을 것이다.

조직화에서 계서제와 연결망의 상대적 비중은 나라별로도 의미 있는 차이가 있다. 유럽 대륙계 국가들의 경우 계서제 원리가, 북미 대륙의 경우는 연결망이 각각 강조되는 행정문화가 이어졌다. 흥미로운 것은 이처럼 특징적인 행정문화와 조직화의 전통을 지닌 대표적인 두 나라가 최근에 엄청난 정책실패를 경험한 점이다(정용덕, 2011).

우선, 연결망 조직화의 전통이 강한 미국은 2001년 '9·11 테러 사건'과 '허리케인 카트리나'라는 엄청난 재해를 입었다. 다양한 분석 끝에 결국 문제는 조정능력의 결여에 있었다는 결론에 도달한 미국 정부가 급기야 통합을 강화하기 위해 크게 3가지 주요 조직화를 시도한다.

첫째, 국무위원급 행정기구인 국토안전부(*Department of Homeland Security*: DHS)를 2003년에 신설하여, 그때까지 각각 별개로 조직화되어 운영되던 연방재난관리청, 재무부 산하 세관, 법무부 산하 출입국 및 이민서비스 관련부서, 연방수사국(FBI) 산하 2개 부서를 비롯하여 모두 22개의 기구와 18만 명의 소속 인력을 귀속시키기에 이른다.

둘째, 국방부 산하에 북방지역 사령부(US *Northern Command*)를 2002년에 설립하여 이듬해부터 국토방위와 민간지원 업무를 담당케 했다.

셋째, '정보개혁 및 테러방지법'을 2004년에 제정하여, 국가정보를 지휘하는 지위(*director*)를 만들어 정보업무가 좀더 통합될 수 있도록 하였다. 이와 같은 일련의 조직화는 출입국, 재난관리, 국방, 정보 업무 등을 더욱 일사불란한 지휘체계에 귀속시킴으로써 국내외적 위협에 '통합적'이고 '조화로운 국가적 노력'을 기하기 위해 시도된 것이다(White House, 2007; Jones & Givens, 2010: 68에서 재인용).[8]

8 제2차 세계대전 직후 '냉전'이 시작됨에 따라 '국가안전법(*National Security Act*, 1947년)'을 제정하여 대통령 직속 국가안전보장회의(NSC) 설립, 군사 조직들의 국방부(*Department of Defense* : DOD) 귀속, 중앙정보청(*Central Intelligence Agency* : CIA) 설립 등을 추진했다. 이로부터 꼭 44년 만인 2001년에 대통령령(*Executive Order* 13228)을 통해 대통령실에 국토안전실(*Office of Homeland Security*)과 국토안전위원회(*Homeland Security Council*)를 신설하고, 이듬해에는 의회가 '애국법

여기에 더하여 수많은 연방기구와 주 및 시 정부기구와 적십자사 등 온갖 종류의 시민사회 조직과의 정보교류 등 긴밀한 협력을 강조한다. 한마디로 '여러 프로그램을 효과적으로 관리하는 능력', 즉 '조정'이 핵심 개념이다(Kettl, 2007: 32, 126).

이와는 반대로 계서제 전통이 강한 일본은 지난 2011년 3월 11일에 발생한 동북부 지진으로, 해일과 원전 사고라는 상상할 수 없던 재난을 경험했다. 앞으로 심층적 분석이 필요하겠지만, 준비된 '매뉴얼'을 넘어서는 위기상황이 발생하는 경우에 계서제만으로는 부족하고 연결망의 사고와 제도가 필요함을 상기시키는 것만은 분명하다. 이번 재난이 발생했을 때 "일본에서 허가받지 않고 신속하게 구호활동을 벌일 수 있는 유일한 조직은 야쿠자뿐이다"라는 외국 언론의 보도가 있을 정도다(Beech, 2011; EBS English, www.ebse.co.kr에서 재인용, 2011.5.6).

물론 이와 같은 설명에 대한 반론도 있을 수 있다. "일본은 철저한 매뉴얼 사회이며 미리 예상하고 생각해볼 수 있는 '상정(想定) 내'의 사태에는 뛰어난 대응 능력을 발휘하지만, '상정 외'의 (매뉴얼에 없는) 사태에는 대응할 줄 모르고 우왕좌왕해서 피해를 더 크게 입는 경직된 사회라는 비판"에 대한 주한 일본 언론인의 반론이 흥미롭다.

> '일본인은 매뉴얼대로(밖에 움직일 수 없다)'라는 분석을 듣는다. '매뉴얼 사회 = 경직된 사회'라는 공식 뒤에는 '비매뉴얼 사회 = 임기응변에 능하고 유연한 사회'라는 의도가 들여다보이는데 혹시 한국사회를 가리키는 것일까? … 매뉴얼은 '과거 노하우의 축적'이다. … 지진 발생 당시 7만 명 관객을 무사히 대피시킨 도쿄 디즈니랜드 스태프나 1,200군

(*Patriot Act*)' 제정을 통해 국토방위부(DHS)를 신설한 것이다(Jones & Givens, 2010: 68). 한 가지 사족을 달면, 미국의 정보기구(*Central Intelligence Agency*)의 명칭에서 'Agency'는 '청'급 행정기구를 의미하며, 따라서 중앙정보청으로 지칭하는 것이 바람직하다. 미국에서는 연방수사국(FBI)처럼 업무 특성상 권력을 행사하는 기구들을 낮추어 명명하는 전통이 있다 (이 점은 조석준 교수에게서 시사 받음). 그러나 한국에서는 미국의 관리예산실(*Office of Management and Budget*)을 관리예산처로, 대통령실(*Executive Office of the President*)을 대통령부(大統領府)로 격상시켜 명명하는 등 오역의 경향이 있다.

> 데나 되는 피해를 입으면서 단 하나의 탈선 차량이 없었던 도호쿠 신칸센(東北新幹線) 등도 평소의 훈련이나 각종 대책이 가능하게 한 사례로 볼 수 있다. … 고베 대지진 때 … '유효한 일을 할 수 있었던 사람은 모두 스스로 그 시점에서 최선이라고 생각하는 행동을 자기 책임 하에 한 사람이었다.' … 아이로니컬하게도 후쿠시마(福島) 제1원전에서는 사고 발생 초기에 매뉴얼대로 대응하지 않아 사태를 악화시켰을 가능성이 제기되고 있다(기무라 다이스케, 2011).

그렇다고 해도 '3·11 동북부 지진사태'에 대한 일본 정부의 효과적이지 못한 대응과정을 통해 공공문제의 해결을 위한, 이른바 베버(Weber)의 '관료제' 혹은 사이몬(Simon, 1981)의 '문제분해'의 조직화 방식에 근본적인 한계가 있음을 알 수 있다.

복잡한 공공문제를 해결하기 위해 문제를 작은 단위로 분해함으로써 단순화하여 각각 해결하고 나서 다시 통합하는 방식으로서의 조직화 방식은, 복잡성이 극대화된 공공문제가 발생하는 경우에는 대응에 실패한다는 사실이다. 전체 문제를 분해해서 하나하나 해결하는 경우에 그 결과 '하나의 일관성 있는 전체'로 연결되는 보장이 없는 것이다(Dryzek & Dunleavy, 2009: 259~261).

이 두 나라의 사례를 통해 알 수 있는 것은 계서제와 연결망이라는 이분법적 조직화 원리 가운데 어느 한 가지만을 강조해서는 21세기 불확실성의 시대를 관리하는 데 근본적인 한계가 있다는 점이다. 앞으로 보다 광범위하고 복잡하고 불확실한 상황이 전개될 한국의 통일과정에서 특히 염두에 두어야 할 조직화의 원리가 아닐 수 없다(정용덕, 2011).

통일준비 추진체계의 분석

지금까지 통일과정의 특성과 이에 따라 갖추어야 할 통일준비 추진체계의 조건에 대해 살펴보았다. 궁극적으로 '국가기구'의 통합을 의미하는 남・북한의 통일은 불확실성과 위기의 특성을 지니며, 따라서 통일을 준비하는 추진체계는 가능한 최대한의 분화(전문화)와 통합(조정)이 이루어질 수 있도록 설계되어야 한다. 그리고 이와 같은 조직화의 원리가 적용되는 범위에는 '국가'부문뿐만 아니라 사회부문도 포함되어야 한다. 이와 같은 시각에서 이 절에서는 현재 한국의 통일준비 추진체계의 특성을 분석해 보기로 한다.

'국가' 기구

입법-행정-사법부 관계

모든 국정운영이 그러하듯이 통일준비 관련 정책도 입법부, 행정부, 사법부의 3권 분립구조 속에서 이루어진다. 입법부의 경우 '외교통상통일위원회'가 주무 상임위원회이다. 제 15대 국회에서 17대 국회까지는 '통일외교통상위원회'(통외통)로 지칭되다가, 제 18대 국회부터 '외교통상통일위원회'(외통통)로 이름이 바뀌었다. 이 점은 제18대 국회의 운영에서 통일에 대한 접근방법에 변화가 있음을 상징적으로 보여준다.

통일이 안보 및 질서유지와 직결되는 점에서 '국방위원회', '정보위원회', '행정안전위원회', '법제사법위원회'와 긴밀한 협력이 필요하다. 그밖에도 통일준비 과정에서 경제・사회・문화 등 거의 모든 사안이 연계되는 만큼 여타 관련 상임위원회들과의 협력도 필요하다.

사법부의 경우 일반적인 정책사안과 마찬가지로 통일준비 과정에서도 정책판결 기능을 수행한다(정용덕, 2002: 24). 특히 통일준비 관련 사항으로 1991년 법원행정처 조사국에서 북한법 및 사법제도에 대한 연구에 착수, 1994년 7월 21일에 사법정책 연구실을 신설하여 북한 사법제도 및 통일대비 사법정책에 대한 조사연구, 1994년 8월 북한의 사법제도 및 통일대비 사법정책에 관한 기본계획 수립 등을 추진한 바 있다(황병덕 외 2006: 1005).

그러나 대부분의 나라에서 외교 및 국방 정책분야는 그 시급성 등의 문제 때문에 행정부가 실질적으로 주도하는 경향이 있다. 대한민국 정부수립 이후 한국에서는 행정부 주도현상이 강했다. 외교·안보와 불가분의 관계에 있는 통일관련 정책결정 및 조정의 경우는 특히 그랬다. 이하에서는 행정부의 통일관련 정책결정 및 조정기제를 좀더 자세히 살펴보기로 한다.

핵심행정부

• 역대 정권의 통일준비 의사결정 체계

행정부에서도 특히 외교·안보 정책분야 및 그와 밀접히 연계된 통일관련 정책분야는 대통령을 비롯하여 핵심행정부(*core executive*)를 중심으로 정책결정 및 조정이 이루어진다.[9] 그런데 이러한 통일, 외교, 안보와 관련된 정책을 결정하고 조정하는 최상위 기구는 역대 대통령의 국정운영 방식에 따라 의미 있는 차이가 있었다.

우선 김영삼 정부의 경우 국가안전보장회의(NSC), 안보관계 장관회의, 통일관계 장관 고위전략회의, 통일관계 장관회의, 통일관계 장관전략회의, 통일안보정책 조정회의 등 6개에 이르는 최고 의사결정기구가 있었다. 그 가운데 헌법기관인 NSC는 존치되기는 했으나 실제적인 기능은 주어지지 않았다.

1993년 2월 정부 출범 시에는 안보관계 장관회의, 통일관계 장관고

9 핵심행정부란 행정수반, 내각, 각종 위원회, 부처 등으로 구성되어 중앙국가의 정점 혹은 심장부에서 국가 정책결정을 관장하는 일련의 제도, 망, 행위자, 조직 또는 구조를 의미한다(정용덕, 2001: 325~327).

위전략 회의, 통일관계 장관회의, 통일관계 장관전략회의 등이 있었다. 그러나 이듬해 4월 8일 통일안보 정책조정회의를 신설하여 활성화하면서 대통령령에 근거한 통일관계 장관회의는 존치되었으나 통일관계 장관고위전략회의와 통일관계 장관전략회의는 폐지되었다.

이와 같은 변화의 공식적 이유는 당시에 정부와 여당의 공식 발표처럼, 기능 및 참여자가 거의 중복된 유사기구들을 정리함으로써 통일안보 정책에서 좀더 일관성과 효율성을 기하려는 것이었다(동아일보, 1994. 4. 9; 동아일보, 1994. 5. 9; 조선일보, 1994. 5. 22).

그러나 또 다른 이유 가운데 통일, 외교, 안보 정책분야에서 대통령의 집권화 의도를 포함할 수 있다. 즉, 국무총리가 주재하는 통일관계 장관 고위전략회의와 통일 부(副) 총리가 주재하는 통일관계장관 전략회의를 폐지한 것이다.

신설된 통일안보 정책조정회의도 통일 부총리가 주재하도록 되었지만, 대통령 비서실장(당시 박관용 실장)의 참여와 외교안보 수석(당시 정종욱 수석비서관)이 간사 역할을 하게 되었기 때문에 그만큼 더 청와대 중심의 운영이 가능했다. 통일안보 정책조정회의의 신설과 활성화 계획에 따라 당시 이회창 국무총리의 반발과 퇴진(문화일보, 1994. 4. 8 ~9; 김상묵, 1994) 이 이를 입증한다.

1998년 2월 말 김대중 정부가 출범하면서 통일, 외교, 안보 정책결정 체계에 적지 않은 변화가 시도되었다. 최고 의사결정기구로서 국가안전보장회의(NSC)의 활성화를 시도한 것이다. 국가안전보장회의로 말하자면, 1962년에 대통령의 자문을 위한 헌법기구로 설치되기는 했으나 유명무실한 채로 있었고, 1981년부터는 아예 사무처마저 폐지된 상태였다. 이전 정부에서 운영되던 통일안보 정책조정회의를 폐지한 것은 물론이고, 통일관계 장관회의도 단 한 차례의 회의(1998. 9. 1)가 열린 이후부터는 NSC에 그 기능을 흡수시켰다. 취임 직후인 7월에 확대안보 관계장관 회의를 설치하였으나, 첫 회의(1998. 7. 9) 개최 직후 역시 그 기능을 NSC에 통합시켰다(통일부, 1999: 477).

그러나 제도와는 별개로 대통령의 신임에 따라 의사결정기구 간에 통일정책의 주도권이 이전하는 양상도 나타났다. 청와대의 특별보좌관(당시 임동원 특보)이 주도하다가 그가 통일부 장관이 된 이후부터는 통일부가 주도하는 경향이 나타난 것이 좋은 예다(임동원, 2008: 539~544).

2003년에 출범한 노무현 정부는 좀더 적극적으로 NSC를 활성화했다.[10] 김대중 정부에서 사무처가 부활되고, 차관급 사무처장과 비서관(국·실장급)을 각각 1명씩 배치하던 것에서, 사무처장 외에 비서관급을 5명까지 늘리며 기능을 확대했다. 그러나 노무현 정부에서도 대통령의 신임에 따라 주도권 변화가 이루어지는 현상이 나타났다. 통일정책을 주도하던 NSC 사무처장(당시 이종석 처장)이 통일부 장관이 되면서 NSC 사무처의 기능을 청와대 내부에 신설된 통일외교안보정책실(2006.1~2008.2)이 수행하게 된 것이 좋은 예다.

이명박 정부의 출범과 더불어 통일, 외교, 안보 정책분야의 최고 의사결정 체계에 또 다른 변화가 이루어졌다. 우선, NSC의 기능을 1998년 2월 이전의 위상으로 되돌리는 양상이 나타났다. 상임위원회와 사무처를 폐지하고, 대신에 대통령실에 위기정보상황팀(비서관급 1인; 2008.2)을 두다가 이내 위기상황센터(2008.7)로 바꾸었다.

그러나 2010년에 '천안함 피격' 및 '연평도 포격' 사건을 겪으면서 국가위기관리센터(2010.5)로 그리고 국가위기관리실(수석급 실장; 2010.12)로 점차 격상시켰다. 노태우 정부에 의해 신설(1991.3)되어 김영삼 정부까지 운영되다가, 김대중-노무현 정부 하에서는 이름만 남아 있던 통일관계 장관회의도 폐지했다(통일관계 장관회의 규정, 대통령령 제20721호, 2008.7). 1998년 이후 회의가 개최된 적이 없을 뿐더러, 여건 변화로 그 필요성이 감소함에 따라 폐지하는 대신에 정부출범 직후

10 당시 미국식 NSC의 활성화 시도에는 과거에 정보기관장의 대통령과의 이른바 '배석자 없는 독대(獨對)'로 인해 초래되는 문제들을 방지하기 위한 기구가 필요하다는 학계로부터의 의견 제시도 영향을 미쳤다.

신설된 외교안보 정책조정회의에서 그 기능을 수행하도록 한 것이다.[11]

이와 같은 최고 의사결정체제의 변화는 이명박 정부의 통일정책 접근방법의 변화를 함축적으로 보여주는 것이다. 이전 정부들이 남·북한 관계 및 통일에 관한 문제에 '통일' 중심의 시각에서 접근했다면, 이명박 정부는 국제관계의 맥락에서 '외교·안보' 중심의 시각으로 접근하려는 것으로 해석된다. 이는 단순히 기구명칭의 우선순위 등에서 나타나는 상징적 측면뿐만 아니라, 실질적인 면에서도 나타난다.

우선 대통령직 인수위원회가 본래는 통일부를 폐지하고 그 기능을 외교통상부에 통합하는 정부조직 개편 안을 제시했으나, 야당 등으로부터의 강력한 반대 여론에 부딪혀 결국 통일부를 유지시킨 바 있다(조선일보, 2008.2.9). 출범 이후 외교안보 수석실이 중심이 되어 주관하는 외교안보장관회의, 외교안보 정책조정회의 그리고 외교안보 정책실무회의에서 남·북한 관계 및 통일 관련 사항들도 논의하는 것도 시사적이다.[12] 전술한 것처럼, 이명박 정부 출범 직후에 구성된 제18대 국회에서 이전의 통일외교통상위원회를 외교통상통일위원회로 개명한 것도 마찬가지 맥락에서의 정책변화를 암시한다.

• 핵심행정부의 통일준비 의사결정 체계 평가

이상에서 살펴본 최고 의사결정기구의 조직화를 남·북한 통일준비 과정의 특성상 분화와 통합 간의 조화가 절대적으로 필요하다는 논리에 입각하여 정리해 보자. 우선 유사한 기구들이 중복해서 존재하는 점이다. 외교안보관계 장관회의 등이 운영되고 있음에도 안보관계 장관회

11 모든 회의체에서 실무자들의 '실무회의'가 사전에 의사결정 의제를 선정하고 조정하는 점에서 매우 중요하고, 정무관급 회의는 그것을 추인하고 공식화하는 것이 대부분이다(이에 관해서는 염돈재 박사의 의견을 참고했음).

12 이처럼 정부 교체에 따라 통일과 외교·안보 간의 상징적 및 실질적 우선순위가 모두 변화한 것은 역사학계에서 오랫동안 논란이 된 두 가지 상이한 시각의 차이를 연상시킨다. 세계사의 맥락에서 국사를 접근할 것인가, 아니면 국사 중심의 시각에서 세계사를 접근할 것인가의 논쟁이 바로 그것이다.

의를 운영하는 것이 특히 그러하다.

후자의 경우 대통령이 유사시에 관련 부처장들을 소집하여 정책 협의와 자문을 통해 국정운영의 신축성을 기하기 위해 법적 근거가 없는 비공식적 '임의기구'로서 운영하는 것으로 이해할 수 있다. 실제로 역대 정부에서 이 기구가 개최된 경우는 북핵 문제 등 위급한 사안이 발생했을 때에 국한되었다. 이처럼 대통령이 직접 주재하는 안보관계 장관회의와는 달리, 전자의 경우도 임의기구이면서 정기적으로 현안에 대한 정보공유와 논의를 한 것으로 보인다.

이와 같은 임의기구의 운영은 대통령의 의사결정에 신축성을 부여한다는 장점이 있다. NSC의 경우처럼 법률에 근거하는 경우는 조직, 구성, 운영이 법적 절차에 따르는 만큼 회의운영에서 그만큼 경직성을 띠게 된다. 그러나 관계장관회의의 경우는 회의의 주재자가 누구이고 어떤 사람들이 참여하는지에 따라 실질적 영향력이 달라질 수 있다(이송호, 2003: 19).

신축성이 커지는 대가는 법치가 아닌 '인치'(人治)의 개재 여지가 발생할 수 있다는 점이다. 따라서 외교안보 정책조정회의의 경우처럼 대통령훈령 정도의 법적 근거를 두는 것이 최소한의 요건이 될 것이다. 대통령훈령은 전 부처를 구속하지만 대외적인 효력이 없고, 법률이나 대통령령에 의해 설치된 기구보다는 좀더 신축성이 있다.[13]

또한, 국무총리(실)의 통일, 외교, 안보 관련 정책조정 참여에 관한 사항도 논의가 필요하다. 앞에서 기술한 것처럼, 대외정책 분야는 전적으로 대통령의 권한사항이다. 따라서 국무총리가 회의를 주재하는 것은 적합하지 않다. 다만, 대외정책 분야, 특히 남·북한 관계와 통일준비 관련사항은 국내 정책분야와도 밀접한 협력이 필요하다.

13 임의기구인 안보관계장관회의 등에서 나온 결정은 구속력이 없으며 단순히 대통령의 의사결정을 도와주는 역할을 하는 것에 지나지 않는다. 국가안전보장회의도 심의기구이므로 심의절차는 법적인 절차를 따르지만 대통령에 대한 구속력이 없는 점에서는 동일하다. (이 점은 유현종 박사의 의견을 따랐음.)

그러나 대통령이 참여하여 회의를 주재하는 경우가 아닌 경우에 국무총리가 참여하면서 회의를 주재하지 않는 것도 격식에 맞지 않는다. 따라서 국무총리실장이 참여하여 내각의 시각에서 상황의 이해, 의견의 제시, 그리고 회의에 참가하지 않은 부처들에 대해 협력과 조정의 추진에 기여할 수 있도록 하는 것이 바람직하다.

대통령이 주재하는 회의에 국무총리가 참석하거나, 국무총리실장이 참여할 필요성은 대(對) 국회관계에서 필요하다. 행정부의 대표로서 국무총리가 국회에 출석하여 답변하는 경우가 많기 때문이다. 정당, 언론, 시민사회와의 협력관계를 위해서는 외교·안보 수석비서관 외에도 대통령실장, 정무수석비서관, 홍보수석비서관 등이 현안에 대해 이해할 필요가 있다. 따라서 유사시에 이들 중에 누군가는 최고 의사결정 회의에 참여하는 것이 바람직하다. 그러나 참여자 수가 증대되는 만큼 의사결정의 조정비용도 증대되는 문제가 따른다.

한국에서 대통령 비서실은 1961년부터 본격적으로 제도화가 이루어졌다(Jung, You & Lee, 2010). 통일, 외교, 안보 정책분야의 경우는 1969년에 이르러 1명의 수석비서관, 5명의 비서관, 1명의 특별보좌관을 두면서 본격적으로 분화와 지속성이 증대되기 시작했다. 특히 노무현 정부시절에는 정무관급 6명을 포함하여 비서실 조직의 확대가 이루어졌다.

전술한 것처럼, 위기관리를 김대중 행정부와 노무현 행정부에서는 NSC를 강화하여 그 소속으로 '국가위기상황센터'를 두어 운영하였으나, 이명박 행정부에서는 NSC의 상임위원회와 사무처는 폐지하고 대신 '위기정보상황팀'(행정관급) (2008. 2)에 이어 '금강산 피격' 사건 직후(2008. 7) '국가위기상황팀'(비서관급) (이상 외교안보수석실 소속)을 두다 '천안함 피격 사건' 직후(2010. 5) '국가위기관리센터'(1급 비서관) (안보특보 소속)로 '연평도 포격' 사건 직후(2010. 12)에는 '국가위기관리실'(수석급으로 독립)로 점차 확대시켰다.[14]

이와 같은 조직화는 위기관리 지휘체계가 초기에 대통령실장, 외교안보 수석, 대통령 특보 등으로 분화되었던 것에서 국가위기관리실장으로 하여금 총괄하고 유사시에 대통령에게 직접 보고하도록 함으로써 통합기능을 강화한 것으로 해석된다.

중앙행정기구

• 외교, 안보, 질서유지 부분에서의 통일준비

앞에서 살펴본 것처럼 역대 정부의 정책기조에 따라 통일관련 최고 정책결정기구의 조직화는 외교, 안보, 통일 간에 우선순위 면에서 의미 있는 변화가 있었다. 그러나 중앙행정기구 가운데에는 통일부가 지속적으로 통일관련 주무부처로 존속했다.[15]

그런데 당연한 이야기지만 중앙행정기구 중에서 통일준비를 담당하는 부처는 통일부에 국한되지 않는다. 실제로는 거의 모든 중앙부처가 통일준비에 직간접적으로 관계되어 있다고 해도 과언이 아니다. 우선 외교, 안보 문제와 관련해서는 외교통상부, 국방부, 국가정보원이 일차적으로 긴밀하게 연계되어 있다.

또한 이명박 정부 출범시(2008. 2)에 비상기획위원회가 폐지되고, 그 기능이 흡수된 행정안전부는 국내 질서유지 및 지방자치단체들과의 관련되는 사안을 담당하게 되었다. 비상기획위원회는 1969년에 대통령 직속기구로 설치되었다가 1986년부터 국무총리실 산하로 이전되었

14 이와 같은 조직화의 배경에는 "천안함 피격 사건은 국가적으로 중대한 사안이었음에도 청와대 외교안보 수석실(국방 비서관실) 위주로 관리되고 타 비서관실의 인식 및 협조가 미흡"했고, "정부 부처 간의 노력을 통합하고 대통령실과 부처 간의 유기적인 대응도 미흡"했다는 자체 평가(《천안함 피격사건 백서》, 2011.3.24)에 따른 것이다. 처음에는 "청와대 위기상황센터를 국가위기관리센터로 조직을 확대 보강하고 이를 총괄할 대통령 안보특보를 신설했으나, '연평도 포격'사건이 발생하면서 "당시 위기관리 컨트롤타워로서의 기능에 허점이 다시 드러나자 국가위기관리 비서관실, 정보분석 비서관실, 상황팀 등 3개 팀으로 이뤄진 수석비서관급 국가위기관리실을 추가 설치"했다(권혁철·황준범, 2011.3.25).

15 박정희 대통령 시기(1969.2)에 국토통일원(장관급 국무위원)으로 설립되어, 노태우 대통령 시기(1990.12)부터 김영삼 대통령 임기 말(1998.2)까지는 통일원(부총리급 국무위원)으로 격상되었다가, 그 후부터는 통일부(장관급 국무위원)로 제도화되었다.

다. 비상기획위원회 기능의 통합으로 행정안전부는 경찰청과 소방방재청 등을 포함한 국내질서 유지 및 비상재난관리 총괄기구로서의 위상이 확대되었다.

법무부는 국내질서 유지기능 외에도 법제처 등과 더불어 통일과정 및 이후의 법제도 통합과 관련하여 대비할 필요가 있다. 남북 교류관련 법무업무를 위한 법무부와 법제처 등의 협력도 필요하다. 법무부가 남북 교류관련 법무업무 총괄 및 통일법제연구를 위해 1992년 2월 특수법령과를 설치했고, 법제처가 1991년 대북정책에 대한 법적 지원을 위한 남북법제연구를 추진하면서 1999년에는 남북법제연구를 예산사업화하고 2000년에는 남북법제연구위원회를 운영했던 것 등을 예로 들 수 있다.

전통적 의미의 국방과 국내질서 유지에 더하여 점차 '사이버 테러' 등 보다 현대적이고 넓은 의미로의 전환이 필요한 시점이다. 최근 정부기관에 대한 '디도스(DDoS) 공격', 북한의 위성 위치정보 시스템(GPS) 교란 전파 발사, 현대캐피탈 고객정보 해킹, 농협 전산망 마비 등 사이버 테러 사건들이 발생하면서 북한의 사이버 테러 능력에 대한 관심이 증대되고 있다. 외국으로부터의 해킹 공격이 하루 1억 5천만 건에 달하는데, 이 중 43%가 국가기밀을 빼낼 수 있다고 국정원은 파악하고 있다.[16]

사이버 테러에 대해 '국가' 수준에서 대응하는 기구에는 방송통신위원회(민간부문 보호), 행정안전부(정부기관 보호), 국방부-사이버사령부(군대보호), 금융위원회(금융기관 보호), 국가정보원-국가사이버안전센터, 그리고 한국인터넷진흥원과 경찰청 등이 포함된다. 이들 간에는 기능분산, 복잡성, 부처 간 협조 및 공유 미흡 등의 문제가 지적되고 있다.[17] 여기에서도 핵심적인 쟁점은 역시 분화와 통합 간의 조화를

16 "최근 북한 정찰총국이 사이버 해커 부대를 운영하고, 3만 명의 전자전 병력을 양성하고 있으며, 이들의 능력이 미국 중앙정보국(CIA)에 필적 한다"는 탈북자들의 말을 인용한 미국 폭스뉴스의 5월 17일자 보도가 있다(중앙일보, 2011.5.19).

17 이 문제를 해결하기 위해 "청와대에 사이버 보안 컨트롤 타워"를 만들어야 한다는 의견(김석주, 2011)에서 국가정보원이 "각 정부기관들이 운영하는 정보를 수집하고 다시 전파하는 정보 컨트롤

기하는 문제이다. 전술한 것처럼, 미국에서 복수의 '국가'기구에 기능이 분화되어 있되, 국토안보부(DHS)에 의해 통합되도록 개편한 점을 참고할 만하다.

또한, 사이버 테러 문제에 대한 대응은 '국가'기구뿐만 아니라 시민사회의 다양한 조직과 행위자들에 의해서도 이루어져야 한다. '국가'가 "정보보안기금 조성이나 세제혜택 등의 방법을 통해 정보 보안에 적극적인 기업이나 기관들에 대해 인센티브를 주는 제도"보다는 "이제는 페널티 제도 등을 도입해 보안에 소홀히 할 경우 엄중하게 그 사회적 책임을 물어야 한다"는 전문가의 의견이 시사적이다. 결국 '국가'·기업·시민사회 간의 협력적 거버넌스 체계를 구축할 필요가 있다는 것이 전문가들의 견해다.[18]

• 그 외 분야에서의 통일준비

외교, 안보, 질서유지 분야 외에도 통일준비 과정에서는 경제, 사회, 문화 등 거의 모든 부처 간의 긴밀한 협의가 또한 필요하다. '개성공단사업 정책'을 예로 들면, 통일부 외에 기획재정부와 지식경제부가 핵심 중앙행정기구에 해당한다.[19] 그밖에도 외교통상부, 국토해양부, 노동부, 환경부, 보건복지부, 법무부 등 다수의 중앙행정기구가 정책과정에 참여하며, 사안에 따라 대통령실과 국무총리실 그리고 국정원도 관여한다(양현모 외, 2008: 62~64).

타워 역할을 수행하게 되며 유사시 범정부 사이버위기 대책본부에서도 주도적인 역할을 담당"하도록 하기 위해 정보통신기반 보호법을 개정해야 한다는 견해에 이르기까지 다양한 대안들이 제시되고 있다 (조선일보, 2011.5.12; 디지털 타임스, 2010.3.17).

18 예로서 "인터넷을 통한 상호연결로 발생하는 사회적 파급효과 때문에 나 혼자 아무리 투자를 많이 해 보안수준을 높여도 소용이 없는 경우가 허다하기 때문"에 "결국 정보보안은 모든 사회 구성원이 힘을 합쳐 동시에 하되 지속적으로 추진해야 하는 일이다"라는 견해(서승우, 2011)나, "기업들, 국민 개개인도 일반 이용자 관점에서 보안수칙을 재점검하는 노력을 해야 한다. 예를 들어, DDoS 공격 시 수시로 바이러스 검사를 하여 내 PC가 좀비 PC가 아닌지 확인하는 적극적 자세가 필요하다. 정부, 민간, 기업들의 총력전 없이는 사이버 테러로부터 우리의 사이버 영토를 지켜내기 어렵다"는 견해를 들 수 있다 (김석주, 2011).

19 개성공단사업지원단은 개성공단사업을 정부차원에서 종합·체계적으로 지원하기 위해 2004년에 통일부, 산업자원부, 건설교통부 등 7개 부처가 참여하여 시작되었다.

자연스러운 현상으로써 이 행정기구들 사이에 다양한 형태의 관료정치 현상이 발생할 것임을 짐작하기란 그다지 어렵지 않다. 관료정치는 시각의 다원화와 그로 인한 가외성(可外性)의 여지를 창출하는 순기능과 더불어 의사결정 비용의 증대라는 역기능도 있다. 개성공단사업 추진과정에서 나타나는 행정기구 간의 관료정치에 따른 의견 차이를 조정하고 세부적인 문제들을 결정하기 위해 남북교류협력추진 협의회(교추협)가 운영되고 있다.[20]

또 다른 예로서 연간 북한 이탈주민 3천여 명이 입국하는 추세에 대한 대책마련에 거의 모든 부처가 관련된 것을 들 수 있다. 북한의 경제난에 따라 탈북행렬이 증가하면서 1997년 1월 13일 '북한 이탈주민 보호 및 정착지원에 관한 법률'이 제정(1997. 7. 14 시행)되었다. 이에 따라 북한 이탈주민 문제를 전문적으로 해결하기 위한 기구로 북한 이탈주민대책협의회가 구성되어 운영된다. 이 협의회의 핵심기능은 북한 이탈주민에 관한 정책을 협의 · 조정하고 보호대상자의 보호 및 정착지원 사항을 심의하는 것이다.

그리고 통일정책 차원에서 고려할 필요성에 따라 정착지원 업무가 보건복지부에서 통일부로 이관되었다. 이러한 직제 개편을 통해 북한 이탈주민 문제 해결을 통일부가 주무부처로서 담당하고 있다.[21] 북한 이탈주민 정착지원 사무소('하나원')의 운영 등이 여기에 해당한다.

그러나 탈북자들의 사회정착을 위해 통일부가 정책을 수립하고 집행하되, 법률에 규정된 다양한 정착관련 업무들은 관련 부처가 연관되어 수행한다. 행정안전부의 자립·자활 기반마련 등 남한사회 정착지원,[22] 고용노동부의 '고용안전센터' 운영, 교육과학기술부의 학력인정의 문

20 통일부 장관(위원장)과 차관 및 차관급 공무원 중 국무총리가 지명하는 자를 위원으로 하는 15인 이내로 구성된다.

21 구체적으로는 통일부의 사회문화교류본부가 북한 이탈주민 정착문제를 총괄하고 있다. 특히 정착지원팀에서 '북한 이탈주민과 관련한 정책 수립 및 종합·조정 기능'을 수행하고 있다.

22 이북 5도에 관한 특별조치법(제 4조)에 의거 '하나원' 이후 탈북자 지역정착과 관련된 전반적인 정착시스템을 검토하고 있다.

제와 교육 지원, 취업 및 특별임용과 관련하여 행정안전부, 국방부 등 관계기관은 물론 대상기업체들도 관여한다.[23]

지방행정기구

지방자치 단체에 따라 차이는 있으나 남·북한 협력사업 등을 추진하는 경우가 있다. 남북교류협력 조례 등의 법적 기반과 남북교류협력기금 등의 재정적 기반에 기초하고 있다. 통일부가 지침 및 방향을 제시하면, 지방자치단체는 사업의 승인요청 및 결과를 보고하는 방식으로 협력관계가 이루어진다(양현모 외 2008: 145~147). 앞에서 예로 든 북한 이탈주민들에 대한 대책사업에서 주거지원과 관련하여 지방자치단체들도 일정 부분의 역할을 수행한다.

통일부는 1999년에 지방자치단체 관련 기관의 유기적 지원체계 구축과 민간단체 참여 활성화를 위하여 북한 이탈주민 거주지 보호지침(제 14호)을 마련하여, 북한 이탈주민지원 지역협의회를 구성했다. 이 기구는 북한 이탈주민들의 지역정착 단계에서 지원하기 위한 연결망 조직으로서 연결망 형성과정에서 정부가 주도적 역할을 수행하지만 민관협력 기구에 해당한다.

1998년부터 다수의 지자체들이 북한 지자체와 자매결연이나 사회문화 교류사업 등을 시도했다. 남북교류협력 조례의 제정, 남북협력 사업을 위한 기금조성, 남북교류협력 전담부서 설치 등의 노력도 기울였다. 그러나 인도적 차원의 대북 지원사업 외에는 북한 측의 거부감으로 성과가 별로 없다.

특히 접경지역이 있는 경기도, 강원도, 인천시가 모두 큰 금액의 남북 협력기금을 조성했다. 강원도와 인천시의 예산규모는 광역지자체

23 주거 지원과 관련하여 지방자치단체, 대한주택공사 등이 행위자로 관여하고 있다 (황병덕 외, 2006: 1155~1158). 그리고 자격인정과 관련하여 민간기관을 포함하여 자격인정기관이 행위자로 관여하고 있다. 직업훈련과 관련하여 민간기관을 포함하여 직업훈련 기관이 행위자로 관여하고 있다. 국정원과 경찰청의 동향 파악 업무도 포함된다.

중 9위와 10위에 해당되지만, 남북 협력기금 적립액은 각각 3번째와 4번째로 많다.

추진체계 면에서도 경기도의 경우 도지사를 위원장으로 하는 남북교류 협력위원회와 도의회의 남북교류추진 특별위원회가 구성되어 있으며, 경기개발연구원, 그리고 강원도에 이어 두 번째로 남북 교류협력사업 전담부서(2008년 이후부터는 과급 기구)를 설치하여 보다 체계적이고 안정적으로 사업을 추진하고 있다. 또한, 현재 서울과 제주도에 편성된 위기관리 전담조직을 관내에 남·북한 접경지대가 있는 경기도의 경우에도 설치할 필요성이 있다는 제안도 나오고 있다(연합뉴스, 2011. 1. 12).

2003년 이전에는 지자체가 정부로부터 협력사업자로 승인받아 직접 사업을 추진했으나 2003년 이후부터는 통일부가 지자체를 협력사업자로 승인하지 않게 되었다. 대북 정보가 부족한 지자체가 사업주체가 되지 못하도록 한 것이다. 지자체가 독자적으로 남북교류협력 사업을 추진하지 못하도록 하는 대신에, 지자체가 협력사업자 승인을 받은 민간단체와 협력해서 사업을 추진하는 것은 허용했다. 또한 일부의 경우 지역단위의 NGO를 설립하여 사업을 위임하는 경우도 있다.

중간매개조직

한국에는 '국가'와 사회를 매개하는 중간조직들이 다수 존재한다. 과거에 이 중간조직들은 주로 '국가 코포라티즘'(*state corporatism*)의 형태로 운영되었다(Jung, 2010). 그러나 지난 20여 년 동안 민주주의의 이행과 공고화가 이루어지면서 이와 같은 '국가' 주도의 하향식 매개기제는 더 이상 효과적이지 않거니와 바람직하지도 않다. 한국이 점차 강한 '국가'와 강한 사회의 구도로 바뀌어 가기 때문이다.

그러나 앞에서 지적한 것처럼 남·북한 관계 및 통일과정에서 '국가'와 사회 간의 긴밀한 협력은 필수적이다. 따라서 서구에서 찾아볼 수 있는 '자유 코포라티즘'이나 '정책공동체 혹은 연결망' 형태로 진화하는 것이 바람직하다. 남북관계 및 통일준비와 관련된 사안들을 매개하는 기존의 중간조직들을 살펴보면 다음과 같다.

민주평화통일자문회의

1981년에 헌법에 근거하여 제정된 평화통일자문회의법에 따라 제3공화국 시절의 통일주체국민회의를 개편하여 대통령 자문기구이며 범민족적 통일기구로써 평화통일정책자문회의가 발족되었다가, 1987년 헌법 개정시에 민주평화통일자문회의(평통)로 개명되었다.

이 기구는 주민이 선출한 '지역대표'와 정당·직능단체·주요 사회단체 등의 '직능분야 대표' 가운데 국민의 통일의지를 성실히 대변하여 대통령에게 건의하고 자문에 응할 수 있는 인사 중에서 대통령이 위촉하는 7천 명 이상의 자문위원으로 구성하도록 되어 있다. 2000년 기준으로 자문위원은 지역대표 4만 1,463명(광역의회의원 6,847명, 기초의회의원 3,462명)과 직능대표 7,562명 및 재외동포 대표 2,470명 등 모두 1만 4,142명이다.

평통의 조직구조는 운영위원회(대통령이 의장이 되는 전체회의와 20인 이내의 부회장, 50인 이내의 위원으로 구성), 상임위원회(300~500인으로 구성), 10개 분과위원회, 총 267개의 국내외 지역협의회(232개 시/군/구별 및 35개 해외지역별로 설치), 지역회의(16개 시도, 이북 5도, 2 해외)로 구성되어 있다. 사무처 조직은 평통의 역할에 대한 의미부여에 따라 다소의 변화가 있었다. 1998년에 사무처 직제를 폐지하고 통일부 소속으로 개편했다가, 이듬해인 1999년에 다시금 대통령직속기관으로 독립시킨 것이다.

평통의 역할에 대해서는 몇 가지 서로 다른 해석이 있을 수 있다. 우선, 법에 명시된 것처럼 국내외에 거주하는 한국인들의 범민족적 통일관련 협의체로서의 의미가 있다. 그러나 처음 이 기구의 신설이 제5공화국의 출범과 더불어 이루어졌으며, 당시 집권정부의 정파적 차원의 목적에서 일종의 동원체제로서의 기능을 수행할 여지가 있다는 비판적인 시각도 있었다.

평통은 북한의 대남 공작기구인 통일전선부(통전부)에 대한 대응기구로서의 의미도 있다. 통전부는 조선노동당 소속으로 남북대화 주관, 남북교류협력 사업주관, 조총련 및 해외교포 공작사업, 대남심리전 및 통일전선 공작 등을 전담하는 기구다. 2009년 초 개편되기 전까지 핵심 대남 공작부서였으나 개편 이후 역할이 축소되었다.[24] 1998년에 외환위기 상황에서 추진했던 '작은 정부'를 지향하는 정부개혁 과정에서 사무처를 통일부 소속으로 하향 축소하는 등의 개편이 있었으나, 이듬해에 곧 다시 대통령 직속기관으로 복원한 것은 이와 같은 상징성 때문인 것으로 보인다.

평통은 대통령 직속기구로서 형식적으로는 핵심행정부 기구에 해당하는 것으로 해석할 수도 있다(정용덕, 2002: 224~234). 그러나 실질적인 면에서는 '국가'와 시민사회 간의 매개역할을 하는 중간조직으로서의 특성이 더 크다. 평통이 북한의 통일전선부에 대한 대응기구로서의 상징성에 더하여, 그 본연의 목적에 부합하도록 통일과정에서 좀더 적극적인 범민족적 협의체로서 통합 기능에 기여할 수 있도록 운영될 필요가 있다. 앞으로 통일과정에는 보다 다양한 공식 및 비공식 참여자들의 예상되거나 예상되지 않는 역할이 작용할 여지가 커지는 만큼, 다양한 협의체가 필요해지는 상황에서 헌법기관인 평통을 보다 적극적

24 통전부 산하에 조국통일연구원, 조국평화통일위원회(조평통), 반제민족민주전선(구 한민전), 해외동포원호위원회, 재북통일촉진협의회, 조국통일민주주의전선(조국전선), 조선아세아태평양평화위원회(아태위), 조국통일범민족연합(범민련), 범청학련(조국통일범청년학생연합) 등이 운영되고 있다. 북한이 운영하고 있는 대남공작 조직은 조선노동당 중앙위원회 비서국에 대남공작을 총괄하는 대남담당비서를 두고 그 휘하에 대외연락부, 통일전선부, 작전부, 정찰국 및 국가안전보위부 등을 두었다. 통전부는 대남사업 담당비서가 직접 통전부 부장을 겸임할 정도로 핵심적인 대남공작부서이다. 1977년 김일성의 직접교시에 따라 신설된 이후 선전·대남방송·삐라살포·해외교포들의 포섭 및 남한 내 친북조직 관리 등 공개적인 선전·선동공작을 수행한다. 이외에도 최근에는 인터넷사이트인 '구국전선'과 조평통의 기관 사이트인 '우리민족끼리'를 통한 대남 사이버 공작을 전개하고 있다(유동열, 2010: 124~129). 다른 공작부서와는 달리 통전부는 공개적으로 활동한다는 점에서 다른 대남 공작기구와 특징적인 차이가 있다(황일도, 2007: 264~275).

으로 활용하는 것이 바람직하다.

이북5도위원회

이북5도위원회는 행정구역상의 도(道)로서 아직 수복되지 아니한 황해도, 평안남도, 평안북도, 함경남도를 관리하기 위한 행정안전부 산하의 기구이다. 5도의 도지사는 행정안전부 장관의 제청으로 국무총리를 경유하여 대통령이 임명한다. 위원회의 위원장은 별정직 차관급인 5도의 도지사가 윤번제로 겸직하는데, 임기는 1년이다. 위원회는 서울특별시 이외의 15개소에 시·도 사무소를 두고 있고 도지사뿐 아니라 읍면장, 동장(洞長) 또한 임명된다.

위원회는 해외 이북도민 고국방문단 초청행사, 이북도민 체육대회 개최 등을 수행한다. 그리고 날로 증가하는 북한이탈주민의 남한사회 조기정착을 위한 통일학교 운영과 가족결연 사업을 함으로써 통일준비 관련 매개기구로서의 역할을 수행하고 있다(이북5도위원회 홈페이지).

(준)공공기관

사실상 거의 모든 중앙행정기구들이 통일준비 과정에서 상호간에 협력이 필요하듯이 정부산하의 공기업이나 공공기관들의 협력도 마찬가지로 필요하다. 우선, 공기업의 경우, 한국산업단지공단, 중소기업진흥공단, 대한무역투자진흥공사, 무역협회, 신용보증기금, 한국토지주택공사, 농업중앙회, 한국관광공사, 대한광업공사, 한국철도공사, 농수산물유통공사 등의 협력이 필요하다.

앞에서 예로 들었던 개성공단 사업의 경우에 토지공사와 중소기업진흥공단 등 공기업들이 관여하면서 현대아산을 비롯한 다수의 공단 입주기업들을 지원하고 있다(양현모 외, 2008). 2004년 12월 정부는 북한의 법제도와 경제특구 등의 분야에 경험이 풍부한 법률전문가 6명으로 개성공단 법률자문회의를 구성하였다. 법률자문회의는 개성공단 사업과 관련해 법령 제·개정, 해석·적용, 법적 문제 처리방향 제시,

법적 인프라 구축 등 자문역할을 하고 있다(중앙일보, 2004.12.13).

개성 남북교류협력 협의사무소는 남·북한이 2005년 7월에 합의에 따라 그 해 12월에 발족하였다. 이명박 정부 출범 후 통일부 직제 시행령 개정으로 정식 명칭이 남북교류협력 협의사무소(사무소)로 변경되었다. 사무소는 대북교역 및 투자 등에 대한 알선 및 상담, 남북 교역당사자 사이의 연락지원, 경협관련 방북인원의 편의제공, 교역상품 전시회 등 경협 촉진활동 등 민간분야 지원사업은 물론이고, 남·북한 간 교역 및 투자촉진을 위해 필요하거나 남·북한 간 합의에 의해 위임된 업무를 수행하고 있다. 남측 사무소에 통일부와 기획재정부 등 당국자 11명이 상주하고 있고, 민간분야에서도 수출입은행과 중소기업진흥공단, 대한무역진흥공사, 무역협회 관계자가 각 1명씩 나와 있다(연합뉴스, 2008.3.27).

개성공단사업을 포함해 남북교류협력과 관련된 정책결정은 주로 남북교류협력 추진협의회에서 이루어진다. 1990년 12월 남북교류협력에 관한 법률에 근거하여 설치된 위원회는 특히 남북교류협력기금의 지원에 관한 사항 등 경제적 문제를 논의·결정한다. 통일부 장관을 위원장으로 하고 차관 및 차관급 공무원 중 국무총리가 지명하는 자를 위원으로 하는 15인 이내로 구성되며, 민간위원 약간 명도 위촉된다. 남북교류협력추진협의회 회의는 위원장인 통일부 장관이 소집하며, 이 협의회의 위임을 받은 사무를 처리하기 위해 실무위원회를 설치하고 있다(양현모 외, 2008: 81).

북한 이탈주민 대책사업과 관련해서는 대한주택공사 등이 주요 행위자로 관여하고 있다(황병덕 외, 2006: 1155~1158). 통일부가 설립한 북한 이탈주민 정착지원사무소(하나원)는 탈북자들의 정착을, 한국폴리텍대학은 탈북자의 성공적 정착을 위한 직업교육과 취업·직업훈련 상담, 전문직업훈련과정 안내, 직업·경력 설계 등을 상담한다.[25]

25 한편, 납북피해자들에 대한 보상·지원 업무를 담당하기 위해 통일부는 2007년 11월에 납북피

통일연구원, 국방연구원, 외교·안보연구원, 국가안보전략연구소, 한국행정연구원, 세종연구소 등 정부출연 국책연구소들은 관련자료의 수집 및 분석을 통해 통일준비를 돕고 있다. 대북·통일정책과 관련한 전문가 집단인 여러 대학의 북한학과 혹은 통일관련 연구소는 해외 북한전문가, 남북교류에 직접 관여하는 실무가를 초청하여 다양한 학술행사를 열고 있다. 이를 통해 해외전문가, 정부기관, 민간전문가, 시민단체, 언론기관과 함께 네트워크를 구성하여 정부의 대북·통일정책에 영향력을 행사한다(황병덕 외, 2006: 1037~1041).

대한적십자사는 대북지원사업과 이산가족 상봉사업에 참여하는 대표적인 준공공기구에 해당한다. 1971년 북한적십자회에 이산가족찾기 회담을 제의한 이래 이산가족들의 생사확인, 면회소 설치, 대면상봉, 화상상봉 행사를 추진하였다. 또한 대한 적십자사는 매년 되풀이 되는 집중호우 등 자연재해로 고통받는 북한동포를 돕기 위해 1995년부터 대북지원 창구로서 민간단체가 기탁해온 기증물자 지원과 1999년부터 정부가 남북협력기금으로 위탁한 비료지원 사업을 전개하고 있다(대한적십자사 홈페이지).

비정부조직

현재 한국에서는 다수의 시민사회 조직들이 남북 관계 및 통일준비를 위한 활동을 수행하고 있다. 대북협력 민간단체협의회(북민협),[26] 민족화해협력 범국민협의회(민화협), 통일부 등록 사단법인 및 재단법인들, 현대아산을 포함한 민간기업들, 대북지원 민간단체들, 경제관련 주요단체들(예: 전국경제인연합회, 한국경영자 총연합회, 대한상공회의

해자지원단을 신설하였다(연합뉴스 2007.11.5).

26 북민협은 2001년 2월 29일에 대북지원 민간단체 간 유기적 협조체제로서 기존의 대북지원 민간단체모임을 확대 공식화하고, 소속 단체들 간 활발한 대북 정보 교환과 협력을 통한 효율적인 북한동포 사업지원을 목적으로 조직되었다.

소, 중소기업중앙회, 무역협회 등)을 들 수 있다.

위에서 예로 든 북한 이탈주민들에 대한 지원 사업과 관련하여 각종 자격 인정이나 직업훈련과 관련하여 민간기관들이 자격인정기관으로써 혹은 직업훈련기관으로서 활동하고 있다. 한 국책연구원의 보고서에 의하면 남·북한 관계 및 통일준비와 관련하여 요구되는 전문성 면에서 시민단체들과 싱크탱크들이 가장 많은 지식생산 능력을 보유하고 있으며, 연결망의 활성화가 '권위보다는 설득 및 교환'에 더 많이 의존하는 것으로 분석했다(황병덕 외, 2006: 675).

전술한 것처럼 통일부가 1999년에 구성한 북한 이탈주민지원 지역협의회는 북한 이탈주민 밀집거주 지역을 중심으로 지방자치단체의 신변, 취업, 거주지 보호담당관과 사회복지관, 종교·시민단체 등 민간단체가 참여하는 협의체 조직이다. 지역에 기반을 두고 정착서비스를 지원하는 지역사회복지관은 통일부 산하 지역협의회에 소속되어 다양한 기관들과 연계되어 북한 이탈주민의 조기정착을 위해 서비스를 제공하고 있다. 지역사회복지관은 재단형태로 설립·운영된다.

이처럼 다양한 형태로 존재하는 사회부문의 조직들은 남·북한 관계 및 통일준비 과정에서 나름대로 의미 있는 역할을 수행할 것이다. 다만 이 조직들과 '국가' 간에는 긴밀한 연결망 형성을 통해 지식정보의 공유와 활동의 시너지를 기할 필요가 있다. 이명박 정부의 경우 현재 255개의 통일부 '등록단체'들이 존재하며 다양한 활동을 펼치고 있다.

대북지원 민간정책협의회는 2005년에 정부와 민간이 공동으로 대북지원에 관한 체계적 계획을 수립하고 역할을 분담하기 위한 목적으로 발족한 정부와 민간의 협의체 기구이다. 통일부 차관과 북민협 회장단체 대표로 구성된 공동의장을 포함해서 모두 15명 이내의 정부와 민간위원으로 구성한다.[27]

27 정부 측 위원은 통일부 장관이 통일부, 농림부, 보건복지부 등 대북지원 유관 기관 추천을 받아 지명한다. 민간 측 위원은 대북협력민간단체협의회(북민협)에서 지명하며, 민관협의 원활한 운영을 위해서 운영위원회와 분과위원회를 두고 있다(양현모 외, 2008: 105).

일반적으로 시민단체나 기업의 경우에 공공부문에 비해 좀더 자유로운 활동이 가능해야 한다. 그러나 위험요소를 내포하는 남·북한 관계 및 통일과정의 특수성에 비추어 '국가'가 최소한 상황파악과 유사시에 긴밀하게 보호하고 협력할 수 있는 연결망이 형성될 필요가 있다. 2011년 봄에 제기된 인도적 차원의 식량지원에 대한 시민단체들의 다양한 의견개진에서도 볼 수 있듯이 시민단체들의 다양성은 '국가'의 통합성과 긴밀한 조화가 필요하다.[28] 이즈음에 통일부는 "남북경협업체 개수는 물론 연락처도 제대로 확보하지 못한 것"으로 언론의 비판을 받았다.[29] 통일부가 파악한 1,017개 업체 중 절반이 폐업하거나 연락 안 되고 있다는 것이다.

이에 대해 통일부는 "정부의 승인이 필요한 남북협력사업과는 달리, 남북교역 기업은 정부의 승인이 불필요"하기 때문에, "관세청의 통관자료에 근거해 교역실적이 있는 업체현황을 관리했으며, 남북교역 실적을 보유한 기업은 매년 700~800여 개 수준"이라고 해명했다. 그리고 "남북교역업체 등록제"를 도입할 예정이며, "최소한의 요건을 갖춘 기업은 모두 등록이 가능하도록 할 방침"이라고 발표했다(통일부 대변인실, 2011.5.17).

28 북한 주민 혹은 탈북주민에 대한 지원에 관한 언론이나 시민단체들의 다양한 의견에 대해서는 중앙일보, 2011.5.19; 연합통신, 2011.5.19; 조선일보, 2011.5.15~17 참조.

29 예로서 통일부가 "개성공단과 금강산 지역, 평양을 비롯한 남포·해주·나진·신의주 등 북한지역에 법인을 두고 교역활동을 하는 것으로 파악하고 있는 업체 수는 1,017개였다. 그러나 통일부는 이 가운데 188개 업체의 연락처조차 갖고 있지 않았다. 또한, 연락처를 확보하고 있는 829개 업체 가운데서도 259개 업체의 연락처는 아예 없는 번호이거나 이미 폐업한 기업, 남북경협과는 전혀 상관없는 회사의 것으로 나타났다. 이에 따라 만일의 위기사태가 발생했을 때 통일부가 위기관리 대응능력을 갖고 있는지에 대한 의구심이 일고 있다. 또 전체 경협사업업체 1017개도 사실이 아닐 가능성이 큰 것으로 보인다"는 사설을 들 수 있다(조선일보, 2011.5.16).

글을 마치면서

남북관계의 관리와 통일에 이르는 길은 불확실성과 위험성을 내포한 험난한 과정이면서 동시에 그 속에서 가능성을 모색하고 실천해야 하는 기회의 과정이다. 이와 같은 상황을 전제로 할 때 무엇보다도 중요한 것은 '준비성'이다. 통일준비 추진체계는 상황변동적이어야 하며, 가능한 많은 분화와 유기적인 통합 간의 조화가 필요하다. 따라서 자연히 연결망과 계서제 조직화 원리의 적절한 조화를 필요로 한다. 이와 같은 조직화 원리를 감안하면서 현재 남한 정부의 통일준비 추진체계를 분석해 보았다.

통일에 이르기 위한 추진체계의 설계에서 분화와 통합을 모두 극대화하면서 양자 간의 조화도 기해야 한다는 이 글의 견지가 자칫 '좋은 것은 모두 담아야 한다'는 논리로 귀결될 여지가 있다. 분명한 것은 통일의 과정은 이 모든 것을 필요로 한다는 점이다. 문제는 이와 같은 논리의 조직화가 현실적으로 가능할 것인가에 있다.

이 때문에 성공적인 통일준비의 행정/거버넌스는 조직화 측면에서의 혁신에 더하여 적절한 공공리더십의 뒷받침이 또한 따라주어야 한다. 교향악단 연주에서 각 악기별 연주자들을 무대에 어떤 위치에 배치할 것인가의 사안에 더하여, 지휘자가 어떻게 각 연주자들을 지휘하여 조화로운 화음을 빚어낼 것인가의 문제가 하나의 비유가 될 수 있을 것이다.

통일과정이라는 교향악의 연주는 계서제의 수직적 조직화와 리더십, 그리고 연결망의 수평적 조직화와 리더십 모두를 필요로 한다. 과연 어떤 시점에서 어떤 속성을 더 살리면서 조화를 기할 것인가가 시무 혹은 맥락지성의 리더십이다.

역사상 처음으로 대형사고를 당한 경험을 바탕으로 요즈음 미국의 행정학자들이 위기에 대처하는 이른바 '신(新) 비상관리(*New Emergency Management*)'의 행정전문가들을 양성해야할 필요성을 제기하고 있다. 이 신 비상관리 행정전문가에게는 ‘준비성’, ‘체계 통합’, ‘전략적 기획 및 소통’, ‘조직간 조정, 협동, 소통, 조정’, ‘지도력’, ‘조직 구조 및 정합성’을 함양시킬 것을 강조하고 있다(Jones & Givens, 2011: 69~76; McGuire, Brudney & Gazley, 2010).

이와 같은 강조는 통일을 준비하는 한국의 행정학자와 행정관리자에게도 시사하는 바가 크다. 비상상황 하에서도 위기가 오히려 발전의 계기가 될 수 있도록 대응하는 국정운영 능력은 단순히 물리력이나 경제력 등 경성권력(*hard power*) 자원의 준비에 더하여, 계서제와 연결망이 조화된 대응체계의 조직화, 그리고 그 조직을 운영하는 사람들의 신축적인 통합과 조화의 조정능력을 포함하는 연성권력 자원의 준비 또한 필요로 하는 것이다.

■ 참고문헌

단행본

박병련(2009), "동양역사에서의 리더십 홍재환·함종석(편)", 《국가경쟁력과 리더십》, 법문사, 14~52쪽.

양현모 외(2008), 《대북·통일정책 결정과정에서의 정책네트워크 분석》, 한국행정연구원.

염돈재(2010), 《독일통일의 과정과 교훈》, 평화문제연구소.

이광희(2008), "정책결정과 조정, 한국행정연구원(편)", 《한국행정 60년, 1948~2008》, 법문사.

임동원(2008), 《피스메이커: 남북관계와 북핵문제 20년》, 중앙북스.

정용덕(2001), 《현대국가의 행정학》, 법문사.

_____ (2002), 《한일 국가기구 비교연구》, 대영문화사.

_____ 외(2011), 《공공갈등과 정책조정 리더십》, 법문사.

정지범(2009), 《국가종합위기관리: 이론과 실제, 한국행정연구원 위기관리 연구 총서》, 법문사.

통일부(1999), 《통일부 30년사: 평화·화해·협력의 발자취, 1969~1999》, 통일부.

최진욱(2002), 《현대북한행정론》, 명인출판사.

최창현(2005), 《복잡계로 바라본 조직관리》, 삼성경제연구소.

함성득(2002), 《대통령 비서실장론》, 나남.

황병덕 외(2006), 《한반도 평화·번영 거버넌스의 실태조사》, 통일연구원.

Dryzek, J. & Dunleavy, P. (2009), *Theories of the Democratic State*, NY: Palgrave Macmillan.

Jones, D. & Givens, A. (2011), Public Administration: The Central Discipline in Homeland Security in O'Leary, R., Van Slyke, D. & Kim, S., *The Future of Public Administration around the World*, Washington D.C.: Georgetown U. P., pp. 67~78.

Jung, Y., Mazmanian, D. & Tang, S. (eds.) (2009), *Collaborative Governance in the United States and Korea*, Seoul: SNU Press.

Kettl, D. (2007), *System under Stress: Homeland Security and American Politics* 2nd ed., Washington D.C.: CQ Press.

McGuire, M., Brudney, J. & Gazley, B. (2011), The 'New Emergency

Management': Applying the Lessons of Collaborative Governance to Twenty-First-Century Emergency Planning in O'Leary, R., Van Slyke, D. and Kim, S., *The Future of Public Administration around the World*, Washington D.C.: Georgetown U. P., pp. 11~28.

Nye, J. (2008), *The Powers to Lead*, Oxford: Oxford Univ. Press.

Pierre, J. & Peters, B. G. (2005), *Governing Complex Societies*, Palgrave Macmillan.

Simon, H. (1981), *The Science of the Artificial* 2nd ed., Cambridge, MA: MIT Press.

Weber, M. (1921/1978), *Economy and Society*, Berkeley, CA: UC Press.

White House, Homeland Security Council(2007), *National Strategies for Homeland Security*, Washington, DC: US Government Printing Office.

학술논문 및 보고서

강성남(2009), "행정변동이 이론적 분석틀로서의 복잡계 이론에 관한 연구", 〈한국방송통신대학교 논문집〉 제 48권, 103~130쪽.

김근세·정용덕(2002), "북한 국가관료제의 특성: 북한 국가행정기구의 변화와 지속성", 〈한국정책학회보〉 제 11권 2호, 195~225쪽.

김상묵(1994), "조직구조에 관한 비교연구: 통일안보 정책조정회의를 중심으로", 〈한국행정학보〉 제 28권 2호, 453~468쪽.

김진현(2011. 4 29), "평화를 위한 통일, 통일을 위한 평화: 대한민국의 평화, 안보, 통일논리의 수렴을 위하여", 서울대 통일평화연구원 창립 5주년 기념 학술회의(통일을 바라보며, 평화를 생각한다) 발표논문, 서울 프레스센터.

염돈재(2011. 3. 7), "독일통일의 과정과 한반도 통일정책에의 시사점", 서울대 행정대학원 제 545회 정책지식 포럼 발제문.

유동열(2010), "개편된 북한의 대남공작기구: 전투화·공세화 가능성 높은 북한의 대남 공작", 〈북한〉 제 463권, 124~132쪽.

이송호(2003), "국민의 정부 분야별 관계장관 회의에 대한 분석과 평가", 〈한국행정학보〉 제 37권 3호.

정용덕·김근세(2002), "북한사회주의 국가의 기능과 기구", 〈한국행정연구〉 제 11권 3호, 140~180쪽.

최대석 외(2009), 〈지방자치단체 대북교류 10년 백서〉, 통일부 연구보고서.
황일도(2007. 7), "북한 통일전선부 출신 탈북자가 증언한 대남공작부서의 모든 것", 〈신동아〉 제 574권, 264～275쪽.
Jung, Y. (1991). The Politico-Administrative Institutions and Reunification of Korea, Paper Presented at Ostasiatisches Seminar (Der Standort Koreas in Zaitalter der Perestroika), Freie Universitaet, Berlin, 26th June; in Kim, K. and Jung, Y. (eds.) 1993, *Korean Public Administration and Policy in Transition* 1, Seoul: KAPA & Jangwon, pp. 357～377.
Jung, Y. (2010), National Development and Governance in Korea, Paper Presented at the International Conference of UN Project on Governance (Good Governance for National Development) Seoul, 17～18th June.
Jung, Y., Yoo, H. & Lee, Y. (2010), The Executive Leadership in South Korea, 1948～2010: From Charismatic to Institutional Presidency, Paper Presented at the Working Group VII ("Leadership, Governance and Public Policy") of the Annual Conference of the International Association of Schools and Institutes of Administration (IASIA), Bali, 12～17th July.
Moynihan, D. (2008), Structural Forms in the Search for Policy Tools: Incident Command Systems in US Crisis Management, *Governance* 21(2), pp. 205～229.
Rhodes, R. (1996), The New Governance: Governing without Government, *Political Studies* 44, pp. 652～667.

기타

권혁철·황준범(2011. 3. 25), "위기관리 조직 강화", 〈한겨레신문〉.
기무라 다이스케(2011. 5. 28), "매뉴얼 사회, 매뉴얼대로 비판 말라", 〈조선일보〉.
김석주(2011. 5. 4), "사이버 테러 대비하는 컨트롤타워부터 세워야", 〈조선일보〉.
서승우(2011. 5. 9), "컴퓨터 보안에 대한 편견과 오해", 〈문화일보〉.
정용덕(2011. 4. 11), "불확실성 시대의 조직화 원리", 〈부산일보/대구매일신문〉.
최보식(2011. 3. 10), "통일의 두려움", 〈조선일보〉.
Beech, H. (2011. 3. 22), "Is Japan's Bureaucracy Strangling Humanitarian Aid?", *Time*.

돈이 정말 문제인가: 통일재원의 조달과 활용

2

김영윤

들어가며: 통일재원 논의의 전제

통일재원 문제를 논의하기 위해서는 다음과 같은 몇 가지 점에서 먼저 논의해야 할 문제가 있다.

첫째, 우리가 과연 어떤 통일을 할 것인가의 문제다. 통일재원의 문제는 일반적으로 재원의 조달과 사용이 주 내용이다. 다른 경제 사안에서와 마찬가지로 여기에도 경제원칙이라는 것이 적용된다. 즉 최소한의 비용으로 최적 또는 최대의 효과를 거둘 수 있도록 통일재원을 조달하고 사용해야 한다는 것이다.

그런데 최소의 비용으로 최대의 효과를 거두는 것과 가장 밀접한 연관을 가지는 것이 통일의 형태다. 바꾸어 말해 급진적으로 통일할 것인가, 아니면 점진적으로 통일할 것인가에 따라 통일비용의 규모가 크게 달라질 수 있다는 이야기다. 학계를 포함, 지금까지 통일비용 규모 비교와 관련된 논의에서 기본적으로 동의하는 점은 급진적인 통일의 형태가 점진적인 통일보다 훨씬 많은 비용과 더 큰 경제적 부담을 요구하고 있다는 점이다. 물론, 점진적인 통일의 경우라고 하더라도 재원조달이 그리 쉽지 않을 수 있다. 남북관계에서 정치・군사적인 사안의 발생이나 남한 내부의 공감대 형성이 이루어지지 않을 경우에는 이에 따라 요구되는 비용의 조달이 어려울 수도 있다. 그러나 북한의 붕괴에 의한 급진적인 통일을 상정할 경우에는 실제 그 가능성을 포함하여 재원 조달의 효율성을 위해서라도 통일에 이르는 과정을 면밀하게 관리할 필요가 있다.

둘째, 통일재원의 조달과 활용을 위한 통일비용 규모파악에 대한 인식이다. 통일비용의 규모를 파악하기 위해서는 '통일'이 경제적으로 어떤 상태를 말하는지, 어떤 방법(급진적, 점진적)으로 이루어질 것인지에 대한 합의가 필요하다. 더 중요한 것은 통일비용 산출의 기초가 되는 북한경제가 어떤 상태인지에 대한 데이터가 필요하며, 북한의 경제를 언제까지, 어느 정도의 수준으로 발전시키는 것이 통일이라고 할 수 있는지에 대한 합의가 필요하다.

그렇지만 이 세상 누구도 이에 대한 정확한 기준과 판단자료를 제시할 수 있는 위치가 아니다. 따라서 통일비용은 아무리 잘 계산한다고 해도 주관적인 것에 지나지 않는다. 반드시 정확하다고 장담할 수 없다. 지금까지 계산된 통일비용의 규모가 각 연구자에 따라 천차만별한 것은 바로 이 때문이다.[1] 통일비용에 대한 개념의 차이를 극복하고, 연구자들이 나름대로 설정한 세부 가정들이 통일되지 않는 한, 통일비용의 사전 계산이 큰 의미가 있다고 볼 수 없다.

따라서 이 글에서는 통일비용의 규모를 제시하는 데는 아주 소극적인 자세를 견지하고자 한다. 다만 이 글의 주제와 관련, 통일재원의 마련이라는 측면에서 준비할 필요가 있는 통일비용의 규모만을 제시할

1 학자의 연구에 따라 통일비용의 규모는 적게는 500억 달러에서 많게는 1조 2,040억 달러까지 천차만별이다. 이에 대한 자세한 내용은 이영훈(2002), 《통일비용연구정리》, 통일부; 홍순직 외(2010.10.28), "남북통일, 편익이 비용보다 크다", 〈경제주평〉, 현대경제연구원; 양문수, "경제적 측면에서 본 통일비용과 통일편익", '통일기반의 효과적 조성 방안과 과제'(사)전국대학통일문제연구소협의회, 연합뉴스 공동주체 2011년도 학술회의, 84쪽 참조.

생각이다. 이는 최근 우리 사회에서 거론되는 통일비용 논의와 관련, 통일에 소요되는 비용 중 꼭 필요한 최소한의 비용으로서 이를 통일과정과 연관시켜 제시하고자 하는 것이다. 이를 통해 언제 통일이 이루어질지 모르니 사전에 통일비용을 준비해야 한다는 우리 사회 논의에 필자 나름으로의 방향을 제시하고자 한다.

이 글은 전제적으로 통일재원의 조달에 초점을 맞추면서도 현재 이루어지고 있는 통일재원 마련 논의를 비판적으로 조망할 필요가 있다는 시각을 전달하고 있다.

통일비용과 재원조달 문제

통일비용과 통일의 경제적 의미

'통일비용'이라는 단어는 우리에게 익숙하고, 광범위하게 사용되지만 구체적으로 무엇을 의미하는지는 명확하게 정립된 것이 없다. 단지 통일에 따라 발생하는 비용이라고 할 수 있으나, 통일의 상태를 정치·경제·사회적으로 어떻게 정의하느냐에 따라 크게 달라질 수 있다.

경제적 의미에서의 통일 상태는 분리되었던 지역이 ① 동일한 경제기제를 채택하고, ② 지역 간 생산요소가 아무런 장애 없이 이전되며, ③ 통용되는 화폐가 동일할 뿐만 아니라, ④ 중요한 경제정책이 지역 간 차별 없이 적용되는 상태를 말한다. 이런 점에서 통일을 인식한다면 통일 시점에서 나타나는 경제지역 간의 수준 차이는 그리 큰 문제가 되지 않을 수도 있다.

그러나 통일되었음에도 불구하고 양 지역이 현 상태의 남·북한과 같이 계속적으로 큰 경제적 격차를 유지한다면, 통일의 의미를 잃는 것이 된다. 통일된 지역에 살고 있는 구성원이 비교적 같은 수준의 삶의 질을 누려야 보다 더 통일의 의미에 부합한다고 볼 수 있기 때문이다.

그러므로 경제수준이 열등한 지역의 주민소득을 향상시키고, 경제활동의 여건을 개선시킬 수 있는 방안, 즉 투자가 반드시 필요하다. 물론 그와 같은 투자는 통일 시점에 당장 없어도 큰 문제는 없다. 그러나 바람직한 통합경제적 구조를 형성하기 위해서는 반드시 필요하다. 일반적으로 이러한 투자성격의 비용은 통일비용에서 가장 큰 비중을 차지한다고 볼 수 있다. 그와 같은 형태의 대부분은 민간기업이 감당할 수 있기는 하나, 정부가 감당해야 할 부분도 분명 존재한다. 이를테면 경제활동의 효율을 제고할 수 있는 사회간접자본 시설에 대한 투자가 거의 대부분 정부의 몫이 될 것이다. 그런데 통일비용의 규모를 파악하는 데 이러한 민간부문의 투자까지도 통일비용에 포함할 것인가 하는 것은 비용을 산출하는 주체의 이해관계에 따라서 달라질 수 있다.

이를테면 정부나 국책 연구기관에서 통일비용을 계산할 경우 이러한 비용은 통일비용에 포함시키지 않을 가능성이 크다. 왜냐하면 그와 같은 비용까지 계상한다면 통일비용의 규모가 그만큼 커지게 되고, 이 때문에 통일에 대한 부정적 시각을 야기할 수 있기 때문이다. 통일비용에 대한 개념적 혼란과 더불어 이러한 요소도 통일비용 규모산정의 학자 간 차이를 유발하는 원인이다.

급진적 통일에 소요되는 통일비용 유형

이 책이 기본적으로 전제하는 바와 같이 남북 사이에 급진적인 상황이 나타나 북한의 남한체제로의 편입에 의한 통일이 이루어진다고 전제할 경우에 예상되는 통일비용은 대체로 다음과 같은 분야와 연관되어 발생할 가능성이 크다.

첫째, 북한에 대한 긴급구호 및 위기관리 비용이다. 동독의 경우와 같이 주민에 의해 북한정권이 무너질 경우, 북한사회는 일시에 혼란에 봉착할 수 있다. 북한 주민의 해외 또는 남한으로의 탈출, 거주지 및 직장이탈에 따라 생산·유통·분배질서가 마비되고 생산력의 급속한 감소와 물자부족에 휩싸이게 될 가능성이 큰 것이다.

이와 같은 혼란에 대비하기 위해서는 수용시설의 운영, 구호품 지원, 치안유지 및 남북 간 긴급 수송·통신망 연결을 비롯, 인적·물적 통로를 확보해야 할 것이다. 또한 부족한 에너지의 일부와 영농자재 및 기초 원자재의 지원이 이루어져 생산력이 보전될 수 있도록 할 필요도 있다. 이를 위해 ① 북한지역 주민 긴급구호비, ② 월남난민 긴급수용비, ③ 행정·사법·치안·군사 대책비, ④ 경제활성화 긴급대책비, ⑤ 교육 및 주민계도비 등의 비용이 필요할 것이다.

둘째, 남·북한 간 정치·경제·사회·문화·군사 등의 제도를 통합하는 데 드는 비용을 상정할 수 있다. 북한 당·국가체제 및 관료기구를 해체하고 민주주의 선거를 도입하는 일부터 각 행정부처의 문서양식이나 교통표지판을 바꾸는 데 필요한 비용까지 모두 여기에 포함된다. 또한 구식무기와 장비를 폐기하고, 국영기업과 협동농장을 민영화하는 데 요구되는 비용 또한 계상해야 할 것이다. 사회 및 교육 부문에서는 교육제도의 통합과 체제전환에 따르는 교육, 공무원 재교육, 인력교육, 인력의 현지파견까지의 비용도 제도통합과 관련된 부문에서 계상해야 할 것이다. 한편 북한의 대외채무도 승계해야 할 것이다.

셋째, 북한 주민의 삶의 질을 끌어 올리고 경제수준의 향상을 위한 비용이다. 자본주의 경쟁질서 아래에서의 기업운영과 산업구조조정 과정에서는 많은 실업자가 발생할 것이므로, 이에 대한 대비가 필요할 것이며, 수준 높은 의료서비스에 대한 수요증가 등 사회복지 차원에서의 지원 또한 필요할 것이다.

나아가 교통·통신시설 등 각종 SOC 분야의 투자를 비롯하여, 주택건설 및 개량에도 대규모의 지원이 이루어져야 한다. 극도로 열악한 환경을 개선하고 보존하는 비용과 함께 전력 및 에너지 공급시설 및 기업의 자본설비 현대화, 농업기반 확충과 개발을 위한 지원비용도 계상해 두어야 한다. 물론 여기에는 상당부분의 민간 투자도 이루어질 것이므로 정부의 재정지출 부담이 경감될 여지가 없지 않다.

이상의 비용들이 급진적으로 통일이 이루어질 경우, 그러한 통일로 인해 지출되는 비용(*cost*)으로 상정할 수 있을 것이다. 그런데 이러한 비용은 그 성격상 일회성으로 지출되는 ① 소멸성 비용, 다시 말해 통일됨으로써 지출되어 다른 형태로도 회수되지 못하고 사라지는 비용과 ② 투자성 비용, 즉 지출을 통해 물적 가치는 사라지지만 새로이 재화와 용역을 공급하는 수단을 탄생시킬 수 있는 재생산적 비용으로 구분할 수 있다.

여기서 전자의 비용에는 사회보장성 비용을 포함, 긴급구호적 성격을 띤 지출이 포함될 것이다. 한편 후자의 비용은 통일의 시점에서 그와 같은 비용이 없이도 통일은 가능하다고 할 수 있다. 하지만 보다 바람직한 통합경제의 구조를 형성하기 위해 이러한 성격은 지출은 반드시 필요하다 할 것이다.

통일비용의 조달

이상과 같은 통일비용을 어떻게 조달할 수 있을까? 남·북한 통일의 경우, 비용의 대부분을 남한이 부담해야 할 것이다. 북한지역에서 조달될 수 있는 비용으로는 기업이나 국유지인 토지의 매각 정도를 생각할 수 있겠으나, 기업의 경우 그 형편으로 보아 그대로 쓸 수 있는 것이 거의 없을 것으로 평가되기 때문이다. 토지나 광산자원의 채굴권 같은 것을 매각하여 조달하는 방법을 통해 통일비용의 일부를 충당할 수 있을 것이다.

대부분의 비용을 부담하게 될 남한의 경우(정부차원)에는 대체로 다음과 같은 방법을 사용할 수 있다. 일단 통일에 따라 나타날 한반도 긴장완화와 연관될 수 있는 ① 군사비의 전용을 통해 일부를 조달[2]할

2 우리나라의 국방비는 1980년대 초반까지만 해도 GDP의 6% 수준 및 정부재정의 30% 이상을 유지했지만, 1980년대 중반 이후부터 국방비 비중이 감소하기 시작, 2004년에는 정부재정의 16%(본예산 기준), GDP의 2.8% 수준까지 하향되었다. 특히 지난 IMF 금융위기시 대폭 삭감되

수 있으며, ② 통일기금을 조성하거나, ③ 국채발행, ④ 통일에 따른 목적세로서 '통일세'를 신설하여, 조달할 수 있다. 그 외에도 ⑤ 재정 지출 조정이나, ⑥ 해외저축을 도입하는 방법도 있다.

이 중에서 통일기금을 제외한 다른 방법은 통일과 실질적으로 이루어지는 상황에 맞추어 고려하는 것이 합리적일 것으로 판단된다. 왜냐하면 통일기금을 제외한 다른 방법은 통일에 직접적으로 대비하기 위한 재원으로서의 성격에 맞지 않기 때문이다. 다시 말해 '통일'이라는 과정이 실제 발생해야만 조달의 추동력을 얻을 수 있다.

반면, 통일기금은 통일의 대비적 성격이 강한 항목이기 때문에 통일 과정에서는 물론, 통일 이전부터라도 추진할 수 있다. 그렇지만 통일기금 마련은 통일에 대한 심리적 대비차원에서 바람직한 일이긴 하나, 정부차원의 대규모 통일기금 조성은 다소 신중을 기할 필요가 있다. 왜냐하면 통일기금 조성 그 자체는 현재의 부를 통일의 시점으로 이전시키는 것을 의미하며, 우리가 당장 필요한 분야에의 투자가 이루어지지 않는 데 따른 기회손실 비용을 발생시키기 때문이다.

또한 대규모로 조성된 통일기금일 경우에는 그것이 투자나 융자의 형태로 특정사업에 운용될 가능성이 높기 때문에 통일에 따라 통일기금이 급하게 필요한 시점에서 효율적인 회수가 가능할 수 있을지도 의문이기 때문이다.

이런 점에서 볼 때, 통일기금은 통일이 급작스럽게 이루어질 때를 대비해 필요비용의 일부를 마련한다는 점에서 의의가 있으나, 그 규모는 최소한의 필요규모에 한정시키는 것이 바람직할 것이다. 그 대신, 통일이 이루어질 경우를 대비해 통일비용을 효과적이며 안정적으로 조달할 수 있는 제도적 장치를 강구해 놓는 것이 더 효과적일 것이다.

었으며, IMF 금융위기 극복이후 정부 타부문은 IMF 금융위기 이전 또는 그 이상 수준으로 회복되었지만 국방비는 긴축기조가 지속되는 실정이다. 2002년 기준 우리의 국방비 부담률은 GDP 2.8%, 국민 1인당 국방비 부담액도 세계 29위 수준인 266달러로, 이스라엘 1,499달러, 미국 1,138달러, 싱가포르 1,010달러, 대만 336달러보다도 훨씬 낮은 수준이다(http://blog.joins-msn.com/ media).

통일재원 조달에 대한 우리 사회의 논의

이명박 대통령이 2010년 8·15 경축사를 통해 통일의 가능성과 통일세 문제를 언급한 이후 우리 사회에서는 이에 대한 논의가 봇물을 이루었다. 통일세 도입이 북한의 붕괴에 따른 통일을 전제한다는 점에서 비판의 대상이 되기도 했으나, 통일재원을 얼마만큼 또 어떤 방법으로 조달하는 것이 가장 바람직할 것인지에 대한 합의점을 모색하는 계기로 작용하기도 했다.

정부(통일부)와 민주평화통일 자문회의를 비롯해 각 민간단체와 연구기관에서 활발한 논의가 이루어졌으며, 통일재원 마련을 위한 방법에 대한 각종 설문조사가 추진되기도 했다.[3] 정치권에서도 통일기금 조성을 위한 통일기금법 발의와 함께 남북협력기금법률 개정안을 발의한 상태다. 당·정은 공청회를 개최하여 통일비용의 규모를 논의하는 동시에 통일세 도입, 남북협력기금 적립, 민간투자 유치 등 다양한 방안을 모색하고 있다.

일반적으로 통일비용 규모가 국가경제에 커다란 영향[4]을 미치는 만큼 다양한 방안 모색에 착수한 것으로 알려졌다. 특히, 정치권에서는 통일세 도입을 폐기하는 대신, 남북협력기금법을 개정했는데 매년 남은 기금을 적립해 통일비용으로 활용하고, 민간기업 투자 및 금융상품 조성 등을 통해 재원을 마련하는 방안을 논의하는 것으로 파악되었다.

이 같은 방안을 모색하는 이유는 '통일세'가 새로운 세금의 형태로 각인될 경우, 국민들의 공감대를 이루기가 쉽지 않다는 점 때문이다.[5] 또

3 통일부는 현재, 사업을 통해 3단계 통일방안(평화공동체, 경제공동체, 민족공동체)을 바탕으로 통일재원을 산정하고 그 조달 방안을 마련하기 위한 연구를 진행하고 있다.

4 국가안보전략연구소에 의하면 북한 붕괴를 상정해, 발생하는 통일비용은 2040년까지 2조 1,400억 달러(2,525조 원)으로 파악된다. 이는 2010년 국내총생산(GDP)의 2배에 달하는 금액으로 2040년 국가채무비율을 33.8%(2010년)에서 147%까지 상승시킬 것으로 보인다.

5 이와 관련, 김영우 의원은 "통일세는 공감대 형성이 안 된 상태에서 조세저항 및 세 부담으로 통일에 대한 합의에 장애가 될 것 같다"고 말한 바 있으며, 윤상현 의원 역시 "세 부담이 높은데 통일세를 도입한다면 국민들이 납득하지 않을 것"이라며 "남북협력기금이 1조 2,000억 원 정도이

현 정부 출범 이후 남북관계의 경색국면이 이어지면서 남북협력기금이 제대로 활용되지 못한다는 점도 배경으로 작용한 것으로 판단된다.

그러나 정부차원에서는 통일재원 마련문제가 남북공동체 기반조성 사업과 함께 논의될 수 있는 사안인 만큼, 연구결과에 따라 통일세 도입을 배제하지 않을 것으로 평가된다. 남북공동체 기반조성사업은 통일재원 마련방안을 비롯한 5개 정책연구 분야와 5개 공론화 분야가 함께 포함된 것으로 알려졌다.

통일재원과 관련된 한 설문조사[6]의 결과를 보면, 통일세의 직접적인 도입보다는 통일기금의 조성이 더 합리적이며 수용가능한 대안인 것을 알 수 있다. 설문조사에 임한 응답자의 51.1%가 '기금조성'을 꼽았으며, 이어 증세(10.8%), 채권발행(9.8%), 국민성금(6.7%), 해외자본 유치(6.2%) 등의 순으로 나타났다. 다만, 증세를 통한 통일재원 마련이 필요하다고 답한 응답자 중 36.4%는 통일을 위한 별도의 세금을 거두는 것이 바람직하다고 밝혔으며, 28.2%의 응답자들은 소득세나 법인세 등 직접세를 더 거두는 방법이 적절하다고 답했다.

이하에서 정치권에서 논의되는 통일비용 조성을 위한 법률개정안을 좀더 구체적으로 살펴보자.

첫 번째로 김충환 의원의 남북협력기금법 전부개정법률안을 보면, 최근 남북관계 경색으로 매년 사용되지 못한 남북협력기금을 통일에 대비하기 위한 별도의 계정으로 적립하여 장기적인 남북통일시대에 대비하는 것이 목적이다. 따라서 남북교류협력기금의 명칭을 '민족공동체회복을 위한 남북협력기금'으로 변경하는 한편, 기금을 남북협력계정 및 통일계정으로 구분한다. 그리고 재원충당을 위해서는 남북협력계정에서 해당 회계연도에 집행되지 아니한 재원과 해당 회계연도의 잉여금의 일부를 장기적으로 통일에 대비하여 대통령령으로 정하는 범

나 거의 쓰지 않고 있어 우선 그것부터 쓰는 것이 옳다"고 주장한 바 있다.

6 연세대 통일연구소가 실시한 전국 기업인 및 소상공인 1015명 대상 통일 관련 여론조사 결과(2011.3.3)

위에서 통일계정으로 적립하도록 하는 것이다. 더 나아가 남북협력계정의 용도에 북한 이탈주민의 보호 및 정착지원 사업 등 민족공동체 회복에 이바지하는 사업지원과 북한지역에 대한 지원을 위한 국제기구의 활동 및 사업지원을 추가하고, 신설하는 통일계정의 용도를 북한주민의 생활환경 개선, 북한지역의 사회간접자본 시설 확충 등으로 정하는 것을 골자로 하고 있다(법률 개정안 제 8조).

두 번째로 송민순 의원의 남북협력기금법 일부개정법률안을 보면, 현행 남북협력기금에 한민족 통합계정을 신설하고 이를 계속 축적하여 북한 이탈주민의 보호 및 정착지원 사업을 위시하여 남북통합과 격차해소에 필요한 재원을 안정적·체계적으로 마련하는 것이 주요 내용이다. 그 구체적인 방법은 남북협력기금의 설치목적에 북한 이탈주민 지원 등 남북 간 격차해소와 통합사업 등을 추가하는 한편, 남북협력기금 중 남북협력계정 및 비핵화계정으로 조성되었으나, 해당 회계연도에 집행되지 아니한 재원은 전액 한민족 통합계정을 위한 재원으로 적립 또는 사용하도록 하는 것이다.

세 번째 이명수 의원의 통일기금법안은 북한의 경제적 상황이 악화된 상태에서 통일이 되면, 남한이 재정적 파탄에 빠져 사회적 기반까지 무너질 가능성을 염두에 두고, 경제적 충격을 완화, 통일 이후 북한지역의 사회 간접자본 시설 확충, 북한지역 주민의 기초생활 보장 및 교육지원 등에 사용하기 위해 국민의 자발적 성금 등을 포함하는 통일기금을 조성하여 통일 이후를 준비하는 것이 핵심이다.

주요 내용은 통일기금을 설치하되, 기금의 조성은 국민의 자발적 성금 등을 포함하여 개인·단체의 임의출연금 및 정부 출연금, 장기차입금, 공공자금 관리기금으로부터의 예수금, 기금 운용수익, 그 밖에 대통령령으로 정하는 수입금을 재원으로 사용하는 것이다. 조성된 기금은 통일 후 북한지역의 사회 간접자본 시설 확충, 북한지역 노동자 임금수준 보전, 북한지역 주민의 기초생활 보장 및 교육지원, 그 밖에 통일 후 국가의 안정을 위하여 필요하다고 인정되는 것으로서 대통령령으로 정하는 사업지원 등의 용도에 사용하는 것이다.

네 번째, 정의화 의원의 남북협력기금법 전부개정법률안은 통일 시 북한의 소득수준을 남한의 수준으로 끌어올리기 위해서는 남한이 부담해야 할 막대한 경제적 비용을 감안해 통일비용을 미리 준비하는 데 목적이 있다. 따라서 남북통일 이후를 대비한 자금 확보를 위한 기금계정이 추가됨에 따라 현행 남북협력기금법을 남북협력 및 통일기금법으로 변경하고, 남북협력계정과 통일계정으로 구분하고 있다.

이 중 남북협력계정은 정부 등의 출연금과 장기차입금 등을 재원으로 하고 통일 전 남북 간 상호교류와 협력을 지원하기 위한 사업 등에 사용하도록 하되, 통일계정의 재원은 매년 내국세 총액의 100분의 1에 해당하는 금액을 일반회계로부터 전입받아 마련하고, 통일 후 남북 간 경제적·사회적 격차를 해소하기 위한 용도로 사용하도록 하는 것이다.

개정안을 통해 통일계정 기금의 재원이 조성될 경우, 2012년부터 2016년까지 5개년 동안, 일반회계에서 전전연도 내국세 총액의 100분의 1에 해당하는 금액을 전출하고, 남북협력 및 통일 기금 남북협력계정에서 통일기금운용위원회 운영비를 지출할 경우, 2012년 1조 3,791억 원을 포함, 향후 5년간 총 8조 803억 원의 재원이 조성될 것으로 예상하고 있다. 그 밖에 통일기금의 관리를 위해 통일기금운용위원회를 운영하도

통일기금 전출금 추정치(2012~2016년)

단위 : 조 원

	2010	2011	2012	2013	2014	2015	2016	계
내국세 수입 전망(a)	137.9	147.5	160.5	174.1	188.0	-	-	-
기금 전출금(b)	-	-	1.379	1.475	1.605	1.741	1.88	8.08

주: b=a*0.01

자료: 정의화 의원실 제공

록 하는데, 통일부장관이 위원장이 되며 위원회는 위원장을 포함한 15인의 위원으로 구성된다.

통일 대비 재원조달 규모

이 절에서는 남·북한이 교류협력을 과정을 거친 점진적 통일과정을 추진하되, 동·서독과 같이 북한의 남한체제로의 통합이 이루어질 경우, 사전조달을 목적으로 꼭 필요한 재원의 규모를 제시하고자 한다. 이는 위에서 언급한 것처럼 남·북한 제도·체제통합을 위한 비용이 중심이 될 것이다. 또한 꼭 필요한 비용의 규모는 사전조달해 준비해야 한다는 차원에서 통일 이후 1년 동안 소요되는 비용만을 다룬다.[7] 이하에서는 통일기금의 적립이 어느 정도의 규모로 필요할 것인가를 파악한다는 차원에서 조건을 두어 소요되는 제도 및 체제통합 비용을 현 시점에서 시산(試算)하고자 한다. 기본적인 조건은 다음과 같다.

첫째, 동·서독의 통일과 같이 북한주민이 남한체제로의 통일을 원하고, 장기간의 남북 교류협력 과정을 거쳐 북한지역이 경제적 자생력을 가지고 있는 것을 전제한다.

둘째, 경제분야에서의 각종 사회간접시설에 대한 투자는 통일에 대비하는 통일기금의 성격과 맞지 않으며, 또 통일 이후 장기간 조달·지원해야 한다는 차원에서 제외한다.

셋째, 대북한 긴급구호나 위기관리 비용의 경우, 통일 시점에 남한의 경제적 능력을 감안한 범위 내에서 조정이 가능할 뿐만 아니라, 앞서 언급한 통일 시점에서 북한지역이 경제적 자생력을 가지고 있는 것으로 전제하기 때문에 통일기금에서 배제한다.

먼저 남·북한 제도·체제통합 비용산출의 기본 전제 및 개념은 다

7 1년 이상의 비용을 준비하는 것은 위에서 언급.

음과 같다.

첫째, 통일 분위기가 조성되며, 남·북한이 합의 하에 통일을 모색한다는 결정이 이루어진 후 즉시 체제통합을 위한 준비를 하는 것이다.

둘째, 남·북한의 합의 하에 통일이 이루어지나, 그 내용과 형태는 남한 주도로 이루어지는 것으로 가정하며, 통일과정 속에서 북한은 남한의 지원을 받아 스스로 체제전환을 모색하는 것이다.

셋째, 체제 및 제도통합 지원비용은 북한체제가 자유민주주의, 시장경제체제로 전환하기 위해 초기 1년 이내 추진하는 비용으로 정의하고, 전액 남한 정부 차원에서 지출·지원하는 것으로 한다.

비용산출의 방법에서는 일단 소요대상 비용을 항목별 누계방식으로 산출하고자 한다. 그러나 항목별 누계에 제도통합의 비용이 모두 포함되었다고 볼 수 없기 때문에 총비용을 산출해, 역으로 계산하여 보완하는 방법을 택한다. 산출 기준년도는 2009년 말로 하며, 관련 통계자료는 한국은행 및 통계청 발표자료를 참조한다. 이 경우 산출에 기초가 되는 자료 및 통계지표는 다음과 같다.

남·북한 제도·체제통합 비용산출 기초자료 및 통계지표

	남한	북한
인구	48,747천 명	23,380천 명
환율	1달러 = 1,164.5원 (한국은행, 2009.12.31)	
국가예산	203.9조원 (=1,751억 달러, GNI의 18.7%)	
GNI		명목 GNI : 224억 달러 1인당 GNI : 960달러
경제활동인구		10,962천 명 (경제활동참가율 : 61.7%, 2008년)
외채규모		2000년 : 124.6억 달러 (통계청, 2009) 2008년 : 150억 달러 (블룸버그 통신, 2008. 1. 11)

이상과 같은 가정 하에 제도·체제통합 비용산출 대상분야는 통일 후 1년 이내 이루어지거나 이루어져야 할 화폐개혁(신규화폐 및 추가화폐 발행 및 교환비용) 비용, 사유화를 위한 토지 및 공장·기업소 조사 및 사유화비용, 가격개혁에 따른 대책비용, 북한의 외채인수, 군사부문 조치로 군 인력 축소, 전역, 방산분야 업체 정리비용, 치안·행정대책 및 부서별 체제정비, 조직개편, 법규제정 등에 소요되는 비용이 될 것이다.

신규화폐 발행비용

신 화폐 발행을 위한 전제는 다음과 같다.

첫째, 통일의 분위기가 조성된 후, 남·북한이 합의하에 통일을 모색하는 결정이 이루어진 후 일정기간 동안(2개월 이내) 북한지역의 화폐를 개혁하는 것으로 하며, 남한 정부는 상기 2개월 이내 먼저 북한지역에 통용될 새로운 화폐를 발행·보급하는 것으로 한다.

둘째, 화폐교환에는 화폐의 시장가치, 즉 구매력이 반영될 수 있도록 하되, 통화단일화 전까지 북한지역에서 사용될 화폐는 화폐발행 기술과 관리 등의 측면을 고려하여, 남한에서 발행하고 북한지역으로 수송하는 것으로 한다.

셋째, 북한지역에 가격자유화 및 사유재산 제도 등을 비롯한 제반 경제체제 전환조치가 이루어진 이후 화폐단일화를 추진한다.

넷째, 북한지역에서 통용될 신규화폐의 발행 및 교환비용, 화폐단일화에 따른 화폐의 추가발행 및 교환비용으로 나누어 산출하는 것이다.

먼저 신규화폐 발행과 관련해서는 북한에서 통용되는 본원통화량을 산출해야 하나, 북한 중앙은행은 상업은행의 기능까지 담당하는 바, 예금 지불준비금이 존재하지 않을 것이다. 따라서 현금통화량이 곧 본원통화량이 된다. 또한 북한은 통화관리 방식이나 통화의 유통속도 등 통화 신용정책과 관련된 통화 금융통계를 발표하지 않기 때문에 현금

통화량을 알 수 없으므로 국민총생산이나 정부 재정지출의 일정비율을 화폐유통량으로 파악하는 것이 바람직할 것이다.

동독의 경우는 통일 이전 화폐유통량이 국민총생산 대비 5~7% 수준이었기 때문에, 남한이 북한의 국민총생산 수준과 비슷했던 때를 찾아내 그 당시 실제 통화발행액(본원통화액 - 지불준비금)이 국민총생산에서 차지하는 비중을 알아보면 될 것이다. 더 나아가 화폐단일화에 따른 비용은 일단 화폐단일화 이전 북한 화폐를 폐기처분하고 남한의 통화를 단일통화로 통용하는 것으로 하여, 북한지역에 소요되는 화폐유통량 만큼 남한 화폐를 추가발행하는 것으로 하여 계산해야 할 것이다.

이 경우 추가발행할 화폐량은 북한지역에서 신규발행되어 사용되는 화폐를 대체할 수 있는 유동성 규모이나, 실질적으로는 통화단일화 시점에서 발행될 화폐량은 더 크게 증가할 것으로 예상된다. 통일 후 북한지역의 경제성장, 남한지역으로부터 부의 이전이 발생할 것을 감안하고, 화폐단일화 연도를 설정한 후 그 기간 동안의 통화량 증가를 반영하는 것이다.

그러나 화폐단일화는 통일 이후 3~5년 정도로 상정, 이번 비용산출에서는 제외하는 것으로 한다. 따라서 신화폐 제조비용은 북한지역의 화폐량에 준하는 신규화폐 발행비용으로, 2009년 기준 총 224억 달러 인 북한 GNI의 5%를 현금통화량으로 추정할 경우, 현금통화량은 11.2억 달러(= 1조 3,042억 원)가 된다.

이 금액을 남한의 통화단위별 규모에 따라 발행하고, 한국 조폐공사 화폐 발행비용을 참조할 경우, 2009년 기준 약 533.8억 원(=4,584만 달러)이다. 신규화폐의 북한지역 이송은 행정 통합비용에 포함시켜 산출하되, 이 시산(試算)에서는 제외한다.

토지사유화 비용

토지사유화 비용산출과 관련된 전제는 다음과 같다.

첫째, 북한지역의 국유재산 사유화 과정에서 몰수된 재산은 반환하지 않는 것을 원칙으로 한다. 그러나 만일의 경우 원소유자의 재산권을 인정하고 보상할 경우를 대비하는 것이 필요할 것이다. 따라서 비용산출은 보상을 대비하여 산출하는 것으로 상정한다.

둘째, 남한 GNP가 통일되는 시점의 북한 GNP와 비슷한 때의 ha당 가격에 토지면적을 곱해 산출한다.

셋째, 전체 사유화 기간을 5년으로 상정하여 초기 1년에는 사유화가 20% 진행될 것으로 예상하고 비용을 산출하되, 북한지역 몰수농지 중 일본인 소유 농경지를 제외한 872,393정보에 대한 보상비용을 산출한다.

넷째, 보상기금의 총액은 남한 GNI가 비용산출 기준년도의 북한 GNI에 상응하는 시점의 ha당 가격에 보상토지 면적을 곱해 산출한다.

북한지역에서의 몰수농지[8]는 일본인 소유지 111,561정보, 민족반역자 및 도주자 경작지 12,518정보, 지주소유 경작지 844,959정보, 기타 교회·사원·종교단체 소유 경작지 14,916정보로 북한 총 경지면적의 51%에 해당하는 총 983,954정보다. 이번 비용산출에서는 일본인 소유 농경지를 제외한 872,393정보에 대한 보상비용만 산출하고자 한다. 보상기금의 총액은 남한 GNI가 비용산출 기준년도의 북한 GNI에 상응한 남한 GNI시점의 ha 당 가격에 보상토지 면적을 곱해 산출한다.

비용산출 기준년도(2009년)의 북한 GNI(224억 달러)는 남한의 1975년도(209억 달러) GNI와 비슷하다. 따라서 1975년의 평균지가를 구해

8 이에 대한 기본 자료는 조선중앙통신사(1949), 《조선중앙연감 1949》, 평양: 조선중앙통신사; 김창순(1961), 《북한십오년사》, 지문각, 195쪽 참조.

보상대상 토지면적을 곱한 후 보상비용을 산출하면 될 것이다. 1975년의 평균지가를 구하기 위해 1975년부터 1991년까지의 지가상승률을 구해 평균지가로 나누는 방법을 택하고, 이를 정부가 공공용지의 취득을 위해 지주에게 보상한 총 평균금액에서 산출한다.

1991년 정부는 194,803천 평방미터의 보상을 위해 총 9조 7668억 원을 지급(건설부, 《건설통계편람》, 1992 참조)했다. 1평방미터당 50,137원이다. 이를 1975년 가격으로 재환산하기 위해 1975년 이후 1991년까지의 지가상승 수치인 평균 18.58배로 나눌 경우, 1975년 1㎡ 당 지가는 평균 2,698원이며, 1정보의 값은 2,698만원이 된다.

따라서 이 경우 '총 보상비용= 총보상면적 × 정보당 보상가격'으로 하면, 총 보상비용은 총 23조 5,327억 원(=202.1억 달러)이다. 20% 정도가 초기 1년 이내 보상될 수 있을 것으로 판단하여 40.4억 달러로 계상할 수 있다. 그러나 사유화 정책에 따라 보상이 바뀔 수 있는 점을 감안해 제도·체제통합 총비용과는 별도로 계상하기로 한다.

기업민영화 지원

북한기업의 민영화는 국영기업이 기존의 생산활동을 지속할 수 있도록 기업에 대한 관리실태 조사 및 경영정상화 진단을 거쳐 추진될 것이다. 즉 경쟁력이 없어 도산이 불가피한 기업, 정상경영이 가능한 기업, 기업의 부분조업 또는 감량경영으로 회생가능한 기업으로 구분할 필요가 있다. 기업의 민영화 과정에서 발생하는 비용은 회생가능할 것으로 판정되는 기업을 대상으로 하되, 여기에는 기업투자 지원, 환경정화, 운영정상화를 위한 경상운영비 지원비용 등의 포함을 전제한다.

지원방법은 동·서독의 통일과 같이 일정액을 기금형식으로 준비하되, 각 기업이 운영에 요구되는 자금을 신청할 경우, 임의로 정하는 기준에 따라 교부·지원할 수 있다. 지원기준을 설정할 지표마련을 위해 종업원 수, 기업의 자산, 재무구조, 노동자 취업구조, 경쟁력 상태, 기업의 부채규모 등을 감안해, 이를 기업전문가의 협의 하에 지수화할 필요가 있다. 지원기간은 기업의 재무구조가 건전하게 되는 기간까지로 하되, 재무구조의 건전성은 총자산에 대한 부채비율 및 순이익률을 통해 결정하되, 최장 지원기간은 5년으로 그 이상의 지원은 당시 기업상황을 보아 결정하는 것으로 한다.

그러나 실제 계산하는 데 북한 기업체의 규모별 수와 종업원 수, 기업의 자산규모 및 재무구조 등에 대한 지표가 없으므로, 체제전환 시 북한 기업의 감소된 산업생산량을 목표로, 이에 소요되는 비용을 북한 기업에 대한 지원금으로 할당해, 일정부분을 경상운영비로 보고 기업 정상화 비용으로 계상하는 것으로 한다.

예상되는 전체 신업생산 감소량은 통일비용 산출 기준년도 북한지역 GNI의 20% 정도로 설정하기로 한다. 구동독의 산업생산 감소는 통일 후 1년간 약 35%이상을 나타냈으나, 이는 동·서독의 급진적인 화폐단일화와 동독 화폐의 고평가에 기인했던 점을 감안한 것이다. 남·북한의 경우, 기존의 북한경제 존속을 목표로 하는 특별관리가 이루어질 것으로 설정하고, 구동독지역보다 낮게 책정하는 것이 바람직할 것이다.

따라서 기업민영화 지원은 앞서 언급한 바와 같이 5년간 이루어지는 것으로 하되, 총 소요금액을 일정률로 분할하여 지급하는 것으로 하고, 통일비용 산출 기준년도 북한 GNI 224억 달러의 20%인 44.8억 달러를 산업생산량 감소 규모로 계상하고, 이를 매년 20%씩 지원하는 것으로 하면 될 것이다. 따라서 통일 후 1년 동안의 지원 금액은 224억 달러 × 20% × 20%는 8.96억 달러가 된다.

가격개혁 대책비

가격개혁 대책비는 일반 가계를 대상으로 가격개혁에 따른 보조금을 지급, 북한 주민의 사기를 진작하고 생계를 유지하는 데 기여할 목적으로 계상하는 것이다. 실제 계산에서는 주요 생필품 및 공공요금과 개별 가격보조금을 통해 1인당 소비량과 인구수, 보조금 지급기간을 곱해 산출하기로 한다. 그러나 생필품의 범주에 속하는 대상품목 선정의 어려움과 생필품에 해당되는 개별 제품가격을 파악하기 어려운 점이 있다. 따라서 북한 국민총소득의 일정비율을 정부보조금으로 책정하여 지원하는 방법의 적용하기로 한다.

구체적으로 북한지역 경제활동인구를 대상으로 하되, 통일 초기 첫 해의 북한지역 물가상승률을 20%로 가정하고, 1인당 국민소득을 기준, 이의 일정비율을 매년 지원하되, 2차년도부터 일정비율을 축소하여 지급하는 것으로 한다. 2009년 북한 1인당 국민소득은 960달러인바, 이의 20%는 192달러가 된다. 통일 초기 경제활동인구는 2008년의 통계 기준 10,962천 명의 1.5% 증가한 수치로 상정, 11,126천 명으로 할 경우, 총 비용은 11,126천 명 × 192달러 = 21억 3,619만 달러가 된다.

행정분야 제도통합 비용

행정통합 관련비용은 주로 인적비용일 것이므로 체제정비, 조직개편, 법규제정 등 통합기구 설치 및 운영에 따른 신규인력 채용비용, 북한 행정인력을 대상으로 하는 각종 교육실시, 교재개발 및 보급비용, 공무원 재교육 등 인력교육, 현지파견, 조사활동 비용 등으로 구성될 수 있다. 산출방법은 인건비 누계 및 총비용 산출을 통해 파악하는 것으로 한다.

우선 인건비 누계를 통한 방법은 남한 정부의 총예산에서 차지하는 인건비 비율만큼을 북한지역의 재정규모에 적용하고 통일 초기 1년 동안의 비용을 산출하는 것이다. 여기에 군사부분은 별도 계산하기로 한다. 북한의 재정규모는 체제의 특성상 국민소득의 총계와 동일한 것으로 취급하고 재정에서 군사부문을 제외한 인건비 비율을 계상한다.

재정에서 군사부문이 차지하는 비율은 30%이며, 재정부문의 인건비 비율을 18.7%로 보았을 때, 군사부문을 제외한 인건비 비율은 13.1% 정도가 된다. 제도통합을 위해 매년 지출이 발생하는 것을 감안하고 제 2차년도 이후부터는 일정비율(10% 정도)을 축소·지출하되, 10년까지 지급·완료하는 것으로 하면, 초기 1년 동안의 제도통합비용은 224억 × 13.1% = 29.3억 달러가 된다.

한편, 한계자본계수를 이용한 총비용은 다음과 같은 개념 하에 산출할 수 있다. 남한 정부는 '비핵·개방·3000'을 통해 북한이 핵을 포기하고 개방하면 10년 이내 북한 주민의 1인당 소득을 3천 달러로 제고하는 정책을 견지하고 있다. 이 정책의 실현성 여부를 떠나 이러한 시산에서는 북한 1인당 국민소득 3천 달러로 상승시키기 위한 총 소요자본을 계상하고, 이를 통일비용으로 상정하고자 한다.

통일 총비용은 한계자본계수[9]를 적용하여 산출하면, 통일 후 10년 이내 북한 주민 1인당 소득이 3천 달러가 되기 위해서는 2009년 말 기준 매년 12.1%의 국민소득 성장이 일어나야 한다. 이 시산에서는 통일 초기 1년 동안의 국민소득 증가분을 알아야 한다. 2009년을 기준으로 하여 2010년 말, 통일 첫 해에 돌입하는 것으로 가정하면 현재 북한 주민 1인당 국민소득 960달러는 1,076달러가 되어야 한다. 따라서 1인당 116달러만큼, 총 23,380천 명 분에 해당하는 증가가 이루어져야 한다.

소득향상은 경제성장을 통해 이루어져야 하므로, 자본 1인당 창출하는 소득계수를 찾아내 필요자본을 산출해야 하며, 이를 1차년도의 통일 총비용으로 계상할 수 있다. 산출된 총비용에서 제도통합에 소요되는 비용을 일괄적으로 계산하여 상기 산출된 금액과 비교하여 누락분을 산출하면 된다.

평균 한계자본계수는 남한의 1971~1980년도 평균인 1/0.17로 책정[10]하고, 이를 북한에 적용하면, 통일 후 북한지역엔 남한의 자본이 유

9 한계자본계수는 새로 추가되는 생산량 1단위와 이를 생산하기 위해 필요로 하는 자본의 추가량 간의 비용(ΔK/ΔO)을 말한다.

10 한국은행(1991), 《경제성장과 자본스톡》.

입됨으로써 산업생산성 향상이 이루어질 것으로 판단되므로, 이를 남한의 상기 기간의 평균으로 보아도 무방할 것이다. 따라서 통일 첫 해 필요자본량은 116달러 × 23,380천 명 × 1/0.17 = 159.5억 달러다.

총 소요자본량에서 차지하는 제도통합 비용은 남한의 국민총생산에서 예산이 차지하는 부분만큼 계상하면, 2009년 국가예산이 전체 국민소득에서 차지하는 비율이 17.8%이므로, 이를 적용하면 제도통합 비용은 29.3억 달러에 달할 것으로 전망된다.

그런데 인건비 누계를 통한 방법에서는 29.3억 달러이고, 총비용 산출을 통한 방법에서는 29.8억 달러이기 때문에 다소 차이가 발생하나 총비용 산출에는 일정부분의 군사부문 행정통합까지 포함하는 것으로 계산하고자 한다. 이 시산에서는 총비용 산출을 통한 방법에서 0.6억 달러만큼 높은 부분을 군사부문의 인건비로 보고, 29.8억 달러를 최종 행정통합 비용으로 계상하고자 한다.

국가 대외부채 인수

통일 당해연도 북한의 대외부채를 모두 인수하고, 이를 10년 균등 분할·상환하는 것으로 전제한다. 북한의 외채는 2000년 기준 124.6억 달러로 평가되며, 그 이후의 외채잔액은 파악하기 어려우나, 블룸버그 통신에 따르면 15억 달러로 추정된다(2008.1.11). 따라서 이 금액은 10년 동안 원리금을 분할상환하는 것으로 하고, 통일 첫 해에는 이자 없이 원금의 10분의 1을 갚는 것으로 상정할 경우, 상환비용은 15억 달러에 달한다.

군사분야 통합비용

군사부분의 통합은 남북군사 통합기획단을 편성하여 추진될 가능성이 크다. 이 기획단의 업무는 북한군 해체, 병역제도 정비, 북한 군사기지 및 군수 방산시설 처리 및 개편이 주가 될 것이며, 통일 한국의 적정 군사력 규모 산출도 업무 중 하나다.

통일 한국의 적정 군사력은 남·북한인구의 1%로 상정하고 남한의 병력과 함께 축소해 나가며, 이에 부수된 장비도 축소해야 할 것이다. 군사부문 통합과 관련한 비용은 ① 병력감축에 따른 지원금 교부, ② 병역제도 정비, ③ 방위산업체 처리 및 민수화에 주로 지출될 것이다. 산출의 전제조건을 다음과 같이 둔다.

첫째, 방위산업 처리 및 민수화 비용은 북한지역의 경제재건을 위한 정부 재정지출 소요액 중 제조업 총생산 산출과정 및 기존 생산설비 대체를 위한 지원에서 따로 고려해야 할 대상으로, 이는 통일 초기 1년 이후 이루어질 수 있으므로, 이 시산에서는 제외한다.

둘째, 군사설비의 축소 및 무기의 폐기 등은 행정통합 비용에 포함시켜 시산하는 것으로 한다.

셋째, 남·북한 통합군의 적정 병력수에 기초하여 북한지역 잔여병력 수준을 결정하고, 이를 초과하는 병력은 예편하는 것으로 하되, 예편된 사람에게는 사회보장 차원의 실업수당을 지급하는 것으로 한다.

넷째, 병역제도 정비부문은 행정통합 비용에서 군사비 비율만큼을 누락시켰으므로, 이를 합산하는 것으로 대체한다.

먼저 감소 병력분에 대한 실업수당을 계산하면 북한의 상비군으로 추정되는 병력수는 총 119만 명[11]으로 추정된다. 육군 102만 명, 해군 6만여 명, 공군 11만 명이다. 2008년의 병력수를 그대로 2009년 값으로 대체하고, 통일 한국의 적정병력수를 인구의 1%로 상정할 경우, 그 규모는 72.2만 명이 된다.

남·북한 인구비례에 의해 병력을 축소할 경우, 북한의 병력감소는 95.4만 명에 달한다. 병력감축은 1년 이내 완료하는 것으로 하고 해당되는 감소병력에 대해 1인당 GNI의 6개월분을 계상하여 지급하는 것

11 한국국방연구원(2008), 《국방백서》.

으로 할 때, 총비용은 960달러 6/12 × 95.4만 명 = 4억 5,792만 달러가 된다.

두 번째로 군사시설 및 병역제도 정비비용을 시산하면, 이 분야의 비용은 행정제도 통합비용에서 군사비 비율만큼 누락시킨 부분을 계상하는 것으로 할 수 있다. 군사부문 행정통합 비용은 전체 행정제도 통합비용인 224억 달러의 5.61%가 통일 첫 해 발생하는 것으로 계상하되, 제 2차년도부터는 이 금액의 일정부분을 축소하여 지출하는 것으로 하면, 군사시설 및 병역제도 정비비용은 12.6억 달러가 될 것이다. 제도통합 및 체제전환을 위해 소요되는 비용을 총괄하면 다음과 같이 나타낼 수 있다.

통일대비 조달 재원 내역과 규모

통일 후 1년 이내 발생분

분야	세부비용 발생 내역	금액(억 달러)	비고
화폐·통화	신화폐 발행	0.46억 달러	
사유화	토지사유화 보상	-	보상시(40.4억 달러)
	기업 민영화 지원	8.96억 달러	
가격개혁	가계보조금 지원	21.4억 달러	
행정통합	행정제도 단일화	29.8억 달러	
외채인수	외채 인수	15.0억 달러	
군사분야	병력감축 지원	4.58억 달러	
	군사시설 및 병역제도정비	12.6억 달러	
합계		92.8억 달러	(40.4억 달러)

이상의 계산결과를 볼 때, 통일 초기 1년 간 제도 및 체제통합을 위해 소요되는 비용은 92.8억 달러이며, 토지사유화 시 보상을 전제할 경우에는 133.2억 달러가 될 것이다. 이는 2010년 초 기준으로 한화

약 10조 8천억 원이며, 토지보상 비용까지 합할 경우에는 약 15조 5천억 원이 될 것이다.

이 정도의 규모를 통일에 대비한 조달재원, 다시 말해 통일기금으로 확보하는 것이 타당할 것이다. 이 금액을 지금부터 매년 3조 원 정도 적립한다면, 남한의 경제규모로는 충분히 감당할 수 있을 것으로 판단된다. 현재 남북협력기금으로 사용하지 않는 금액이 1조 2천억 원을 상회하는 만큼, 나머지 부족분을 충족시킬 때까지 한시적으로 예산에서 적립할 수 있는 방안을 마련하는 것이 바람직할 것이다.

통일독일의 경험과 통일비용 조달

1989년 11월 9일, 장벽이 무너지자 무섭게 동독 주민들은 우리는 한민족이라는 기치를 내걸고 동·서독의 통일을 요구했다. 조약공동체를 통해 점진적 통합을 생각했던 서독 정부였으나, 이는 실현될 수 없는 시도였다. 1990년 2월 13일, 서독 정부는 동독 정부에 화폐통합을 제의하게 된다. 1990년 4월 24일, 서독의 콜 총리와 동독의 드메지에 총리는 '제 8차 정상회담'을 통해 드디어 동·서독 화폐단일화 조치에 합의했다. 이어 양독 재무장관이 5월 18일에 화폐·경제·사회통합에 관한 조약에 서명하고, 7월 1일 효력을 발생시킨다.

'제 1차 동·서독 화폐·경제·사회통합에 관한 국가조약'이 발효됨에 따라 동·서독은 단일경제권을 형성한다. 동독지역 사회주의 경제질서는 '사회적 시장경제질서'(*social market economy order*)로 전환하게 된다. 동독에 시장경제가 도입되고, 국유자산의 사유화, 동독 잔여부채의 서독 마르크화로의 전환, 베를린 협정에 의거한 동·서독 간 결제절차의 폐지, 동독기업의 구조적 적응을 위한 재정지원 등의 조치가 취해졌다. 동독지역의 예산을 서독의 예산제도에 따라 바꾸고, 서독의 조세제도를 동독에 도입하는 한편, 동독지역에 대한 투자가 활성화되도록 한시적 조세 및 금융의 지원도 실시했다.

그 중에서도 동·서독 간의 단일경제권 형성을 위해 독일 정부가 취한 통화단일화 조치는 경제통합을 위한 가장 중요한 조치였다. 동독 정부는 1990년 7월 1일부터 서독연방은행이 발행하는 서독 마르크화를 동독의 정식화폐로 통용시켰다. 서독 마르크는 그때부터 동독지역의 정식 지급 및 결제수단이 되었다.

시장경제에 어긋나는 동독의 경제법규는 모두 폐지되었다. 동독의 토지와 국유기업 사유화를 위해 신탁법이 제정·발효되었으며, 동독지역 노동과 복지에 대한 권리가 서독의 연방 노동법과 사회법으로 통합되었다. 이후 임금과 노동조건은 국가에 의해서가 아닌 근로자와 고용주 간의 자유합의를 통해 결정되었다.

계약의 자유와 직업선택의 자유, 단결의 자유가 보장되고, 서독의 노사단체교섭자율권, 단체기관 간 단합·연대의 자유, 파업권리, 공동결정권, 기업 내 민주주의, 해고방지법 등이 동독지역에 적용되었다. 근로자의 이익을 제고하기 위해 경영협의회 제도를 적용, 근로자 대표가 경영협의회에 참여할 수 있도록 하는 한편, 서독의 연금보험·건강보험·실업보험·산재보험을 비롯해 사회부조가 그대로 동독지역에 도입되었다.

국유재산의 사유화가 시작되었으며, 동독지역의 예산이 서독 예산구조에 맞춰 편성되었다. 서독의 조세제도가 동독지역에 그대로 적용되었는가 하면, 동독의 국가부채를 서독이 모두 인수했다. 여기에다 동독지역 투자 활성화를 위한 조세 및 금융정책이 광범위하게 추진되었다.

그러나 동·서독의 통화통합과 경제통합이 경제논리보다는 동독 주민의 통일 여망과 이주문제를 우선적으로 해결해야 한다는 정치적 논리에 따라 이루어졌기 때문에 경제통합 이후 독일은 많은 문제에 직면하게 되었다.

동·서독 통일비용

동·서독은 1990년 7월 1일 '제1차 서독 화폐·경제·사회통합에 관한 국가조약'이 발효됨으로써 단일경제권을 형성하게 되었다. 단일경제권 형성을 위해 가장 먼저 취한 조치는 통화단일화였다. 1990년 7월 1일부터 서독연방은행이 발행하는 마르크화는 동독의 정식화폐로서 지급 및 결제수단이 되었다.

동독의 잔여부채가 서독 마르크화로 전환되고 베를린 협정에 따라 이루어졌던 동·서독간 결제절차도 폐지됐다. 국유자산의 사유화와 함께 동독지역 예산이 서독의 예산구조를 따랐으며, 서독의 조세제도가 동독에 도입되고 민간주도의 경제활동이 장려됐다.

독일의 통일비용은 주로 통일 초기와 연관되어 고찰된다. 이는 통일비용이 그 특징상 통일 초기에 집중적으로 발생하며, 시간이 경과할수록 통일과 관련된 비용으로 구분하기 어렵고 모호해지기 때문이다. 독일의 경우, 1995년부터 동독에 대한 독일 정부의 재정적 지원이 통일 전 서독 주정부 간 재정균형 차원에서 이루어졌기 때문에 내용적으로 반드시 통일비용이라고 명명하기 어려운 측면이 있다. 독일 정부당국도 통일비용을 공식적으로 공표하고 있지는 않다. 학자나 기관에 따라 통일비용을 산정하여 사용하고 있을 뿐이다.[12]

독일통일에 소요되는 비용의 절반 이상은 주택, 교육 및 연금과 실업 등 구동독지역의 사회분야에 투입되는 소멸성 비용이었다. 이 비용은 동독지역 경제재건과 함께 통일독일의 경제에 큰 부담으로 작용했다. 경제재건 비용에는 환경 정화시설에 대한 투자를 비롯해 구동독지역 교통망 개선, 우편·통신 및 에너지 산업의 현대화, 특수목적 기업체 지원 등이 포함되었다. 사회적 비용과 경제분야의 투자를 제외한 비용에는 소련군 철수비용이나 동독 부채인수, 교역의무 이행에 소요

12 Jan Priewe & Rudolf Hickel(1991), *Der Preis der Einheit*, Frankfurt am Main.

되는 비용을 비롯하여 신탁관리청 지원 및 베를린 수도이전 비용과 같은 특수(지원) 비용 등이 있었다.

소멸성 비용

소멸성 비용은 동·서독간의 통합을 위해 필수적으로 소요되는 지출로서, 지출됨에 따라 그 가치가 상실된다. 여기에는 통일독일 정부가 떠안은 구동독의 부채와 동독 주민에게 지급되는 각종 사회복지 비용이 주를 이룬다. 상기 비용에다 서독지역에서 구동독지역으로의 이전지출 중 소멸되는 비용을 포함할 경우, 소멸성 통일비용의 규모는 훨씬 더 커질 것으로 판단된다.

통일 초기 동독과의 통합에 따른 비용은 거의 모든 분야에 걸쳐 발생하였다. 1990년에 계상된 비용만 총 2,002억 DM에 달했으며, 통일 이후 연평균 1,500억 DM 정도가 투입된 것으로 나타났다.[13]

소멸성 독일통일비용

1991년 불변가격, 단위: 억DM

내 역	규 모
구동독 정부 재정적자 인수분	300
구동독 대외채무 인수분	300
구동독 국유기업의 채무인수분	1,000
신탁청의 기업관리 부담액	2,500
수도이전 비용	400
구소련군 철수비용	130
구동독체제 희생자 복권 보상 및 미반환 재산 보상비용	157
사회복지비	5,000
총 액	9,787

자료: 주독 한국대사관, 〈통독이후 1년간 각 분야별 통합현황〉
통일원(1992), 〈통독 2주년 보고서〉

13 Bundesministerium für Wirtschaft, *Ausgewählte Wirtschaftsdaten zur Lage in den neuen Bundesländern*, p. 22; 주독대사관, 〈숫자로 본 독일통일〉, 212쪽에서 재인용

투자성 지출

구동독지역에 대한 투자성 지출은 동독지역의 경제수준을 서독의 그것에 이르게 하기 위한 비용이다. 여기에는 각 산업부문의 노동생산성 향상을 위한 투자, 사회 간접시설 구축 및 환경개선 비용 등 다양한 형태의 투자가 포함되었다.

통일 이후 10년간 2000년까지 동독을 서독의 수준으로 향상시키기 위한 비용은 학자들마다 다소 다르게 제시되었는데, 슈어(H. Suhr)는 총 1조 8,820억 DM로 계상했다.[14] 히켈(R. Hickel)은 노동력 확보와 노동생산성 향상에 큰 관심을 두고, 2000년까지 동독을 서독과 같은 수준으로 도달시키기 위해 일자리 하나당 평균 10만 DM가 소요될 것으로 보았다. 이에 따라 구동독 전체 노동자인 5백만 명의 일자리를 현대화하기 위해서는 약 5천 억 DM가 필요할 것으로 판단했다.

또한 250만 명의 새로운 일자리를 창출하기 위해서는 1인당 20만DM의 자본이 필요할 것으로 보고, 이를 위해 총 5천억 DM가 소요될 것으로 예상했다. 그리고 기업부문과 국가부문의 현대화에 약 6,400억 DM, 동독지역의 환경정화 투자를 위해 2천억 DM 이상이 소요될 것으로 보았다.[15] 또한 교통망 개선으로 약 1,270억 DM, 에너지 산업설비 현대화에 1천억 DM, 교육환경 격차해소에 7백억DM, 우편·통신 분야 등의 시설투자에 550억 DM가 소요될 것으로 예상했다.

통일 당시 동독에는 7백만 호의 주택이 있었는데, 이중 대략 6백만 호의 주택에 호당 2만DM의 보수비용이 필요한 것으로 보고 국가가

14 1991~2000년간 구동독지역 재건을 위한 투자비용을 보면 노동자 직업기술 수준향상(300억 DM), 주택건설 및 도시재건(8,000억 DM), 환경재건(4,105억DM), 에너지 공급(1,800억 DM), 농업분야(1,100억 DM), 교통(3,000억DM), 우편·통신(450억 DM), 교육·대학(65억 DM)을 계상하고 있다. 자료: 통일원, 《독일 통일비용》, 107~108쪽.

15 통일조약 제34조에 따라 동독의 환경수준을 서독의 환경수준으로 도달시키기 위해 대기정화에 드는 비용만으로도 225억 DM가 소요될 것으로 예측하였다. 그 밖에도 식수공급(169억 DM), 하수처리(1,252억 DM), 쓰레기 처리(343억 DM), 환경 구잔재·정화(106억 DM), 소음공해 방지(20억 DM) 등이 포함되어 있다. Jan Priewe & Rudolf Hickel(1991), *Der Preis der Einheit*, Frankfurt a.M., p. 60.

총 5백만 호를 대상으로 호당 1만 DM 정도를 지원하는 것으로 추정, 총 5백억 DM을 계상했다. 또한 주택건설에 따른 투자는 2000년까지 약 4,700억 DM가 소요될 것으로 내다보았다. 그 밖에도 의료시설 확충과 농업구조 개편을 위한 지원금에도 각각 3백억 DM와 70억 DM가 소요될 것으로 예상했다. 이를 정리하면 다음의 표와 같다.

동독지역 경제재건을 위한 예상 투자 소요액

단위: 억 DM, 예상되는 민간 부문 투자를 포함한 금액

동독지역 경제제건 비용	금 액
노동생산성 향상 및 노동환경 현대화 (250만명 일자리 창출 및 5백만 명의 일자리 현대화)	10,000
환경정화시설 개선	2,000
교통망 개선(철도 480억, 도로 700억, 운하80억, 공항 10억)	1,270
에너지 산업 설비 현대화	1,000
교육환경 격차 해소	700
우편·통신분야 시설 현대화	550
주택분야 보수·유지 현대화 지원	500
의료시설 확충	300
농업구조 재편을 위한 지원	70
총 계	16,390

자료: Jan Priewe & Rudolf Hickel(1991), *Der Preis der Einheit*, p. 123.

연방건설교통부[16]가 발표한 1991년부터 2003년까지의 통일비용 내역은 총 1조 2,800억 유로가 소요되었는데, 이 중 3천억 유로는 구동독지역으로부터 조달한 세금과 사회부과금이었다. 따라서 서독지역으로부터 구동독지역을 위해 조달한 순이전지출은 9,800억 유로였다.

1조 2,800억 유로 중 인프라 재건(도로철도수로개선 및 기초단체교통개선, 주택 및 도시건설)으로 1,600억 유로(전체 12.5%), 구동독지역

16 Institut für Wirtschaftsforschung Halle,http//www.iwh-halle.de/d/publik/presse/2005L.pdf

경제활성화(지역경제 활성화, 농업구조 및 해안보존, 투자보조, 이자보조, 전철 등 근거리 교통보조 등)를 위해 9백억 유로(전체 7.0%)를 사용했다. 가장 많은 부분을 차지한 것은 사회보장성 분야(연금·노동시장 보조, 육아보조 및 고등교육 보조 등)로 6,300억 유로가 사용(전체 49.2%)되었다. 그 외 임의기부금(독일통일기금, 판매세 보조, 주정부간 재정균형 조정, 연방보조지급금 등) 및 국방비로 4천억 유로가 사용되었다. 전체적으로는 62.8%가 소비성 지출로, 나머지 37.2%는 투자성 지출에 사용된 것으로 나타났다.

독일 통일비용의 조달

통일 후 사회보장 분야를 포함한 구동독지역에 대한 정부차원의 재정적 지원이 다양한 형태를 통해 이루어졌다. 통일 초기에는 주로 ① 통일기금이나 ② 채무청산기금 등을 설치하여 동독을 지원했으나, 시간이 지남에 따라 주정부 간의 재정조정 방식을 사용했다. 통일기금과 채무청산기금 등은 ③ 정부예산절감 또는 정부지출계획 조정, ④ 자본시장에서의 기채, ⑤ 동독지역으로부터의 조세수입, ⑥ 서독 주민에 대한 조세인상을 비롯하여 ⑦ 동독지역 국유자산 매각 등을 통해 조달됐다.

통일비용 조달과 관련된 특징적인 점은 주정부 간 재정조정법(*Länderfinanzausgleichgesetz*)이라는 제도를 통해 통일비용 조달에 대한 부담이 각 주정부에 균등하게 돌아가도록 하였다는 점이다. 또한 통일비용에 대한 사회계층 간의 공평분담과 연대의식을 통한 고통분담 차원에서 연대부가세[17]를 도입했다.

17 1994년 12월 31일로 '독일통일기금'이 소진되었기 때문에 연방정부와 각 주정부의 전 독일적인 재정이전체제가 이를 대신해야 했다. 이는 동독 주와 베를린을 완전히 동동한 권리를 가진, 이른바 주 간의 수평적 재정조정체제에 편입시키는 것을 의미한다. 이에 따라 1993년 4월 13~23일에 있었던 '연대협약' 논의에서 연방정부와 각 주정부는 동독 주가 적절한 재정확보를 할 수 있도록 상당한 규모의 재원이전을 보장한다는 데 합의했다(통일원, 《독일통일백서》, p. 236).

독일 정부는 통일비용을 통한 대동독 지원의 정책적 목표를 동·서독 지역 주민간의 동등한 생활조건의 실현, 구동독지역 지방자치단체의 재정능력 향상 및 능률적인 행정 및 사법체계의 구축과 운용에 두었다.[18] 이를 좀더 구체적으로 살펴보면 다음과 같은 항목을 제시할 수 있다.

첫째, 통일기금(*Fond der Deutschen Einheit*)의 설치다. 독일의 통일기금은 1990년 5월 18일 '제1차 동·서독 통일조약'에 따라 1990년 6월 25일 설치되었다. 통일기금은 통일 후 구동독의 신설 주에 부족한 조세수입을 보충해주기 위한 재정보전의 방편으로 설치한 것이다. 통일이전에 준비한 것이 아니고 통일 이후 1990년부터 1994년까지 조성된 것으로 연방정부와 주정부 간의 타협의 산물[19]이다.

이 기금의 조성은 연방과 서독의 주가 담당했다. 통일 당시 통일기금으로 총 1,150억 DM을 조성하기로 하고, 이중 200억 DM는 연방예산절감을 통해, 나머지 950억 DM는 자본시장에서 연방과 주정부가 반반씩 조달하고 이를 20년에 걸쳐 상환키로 했다. 이에 대한 이자는 연방정부와 구서독 지역 주정부가 1/2씩 부담하기로 했다. 그러나 당초 합의한 1,150억 DM의 통일기금은 1992년 3월 1,463억 DM로 수정되었다가 1992년 6월 연대협약에 의거, 다시 1,607억 DM로 증액되었다.[20]

통일기금의 사용과 관련해, 15%는 연방정부가 구동독 재건사업에 사용하고 나머지 85%는 신설된 주에 할당하되, 이 중 40%는 다시 지

18 Thomas Lillig(1994), "Finanzierung der Deutschen einheit", Werner Weidenfeld & Karl-Rudolf Korte(ed.), *Handbuch zur deutschen Einheit Bundeszentrale fuer politische Bildung*, Campusverlag, p. 292.

19 통일기금은 연방과 서독의 주가 1994년 12월 31일까지 과도기간 동안 기본법에는 규정되어 있지 않은, 이른바 신설 주와 지방자치단체의 일반적인 재정확충을 위해 설치·운영한 재원조달기구였다. 이 기금을 설정한 것은 통일조약 제7조 3항이 구서독 주와 구동독 주의 조세구조상의 상당한 차이에도 불구하고, 1994년 12월31일까지는 전체 독일의 재정적 균형에 관해 규정하지 않고 있다는 상황을 고려한 것이다.

20 이 중 950억 DM는 신용차입을 통해, 그리고 657억 DM는 연방재정 보조금(496억 DM)과 서독 주의 보조금(161억 DM)를 통해 마련하기로 했다.

방자치단체에 이양하여 그들이 사용할 수 있도록 했다. 통일기금은 1994년 말 소진 및 해체되었다.

둘째, 채무청산기금(*Kreditabwicklungsfond*)의 설치를 들 수 있다. 통일조약 제 23조에 따라 1990년 7월 1일 독일 정부는 '채무청산기금'이라는 특별재산계정을 설치했다. 채무청산기금은 구동독의 대내외 채무와 화폐통합으로 발생한 은행 및 국영기업의 대차대조표상의 차액[21]을 인수·보전하기 위한 것이었다.

구동독의 국가채무 288억 DM와 은행 및 기업체 손실보상액 800억 DM 등 총 1,380억 DM가 책정되었다. 그러나 은행 및 기업체 손실보상액이 실제 조사결과 300억 DM가 더 늘어나기도 했다. 채무청산기금은 1995년 해체되었는데, 해체 당시 남은 부채는 신탁청 관리재산 처분 수익과 연방과 구동독지역 신설 주가 부담하기로 했다.

셋째, 조세인상과 연대협약(*Solidarpakt*)을 통해 조달했다. 독일 정부는 1991년 3월 8일 내각의 심의를 거쳐 동독지역의 경제 활성화를 위해 2년 시한으로 '동독지역 경기부양종합대책'을 마련했다. 이를 위해 1991년 120억 DM, 1992년 120억 DM 등 총 240억 DM를 계상했다.

이 대책은 주로 동독지역의 투자와 고용증대를 위해 마련되었는데, 재원은 조세인상을 통해 조달했다. 즉, 1991년 7월 1일부터 1992년 6월 30일, 1년 동안 소득세 및 법인세 7.5%를 인상하여 총 110억 DM을 확보했으며, 유류세 인상[22]을 통해 1992년 총 130억 DM을 확보했다.

그 외 통일비용 조달을 위해 다음에 해당하는 사회보험료를 인상·조정했다. 먼저 1991년 4월부터 실업보험료를 2.5% 인상하는 대신, 연금보험료를 1.0% 인하했다. 1991년 7월부터는 보험세를 7%에서

21 이는 동독 화폐가 서독화폐인 마르크로 교환되는 과정에서 동독 금융기관 수지상 발생하는 불균형에 대한 보전액을 말한다.

22 1991년 1월부터 유류세를 1리터당 3페니히 인상하였으며, 1991년 7월부터는 유류 종류에 따라 1리터당 최저 2.3페니히(경유)에서 최고 25페니히(유연휘발유)를 인상하였다.

10%로 인상했다. 또한 1992년 6월 30일까지 1년간 한시적으로 소득세와 법인세에 대해 7.5%의 연대부과금을 적용했다.[23] 1992년 1월 1일부터는 연초세로 궐련 1개피에 1페니히를 인상했으며, 1993년 1월 1일부터 부가가치세를 14%에서 15%로 인상했다.

한편, 1995년부터는 통일조약에서 유보한 주정부 간 재정조정 원칙이 동독 신설 주에도 적용되었다. 통일비용이 당초보다 많이 소요될 것으로 예상되고, 1994년 말 통일비용의 주요 재원인 독일통일기금이 소진되자 독일 정부는 이를 대체하기 위한 방법으로 연대협약 체결을 통한 조세인상을 재추진하게 되었다. 이에 따라 1991년 7월 1일부터 1년간 실시한 소득세 및 법인세에 대한 7.5%의 추가 연대부과금을 1995년 1월 1일부터 재도입했다.

넷째, 자본시장 기채(*Nettokreditaufnahme*)다. 독일 정부는 통일비용의 많은 부분을 자본시장을 통해 조달했다. 이는 독일 정부가 조세인상보다는 부채를 통해 통일비용을 조달하는 것이 실용적이라고 본 데서 기인한다. 자본시장으로부터의 기채는 기술적으로 그리 어렵지 않으며, 지속적인 조달이 가능하다는 장점이 있다.

그러나 조세인상의 경우에는 그 파급효과가 크며, 정치적인 측면에서 저항을 받을 수가 있었기 때문이다. 그럼에도 불구하고 서독의 헌법 115조는 국가의 부채증가가 국가의 투자액증가를 초과하지 말아야

23 근로소득세 인상에 따른 독일국민 1인당 추가부담액은 다음 표와 같다.

근로소득세 인상에 따른 추가부담액

단위: DM

매 월 소 득	독신자	4인 가정
1,400	32.80	25.50
2,000	41.10	25.60
3,500	84.40	58.50
5,000	118.50	82.80
6,500	158.80	111.60
8,000	223.20	160.60
10,000	294.80	206.50

자료: 주독 한국대사관(1991.10.3), 《통독이후 1년간 각 분야별 통합현황》, 9쪽.

할 것을 명시하고 있어, 통일비용 조달에 대한 독일 정부의 운신의 폭이 비교적 제한적임을 알 수 있다.[24]

1989년 말 9,290억 DM으로 GNP 대비 41%였던 공공부문의 부채 총액은 1994년 말 이미 약 1조 6천억 DM으로 GNP 대비 54%로 증가, 연방정부 세입총액의 97%를 차지했다. 독일 연방정부는 1991년 615억 DM, 1992년에는 연방 재정지출 4,250억 DM 중 405억 DM를 자본시장을 통해 조달했는데, 이는 1991년 국민총생산의 4.4%에 달하는 규모였다.

다섯째, 정부예산 절감 및 재정조정을 통해 이루어지기도 했다. 독일 정부는 정부 재정적자를 줄이고 이자지급 부담률 등을 고려해 재정을 긴축운용했다. 연방지출 삭감에는 '절약·건실화 및 성장 프로그램'이 결정적인 기여를 했다. 이 프로그램의 일환으로 독일 정부는 과거 분단으로 발생한 상당규모의 지출을 통일 이후 폐지시켰다. 베를린 지원금 및 국경지역 지원금과 같은 독일분단에 따른 세금혜택을 폐기했으며, 여행외환기금, 통과여객일괄금 및 정치범 석방 재원을 폐지했다. 이를 통해 1991년 약 45억 DM, 1992년까지 400억 DM 이상을 절약했다.

그 밖에도 판매세 조정, 고용보험료율의 인상, 실업수당, 실업보조금 및 자녀수당 등 각종 사회보장 지출의 절감, 망명신청자 대책비의 절감 등을 도모했다. 이를 통해 1994년에만 160억 DM을 절감했다.

마지막으로 국가자산 사용료 징수 및 매각을 들 수 있다. 연방정부는 자체 소유한 기업과 부동산의 매각 및 사용료를 징수하여 통일기금으로 충당했다. 국가자산의 매각은 구동독지역 국영기업의 사유화에 따른 기업매각과 구서독 지역의 국가자산의 민영화를 통해 이루어질 수 있도록 조처했다.

24 Gerold Krause-Junk, *Die Finanzierung der deutschen Einheit und Art.* 115. 1, 2 GG in: HWWA, Wirtschaftsdienst, 12. 90. 70. Jg. p. 608.

1990년 동독지역에는 8천개의 국영기업이 매각대상이었다. 매각은 신탁관리청이 담당했다. 그러나 이와 같은 계획은 시간이 지날수록 큰 실효를 거두지 못했다. 신탁관리청의 기업매각 수익보다 신탁관리청 산하 기업의 정비나 환경정화를 위한 보조금 지출규모가 더 컸기 때문이었다. 1990년 7월 1일 DM표시 개시 대차대조표상 이미 2,090억 DM의 적자를 시현했다. 1994년 말 기준 신탁관리청 운영에 따른 재정적자도 1,290억 DM(90년: 43억 DM, 91년: 199억 DM, 92년: 296억 DM, 93년 381억 DM, 94년 371억 DM)에 달했다.

글을 마치면서: 정책과제와 대안

한반도 통일을 위한 재원조달 문제의 논의는 아직 초보단계다. 필자는 우리 사회에서 통일비용에 대한 논의보다는 통일에 대한 논의가 먼저 충분히 이루어져야 할 것으로 판단한다. 통일에 따르는 비용을 최소화하고, 통일에 따르는 편익을 극대화하기 위해서라도 통일형태에 대해 보다 깊은 성찰이 필요하다고 보기 때문이다.

통일의 형태와 방법에 따라 통일비용과 편익이 크게 달라질 수 있기 때문에 통일을 이야기하지 않고, 통일비용을 이야기하는 것은 나무만 보되, 숲을 보지 못하는 것과 같다. 통일에 따르는 편익이 크기 때문에 무조건 통일을 해야 한다거나, 통일비용에 대해서는 신경 쓸 필요가 없다는 생각은 좀 잘못된 것일 수 있다. 다음 두 가지 점에서 통일재원조달과 관련된 정책적인 문제를 제시하여 결론으로 대신한다.

통일의 형태: 북한의 붕괴와 독일통일

통일비용의 규모와 밀접한 연관이 있는 통일의 형태와 관련해 현재 우리 사회의 일각에서는 북한의 붕괴를 자연스럽게 받아들이는 분위기다.

북한의 붕괴를 믿는 사람들은 "통일비용의 감소와 통일에 따른 혼란을 방지하기 위해 점진적인 통일도 고려할 수 있지만, 우리의 의지와는 상관없이 북한이 붕괴하면, 급진적인 통일을 할 수밖에 없고 그런 경우 발생하는 고(高)비용은 어쩔 수 없이 감수해야 한다"는 것이다.

그러나 이런 주장이 설득력을 가지기 위해서는 북한의 붕괴 및 그 가능성을 더 면밀하게 분석하고, 제시해야 한다. 북한이 그냥 무너질 것이라고 보는 견해는 지극히 아마추어적 발생이다. 이렇게 이야기하면 북한의 붕괴 가능성을 믿는 사람들은 흔히 독일통일의 사례를 거론한다. 동·서독이 급진적으로 통일된 것은 동독이 붕괴했기 때문이며, 그렇기 때문에 우리도 그렇게 될 수 있다는 것이다.

그러나 이는 독일통일을 잘 모르고 하는 이야기다. 독일이 외형상 급진적인 통일을 한 것은 사실이지만, 통일이 되기까지 동독이 붕괴할 수밖에 없었던 과정이 존재했다.[25] 이런 점에서 독일통일은 '우연'이 아니다. 흔히, 아무도 예상하지 못했기에, 그리고 너무도 급진적으로 이루어졌기에 많은 사람들은 독일통일을 '우연의 산물'처럼 생각하고 있다. 그러나 독일통일은 우연의 산물(선물)이 아니었다.

독일통일은 기본적으로 동독 주민이 요구한 것이다. 그 요구는 고르바초프의 동유럽 국가에 대한 개혁과 개방(페레스토로이카, 글라스노스트)과 연결된 시민혁명을 통해 분출되었다. 그들 모두는 통일을 하면 자유롭고 잘 살 수 있을 것이라고 믿었다. 그런 믿음은 어디서 생겨났을까? 우연이었을까? 아니다. 분단 아래 지속적으로 이루어진 양독 간의 길고 긴밀한 교류·협력을 통해 생겨났던 것이다. 교류와 협력을 통해 얻었던 대 서독 경험이, 통일하면 서독과 같이 자유롭고 잘 살 수 있다는 확신으로 변했기 때문에 그들은 한사코 통일하려고 했다.

그것도 동독이 서독 속으로 쏙 빨려 들어가는(말 그대로 '흡수되는')

25 김영윤(2006), "대북 교류협력과 지원 문제: 어떻게 인식하고 추진할 것인가?", 4·18 민주평통 통일문제 세미나 발제문.

형태의 통일을 원했다. 자유민주주의와 시장경제체제로의 평화통일, 동독 주민의 시민혁명으로 쟁취한 통일이 독일통일의 실체다. 독일통일을 궁극적으로 동독의 붕괴라고 한다면 그 붕괴를 동독 주민 스스로가 원했기에 통일이 가능했던 것이다.

동독 주민의 시민혁명에 의한 독일통일을 '우연의 산물'이라고 하는 것은 순전히 우리가 지어낸 말이다. 현재와 같은 남북관계 속에서는 그와 같은 '우연'이 나타나기 어렵다는 말을 하고 싶다. 더 나아가 설혹 북한이 붕괴 가능성을 주장하는 사람들의 말처럼 붕괴한다고 해도, 그 이후 모든 것을 남한이 주도하는 통일이 이루어질 것이라는 보장도 없다. 엄밀히 말해 북한의 붕괴와 통일은 별개의 문제다.

특히, 현재와 같이 중국에 대한 정치·경제적인 의존도와 밀착도가 심화되는 상황에서 통일의 환경이 조성된다고 하더라도 주변국의 영향력을 배제한 통일이 과연 이루어질 수 있는지를 좀더 세밀하게 살펴보아야 할 것이다. 물론, 100% 남한이 주도하는 통일의 환경을 만드는 것이 중요하다. 통일이 100% 서독의 주도로 이루어질 수밖에 없었던 독일도, 통일 후에 많은 어려움을 겪었다. 그런데도 아직 상대의 마음을 얻지 못하는 어려움 속에서 살고 있음을 인식해야 할 것이다. 보다 중요한 것은 북한이 붕괴될 수 있는 원인을 찾아내어 붕괴되지 않도록 하는 것이라고 할 수 있다.

통일과 북한의 체제전환

앞서 언급했듯이 통일비용은 통일의 시기, 통일 후 남북 간의 경제수준의 격차해소를 위한 조정기간, 북한지역 경제성장의 목표설정 등에 따라 크게 달라질 수 있지만, 가장 절대적인 영향을 미치는 것은 통일의 방법이다. 즉, 남·북한이 경제적으로 어떻게 통합하느냐에 따라 크게 달라질 수 있다.

동·서독의 경우에는 비록 불가항력적이었지만 그들은 급진적인 통일에 따른 급진적인 경제통합의 길을 택했다. 이에 따라 많은 부작용과 대규모 통일비용이 발생했다. 동독노동자 임금이 급격하게 상승하고, 동독 화폐가 고평가되어 교환됨으로써 동독기업의 경쟁력은 크게 저하되었다. 그 결과 많은 기업이 파산하고 대규모 실업자를 양산했던 것이다. 독일통일 비용의 가장 많은 부분은 이와 같은 동독지역의 실업자, 조기퇴직자와 연금자에 대한 사회보장성 지출이었다.

통일의 형태에 따라 얼마나 큰 경제적 부담이 생기는지 잘 알 수 있다. 남·북한도 통일에 따른 경제적·사회적·심리적 부담을 줄이기 위해서는 급진적인 통일을 이루지 않는 것이 바람직하다. 통일비용을 최소화하기 위해서는 점진적, 단계적 통일이 가장 바람직하다.

그럼에도 불구하고 만약 불가항력적인 요인에 의해 통일을 서두를 수밖에 없는 상황이 된다면 남·북한 간 이질체제의 통합은 시간을 두어 진행하는 것이 바람직할 것이다. 먼저 북한의 경제체제를 전환시키기 위한 제도적 조치를 취하고, 일정기간이 경과해 북한지역이 시장경제체제로서의 역량을 확보하게 되었을 때, 비로소 경제지역을 단일화하는 것이 통일비용을 최소화할 수 있는 가장 합리적인 방안이 될 수 있을 것이다.

더 구체적으로는 먼저 북한경제전반에 걸쳐 시장경제체제로의 전환과 관련된 법규의 신설이나 개정을 통해 체제전환의 내적 환경을 조성하는 것이 중요하다. 수요와 공급에 의해 경쟁가격이 형성될 수 있도록 기능적인 자유가격 체계를 구축하며, 이윤동기를 부여하고, 기업활동의 극대화를 유도하기 위해 생산수단의 사적 소유화와 거래 및 처분의 자유화 조치를 실시하는 것이다. 경제적으로 각각 독립된 지역을 확보·유지하되, 재화나 용역의 교환에는 시장가치에 준한 환율을 선호하는 것이 바람직하다. 그 후 북한지역의 생산성이 향상되었을 때, 화폐단일화를 통해 경제·사회통합을 이루는 것이다.

물론, 이와 같은 과정이 현실적으로 가능할 수 있을지에 대해 의문을 표할 수 있다. 특히, 정치적으로 남북이 통일을 이룬 상태에서 북한지역의 주민이 일정기간 분리된 체제를 수용할 수 있을지에 대해 강한 의구심을 가질 수 있다.

그러나 현재 유지되는 홍콩과 중국의 관계를 보라. 중국정부가 공산체제를 유지하더라도 홍콩은 통합 후 50년간 자본주의체제를 보장했다. 중앙정부에서 '총독'을 보내는 것이 아닌 홍콩시민 가운데서 뽑힌 행정장관이 홍콩을 통치하며〔港人治港〕, 국방과 외교를 제외하고는 일체 간섭하지 않겠다는 원칙을 준수하고 있다. 마카오도 마찬가지다. 이리하여 생겨난 것이 '특별행정구'다.

홍콩이 중국에 귀속된 1997년 7월 1일부로 '홍콩 특별행정구'가, 1999년 12월 20일부로 '마카오 특별행정구'가 탄생했다. 홍콩과 마카오는 주권국가가 아니기 때문에 독자적 법률과 사법체계를 갖고 있다고 하더라도 별도의 '국적'을 가질 수 없다. 오직 시민권만이 존재하며 이곳의 시민권은 영주권으로 보는 것이 타당하다. 홍콩과 마카오는 중국의 일부지만 준 독립적 지위를 누리는 곳이라 할 수 있다. 중국의 일국양제는 남·북한의 경우에도 통일비용의 최소화와 통일편익의 극대화를 위해서 눈여겨볼 만한 방법이다.

■ 참고문헌

단행본

김창순(1961), 《북한십오년사》, 지문각.

이영훈(2002), 《통일비용연구정리》, 통일부.

조선중앙통신사(1949), 《조선중앙연감 1949》, 평양: 조선중앙통신사.

Jan Priewe & Rudolf Hickel(1991), *Der Preis der Einheit*, Main.

Thomas Lillig(1994), "Finanzierung der Deutschen einheit", Werner Weidenfeld & Karl-Rudolf Korte(ed.), *Handbuch zur deutschen Einheit*, Bundeszentrale fuer politische Bildung.

학술논문 및 보고서

김영윤(2006. 4. 18), “대북 교류협력과 지원 문제: 어떻게 인식하고 추진할 것인가?”, 민주평통 통일문제 세미나 발제문.

양문수(2011), “경제적 측면에서 본 통일비용과 통일편익”, ‘통일기반의 효과적 조성 방안과 과제’ (사)전국대학통일문제연구소협의회 연합뉴스 공동주체 2011년도 학술회의.

연세대 통일연구소(2011. 3. 3), “전국 기업인 및 소상공인 1015명 대상 통일 관련 여론조사 결과”.

주독 한국대사관(1991), 〈통독이후 1년간 각 분야별 통합현황〉.

_____ (1992), 〈숫자로 본 독일통일〉.

통일원(1992), 〈통독 2주년 보고서〉, 통일원.

통일원(1995), 〈독일통일비용〉, 통일원.

한국국방연구원(2008), 〈국방백서〉.

한국은행(1991), 〈경제성장과 자본스톡〉.

홍순직 외(2010. 10. 28), “남북통일, 편익이 비용보다 크다”, 〈경제주평〉, 현대경제연구원.

기타

http://blog.joinsmsn.com

Bundesministerium für Wirtschaft, *Ausgewählte Wirtschaftsdaten zur Lage in den neuen Bundesländern*, p. 22.

Gerold Krause-Junk, *Die Finanzierung der deutschen Einheit und Art*, 115. 1, 2 GG in: HWWA, Wirtschaftsdienst, 12. 90. 70. Jg.

Institut für Wirtschaftsforschung Halle(http//www.iwh-halle.de/d/publik/presse

이 글은 정용덕·안지호(2011), “통일준비 추진체계”, 〈행정논총〉 제49권 제2호를 수정·전재한 것이다.

제 2 편

3. 통일 직후 북한지역의 안정:
과제와 해법 **손기웅**

4. 굶주림부터 해결해야:
통일 이후 한반도 식량문제 대응방안 **권태진**

5. 첫 단추를 잘 채우자:
행정체제의 정비 **임도빈**

6. 남・북한 지방행정체제, 어떻게 통합할 것인가 **이승종**

통일 직후 북한지역의 안정: 과제와 해법

3

손기웅

들어가며

통일은 다양한 형태로 다가올 수 있지만, 어떠한 형태든 남북 당국간 혹은 남한 당국과 북한 내 정통성을 가진 통일지향 세력 간에 합의를 거쳐 평화적으로 이루어지는 과정을 거칠 것이다. 그런데 이렇게 통일 합의과정이 평화적으로 이루어지기 위해서는 통일공간에서의 질서유지와 치안확보가 사회 전반적으로, 특히 통일 직후의 과도기 상황에서, 독재적 병영체제에서 자유민주적 기본질서로 전환되어야 할 북한지역에서 이루어져야 한다. 그러한 임무와 역할은 군과 경찰에 주어질 것이다.

군인복무규율에 따르면 "국군은 국민의 군대로서 국가를 방위하고 자유민주주의를 수호하며, 조국의 통일에 이바지함을 그 이념으로 한다"라고 규정되어 있다. 또한 경찰법에 따르면 "국가경찰은 국민의 생명·신체 및 재산의 보호와 범죄의 예방·진압 및 수사, 치안정보의 수집, 교통의 단속, 그 밖에 공공의 안녕과 질서유지를 그 임무로 한다"라고 명시되어 있다.

통상적으로 군은 외세의 침입에 대해, 경찰은 내적 안정을 위해 중심적 역할을 수행한다고 구분될 수 있다. 그러나 급박하게 전개될 가능성이 큰 통일 직후의 과도기 상황에서 발생될 수 있는 질서문란과 치안불안을 체계적으로 극복하기 위해서는 군과 경찰의 협력과 통합적 활동이 필수불가결하다.

통일 직후 급격한 이념적, 체제적 전환을 겪으면서 미래에 대한 두려움과 불안이 조성될 수 있는 북한지역에서 북한 주민들을 민주시민으로 거듭나게 하고, 사회전반을 자유민주적 기본질서가 확립되게 하는 체제 재편성과정 중 가장 효율적으로 일사불란하게 행정적, 물리적 지원을 실행할 수 있는 국가기관이 군과 경찰이기 때문이다. 특히 한반도 전체면적의 반 이상인 55%를 차지하는 북한지역을 아무리 북한의 기존 경찰력 상당부분을 당분간 활용한다고 전제하더라도 남한의 경찰력만으로 치안을 확보하기는 현실적으로 어렵기 때문이다.

따라서 이 글에서는 통일 직후 과도기 상황의 북한지역에서 발생할 수 있는 사회불안과 무질서를 어떻게 관리하여 통일 후 사회통합 과정이 원활하게 추진될 수 있도록 지원할 것인가를 군과 경찰(이하 군·경)의 역할을 중심으로 살펴보고자 한다.

한편 우리가 창조적으로 응용할 수 있는 시사점을 도출하기 위해서 평화적 통일을 무리 없이 이끌었던 독일의 사례를 분석하고자 한다. 누구도 예상하지 못하였던 통일의 상황을 서독과 통일독일의 경찰이 어떻게 안정적으로 관리하면서 평화통일에 기여하였고, 통일 직후에는 질서와 치안을 확보하는 가운데 어떻게 경찰통합을 이룩하고 사회통합에 기여하였는가를 살펴보는 것이다.

다만 서독/통일독일의 경우 경찰이 이러한 전 과정에서 중심적으로 역할을 했다는 역사적 사실을 통해 독일사례를 분석할 때는 경찰에 초점을 둘 것이다. 서독의 기본법에 의해 군의 활용이 큰 제한을 받았고, 통일 당시 서독이 동독에 비하여 면적이 2.3배나 크고, 인구는 3.9배나 많았다는 한반도와의 확연히 다른 상황에서 서독의 경찰력이 중심이 되어 동독지역에서의 질서유지와 치안확보가 가능했던 것이다. 물론 서독연방군도 사회안정에 경찰과 함께 일정부분 기여했음은 재론의 여지가 없다.

통일독일 사례가 주는 시사점

논의의 전제

독일과 한반도의 상황에는 엄연히 차이가 존재한다. 역사와 국민성이 다를 뿐 아니라, 분단의 원인에도 큰 차이가 있다. 분단 이후 상호관계의 전개에는 더욱 큰 차이가 있다. 독일의 통일과정과 앞으로 한반도에서 닥칠 수 있는 통일에도 분명히 차이가 있을 수 있다. 그리고 그 과정에서 우리의 군·경이 담당해야 할 과제와 역할에도 큰 차이가 있을 것이다. 남·북한의 군·경과 동·서독의 군·경 사이에도 비교할 수 없는 부분이 존재한다.

더구나 서독/통일독일의 경우 경찰이 구동독지역의 질서유지와 치안확보를 중심으로 활동하였다면, 우리의 경우는 군·경이 합동으로 동일한 임무를 수행하되 여러 여건상 군이 중심적으로 활동할 수밖에 없는 환경이다. 이러한 사실들을 근거로 한, 통일공간에서 서독/통일독일의 경찰의 역할에 대한 분석이 주는 시사점을 우리가 응용할 수 있는 여지가 크지 않다고 주장할 수 있다.

일정부분은 옳은 말이다. 그럼에도 불구하고 우리가 독일사례에 주목하지 않을 수 없는 이유는 독일이 역사상 유례가 없는 과정을 통해 평화적으로 통일을 이루었다는 사실 때문이다. 구체적으로는 서독/통일독일의 경찰이 동·서독 간의 신속하고 평화로운 통일을 성공적으로 촉진하는 데 중요한 역할을 했기 때문이다. 여기에 더하여 통일 직전·후에 걸쳐 서독/통일독일의 경찰이 수행했던 활동의 결과가 잘 되

었건 못되었건 간에 우리에게는 반면교사가 될 수 있기 때문이다.[1]

특히 한반도의 통일이 급박하게 진행될 경우, 예기치 못한 상황의 급전 속에서 상황을 관리·통제하고, 안정을 유지하면서 통일을 이끌었던 독일의 사례가 우리의 군·경에게 많은 시사점을 줄 수 있음은 분명하다.

동·서독의 경찰 현황과 상황전개

2개의 독일, 2개의 경찰

독일 땅에 동독과 서독이란 두 개의 독일이 건국된 후 각 사회체제의 특성을 보여주는 상이한 2개의 경찰제도가 존재했다. 동·서독 경찰 간에 접촉과 협력은 없었으며, 국제적으로 통상적인 경찰 간의 공조 또한 존재하지 않았다. 상대방의 경찰은 적으로 간주되었고, 자국의 가치체계와 상반되는 '적대상'으로 인식되었다.

이러한 점은 동·서독 국경에서도 분명하게 드러났다. 국경에서는 서독의 연방 국경수비대와 동독의 국경군이 대치했다. 상호접촉과 대화가 금지된 가운데 다른 쪽의 활동은 적극적으로 관찰·기록되었다. 그러한 가운데 1950~1960년대까지 돌발적인 사고는 계속 일어났고, 인명의 사망을 초래한 교전도 있었다.

1972년 동·서독 간에 기본조약이 체결되고, 상호인정, 접촉·교류·협력이 확대되었음에도 불구하고, 그러한 변화가 경찰에게는 큰 영향을 주지 않았다. 내독 국경선은 자국의 안보와 직결된다는 이유로 화해 분위기와 관계없는 논외의 분야로 인식되었기 때문이다.

1989년 당시 서독의 각 연방주 소속 지방 경찰인력은 총 16만 9천 명이었고, 그 가운데 2만 4천 명은 형사범죄 업무를 담당하였다. 이와 별

1 독일통일이 한반도에 주는 전반적·분야별 시사점에 관해서는 손기웅(2009), 《독일통일: 쟁점과 과제 Ⅰ, Ⅱ》를 참조.

개로 연방정부는 3,705명의 연방형사청을 유지했고, 연방 국경수비대는 2만 1,500명의 병력으로 구성되었다.[2] 이에 반하여 동독의 인민경찰은 정규인력 8만 명과 지원병력 17만 7,500명으로 구성되었다.[3]

상황전개

1989~1990년의 기간은 독일역사에서 격동의 변혁시기였다. 타의에 의해 분단되었던 두 개의 독일이 자의에 의해 다시 하나가 되는 세기적 전변이었다. 상황을 질서 있게 관리하고 통제하여 역사상 유례를 찾아볼 수 없는 평화적 통일의 길로 이끈 이 시기는 독일이 가장 자랑스러워할 영광의 기간이었다.

당시의 상황은 다음과 같이 정리될 수 있다. 먼저 1989년 여름, 휴가를 이용하여 헝가리와 체코슬로바키아를 방문하였던 동독 주민들이 그곳의 서독대사관에 난입하여 서독행을 요구하고, 서독 정부가 헝가리와 교섭한 결과 이들이 서독으로의 대규모 탈출에 성공했고, 이를 인지한 동독 주민들이 체제개혁을 위한 목소리를 높이고 행동으로 옮겼다.

결국 1989년 11월 9일 베를린 장벽이 붕괴되고 동·서독 간 국경선이 개방된 직후부터 동·서독은 협상을 통해 통일을 향해 달려갔다. 마침내 1990년 10월 3일에 독일은 40년간의 분단을 종식하고 통일을 획득했다. 그리고 쉽지는 않았지만 사회통합을 추진하고 새로운 독일의 건설이란 미래를 향해 한 걸음 한 걸음을 내디뎠다. 그리고 이러한 상황의 전개와 진전 속에서 서독의 국경수비대와 경찰, 그리고 통일독일의 경찰은 질서와 치안을 유지하면서 평화적인 통일과 통합에서 중심적인 역할을 담당하였다. 1989년 동독 주민의 해외 대규모 탈출, 11월 9일 베를린 장벽의 붕괴, 그리고 1990년의 10월의 통일과 이후 통합과정으로 이어진 독일 내 상황전개는 다음과 같이 요약될 수 있다.

2 Arved Semerak(1989), *Die Polizeien in Westeuropa* (Stuttgart/München/Hannover), pp. 33~44 참조.

3 http://en.wikipedia.org/wiki/Volkspolizei 참조.

통일 전 동독상황의 전개과정

동독 정부의 제한적 개혁·개방 ⇒ 동독 주민의 전면적 개혁·개방 요구
⇒ 동독 정부의 보수 회귀
⇒ 소요사태 발생 ⇒ 동독 주민의 대량 탈출 ⇒ 동독정권 붕괴 ⇒ 베를린장벽 붕괴(1989.11.9.)
⇒ 동독 주민의 통일 요구
⇒ 총선(1990.3.18.)을 통해 동서독 주민의 조속한 통일에 대한 민족자결 표출
⇒ '2+4' 회의 ⇒ 독일의 재통일(1990.10.3.)
⇒ 통합의 과정

독일통일 직전·후 경찰의 역할

통일 직전·후 서독/통일독일 경찰의 역할은 다음과 같았다. 첫째, 통상적 임무로서 질서를 유지하고 치안을 확보했다. 둘째, 동독경찰의 인수 및 해체를 위한 제반 행정적 조치를 취하는 동시에 그 과정에서 동독경찰이 본받고 따라야 할 새로운 경찰상을 제시했다. 셋째, 통일독일의 원활한 통합을 행정적·물리적으로 지원하고 2개의 경찰 간 통합을 적극적으로 추진했다.

질서유지와 치안확보

통일된 독일경찰의 기본임무는 상황을 안정적으로 관리하고 통합을 원활히 추진하기 위해 지원하는 일이었다. 이를 위해 가장 중요했던 것이 경찰 본연의 의무인 구동독지역 내 질서유지와 치안확보였다.

주민생활의 모든 부분과 일상을 장악하고 통제했던 독재국가 동독이 무너진 후 구동독지역에서는 범죄가 급증했다. 통상적인 일반범죄에 더하여 동독지역에서 경찰은 구동독 시절에는 경험하지 못했던 형사범죄, 예를 들어 폭파 및 테러 협박, 독가스 범죄, 극우파 범죄 등도 다루어야 했다. 범죄유형은 서독과 점점 유사해졌고, 변혁의 시기에 경제범죄, 사기범죄 등도 늘었다. 또한 조직적인 범죄단체가 전면에 등장한 것도 새로운 상황이었다. 이전에 그 지역에서는 동독경찰 스스로

가 억압 · 통제의 기관이었는데, 이제는 범죄조직이 그러한 영향력을 확대하고 있었다.[4]

구동독 내의 이러한 상황전개는 구서독에도 악영향을 미쳤다. 당시 체제전환기에 놓였던 동유럽 국가들 내 질서 또한 붕괴되었고, 동유럽 국가들과 연관된 밀수와 같은 범죄가 불안정해진 구동독을 통해 서독에도 침투되었다. 동유럽의 범죄자에 더하여 구동독 및 구서독 범죄자도 모두 동독지역의 혼란상황을 적극 악용하고자 했다. 범죄자와 더불어 동독의 불안상황을 활용하여 동유럽 국가들을 포함한 제3국의 간첩도 동독에는 물론, 동독을 경유하여 서독에도 침투하였다. 이들에 대한 정포파악과 색출 및 검거도 통일독일의 경찰과 연방정보원의 임무였다.

통일독일은 상황을 안정시키기 위해 구동독의 경찰력을 적극 활용할 수밖에 없었다. 경찰의 통합에 앞서 서독의 경찰은 구동독 경찰이 능력을 구비해 스스로 상황에 대처할 수 있도록 적극 지원했다. 지역상황과 정보에 밝은 사람들을 앞세워 상황을 안정적으로 관리하기 시작하였다. 동시에 각종 행정 및 정보조직, 국경수비대, 연방군의 투입과 협조로 동독지역에 대한 상황을 세부적으로 파악하기 위해 노력했다. 동독 주민에 대한 신원 파악과 재등록, 주요 인물 및 시설물의 안정적 보호 · 관리, 새로운 독일주민, 특히 여성 · 노약자 · 아동 · 병약자 등 사회적 취약자에 대한 다양한 지원 및 봉사활동도 적극 수행했다.[5]

4 Reinhard Haselow(2000), *Der Wandel der Volkspolizei zu einer rechtstaatlich-demokratischen Polizei*(Lübeck), pp. 59~62 참조.

5 Bundesgrenzschutz(1990), "Flüchtlingsbewegung aus der Sicht der Verwaltung. Ein Rückblick und ein Danke an alle Helfer", p. 13.

새로운 경찰상 제시와 경찰통합

동독 공산당체제의 붕괴는 동독 인민경찰의 종말을 의미했다. 그때까지 동독공산당의 중요한 권력기구였던 인민경찰은 정체성의 위기에 직면했다. 무엇을 어떻게 해야 하는가에 대한 혼란이 있던 상황에서 서독경찰은 동독경찰이 따라야 할 모델로서 중요한 역할을 수행했다. 서독은 민주경찰상을 동독에게 보여주는 동시에 민주법치 국가의 원칙에 따라 행동하는 경찰의 양성·지도라는 과제를 구서독경찰이 주도적으로 추진하도록 했다. 통일 직전인 1990년 9월 13일, 동독인민의회는 서독경찰을 모델로 한, 경찰업무법을 통과시켰다. 동독경찰의 업무를 규정했던 이 법은 통일 이후에도 효력을 발휘했다.[6] 민주적 경찰로의 재양성을 위한 교육에 대한 결정도 내려졌다. 모든 경찰은 새로운 속성 교육과정을 이수해야 했고, 장기간에 걸쳐 자신의 교육수준을 서독수준으로 끌어올려야만 했다.

1990년 10월 3일 '독일통일조약'의 발효와 함께 동독은 더 이상 존재하지 않게 되었고, 모든 치안 및 보안기관들도 해체되었다. 이후 통일독일 경찰은 일반 치안업무를 수행하는 동시에 구동독 인민경찰을 민주적 법치원칙에 따라 운영되는 경찰로 바꾸는 작업을 본격적으로 진행하였다. 주민을 억압하는 경찰이 아닌 주민을 위한 경찰로, 체질을 근본적으로 바꾸는 작업과 동시에 국민통합의 일부분으로서 두 경찰조직과 인력을 하나로 통합하며 사회 전반적으로 진행 중인 통합작업을 행정적·물리적으로 지원해야 했다.

경찰의 통합과정은 통일 이후 수년 동안 진행되었고, 많은 예산과 인력을 요구했다. 구서독의 경찰은 구동독의 경찰이 따라야 할 경찰상 자문자, 통일경찰의 지도부라는 3가지 역할을 빠르고 성공적으로 담당하면서 동독 인민경찰의 재편작업을 추진했다.

6 Heinrich Busch(1990), "Nach Art des Musterentwurfes. Das Polizeiaufgabengesetz der DDR", *Bürgerrechte und Polizei*, Nr. 38, pp. 12~16 참조.

통일 직전·후 동·서독 주의 자매결연 현황

신연방 주(구동독 주)	구서독연방 주
브란덴부르크	노르트라인-베스트팔렌, 자르란트
메크렌부르크-포어폼머른	쉴레스비히-홀스타인 함부르크, 브레멘
작센	바덴-뷔템베르크, 바이에른
작센-안할트	니더작센
튀링엔	헤센

법적 측면에서 전환과 통합을 위해 경찰업무법이 계속 효력을 가졌으나, 시시각각으로 변화되는 상황에서 구동독지역, 즉 통일독일의 신연방주 전반에 적용될 단일의 법은 존재하지 않았다. 각 신연방 주의 의회는 자체적으로 지역상황에 맞는 경찰법을 통과시켰다.

이때 각 신연방 주는 베를린장벽이 무너진 후부터 통일 이전까지의 기간, 즉 통일준비 기간 동안에 서독의 연방주와 맺었던 자매결연주의 경찰법을 중요한 모델로 삼았다. 당시 5개의 신연방 주는 하나 혹은 복수의 구서독연방 주들과 자매결연을 맺고 있었다. 이들을 모델로 삼고 이들의 지원을 통해 통합과 민주화, 현대화를 추진했다. 즉 구서독연방 주의 경찰조직과 임무·역할을 신연방 주에도 확대 및 적용한다는 '확대·혼용의 원칙'에 따라 경찰통합을 진전시킨 것이다.[7] 위의 표는 신연방 주와 구서독연방 주의 자매결연 현황을 보여준다.[8]

한편 서독연방 주들은 자문역을 동독지역에 파견했다. '독일통일조약'에 명시된 구동독지역을 대상으로 한 '공무지원'(*Amthilfe*) 규정이 자문자 파견을 통한 전문성 전수를 가능케 했다. 이러한 전수는 새로운 법적 근거에 기반을 둔 새 체제를 설립하는 데 큰 도움이 되었고,

7 Otto Diederichs(1990), "Die Erstreckung – auf dem Weg zur Gesamtberliner Polizei", in: *Bürgerrechte und Polizei*, Nr. 37(1990), pp. 18~21 참조.

8 Otto Diederichs(1990), "Stand des Polizeiaufbaus in den neuen Bundesländern. Eine Übersicht", in: *Bürgerrechte und Polizei*, Nr. 38, pp. 17~21 참조.

연수교육 제도의 설립에도 기여했다.

그러나 서독으로부터 파견된 자문단이 문제를 전부 해결하지는 못하였다. 파견된 서독 인력의 직접적인 책임범위에 해당되는 많은 분야에서 전문적 자문이 이뤄지지 않아 전환 및 통합작업이 제대로 이뤄지지 못하고 있다는 비판이 제기되었다. 증가하는 형사범죄 문제에 대처하기 위해서라도 빠른 보완이 필요했다. 또한 서쪽에서 온 '외부인'에 의해 동독경찰의 전환·통합과정이 주도됨으로써 동독경찰의 자체적 주도능력이 사장되는 문제점도 제기되었다.

자문단의 파견과 상주는 동독경찰의 비판과 불안을 가져왔다. 자문자가 공식적인 지도권한을 갖고 있지 않았음에도 그들의 비공식적 영향력은 매우 컸기 때문이다.[9] 자문자의 존재 자체가 동독경찰의 위상하락을 상징했고, 서독 측 동료는 점령군의 대표로 와 있는 분위기였다. 이처럼 서독출신 결정권자에 대한 비판은 전환·통합단계에서 동독 인민경찰이 자체적으로 갖고 있던 개혁 주도능력이 전혀 주목받지 못했다는 점에서 제기되었다.

다른 분야와 마찬가지로 동독경찰에서도 광범위한 감원이 이뤄졌다. 다수의 고위 경찰간부들은 더 이상 근무할 수 없게 되어 조기 은퇴했다. 다른 곳으로의 이동배치도 이뤄지지 않았다. 이런 이유로 경찰고위직의 대부분이 서독출신에 의해 채워졌다. 이는 '인력의 혼용원칙'이란 지침아래 서독 정부가 정치적으로 결정한 결과이기도 했다. 통일 이후 상당기간 동안 중앙요직은 서독출신에 의해 채워졌다.[10]

통일독일에서 계속 근무를 희망한 구동독경찰들은 경찰로서의 전문성과 자질에 대한 심사, 악명 높았던 구동독 국가보안성(이른바 *Stasi*: 슈타지)과의 연루여부에 대해 조사받아야 했다. 이러한 과정은 설문

9 Rafael Behr(1993), *Polizei im gesellschaftlichen Umbruch. Ergebnisse der teilnehmenden Beobachtung bei der Schutzpolizei in Thüringen*, Holzkirchen, p. 84.

10 Gerhard Mörke(1999), *Von der Volkspolizei zur Thüringer Landespolizei*, Bd.1 & Bd. 2, Schleiz 참조.

지 답변 및 개인 면담으로 이뤄졌다.[11]

동독시절 이수한 교육도 다시 심사받아야 했는데, 동독의 고등교육에 마르크스주의와 레닌주의 내용의 비율이 높았기 때문에 학력이 전부 인정되지는 못하였고, 이로 인해 강등되는 경우가 많았다. 또한 새 업무를 부여받을 경우에는 이전에 하던 것이나 그보다 상위 업무가 아닌 것만 수행하는 것이 가능했다.

통일독일의 공무원 신분을 취득하기 위해서는 서독기준의 교육이수를 증명해야 했는데, 이를 위해 새로운 교육을 이수할 필요가 있었다. 4주간의 속성과정에 참여해야 했고, 이후에도 계속 교육을 받아야 했다. 교육을 위해서 서독의 강사인력이 대거 투입되었다.[12]

기존 동독 인민경찰력의 상당부분에 의존하지 않고 구동독지역 전반에 발생하는 안전의 공백을 구서독의 경찰력으로만 메운다는 것은 불가능한 일이었다. 그러나 기존 인민경찰들에 대한 고려는 서쪽과 동쪽 인력 사이의 근본적인 차이를 염두에 두고 행해질 수밖에 없었다.

구동독시절에 이루어졌던 인민경찰에 대한 정치적 세뇌도 동·서독 경찰 간 융화를 어렵게 만든 요인 중의 하나였지만, 이외에도 이들의 경찰업무에 대한 전문성이 구서독경찰에 비해 현저히 낮은 수준이었다는 것도 통합을 어렵게 만든 요인이었다. 특히 인민경찰의 하급경찰에서 두드러진 현상이었다.

하급직으로 교육받고 근무했던 구동독경찰은 경찰업무의 일상에서, 현장의 주민과의 관계에서 자발적이고 자기책임 하에 행동하는 서독의 경찰과는 완전히 다른 행동양태를 보였다. 술집에서의 싸움이나 교통사고와 같은 사소한 사안들의 경우에도, 출동한 경찰은 독자적으로 결정을 내리지 않았다. 각 상부 감독조직에 상황을 보고하고 각각의 경

11 Otto Diederichs(1990), "Fragebögen und Personalkommissionen. Die Entstasifizierung der Vopo", *Bürgerrechte und Polizei*, Nr. 38, pp. 22~26 참조.

12 Horst Döding, Dieter Schipper(1990), *Die Polizei im demokratischen Rechtstaat. Ein Leitfaden für die Fortbildung von Polizeiangehörigen in den Ländern Mecklenburg-Vorpommern, Brandenburg, Thüringen, Sachsen-Anhalt und Sachsen*, Hilden 참조.

우에 구체적인 행동지침을, 심지어는 어떤 딱지를 끊어야 할지도 하달받았다.

서쪽의 경찰구조와 근본적으로 다른, 이러한 차이들은 구동독경찰을 통일독일의 경찰업무 일상에 바로 투입할 경우 문제점으로 나타날 수밖에 없었다. 따라서 통합작업은 서서히 진행될 수밖에 없었다.

평가와 시사점

전혀 준비 없이 직면해야 했던 1989~1990년의 극변상황과 통일 직후의 시기에 서독/통일독일의 경찰은 치안을 확보하고 질서를 유지하면서 통일과정의 한 부분을 담당했다. 통일과정에서 중요한 주체로서 역할을 수행했다. 동독 주민에 대한 지원과 보호, 통일 직·전후라는 상황에서 임무의 전환과 실행, 동독경찰과의 협력과 통합이라는 과제를 치안확보와 질서유지 속에서 추진해야만 했다. 따라서 서독/통일독일의 경찰은 동·서독 간의 신속하고 평화로운 통일을 성공적으로 촉진시키는 데 중요한 역할을 했다고 종합적으로 평가될 수 있다.

독일사례의 분석을 통해 거의 동일한 임무를 수행해야 할 우리의 군·경에 응용될 수 있는 시사점들을 제시하면 다음과 같다.

첫째, 통일 이전에 가능한 한, 군은 인민군의, 경찰은 인민보안부의 현황에 관해 면밀히 분석해야 한다. 또한 남북 양자 간 협력이 어렵다면 국제적 차원에서 간접적인 방법으로 교류를 추진하고 실태파악에 힘을 쏟아야 한다. 남한의 북한과의 교류협력 수준과 비교할 수 없을 정도로 동독과 교류협력을 추진했던 서독에서조차 실제 동독경찰과 소통로(疏通路)를 가질 수 없었고, 급변사태 발생 시 체계적으로 대응하지 못했던 사실을 반면교사로 삼아야 한다.

둘째, 서독은 급변사태 발생 시 ① 상황을 안정적으로 관리·통제하기 위해 필요한 행정적 조치, ② 동독경찰이 따라야 할 새로운 경찰상을 보여주기 위해 필요한 접촉 및 자문, ③ 동독경찰을 개조·개편하고 경찰통합을 위해 필요한 지휘 등 3단계로 나눠 상황에 대처하였다.

우리의 경우에도 인민군과 인민보안부에 관해 확보된 자료·정보를 바탕으로 통일 공간에서 단계적인 대응이 필요하며, 이는 발생 시나리오별 대응계획을 상시적으로 체계화·개량화해야 함을 의미한다. 각 단계별로 우리 군·경의 내부적 측면, 남북관계적 측면, 필요하다면 국제적 측면에서의 조치방안이 상세하게 마련되어야 한다. 필요한 법·규정도 사전에 준비되어야 한다.

셋째, 통일 직후 북한의 안정적 관리, 치안유지, 군·경 통합, 사회통합에의 기여 등의 임무를 원활히 수행하기 위하여, 통일한국의 군·경은 북한사회의 사정과 지리에 밝은 인민군과 인민보안부의 일부 인력을 일정기간 활용할 수밖에 없다. 따라서 어떠한 준거틀에 의해 이들을 조사·분류하고, 어떠한 재교육·훈련 등의 과정을 거쳐 이들을 업무에 투입시킬 것인가에 대한 구체적인 대비책이 마련되어야 한다.

넷째, 통일과정의 독일에서와 마찬가지로 한반도 통일공간에서 치안확보가 어려운 상황이 북한지역에 조성되면 북한 내 범죄가 증가함은 물론, 북한지역의 혼란상황을 틈탄 인접국가 혹은 국제범죄자들, 나아가 제3국의 간첩이 북한으로 들어오거나, 북한을 거쳐 남쪽으로 활동을 확산할 수 있으므로, 이에 대한 대비책이 군·경 합동차원에서 마련되어야 한다. 이에 대한 국제적 공조체제도 준비되어야 한다.

다섯째, 남북 군·경 통합에 관한 구체적 추진방안의 준비이다. 통일한국의 군과 경찰의 임무, 조직과 인력을 어떻게 설정할 것인가, 조직개혁과 기술현대화를 어떻게 추진할 것인가, 내적 통합을 위해서 재교육을 포함한 어떠한 노력을 경주할 것인가 등이 세부적으로 준비되어야 한다.[13]

13 통일 이후 군통합에 관해서는 손기웅(2004), "통일 이후 남·북한 군 통합을 위한 정책제안", 〈국방연구〉 47권 2호, 123~147쪽 참조.

독일의 경우, 통일독일은 동독인민군을 거의 해체시킨 반면, 동독의 인민경찰 인력은 상당부분 활용하였다.[14] 특히 베를린의 경우 초기에는 동독 인민경찰의 90%를 계속 근무하게 하였다. 그러나 많은 동독경찰을 활용하였음에도 고위직은 대부분 서독출신이 차지하였고, 동독경찰의 직위·직급은 강등되었다.

이러한 독일사례를 세부적으로 이미 잘 연구했을 북한을 고려할 때, 독일사례는 남·북한의 통일 이후 군과 경찰 통합에 부정적인 영향을 미칠 수 있다. 그러나 군·경 통합을 인민군과 인민보안부와의 협의를 통해 추진해야만 하는 것이 현실인 만큼, 그들이 납득할 수 있는 설득논리와 추진방안이 마련되어야 할 것이다.

통일 직후 북한지역의 안정

활동의 원칙

통일 직후 과도기 상황에서 질서를 유지하고 치안을 확보하기 위해서는 우리의 국군과 경찰이 중심적인 역할을 담당해야 한다. 특히 북한지역을 대상으로 추진되어야 할 이들의 임무와 역할을 살펴보면 다음과 같다.

첫째, 군·경은 통일의 과정에서 사회 내 어느 집단보다도 조직화된 자체의 특성을 활용하여 통일이 평화적으로 무리 없이 추진될 수 있도록 북한지역을 대상으로 하는 대민활동을 실시하여 '통일의 촉진자'로서의 역할을 담당해야 한다.

둘째, 군·경은 통일 직후 북한지역 내 안정과 사회통합을 위한 대민활동을 실시하여 군·경이 북한 주민과 공감대를 형성하고, 서로를

14 통일 이후 독일의 군 통합에 관해서는 손기웅(1998), 《통일독일의 군통합 사례연구》 참조.

이해하고 같은 목표를 추구하는 '통합의 선구자'로서의 역할을 담당해야 한다.

셋째, 북한지역에서 대민활동의 성공여부는 현지 주민의 자발적 지지・협력에 의존한다고 해도 과언이 아니고, 주민의 자발적 지지・협력에는 이들에 대한 접근방법에 의해서도 영향을 미침을 감안하여 군・경의 대민활동 시 이를 고려해야 한다. 예를 들어, 북한 주민에 대한 선무(先務) 활동이 권위주의적 방식으로 전개될 경우, 이들은 이를 또 다른 형태의 정신적 세뇌와 독재라 인식할 수 있다. 따라서 북한 주민들에 대한 차별적인 편견이 아니라, 그들이 겪고 있는 정신적・심리적 고통의 극복과정에 동참한다는, 그들을 이해하려는 자세와 태도를 견지해야 한다.

대민활동의 방향

군・경은 통일 직전 및 직후 기간에 ① 북한지역 내 주민에 의한 제반 방해요인을 제거 또는 최소화하고, ② 주민을 보호하며 그들의 협조 및 지지를 획득하여, ③ 인적・물적 자원을 효과적으로 통제・운용함으로써 북한지역 및 통일한국의 안정과 발전이 성공적으로 수행될 수 있도록 지원해야 한다.[15] 더불어 통일정부의 행정기능을 지원함으로써 통일국가의 통치능력을 강화해야 한다.

이러한 목적을 가진 군・경 대민활동의 주요내용은 북한지역 내 인적・물적 자원, 즉 주민 및 자원에 대한 관리・보호・활용이다. 즉 군・경은 합의통일 전・후, 북한지역에서 주민 및 정부행정 기능을 지원하기 위하여 ① 인적・물적 자원에 대한 '적성'(敵性)을 제거하고, ② 인적・물적 자원을 획득・보호하며, ③ 인적・물적 자원을 활용해야 한다.

15 군사작전을 전제로 군은 북한지역을 대상으로 한 '민군작전 수행 모델'을 정립하고 있다. 이하 논의는 군의 정책방향을 이 글의 논지에 맞도록 수정・응용하였다. 합동참모본부(2008), 《민군작전 수행 모델》 참조.

대민활동의 유형

군・경은 북한지역을 대상으로 통일 직전에는 ① '통일추진 대민활동'을, 그리고 통일 직후에는 ② '통일정착 대민활동'을 실시한다. 통일추진 대민활동은 합의통일 과정 가운데 북한지역에서 통일에 저항하거나 불만을 가진 인민군과 인민보안부(이하 인민군・경) 및 북한 주민들의 적성(敵性) 활동이 다소 강하게 존재할 때 실시되는 대민활동을 말한다. 통일정착 대민활동은 통일 직후 북한지역의 상황이 다소 안정화되었을 때 실시되는 대민활동을 말한다.

한편 통일 이후 실시될 통일정착 대민활동은 북한지역 내 상황의 안정화 정도에 따라 초기 단계에서는 ① '보호관리 대민활동'을, 그리고 이어서 통합단계에서는 ② '민주개혁 대민활동'을 실시한다.

통일 직전: 통일추진 대민활동

목적

군・경은 통일이 평화적으로 무리 없이 추진될 수 있도록 북한지역 내 민간분야의 필요한 지원과 지지를 획득하기 위한 '통일추진 대민활동'을 실시한다. 평화적이고 원활한 통일추진의 성공여부는 북한지역 주민과 지역 내 자원에 대한 통제에 달려 있다. 주민 및 자원통제 기능은 북한지역 내의 인적・물적 가용자원의 적성을 제거하여 획득・사용함으로써 통일을 달성하는 것이다. 즉 인적・물적 자원에 대한 ① 적성 제거, ② 획득・보호, ③ 활용을 당시 상황에 맞추어 적절히 상대적 비중을 두고 추진하는 것이다.

주민통제의 주요목적은 주민들의 지원을 얻어 폭도(暴徒)를 색출, 적대세력들의 주민접촉을 차단하여 지역 내 주민보호, 적대세력에 대한 물적 자원 공급방지, 적대세력들의 첩보 및 선전활동의 효과감소, 주민 도피현상과 폭력위협 제거 등을 함으로써 주민으로부터 자발적 지지와 협력을 확보하고, 종국적으로는 주민을 동원하여 통일추진을 지원하는 데 있다.

자원통제의 주요 목적은 적대세력들의 자원이용 방지, 북한지역 개발 및 내부방어에 필요한 자원의 확보와 활용을 통해 통일추진의 성공을 지원하는 것이다.

추진방안

군 · 경은 북한지역 내 인적 · 물적 자원을 대상으로 ① 적성 제거, ② 획득 · 보호, ③ 활용별로 다음과 같은 임무를 수행한다.

① 적성 제거 : 통일을 방해하는 요인을 제거하거나 극소화하기 위해 적대세력에 의한 방해요인 혹은 방해가 예상되는 지역을 확인하여 제거하거나 회피, 치안확보, 적대계층 색출 · 처리 등 북한지역에 거주하는 주민 및 자원에 대한 통제를 유지한다.

② 획득·보호 : 북한지역 내의 시설 및 주민의 지지여부를 지상정찰(偵察)에 의한 지역평가를 통해 확인하고, 이용가능한 주요시설 및 자원의 보호, 주요교통 및 통신망의 확보, 민간인 환자의 진료 및 이재민의 구호, 주민의 지원과 지지획득을 위한 선무활동 등을 실시한다.

③ 활용 : 획득된 자원 · 시설과 주민의 지지를 통일추진 지원에 활용한다.

북한지역 내에 적성의 강도가 상대적으로 높은 상황임을 고려할 때 통일추진 대민활동 임무의 우선순위 혹은 비중도는 인적 · 물적 자원의 ① 적성 제거〉 ② 획득 · 보호〉 ③ 활용의 순이다.

이때 특히 ② 획득 · 보호 대민활동에서 특히 중점을 두어야 할 사항은 인민군 · 경 혹은 기타 북한세력 · 기관에 의한 북한의 주요 자료 · 정보에 대한 파기, 훼손, 은폐, 유출을 방지하는 것이다. 북한에서 자행된 반인권적, 반사회적 범죄관련 자료 · 정보를 특히 획득 · 보호하는데 군 · 경이 지원해야 한다.

한편 군 · 경은 남 · 북한 통일 당일에, 통일을 기념하는 축제가 기획될 경우 이 축제가 원활히 진행될 수 있도록 북한지역에 대한 질서

유지 및 치안확보 활동을 담당해야 할 것이다. 이때 북한지역 상황에 밝은 인민군·경의 협조를 적극 유도해야 할 것이다. 그리고 서로 상황에 대한 평가를 교환하고, 교통규제 등 질서유지를 위한 각종 행동에 관해 상호조율하며, 테러 등 우발사태 발생 시 대응책 마련 등에 협력해야 할 것이다.

통일의 날이 임박할 즈음에 남·북한 양측 각각의 지휘소에 서로 인력을 파견하여 협조한다. '남북 군·경 통일축제 지원본부'(가칭)를 설치하여 통일축제가 평화적으로 무리 없이 진행되도록 대민활동을 실시한다.

통일 직후: 통일정착 대민활동

목적

군·경은 통일 직후 북한지역 내 통일정부의 행정기능을 정상화시키기 위한 제반사항을 지원하는 '통일정착 대민활동'을 실시한다. 군·경은 북한지역 내 인적·물적 자원을 대상으로 정부행정을 지원하기 위하여 ① 인적·물적 자원에 대한 적성 제거를 통한 치안질서 유지, ② 인적·물적 자원의 획득·보호, ③ 인적·물적 자원의 정상적 활용의 임무를 수행해야 한다.

① 적성 제거: 주민 선무활동을 통해 주민의 불안감·공포감·적대감을 해소하여 민족동질성을 회복하고, 물적 자원에 대한 적대세력의 훼손·파괴 기도를 제거한다.

② 획득·보호: 이재민 수용 구호, 지역주민 생활안정 조치, 환자처리 등의 주민 구호활동을 통해 인적자원을 확인·획득·보호하며, 획득된 물적 자원을 관리·보호한다.

③ 활용: 사회 간접자본의 복구·활용, 필수 생산시설의 가동 및 생업유도 등의 자원관리를 통해 인적·물적 자원을 활용한다.

북한지역에 실시될 통일정착 대민활동은 북한지역 내 상황의 안정화

정도, 즉 적성이 줄어들고 '평성'(平性)이 높아지는 정도에 따라 초기 단계에서는 '보호관리 대민활동'을, 그리고 이어서 통합단계에서는 '민주개혁 대민활동'을 실시한다.

추진방안

• 초기 단계: 보호관리 대민활동

군·경은 북한지역에 정부 행정요원이 본격적으로 파견되어 정부주도하에 접수정비 및 민간행정을 실시하는 과정을 지원한다. 통일 직후 통일 저항적인 적성의 강도가 거의 사라졌으나, 통일을 적극적으로 지지하고 통합에 동참하려는 평성이 완전히 확보되지는 않은 상황에서 군·경은 통일정착 대민활동의 1단계 조치인 '보호관리 대민활동'을 실시한다.

이 단계에서 군·경이 수행할 주요 대민활동의 임무는 ① 적성 제거(치안질서 유지 및 지원, 주민순화를 위한 선무활동 지원), ② 획득·보호(주요시설 및 기관에 대한 경계지원, 주요 자원보호), ③ 활용(복구지원, 구호활동 지원, 정부 행정기관에 필요한 민사 첩보제공)이다. 한편 이 단계 대민활동의 우선순위 혹은 비중도는 인적·물적 자원의 ① 적성 제거 = ② 획득·보호 = ③ 활용의 형태이다.

• 통합 단계: 민주개혁 대민활동

북한지역에서 평성이 거의 확보된 상황에서 군·경은 정부행정을 적극 지원하는 통일정착 대민활동의 2단계 조치인 '민주개혁 대민활동'을 실시한다. 북한지역에서 통합과 동화기반을 구축하기 위한 제반행정조치가 이루어지는 과정에 군·경이 이를 지원하는 것이다.

이 단계에서 군·경이 수행할 주요임무는 ① 적성 제거(취약지역 대민홍보), ② 획득·보호(치안 취약지역 경계지원, 의료지원), ③ 활용(자유민주주의 기본질서의 정착을 위한 인적·물적 자원의 동원 및 활용, 질서 유지와 치안 확보를 위한 주민 내 자치조직의 결성, 민생안정을 위한 가용자원의 적극 동원과 활용, 군·경과 관련된 민원처리)이다.

평성의 강도가 높아지고 적성의 강도가 현저히 약화된 상황임을 고려할 때 이 단계에서 대민활동의 우선순위 혹은 비중도는 인적·물적 자원의 ① 적성 제거 〈② 획득·보호 〈③ 활용의 순이다.

대민활동의 종합적 고찰

이상의 논의를 아래의 그림을 중심으로 설명하면 다음과 같다. 아래의 그림에서 첫 번째 전제는 앞서 논의한 바와 같이 군·경 대민활동의 주요 임무를 인적·물적 자원의 ① 적성 제거, ② 획득·보호, ③ 활용 3가지로 상정한다는 것이다.

두 번째 전제는 군·경 대민활동의 유형구분에 영향을 미치는 요인인, 북한지역 내 종합적 환경요소를 군사적 갈등과 긴장관계가 높은가 하는 ① 적성(敵性)의 강도(그림의 Y축)와 치안질서가 확보되어 평안을 회복하는가 하는 ② 평성(平性)의 강도(그림의 X축), 두 가지 변수로 압축하여 설명한다는 것이다.

상황의 전개가 원점에서 Y축을 따라 이동할수록 사회적 불안과 긴장관계가, 즉 적성의 강도가 높아짐을 의미하고, 이때 군·경의 대민활동은 통일추진 대민활동형으로 전개될 것이다. 반면 상황의 전개가 원점에서 X축을 따라 이동할수록 사회적 불안과 긴장관계가 해소되고 치안질서가 확보되어 평안을 회복하는, 즉 평성의 강도가 높아짐을 의미하고, 이때 군·경의 대민활동은 통일정착 대민활동형으로 전개될 것이다.

그림의 0Y선은 대민활동이 배제되는 순수한 군사작전 상황을, 0X선 역시 대민활동이 배제되는 순수한 통일정부의 행정상황을 의미한다. 이러한 극단적 상황을 제외하고, 어떠한 군·경의 대민활동이 필요한 상황을 상정한다면, 그러한 상황은 적성과 평성이 공존하는 MN선상에서 전개될 것이다.

〈그림 1〉 군·경의 대민활동 유형

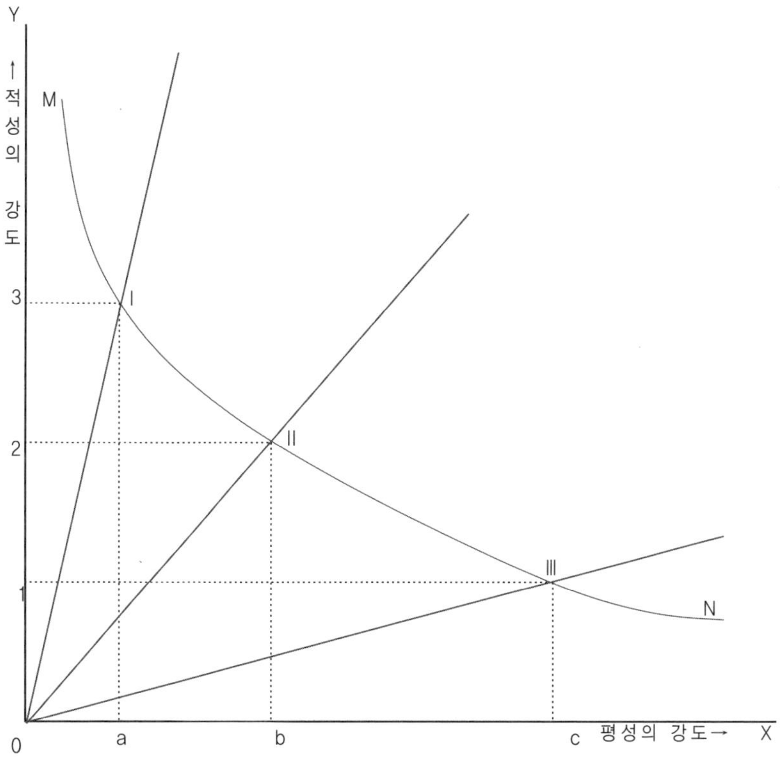

예를 들어, Ⅰ점은 적성의 강도가 상대적으로 높아 통일추진이 중심이 되는 대민활동이, Ⅲ점은 평성의 강도가 상대적으로 높아 통일정착 가운데 민주개혁이 중심이 되는 대민활동이, 그리고 Ⅱ점은 적성과 평성이 거의 비슷하여 통일정착 가운데 보호관리 대민활동이 전개되는 상황을 의미한다.

한편 MN선상의 한 점이 차지하는 X축 및 Y축과의 조합은 군·경의 대민활동이 임무를 달성하기 위해 추진해야할 노력의 크기를 의미한다. 어떠한 형태의 대민활동이라도 임무달성을 위해서는 모든 인적, 물적, 행정적 가용자원을 활용하여 최대한의 노력을 경주해야 한다는 것은 주지의 사실이다. 이는 MN선상 모든 어느 한 점의 X축·Y축 조합의 크기가 동일하다는 점을 의미한다.

따라서 MN선은 무차별곡선이다. 즉 Ⅰ점에 대민활동이 이루어질 경우 인적·물적 자원의 ① 적성 제거, ② 획득·보호, ③ 활용을 위해 추진될 노력의 크기는 0aⅠ3이다. 한편 Ⅱ점, Ⅲ점, 그 외 MN선상의 모든 어느 한 점에서 추진되어야 할 대민활동 노력의 크기는 상황여건의 상이와 변화에도 불구하고 동일한 비중을 가지고 수행되어야 한다는 점에서 Ⅰ점에서와 동일하다. 따라서 0aⅠ3, 0bⅡ2 및 0cⅢ1의 크기는 동일하다.

결국 북한지역을 대상으로 통일 직후에 실시될 군·경의 질서유지와 치안확보를 목적으로 하는 대민활동은 현실적으로는 MN선상의 어느 한 상황에서 통일추진과 통일정착 대민활동이 상대적 비중을 가지면서 동시에 추진되는 형식을 띠게 된다. 이는 통일추진과 통일정착을 동시에 추진하는 대민활동이 다양한 형태로 이루어질 수 있음을 의미한다. 각 상황에서 어떠한 형태의 대민활동이 수행되어야 할 것인가는 해당지역을 관할하는 군·경 지휘관의 판단에 의해 결정되어야 할 것이다.[16]

각 상황에서 추진될 인적·물적 자원을 대상으로 한 대민활동의 임무를 설명하면 다음과 같다. 적성의 강도가 상대적으로 높은 Ⅰ점에서의 대민활동은 통일추진이 중심이 되며 대민활동 임무의 우선순위 혹은 비중도는 인적·물적 자원의 ① 적성 제거〉 ② 획득·보호〉 ③ 활용의 순이다. 반면 평성의 강도가 상대적으로 높은 Ⅲ점에서의 대민활동은 통일정착 가운데 민주개혁이 중심이 되며 대민활동 임무의 우선순위 혹은 비중도는 인적·물적 자원의 ③ 활용 〉 ② 획득·보호 〉 ① 적성 제거의 순이다.

적성과 평성이 거의 비슷한 Ⅱ점에서의 대민활동은 통일정착 가운

16 '민군작전 수행 모델'은 이와 관련하여 "국가정책과 전략 및 법적용은 일관성이 있는 반면, 경제, 군사적 상황과 작전지역 환경은 가변성이 있다. 따라서 민군작전은 제 요소들의 상황변화에 따라 융통성 있게 조정되어야 하며, 민군작전 특성상 변화되는 상황을 지속적으로 분석 및 판단하여 최선의 해결책을 강구해야 한다"고 규정하고 있다. 더 자세한 사항은 합동참모본부(2008), 《민군작전 수행 모델》, 47~98쪽을 참조.

데 보호관리가 추진되며, 대민활동 임무는 인적·물적 자원의 ① 적성 제거 = ② 획득·보호 = ③ 활용과 같이 동일한 비중으로 추진될 것이다. 이상을 역시 적성 및 평성의 강도를 변수로 하여 각 대민활동 유형별로 수행되어야 할 군·경의 임무 비중도를 그림으로 설명하면 다음과 같다.

위의 〈그림 1〉의 Ⅰ, Ⅱ, Ⅲ점에서 이루어지는 대민활동의 임무는 아래의 〈그림 2〉의 Ⅰ, Ⅱ, Ⅲ단계에 조응하며, 각 단계에서는 인적·물적 자원을 대상으로 ① 적성 제거, ② 획득·보호, ③ 활용이 상이하게 전개된다. 〈그림 2〉의 A단계는 〈그림 1〉에서 대민활동이 배제되는 순수한 군사작전 상황을 의미하는 0Y선에, 그리고 〈그림 2〉의

〈그림 2〉 군·경의 대민활동 유형별 임무 비중도

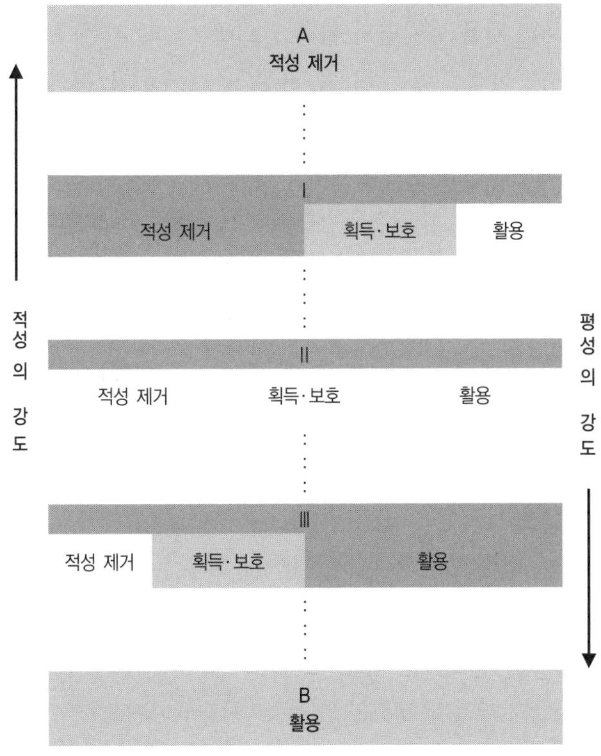

B단계는 역시 대민활동이 배제되는 순수 통일정부의 행정상황을 의미하는 0X선에 각각 상응한다.[17]

분야별 세부추진방안

주민의 통제

북한지역에서 행해지는 주민통제는 인원통제, 이동통제, 활동통제 등이 있다. 각 통제에서 적성 및 평성의 강도에 따라 ① 적성 제거, ② 주민보호 및 지지획득, ③ 주민동원 및 활용 등의 대민활동 임무를 비중을 달리하되 동시적으로 추진해야 할 것이다.

• 인원통제

개인과 가정을 정확히 파악하여 주민이 적대세력에 협력하거나 적대세력으로 전향하는 것을 방지하기 위해 인원통제를 실시한다. 인원통제에는 신분증발행, 여행통제, 주민의 거주 및 고용결정 등의 통제수단을 사용하나, 가장 효과적인 인원통제 수단은 신분증 발행이다. 그러나 지나치게 강압적인 인원통제는 반작용을 유발할 수 있음을 유의해야 한다.

• 이동통제

적대세력의 활동을 제한하고 그들의 세력을 약화시키기 위해 인원과 물자의 이동에 대하여 효과적인 통제수단을 강구한다. 이동통제는 지역여건에 따라 융통성 있게 적용해야 한다. 그러나 물자의 과도한 이동통제는 북한지역 내 사회 및 경제안정에 부정적인 영향을 줄 수 있음을 유의한다.

17 손기웅(2010), "자유화지역에서의 주민 및 자원통제 방안", 《2010년 민군작전 정책 발전 연구서》, 합동참모본부, 30~31쪽 참조.

• 활동통제

적대세력은 은밀하게 침투하여 사회적 혼란·파괴를 시도할 것이므로 북한지역 내 사회적 여론을 악화시키지 않는 범위 내에서 적성세력의 활동을 제한해야 한다. 지속적인 감시활동을 통해 정당한 이유를 찾아내어 적대세력의 활동무대가 될 가능성이 있는 다양한 집회나 시위를 제한한다.

자원의 통제

북한지역에서 행해지는 자원통제 대민활동은 자원을 획득·활용하여 통일정부 행정기능의 성공을 지원하는 동시에, 적대세력이 자원을 획득·사용하지 못하게 하는 반면, 대한민국에 호응하는 주민에게 자원 획득의 자유를 부여하는 데 있다. 자원통제에는 경제 및 상공업, 공공재정, 농수산업, 민간보급, 공공수송, 공공통신 등의 세부적 기능이 포함된다.

각 통제에서 적성 및 평성의 강도에 따라 ① 적성 제거, ② 자원 획득·보호, ③ 자원 활용 등의 활동을 비중을 달리하되 동시적으로 추진해야 한다.

• 경제 및 상공업

경제 및 상공업 대민활동이 중점적으로 수행해야 할 임무는 민생물자·주요 자원 및 산업시설의 접수·보호·활용을 통해 정부 행정기능을 지원하는 동시에 현지 주민의 민생문제 해결과 각종 경제 및 산업시설의 정상가동에 기여하는 것이다.

국영상점이 보유한 민생물자, 전기·급수·교통·통신·석유화학·제철·금속·화학·기계·섬유·군·경수산업 등의 주요 산업시설, 그리고 유류·목재·철강·피복 등의 주요 자원을 접수하고, 각 기관이 보유한 기록 장부를 접수해야 한다. 접수된 자원은 민수용 및 군·경용으로 활용하되 적성 및 평성의 강도에 따라 융통성 있게 운용한다.

접수된 자원의 보호·활용에서 유의해야 할 사항은 북한의 특수한 체제와 현지 여건을 고려하여 서서히 자유민주화 체제로 전환하게 함으로써 주민의 거부의식을 방지하고, 그들의 지지를 얻어 자발적으로 협력하는 데 동참하도록 노력을 경주해야 한다는 점이다.

• 공공재정

공공재정 대민활동이 중점적으로 수행해야 할 내용은 북한지역 내 재정·금융기관 접수 및 회수된 현금·유가증권·귀금속에 대한 조치 등이다.

기존 재정·금융기관의 접수 시에는 외환업무를 동결하고 자금의 수불업무를 중지시키며, 주민생활과 군·경 작전의 필요시에만 자금을 사용하게 하여 지역 내 경제활동에 대한 혼란을 예방하고, 점진적인 공공재정 체계의 질서회복에 노력해야 한다.

은행을 비롯한 중요 재정·금융기관 접수시 보관중인 화폐(외화포함) 및 귀금속은 관계자의 입회 하에 정확히 파악하고, 이를 보호하여 정부가 지정한 장소로 즉시 후송 조치한다. 또한 적대세력의 재정·금융기관에 대한 접근을 봉쇄하여 그들의 재화획득을 차단하는 한편, 재정·금융기관에 대한 신뢰도를 추락시키고 통화제도 및 질서를 문란하게 하려는 그들의 시도를 방지해야 한다.

• 농수산업

농수산업 대민활동의 업무는 민간인 및 군·경을 위한 식량의 획득·관리·분배, 그리고 식량의 소요판단에 의한 생산·가공의 촉진 등이며, 여기에는 지역 내의 토지·산림·해산물의 보호·이용 업무가 포함된다. 농수산업 대민활동이 중점적으로 수행하여 할 내용은 지역 내 식량, 양곡창고 및 각종 영농장비, 협동농장 시설 등을 신속히 접수하여 적성세력에 의한 절취 또는 훼손을 방지하고, 확보된 양곡을 주민 구호 및 필요 시 군·경 작전지원에 사용하며, 장기적으로는 지역 내 주민으로 하여금 식량생산 노력을 지속하도록 하는 농어업활동의 보장이다.

• 민간보급

민간보급 기능의 두 가지 목표는 현지주민의 민생문제 해결 및 군·경 사용품 지원에 있다. 이를 위해 현지주민의 의·식·주와 관련된 생필품이 적대세력에 의해 절취·훼손되는 것을 방지하여 지역 내의 자원을 효과적으로 획득·사용하고, 나아가 군·경 사용 및 민생안정을 위한 보급품의 소요를 결정하여 조달·분배해야 한다.

민생물자 가운데 식량의 경우 양곡창고를 접수하여 보관중인 양곡의 종류·수량·보관장소를 상급부대에 보고하고, 경계대책을 강구한다.

한편 의료지원은 적대세력에게 중요한 무기가 되므로 이들이 의약품이나 마약 등의 불법약품을 제조하거나 타 지역으로부터 반입하지 못하도록 적절한 조치를 취한다.

• 공공수송

공공수송 대민활동은 모든 수송기관 및 수송수단의 접수·복구·운영·개발에 관한 것으로서, 철도, 육로, 공로, 수로, 송유관 등의 공공수송 체계는 현지 경제에는 물론 군·경의 활동에도 유용하게 활용할 수 있다. 공공수송 대민활동의 주요임무는 공공수송 자원의 현지 민간수송 소요지원 및 군·경 사용을 위한 수송시설·수단의 확보 및 소통이다. 현지의 가용한 모든 수송수단의 형태와 수송능력을 파악하고, 각종 수송기관·장비를 접수·통제하며, 훼손된 수송시설을 복구·활용하되 현지 수송관계 기술요원 및 운전요원을 최대로 확보·활용해야 한다.

• 공공통신

북한지역 내 기존 우편, 전화, 전보 등 통신시설 및 장비를 수리·복구·지원하여 민간 및 군·경의 통신시설로 사용할 수 있도록 한다.

공공통신 대민활동의 주요임무는 북한지역 현지의 가용한 각종 통신시설을 파악하고, 운용이 불가능한 통신시설을 복구하며, 정부 행정기관 및 군·경의 임무수행 지원을 위하여 통신시설을 운용·감독하는 데 있다.[18]

환경자원의 통제

군·경은 환경자원 통제 대민활동을 수행하여 정부 행정기능을 지원하고, 지역개발에 기여하도록 한다. 적대세력이 산림·정유소 방화, 강·하천·바다에 기름이나 오염물질 유출, 독극물질의 지상유출 등을 자행하여 대기·수질·토양을 오염시킬 경우, 정부 행정기능의 정상화, 민생안정을 통한 지역개발은 커다란 어려움을 겪을 것이다.

따라서 적대세력의 환경자원을 훼손하려는 시도를 제거하고, 건강한 환경자원을 획득·보호하여, 민·관·군·경의 활동에 환경자원을 적극 활용하는 대민활동을 추진해야 한다. 이때 환경자원에 대한 대민활동은 환경자원의 양적 측면과 질적 측면, 양면을 동시에 고려해야 한다.

18 육군본부(1987), 《민군작전》(야전교범 41-10 초안); 육군본부(1991), 《민사운용》(야전교범 41-20 초안); 육군종합행정학교(1994), 《민사 1-4300》(예습/보충교재); 합동참모본부(2005), 《합동 민군작전》, 30~32쪽; 합동참모본부(2008), 《민군작전 수행 모델》, 부록 2-6-4; 손기웅, "자유화지역에서의 주민 및 자원통제 방안"; 합동참모본부(2010), 《민군작전 정책 발전 연구서》, 32~36쪽 참조.

■ 참고문헌

단행본

손기웅(1998), 《통일독일의 군통합 사례연구》, 민족통일연구원.

_____ (2009), 《독일통일: 쟁점과 과제 I》, 늘품플러스.

_____ (2009), 《독일통일: 쟁점과 과제 II》, 늘품플러스.

육군본부(1987), 《민군작전》(야전교범 41-10 초안), 육군본부.

_____ (1991), 《민사운용》(야전교범 41-20 초안), 육군본부.

육군종합행정학교(1994), 《민사 1-4300》(예습/보충교재), 육군종합행정학교.

합동참모본부(2005), 《합동 민군작전》, 합동참모본부.

_____ (2008), 《민군작전 수행 모델》, 합동참모본부.

Behr, R. (1993), *Polizei im gesellschaftlichen Umbruch. Ergebnisse der teil-nehmenden Beobachtung bei der Schutzpolizei in Thüringen*, Holzkirchen.

Döding, H., & Schipper, D. (1990), *Die Polizei im demokratischen Rechtstaat. Ein Leitfaden für die Fortbildung von Polizeiangehörigen in den Ländern Mecklenburg-Vorpommern, Brandenburg, Thüingen, Sachsen-Anhalt und Sachsen*, Hilden.

Haselow, R. (2000), *Der Wandel der Volkspolizei zu einer rechtsstaatlich-demokratischen Polizei*, Schmidt-Römhild.

Mörke, G. (1999), *Von der Volkspolizei zur Thüringer Landespolizei*, Bd. 1 & Bd. 2, Schleiz.

Semerak, A. F., Kratz, G., Amft, K. H. and K. Peters. (1989), *Die Polizeien in Westeuropa*, Richard Boorberg Verlag.

학술논문 및 보고서

손기웅(2004), "통일 이후 남·북한 군 통합을 위한 정책제안", 〈국방연구〉 제47권 제2호, 123~147쪽.

_____ (2010), "자유화지역에서의 주민 및 자원통제 방안", 《2010년 민군작전 정책 발전 연구서》, 합동참모본부.

Bundesgrenzschutz(1990), "Flüchtlingsbewegung aus der Sicht der Verwaltung. Ein Rückblick und einDanke an alle Helfer", *Bundesgrenzschutz* 1.

Busch, H. (1990), "Nach Art des Musterentwurfes. Das Polizeiaufgabengesetz der DDR", *Bürgerrechte und Polizei*, Nr. 38.

Diederichs, O. (1990), Die Erstreckung - auf dem Weg zur Gesamtberliner Polizei", *Bürgerrechte und Polizei*, Nr. 37.

______ (1990), "Stand des Polizeiaufbaus in den neuen Bundesländern. Eine Übersicht", *Bürgerrechte und Polizei*, Nr. 38.

______ (1990), "Fragebögen und Personalkommissionen. Die Entstasifizierung der Vopo", *Bürgerrechte und Polizei*, Nr. 38.

굶주림부터 해결해야: 통일 이후 한반도 식량문제 대응방안

4

권태진

들어가며

통일은 우리에게 언제 어떻게 다가올지 모른다. 통일의 형식에 따라 우리가 사전에 준비할 수 있는 시간적 여유를 가질 수도 있지만 그렇지 못할 경우도 있다. 어쩌면 한반도의 통일은 독일과 마찬가지로 급작스레 이루어질 가능성이 더 높을지도 모른다. 이러한 경우를 대비하여 분야별로 예상되는 문제점을 미리 파악하고, 대응책을 강구할 필요가 있다.

급작스레 통일이 이루어졌을 때 부닥치는 혼란 중에서 가장 시급히 해결해야 할 과제는 식량문제일 것이다. 통일이 되면 남·북한 주민은 하나의 국민이 되기 때문에 통일정부는 한반도 전체의 식량문제를 책임져야 한다. 식량은 수요에 비해 공급이 조금만 부족해도 가격이 폭등하는 특성이 있다. 그렇지만 식량은 공산품처럼 연중 생산할 수도 없으며 생산기간도 길다. 식량이 부족하여 수입할 때도 공산품에 비해 더 많은 시일이 소요된다. 이런 특성 때문에 통일 이후 식량문제는 비단 북한지역에만 국한되지 않고 한반도 전체의 문제로 확산된다.

남한 주도의 통일이 이루어졌을 때 북한지역의 식량문제 해결방식은 지금과 전혀 다를 수밖에 없다. 지금까지 북한은 중국으로부터의 수입이나 한국을 포함한 국제사회의 지원에 의해 식량부족 문제를 해결해왔다. 그러나 통일이 되면 북한지역을 포함한 한반도 전체의 식량문제는 남한이 주도적으로 해결해야 한다. 현재 한국의 식량자급률은 26.7%에 불과하다(농림수산식품부, 2011). 식량자급률만을 놓고 보았을 때 남한이 북한에 비해 자급률이 훨씬 낮다. 남·북한 모두 식량을 자급하지 못하는 상황에서 통일이 되면 한반도의 식량문제는 우리에게 더 큰 부담이 아닐 수 없다.

우리는 통일에 대비하여 통일 직후의 과도기적 상황에 대비한 긴급대책뿐만 아니라 한반도의 식량문제 해결을 위한 중장기 방안을 함께 마련해 둘 필요가 있다. 농산물과 공산물 생산의 근본적 차이는 기본 생산수단인 토지의 사용방식에 있다. 식량을 생산하기 위해서는 농지가 확보되어야 하는데, 한번 훼손된 농지는 복구가 힘들기 때문에 한반도의 통일을 생각한다면 장기적 관점에서 농지의 보전문제에 접근해야 할 것이다.

이 글에서는 먼저 남·북한의 식량수급 상황을 살펴본 다음 독일의 경험을 통해 식량문제 해결의 시사점을 얻고자 한다. 통일 직후의 긴급구호 단계에서 당면하는 식량문제에 집중하되, 그 이후 맞이하게 될 안정화 단계와 사회적 욕구 충족 단계에서 해결해야 할 농업문제에 대해서도 검토하면서 대응책을 찾아보고자 한다.

남·북한 통일과 식량수급

식량수급 관련 개념의 이해

우리가 흔히 말하는 식량이란 용어는 사용하는 사람에 따라 다양하게 해석되며 이와 유사한 용어도 많다. 식품, 식료(食料), 식량이 대표적이다. 식품이란 인간이 먹기 위하여 가공하거나 그대로 먹을 수 있는 모든 재료의 총칭이다. 영양소를 한 가지 또는 그 이상 함유하고, 유해한 물질을 함유하지 않은 천연물 또는 가공품을 말한다. 식품에는 화곡류(禾穀類, *cereals*), 서류(薯類, *potatoes*), 두류(豆類, *pulses*), 채소류, 과실류, 육류, 계란류, 우유류, 어패류, 유지류(*oils and fats*) 등이 있다.

식량이란 사람이나 가축이 먹는 식량작물의 열매를 의미한다. 농작물의 용도를 중심으로 식량작물은 곡실류(穀實類, *grain crops*)와 서류로 분류되는데, 식량은 이들 모두를 포함한다. 우리나라에서는 식량 대신 '양곡'(糧穀)으로 표현하기도 한다. 곡실류는 화곡류와 두류로 나뉘는데 화곡류는 곡물(穀物)나 곡류로 불리기도 한다. 북한에서 사용하는 알곡이란 용어는 곡물과 유사한 의미를 지닌다.

곡물은 그 열매를 식용, 사료용으로 이용하려고 재배하는 입상(粒狀)의 농작물 열매를 의미한다. 엄밀히 분류하면 서류(감자)는 곡물에 포함되지 않지만 북한에서는 감자를 넓은 의미에서 곡물(알곡)의 범주에 포함한다. 통상 북한의 식량수급 문제를 논의할 때는 감자(알곡 환산)를 포함해 사람이나 가축이 먹는 곡물을 대상으로 한다.

식량의 수요와 공급이 서로 일치하면 수급균형을 이룬다고 한다. 수요는 어떤 상품에 대하여 구매자가 구입하고자 하는 수량, 즉 수요량을 의미한다. 수요에는 구매력이 뒷받침되는 유효수요(有效需要)와 구매력의 뒷받침 없이 단지 욕구만 있는 잠재수요(潛在需要)로 나눌 수 있는데, 일반적으로 수요라고 하면 유효수요를 의미한다. 수요량에는 소비량뿐만 아니라 수출량, 감모, 기말재고량을 모두 포함한다. 소비량은 식용, 가공용, 종자용, 사료용 등으로 구분할 수 있다.

소비량과 유사한 의미로 소요량이란 개념이 사용되기도 한다. 소요량은 구매력의 유무와는 상관없이 사람이나 가축이 필요로 하는 물량을 의미한다. 북한의 식량소요량을 파악할 때는 흔히 칼로리(열량) 기준으로 필요량을 추정한다.

소요량에는 사람이 직접 먹는 식용, 사람이 먹되 가공품의 원료로 사용되는 가공용, 가축이 먹는 사료용, 다음 농사를 위해 사용되는 종자용 등이 있다. 생산되거나 도입된 농산물 중 사람이나 가축에 직접 이용되지는 않지만 최종소비자의 손에 들어가는 과정에서 소실되는 감모(*loss*) 도 소요량에 포함된다. 국제기구에서는 북한의 곡물 감모 비율을 소비량의 15% 내외로 추정한다.

수요량과 대칭되는 개념으로 공급량이 있다. 공급량은 당년 생산량뿐만 아니라 전년도 기말재고량(이월량)과 수입량을 모두 포함한다. 외부에서 지원되는 양도 넓은 의미에서 수입량으로 간주한다. 수급이 균형을 이룬다고 하면 수요량과 공급량이 서로 일치하는 것을 의미하므로 다음과 같이 표현할 수 있다.

전년도 기말재고량 + 생산량 + 수입량 = 소비량 + 수출량 + 당년도 기말재고량

그런데 북한의 연간 식량공급량을 추정할 때 전년도 기말재고량(당년 이월량) 을 정확히 파악하기 어려워 이를 공급량에서 제외하는 것이 일반적이다. 수요량 측면에서도 당년도 기말재고량(차년 이월량) 을 제외한다. 당년 이월량과 차년 이월량이 같다고 가정하면 이를 제외한 공급량과 수요량을 일치시키는 균형량을 파악함으로써 수급균형 정도를 알 수 있다. 따라서 수급균형은 다음 식과 같다.

생산량 + 수입량 = 소비량 + 수출량

남·북한의 식량수급 상황

남한의 식량수급 상황

2009년 기준 남한의 연간 곡물수요량은 2,059만 톤이며 이 중 식량수요는 567만 톤, 가공용 408만 톤, 사료용 990만 톤 등으로 사료용의 수요가 전체의 절반을 차지한다. 전체 곡물수요량 중에서 국내 생산으로 공급할 수 있는 양은 549만 톤으로 2009년 현재 식량자급률은 26.7%에 머물며, 사료용 곡물을 제외한 식량의 자급률은 51.4%이다.

식량자급률을 곡종별로 비교하면 서류가 109.2%로 가장 높고, 쌀이 98.0%, 보리쌀 44.3%, 콩 32.5% 순이며, 밀은 자급률이 1%에

2009년 한국의 식량수급 현황

단위 : 천 톤(정곡)

양곡년도	합계	쌀	보리쌀	밀	옥수수	콩	서류	기타
공 급	23,152	5,790	572	4,129	10,313	1,772	225	350
전년이월	2,660	690	216	416	1,231	83	-	23
생 산	5,489	4,843	152	19	93	133	222	27
수 입	15,003	257	204	3,695	8,989	1,557	3	300
- 식 용	5,229	257	177	2,177	2,129	313	3	173
- 사료용	9,496	-	27	1,518	6,685	1,243	-	23
- 기 타	278	-	-	-	175	-	-	103
수 요	20,585	4,944	368	3,630	9,511	1,576	225	333
식 량	5,667	3,704	54	1,610	88	79	115	18
가 공 용	4,083	541	267	504	2,213	318	56	184
- 식 용		469	-	467	2,038	318	55	184
- 양조용		72	267	22	-	-	1	-
- 기 타		-	-	15	175	-	-	-
사 료	9,895	-	26	1,483	7,175	1,168	22	21
종 자	60	40	5	-	1	4	10	-
수 출	3	3	-	-	-	-	-	-
감모·기타	877	657	15	32	35	8	22	108
연 말 재 고	2,567	846	202	501	801	195	-	17
1인당 연간 소비량(kg)	129.6	74.0	1.1	33.4	5.0	8.0	3.6	4.1
곡물자급도(%)	26.7	98.0	41.1	0.5	1.0	8.4	98.5	7.6
사료제외 수요	10,687	4,942	341	2,146	2,337	409	202	310
식량자급도(%)	51.4	98.0	44.3	0.9	4.0	32.5	109.2	8.1

자료 : 농림수산식품부(2010.3), 〈양정자료〉

도 미치지 못한다. 1인당 연간 곡물소비량은 129.6kg이며 이 중 쌀은 74.0kg, 밀 33.4kg이다. 쌀을 제외하면 남한의 식량자급률은 북한에 비해 훨씬 낮은 실정이다. 그럼에도 남한은 식량문제에 대해 크게 염려하지 않는다. 결국 남·북한 식량안보 문제에 대한 차이는 해외 식량 조달능력의 차이라고 할 수 있다.

북한의 식량수급 상황

북한의 식량부족 현상이 심각해지기 시작한 것은 1990년대 중반부터이며 이후 국제사회의 지원에 의해 식량수급 상황이 조금씩 개선되고 있다. 그렇지만 북한은 최소 영양섭취량을 기준으로 하더라도 아직도 연간 100만 톤 정도의 식량이 부족한 실정이다. 북한의 연간 최소 곡물소요량은 530만 톤이나 자체 생산량은 420만 톤 내외이며 나머지는 수입 또는 국제사회의 지원에 의존하고 있다.

2000년대 들어 북한의 식량생산량은 회복 추세로 접어들었으나 북한이 국제사회의 인도적 지원을 거부한 2005년 이후 식량사정이 다시 악화되고 있다. 특히 한국의 대규모 대북 식량지원이 중단된 2008년부터 북한의 식량수급 상황은 더욱 악화되고 있다. 최근 북한의 식량사정이 다시 나빠지는 것은 비료부족으로 인한 생산량 감소에다 국제사

북한의 식량수급 추이(1995~2010년도)

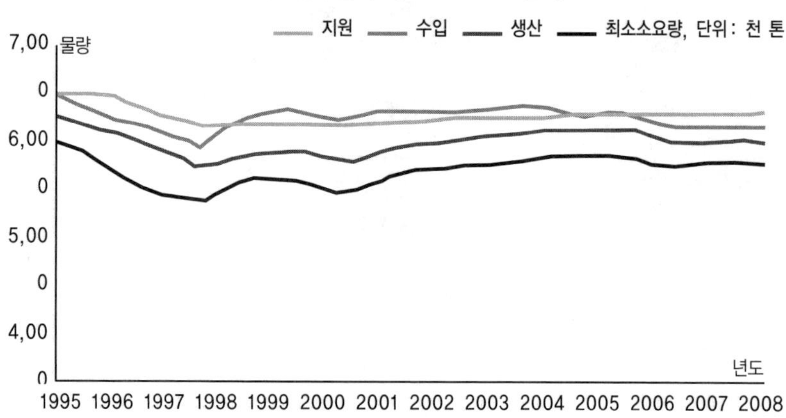

회의 지원이 크게 줄어들었기 때문이다.

북한은 식량자급 목표를 달성하기 위하여 농경지의 많은 부분을 식량작물 생산에 배분하고 있다. 유엔식량농업기구(FAO)와 세계식량계획(WFP)이 추정한 2009~2010년과 2010~2011년의 재배면적, 수량 및 생산량을 살펴보면 다음 표와 같다.

FAO의 2010년과 2011년의 곡물 생산량 추정치 비교(조곡 기준)

구 분	2010~2011년			2009~2010년		
	면적 (천ha)	수량 (톤/ha)	생산량 (천 톤)	면적 (천ha)	수량 (톤/ha)	생산량 (천 톤)
본답(A)						
쌀	570	4.26	2,426	569	4.10	2,336
옥수수	503	3.35	1,683	503	3.39	1,705
감자	48	3.30	158	50	2.79	139
콩	90	2.00	114	68	2.00	149
기타	13	1.52	19	13	1.78	22
소 계	1,224		4,440	1,203		4,352
이모작(B)						
밀/보리	104	1.73	180	104	1.95	203
감자	133	1.92	256	133	2.94	390
소 계	237		436	23		59
합 계(A+B)	1,461	3.34	4,876	1,441	3.43	4,945
텃밭(C)	25	3.00	75	25	3.00	75
경사지 등(D)	300	0.50	150	300	0.50	150
총 계 (A+B+C+D)	1,786	2.86	5,101 (4,252)	1,766	2.93	5,170 (4,352)

* ( )안은 정곡환산량.

자료: FAO/WFP(2010.11.16), *Special Report: FAO/WFP Crop and Food Security Assessment Mission to the Democratic People's Republic of Korea.*
WFP/FAO/UNICEF(2011.3.24), *Special Report: WFP/FAO/UNICEF Rapid Food Security Assessment Mission to the Democratic People's Republic of Korea.*

FAO/WFP는 2009~2010년 북한의 식량생산량을 정곡 기준 435만 톤(조곡 기준 517만 톤)으로 추정하였다. 이에 비해 한국의 농촌진흥청은 411만 톤으로 추정함으로써 두 기관의 추정치 사이에는 5% 정도의 격차가 있다. 그러나 농촌진흥청은 텃밭과 경사지의 생산량을 포함하고 있지 않기 때문에 이를 감안하면 양 기관의 추정치는 거의 일치한다.

북한의 식량수급 상황을 알기 위해서는 식량수요를 파악할 필요가 있다. 식량수요는 사람이 직접 섭취하는 식용수요 이외 종자용, 사료용, 가공용, 감모 등 용도에 따른 수요를 모두 포함한다. 이중에서도 식용수요가 가장 큰 부분을 차지하다. 그러나 북한의 식량수요를 파악하기 위한 소비자 조사치가 전무하기 때문에 흔히 열량 기준 식용소요량을 추정한다. 인구 1인당 연간 곡물필요량에다 인구수를 곱하면 전체 식용소요량을 구할 수 있다.

문제는 북한의 인구를 파악하는 일이다. 한국의 통계청은 2009년 7월 1일 기준 북한인구를 24,062,000명으로 추정하였다(통계청, 2010). FAO/WFP는 2010~2011 양곡연도 중간인 2011년 5월 1일 기준 북한의 인구를 24,427,000명으로 추정하였다(FAO/WFP, 2010.11.16).

WFP는 북한의 식량수요를 추정할 때 정상적인 수요보다는 최소소요량 기준으로 추정하여 발표하고 있다. 지금까지 WFP는 북한을 긴급 식량지원 국가로 취급했기 때문에 세계보건기구(WHO)가 권장하는 1일 2,130kcal의 75%만을 감안하여 1인당 1일 1,600kcal(연간 167kg)을 식용소요량으로 추정하였으나 2011년부터는 1일 필요열량을 1,640kcal로 수정하였다. 북한과 같이 기온이 낮은 지역은 유엔의 권장량보다 더 많은 열량을 필요로 하는 데다 북한당국이 목표로 하는 곡물 소비기준과 균형을 맞추기 위해 기준을 조정한 것이다. 북한당국은 곡물소요량을 1인당 연간 213kg(조곡 기준, 정곡 기준 176kg)으로 삼고 있다.

FAO/WFP가 추정한 인구를 적용하여 식용 곡물소비량을 추정하고, 사료용, 종자용, 감모, 재고 등에 대해 일정한 기준을 적용하여 2010

~2011 양곡연도의 곡물 소요량을 추정하면 535만 톤(정곡 기준)으로 전망된다. 이중 재고증가를 제외한 실제 소요량은 517만 톤이다.

- 식용 및 가공용: 425만 톤(1인당 연간 곡물 167kg, 콩 7kg)
- 사료용: 15만 톤(추정치)
- 종자용: 21만 9천 톤(ha당 정곡 기준 쌀 97.5kg, 옥수수 45kg, 밀 · 보리 200kg, 감자 625kg, 콩 45kg 적용)
- 수확 후 손실: 55만 4천 톤(쌀 15%, 기타 10%)
- 재고 증가: 17만 7천 톤(쌀 10만 톤, 옥수수 7.7만 톤)
- 총소요량: 535만 1천 톤

2010년, 북한은 당초 120만 톤 정도의 식량이 부족할 것으로 예상되었지만 경사지를 이용한 비공식적 식량생산의 확대, 중국으로부터의 상업적 수입증가, 국제사회의 지원에 힘입어 40~50만 톤 내외의 식량이 부족한 수준으로 마무리하였다. 그렇지만 북한의 화폐개혁 실패로 주민들은 심각한 경제난과 식량난을 경험하였다. 최근 1년 동안 시장의 식량가격은 100배 상승하여 근로자의 한 달 월급으로 겨우 쌀 1kg밖에 구입할 수 없는 심각한 물가불안이 계속되고 있다.

남·북한 통일에 따른 식량수급상황의 변화

한반도 통일이 실현될 경우 남 · 북한 인구는 7,300만 명이나 되기 때문에 식량안보의 중요성은 더욱 중요해진다. 한반도가 통일이 되었을 때, 국민에게 필요한 식량을 안정적으로 공급하기 위해서는 지금보다 더 많은 식량을 수입해야 한다. 통일 당시 북한지역 주민과 남한지역 주민 사이의 식품소비 격차는 매우 크기 때문에 향후 북한지역 주민의 식품수요가 크게 증가할 것으로 보인다.

특히 북한지역 주민의 소득이 급격히 향상될 경우 곡물보다는 축산물, 채소, 과일 등의 식품수요가 크게 증가할 것이므로 일시적으로 증가하였던 식량자급률은 다시 빠른 속도로 하락하는 현상이 발생할 것이다. 따라서 국민에게 필요한 식량을 안정적으로 공급하기 위한 대책과 함께 농업의 구조조정에도 대비해야 한다.

중장기적으로 농자재를 충분히 공급하고 새로운 기술을 적극 도입할 경우 북한지역은 650만 톤 정도의 식량을 생산할 수 있는 능력이 있으며 농자재와 농기계만 충분히 공급하더라도 북한지역을 통해 연간 520만

북한의 곡물생산량 전망

작 물	현재(2010~2011년)[1]			농자재 원활 공급[2]			남한 기술 수준[3]		
	면적 (천ha)	수량 (톤/ha)	생산량[4] (천 톤)	면적 (천ha)	수량 (톤/ha)	생산량[4] (천 톤)	면적 (천ha)	수량 (톤/ha)	생산량[4] (천 톤)
추곡									
쌀	570	2.77	1,577	570	3.48	1,984	570	5.00	2,850
옥수수	503	3.35	1,683	503	4.00	2,012	503	4.50	2,264
감자[5]	48	3.30	158	48	4.00	192	48	5.00[7]	240
잡곡[6]	13	1.52	19	13	1.76	23	13	2.50[8]	33
콩	90	2.00	154	90	2.00	180	90	2.00	180
소계	1,224	-	3,591	1,224	-	4,391	1,224	-	5,567
하곡									
밀/보리	104	2.32	240	104	2.50	260	104	3.00	312
감자	133	3.20	427	133	4.00	532	133	5.00[7]	665
소계	237	-	667	237	-	792	237	-	977
합 계	1,461	-	4,258	1,461	-	5,183	1,461	-	6,544

주 1) FAO/WFP(2010.11.16), *Special Repor: FAO/WFP Crop And Food Supply Assessment Mission to the Democratic People's Republic of Korea.*

주 2) 북한의 최고 수량을 보였던 1980년대 중반(1986~1988년 평균) 수량 적용.

주 3) 남한의 최근 3개년 평균 수량 적용.

주 4) 곡물(정곡) 기준

주 5) 곡물 환산율 25% 적용

주 6) 수수, 기장, 밀, 보리 포함.

주 7) 감자의 수량 목표는 북한이 중간 목표로 삼고 있는 20톤/ha 기준.

주 8) 겉보리와 밀의 평균 수량

북한의 곡물소요량 추정

단위 : 천 톤

용 도	현재(2010~2011년)[1]	기초대사량 기준[2]	현재 남한 기준[3]
식 용	4,250	5,667	4,778
사료용	150	150	4,857
종자용	219	219	219
기 타	731	554	369
계	5,351	6,590	10,223

주 1) 가정 : 총인구 2,443만 명, 1인당 연간 곡물소비량 176kg(1인당 1일 최소열량 1,640kcal 섭취기준), 수확 후 손실 15%, 기타 3%, 벼의 정곡환산율 65%, 감자의 곡물 전환율 25% 적용

주 2) 가정 : 총인구 2,443만 명, 1인당 연간 곡물 소요량 232kg(현재의 1인당 1일 섭취열량 기준의 75% 대신 100%를 섭취), 사료용 30만 톤, 종자용 21만 9천 톤(현재와 동일), 수확 후 손실 15% 적용.

주 3) 가정 : 총인구 2,443만 명, 식용은 식량용 및 가공용 포함, 사료용은 남한의 1인당 연간 사료용 곡물 소요량 적용, 종자용 21만 9천 톤(현재와 동일), 수확 후 손실 10% 적용.

톤 정도의 식량을 생산할 수 있을 것으로 분석된다. 이 양은 현재의 북한 인구를 고려한 최소 소요량에 근접하는 것이지만 통일 이후의 상황변화를 고려하면 북한인구를 부양하기에는 부족하다고 판단된다.

남・북한 통합 이후 북한지역 주민의 식량수요가 기초대사량을 충족하는 수준까지 증가할 경우 북한의 곡물소요량은 현재의 535만 톤에서 659만 톤으로 증가한다. 따라서 남한의 곡물 소요량 2,058만 톤을 합한 남・북한의 곡물 총 소요량은 2,717만 톤인 데 비해 공급량은 975만 톤에 불과하여 남・북한의 곡물부족량은 연간 1,083만 톤으로 증가하게 된다.

북한지역의 농업생산성 증대 없이 북한지역 주민의 식량수요가 남한과 동일해질 경우 한반도의 곡물부족량은 2,100만 톤으로 늘어날 전망이다. 중장기적으로 북한지역에 농자재가 충분히 공급되고, 농업기술 수준이 남・북한 사이에 동등해지며, 남・북한 주민의 식생활 패턴이 같아질 경우, 한반도의 식량공급량은 1,135만 톤, 수요량은 3,037만 톤으로 식량부족량은 1,900만 톤으로 예상된다. 여러 가지 시나리오를 감안했을 때, 통일이 되면 한반도의 식량부족은 연간 1,500~

2,000만 톤으로 예상되기 때문에 현재보다도 식량사정은 더욱 악화될 것으로 전망된다.

농업은 통일 이후 불안정한 사회분위기 속에서 고용을 창출하여 국민의 소득과 복지를 증진시킴으로써 사회 안정에 기여할 수 있다. 통일 이후 북한지역은 일정기간 매우 혼란스러운 상황이 지속될 것으로 예상되므로 인구의 이동을 억제하고 사회를 안정시키는 것이 무엇보다 중요하다.

북한지역을 안정시키기 위해서는 무엇보다 충분한 식품을 공급하는 것이 중요하다. 주민들의 경제 활동이 중단되지 않도록 해야 하며 주민의 복지대책을 강구하는 것도 중요하다. 사회혼란기에는 시장의 물가도 불안정해지므로 시장의 안정을 위해서는 무엇보다 농산물 생산활동이 정상적으로 이루어져야 한다. 북한지역의 안정은 남한지역의 사회안정에 기여하고, 결국 남한지역 주민의 복지를 증진하는 역할을 하게 된다.

독일통일과 농업정책 변화

통일 이전의 상황

식량문제에서 한반도와 달리 독일은 특별한 문제를 안고 있지 않았다. 특히 동독의 경우 서독에 비해 농업생산성이 낮기는 하였지만 전반적인 농업여건은 서독에 비해 더 잘 갖추어져 있었다.

독일통일 당시 동독의 인구는 서독의 27%였으나 농경지 면적은 50%였기 때문에 인구 1인당 농경지 면적은 동독이 서독의 2배였다. 인구 1인당 가축 사육두수에서도 동독이 서독에 비해 많았다. 다만 동독의 농업생산성은 서독의 50~80% 수준에 머물렀기 때문에 일부 품목의 자급률은 100%에 미달하였다. 특히 곡물의 자급률에서 서독은 100% 수준이었던 데 비해 동독은 84%에 머물렀다. 그러나 축산물의 경우 동독의 자급률은 100%를 초과하였으나 서독은 60~90% 수준에 머물렀다.

쇠고기를 제외한 대부분의 1인당 축산물 소비량 수준도 동독이 서독을 앞질렀다. 동독의 1인당 1일 평균 칼로리 섭취는 3,400kcal로 서독보다도 높았다. 특히 빵과 감자에 대한 수요는 동독이 서독에 비해 훨씬 높았다. 동독의 식품 소비수준이 이처럼 높았던 주된 이유는 상대적으로 낮은 식품가격 때문이다.

동·서독 농업 지표 비교(1989년도)

지 표	동 독 (A)	서 독 (B)	A/B
인구 (1,000명)	16,614	62,063	0.27
농림수산업 비중 (%)	10.4	1.8	5.78
농지면적 (1,000ha)	6,171	11,886	0.52
경작지 비율 (%)	81	62	1.31
초지 비율 (%)	19	38	0.50
인구 1인당 농경지 면적 (ha)	0.37	0.19	1.95
농업고용자수 (1,000명)	859	1,432	0.60
농업부문 고용률 (%)	10.8	5.2	2.08
농장수	10,355[1)]	648,800	-
평균농장규모 (ha)	4,107	18.7	219.62
소 (천 두)	5,736	14,563	0.39
젖소 (천 두)	2,000	4,929	0.41
돼지 (천 두)	12,039	22,165	0.54
닭 (천 수)	49,269	76,883	0.64
곡물 수량 (톤/ha)	4.4	5.54	0.79
감자 수량 (톤/ha)	21.25	37.26	0.57
사탕무 수량 (톤/ha)	28.6	54.2	0.53
우유 수량 (kg/두)	4,120	4,853	0.85
트랙터수 (대/1,000ha)	28	118	0.24

주 1) 국영 및 집단농장수 4,750개

자료: 김영훈 외(2000), 〈동독지역 농업 재편과정 분석과 남·북한 농업 통합대책 연구(1)〉 C 2010-46, 한국농촌경제연구원.

동·서독의 국가 수준 식량자급도(1986~1988년 평균)

단위: (%)

품 목	동 독	서 독	유럽연합
곡물	84	100	115
- 밀	95	111	121
- 보리	85	103	121
- 호밀	98	106	-
- 귀리	102	96	-
- 옥수수	-	55	-
감자	102	93	-
설탕	100	137	126
식물성 유지	112	52	-
콩	92	32	-
우유	118	107	110
육류	110	91	102
- 쇠고기	108	120	106
- 돼지고기	112	87	103
- 가금류	102	61	105
계란	107	72	102

자료: 김영훈 외(2000), 〈동독지역 농업 재편과정 분석과 남·북한 농업 통합대책 연구(1)〉 C 2010-46, 한국농촌경제연구원.

동독 농업정책의 핵심은 식량자급률을 극대화하는 것이었다. 동독 정부는 식량생산에 대해 높은 보조금을 지불하여, 이 목표를 달성하고자 하였다. 또한 정부는 주요 식품에 대한 소비자 판매가격을 매우 낮게 유지하고자 했다. 그렇지만 농산물의 품질 수준은 만족스럽지 못했다. 동독은 식량의 수확 후 관리, 가공, 보관, 분배 측면에서 문제를 안고 있었기 때문에 계절적으로 또는 지역적으로 식량 공급이 부족한 상황이 발생하기도 했다.

동·서독 사이에는 경제협력 관계가 긴밀하지 못했으며 경제협력은 무역에 집중되었다. 두 나라 사이의 총 수출입 규모는 1980년대 말 서독화폐로 환산해 70억 마르크(DM)에 이르렀으며 서독은 약간의 무역 흑자를 기록했다. 총 수출입 중 농산물 비중은 9% 정도였다. 서독은 동독의 가장 중요한 농산물 수입국이었다. 동독은 농산물 총 수출액의 20%를 서독에 수출했다. 동독은 농산물 총 수입액의 7.4%를 서독에서 수입함으로써 서독이 소련과 헝가리에 이어 세 번째 중요한 농산물 수입 국가였다. 반면 서독의 입장에서 동독은 중요한 농산물교역 상대국이 아니었다.

동·서독 사이의 농산물 교역은 유럽연합 내에서 특별한 역할을 했다. 유럽연합은 다른 비회원국에 대해서는 농업 보호주의 입장을 취했지만 동독에 대해서는 예외로 취급하였다. 유럽연합을 결성할 때 서독은 동독을 독일의 한 부분으로 간주해 헌법에도 그러한 내용을 명시했다. 서독의 헌법에 의해 동독은 독일의 한 부분이 되었으며, 서독 입장에서 해석한다면 동독은 유럽연합의 한 부분이 된 것이다.

다른 유럽연합 국가들은 동독을 유럽연합의 한 부분으로 인정할 수 없었다. 서독의 법률에 의하면 동독과의 교역은 내국 간 거래로 간주하기 때문에 수출입 관세부과 대상이 되지 않았으나, 이를 모두 수용한다면 유럽연합의 전체 농산물 시장체제가 허물어질 수도 있는 일이었다. 유럽연합은 동·서독 관계의 특수성을 일부 인정하여 일정 한도액까지 무관세 교역을 할 수 있도록 조정했다.

동·서독 사이의 교역이 유럽연합에 의해 제한됨으로써 동·서독 간 교역은 크게 증대될 수 없었다. 서독은 동독이 필요로 하는 사료, 볶은 커피, 설탕, 치즈 등 가공품을 수출했으며 산 동물, 육류, 곡물 등 1차 농산물을 수입했다. 동독은 서독에 농산물을 수출하기 위해 농장에 보조금을 지불했다. 농산물 수출을 위한 내부 비용이 과다함에도 불구하고 동독이 농산물을 수출했던 것은 필요한 외화를 확보하기 위함이었다.

통일과 농업 지원

통일 이후 동독지역의 농업조정은 매우 신속히 이루어졌다. 동독이 아직 독립된 국가를 유지하는 동안 이미 첫 단계의 조정이 시작되었다. 이는 급진적으로 이루어진 사회 및 경제 변혁의 영향을 받은 것이있다. 1990년 7월 1일부터 동독이 서독의 화폐를 차용하게 되자 한꺼번에 많은 변화가 일어났다. 당시 연방은행과 많은 경제학자들이 구매력을 감안해 화폐 교환비율을 4:1 또는 그 이상으로 해야 한다고 충고했음에도 불구하고, 교환비율은 1:1 중심으로 결정되었다. 이러한 정치적 결정에 따라 모든 가격이 크게 하락했고, 이로 인해 농가소득이 급락하였다.

이러한 상황에서 동독의 농장은 기존의 투입-산출 관계 하에서 수익을 창출할 수 없었다. 이 결과 동독의 농산물 시장은 완전히 붕괴되고 소비자들은 서독 농산물을 구매하기 시작했다. 서독화폐를 채택한 뒤 첫 한 달 동안 총 식품의 4분의 3이 서독에서 수입되었다. 동독의 많은 식품가공회사는 문을 닫았으며 일부 회사는 서독이나 다른 유럽의 식품가공회사에 매각되었다.

1990년 10월 3일에는 동·서독이 통합되어 동독은 농업부문에 영향을 미치는 모든 EU의 규정을 포함해 서독의 법적인 행정체제를 그대로 받아들이게 되었다. 동독의 농업부문은 시장경제체제를 이해하기 위한 조정기간을 거의 거치지 못하고 바로 시장경제체제에 편입된 것이다.

1:1 중심의 화폐교환 비율을 채택함으로써 나타난 가격과 농가소득의 충격을 흡수하기 위해 독일 연방정부는 타 부문에 대한 예산을 삭감하면서 5년 동안 대규모 재정지원 프로그램을 추진했다. 1990년 하반기 동안 지원된 예산은 69억 마르크(DM)에 이르렀고, 해마다 지원액이 축소되기는 했지만 1994년에는 20억 DM, 1995년에도 18억 DM을 지원했다. 통일되던 첫 해의 재정 지원액은 그 당시 서독의 가격으로 평가한 동독의 농업 부가가치를 상회했다.

정부는 농업행정을 재정립하기 위한 전환과정을 지원했다. 동독의 관리들이 서독의 법률, 규정, 절차에 익숙해질 수 있도록 서독관리를 동독에 파견하고, 체제를 전환하는 과정에서 집단농장이 법적 자문을 받을 수 있도록 자금을 지원했다.

한편 연방정부는 농경지와 삼림지를 포함해 처음부터 모든 국유지를 개인 소유지로 할 수 없도록 하고, 재정부 산하에 특별히 설립한 임시 신용회사인 신탁관리공사가 동독의 모든 국가자산을 관리하도록 했다.

이러한 조치 이면에는 국유자산을 단계적으로 사유화함으로써 통일비용을 조달하기 위한 의도가 있었다. 통일 후 1998년 법 개정 이후 남아 있는 모든 국유지는 토지관리공사(BVVG)에 이양되었다. 이는 지역의 토지가격을 무너뜨리지 않고 점차 사유화하기 위한 목적 때문이었다.

통일 이후 과도기 상황의 한반도 식량문제와 대응책

통일과정에서 농업의 역할

한반도의 통일이 실현되면 국민경제에서 차지하는 농업의 비중은 높아질 뿐만 아니라 농업의 역할도 한층 중요해질 것으로 전망된다. 현재 남한은 논의 비중이 높으며, 북한은 밭의 비중이 높지만 통합 이후에는 논밭의 비중이 거의 비슷해진다. 가축 사육두수 면에서 현재 북한은 남한의 5분의 1 수준이지만 통일이 되면 북한지역의 가축 사육두수가 크게 증가할 것으로 전망된다.

현재 국내총생산(GDP) 중 농업비중은 남한 2.6%, 북한 20.9%이지만 통일 이후 한반도 전체의 농업부문 GDP 비중은 2.8%로 변화한다. 전체 인구 중 남한의 농가인구 비율은 현재의 6.4%이지만 통합 이후 16.1%로 높아진다. 따라서 농업은 경제적으로나 사회적으로나 중요성이 더 커지게 된다.

농업의 역할은 농업인의 소득을 안정시키고 빈곤문제를 해결하며 국민에게 식량을 안정적으로 공급하는 일이다. 이 밖에도 농업은 산업부문에 필요한 원료를 공급하고 수출을 통해 경제발전에 기여하며 고용을 창출함으로써 사회안정을 도모하는 역할도 담당한다. 이외 농업과 농촌은 환경을 보전하고 주거, 휴양, 산업공간을 제공함으로써 국토의 균형발전에 기여할 수 있다. 남·북한이 통일이 될 경우 농업의 이러한 역할은 더욱 중요해질 것으로 보인다.

통일 이후 한반도의 농업상

구 분	단 위	남한(A)	북한(B)	합계
경지면적	천 ha	1,737	1,910	3,647
논 비율	%	58.1	31.9	44.4
밭 비율	%	41.8	68.1	55.6
식량작물 재배면적	천 ha	1,127	1,614	2,741
식량작물 생산량		5,553	4,108	9,661
쌀(정곡)	천 톤	4,916	1,910	6,826
옥수수	천 톤	77	1,301	1,378
가축 사육두수				
소	천 두	3,079	5762	3,655
돼지	천 두	9,585	2,1782	11,763
닭/오리	천 수	151,501	21,4262	172,927
총인구1)	천 명	48,747	24,062	72,809
농가인구2)	천 명	3.117	8.573	11.690
농가인구 비율	%	6.4	35.6	16.1
농가호수	천 호	1,195	1,993	3,188
호당 경지면적	ha	1.45	0.96	1.14
GDP 중 농림어업비율	%	2.6	20.9	2.8

주 1) 2009년 7월 1일 기준.
주 2) 북한은 2008년 7월 1일 기준.
자료: 통계청(2010), 〈북한의 주요통계지표〉.

세계은행은 〈2008 세계 발전보고서: 농업〉에서 농업은 개도국의 경제발전에 기여할 뿐만 아니라 직업을 창출하여 주민의 삶의 질을 개선하며 환경을 개선하는 역할을 함으로써 발전의 원동력이 된다는 점을 강조하고 있다〔World Bank(2007)〕.

여러 나라의 횡단면 자료를 이용하여 농업 성장과 경제 성장과의 관계를 분석한 결과 농업 부문의 국내총생산(GDP) 성장률은 비농업 부문 GDP 성장률에 비해 빈곤을 감소시키는 데 2배 이상의 효과가 있다는 사실을 확인할 수 있었다. 중국의 경우 그 효과가 3.5배나 되었고 남미의 경우 2.7배나 되었다. 남·북한이 통일이 되었을 경우에도 농업 부문의 성장은 경제회복을 위한 원동력이 되며 사회안정의 첩경이 될 것이 분명하다.

북한지역의 반복되는 자연재해를 방지하고 농업생산 기반을 보존하며 농촌을 환경보호와 휴양공간으로 육성하기 위해서는 농업과 농촌을 아우르는 종합적인 정책의 도입이 필요하다. 북한지역의 반복되는 자연재해는 산림황폐화가 주된 원인이기 때문에 자연재해를 방지하기 위한 대책마련이 시급하다. 농업은 온실가스를 감축하는 등 환경부담을 줄일 수 있는 잠재력이 크고, 이는 국민의 삶의 질과 직결되는 문제이기 때문에 환경을 보호하고 국민에게 휴양공간을 제공할 수 있는 역할을 해야 할 것이다.

과도기 상황 하에서의 식량수급 대책

예상치 못한 통일이 실현될 경우 맨 먼저 취해야 할 조치는 북한지역에 대한 긴급 식량지원이다. 긴급 식량지원을 통해 북한 주민의 인도적 상황을 개선함으로써 위기 발생을 억제할 수 있다. 또한 기본식량을 제공함으로써 통일정부는 대북영향력을 확보할 수 있다. 이를 위해 남한의 국내 수급상황을 해치지 않는 범위에서 잉여양곡을 우선 지원하고, 부족량은 해외에서 신속히 확보해야 할 것이다.

긴급상황이 발생하였을 때 대북 지원대상 품목은 현재 북한 주민이 주식으로 삼는 쌀과 밀가루를 우선 고려할 수 있다. 옥수수는 현재 북한 주민이 주식으로 섭취하는 곡물이지만 남·북한 주민의 형평성을 고려하여 지원대상 품목에서 제외하는 것이 바람직하다. 왜냐하면 남·북한이 통일된 이상 적어도 주식만은 남·북한 주민이 동일한 식량을 섭취할 필요가 있기 때문이다. 북한 주민의 월 식량소요량은 최소 30만 톤 정도로 추정되기 때문에 북한의 공공비축 재고량을 감안하여 부족한 식량은 남한에서 조달해야 할 것이다.

곡종별 구체적인 식량 확보방안을 살펴보자. 우선 쌀은 식량지원 결정 당시의 국내보유 정부양곡을 국내수급에 지장이 없는 범위 내에서 공급방안을 마련하고, 부족한 쌀은 외국에서 도입하여 공급해야 할 것이다. 밀가루는 국내 수요량을 감안하여 원칙적으로 밀을 도입하여 가공하되, 긴급 시에는 국내 재고 중 여유분을 우선 공급하고, 나머지는 제분업체에서 밀을 수입, 가공하여 공급하도록 해야 할 것이다. 한편 국내 자급기반이 낮은 옥수수는 전량 외국에서 수입해야 하기 때문에 굳이 옥수수를 수입하기보다는 보리나 밀로 대체하는 것이 바람직하다.

대북 식량지원은 남한 정부가 직접 담당하는 것이 바람직하지만 북한 주민의 이동을 차단시키기 위하여 국경을 봉쇄하는 등 불가피한 경우 국제기구나 민간지원단체(NGO)를 통해 간접적으로 지원하는 방안을 검토할 수도 있다. 식량수송은 육상과 해상을 함께 이용함으로써 좀더 신속하게 식량을 공급할 수 있다. 도로 사정이 좋지 않은 산간오지의 경우 항공수단을 활용하고, 정부차원의 안전수송 보장조치를 강구해야 할 것이다.

이때 지원물자가 다른 용도로 전용되는 것을 방지하기 위한 분배투명성 보장장치가 강구되어야 할 것이다. 만약 남·북한 통합 당시 북한 내 통일주체 세력이 구성된다면 통일정권의 입지를 강화하는 차원에서 해당 주체가 지원식량을 인수하여 직접 분배하는 것이 바람직하다. 어떠한 경우든지 북한 주민에게 식량을 지원할 때는 남한의 관계자가 상주하면서 식량분배의 투명성을 감독해야 한다.

대북식량 비상공급대책을 수립할 때는 북한지역 전체를 파악하는 것도 중요하지만 도별 식량수급 사정을 사전에 감안함으로써 효과적으로 대처할 수 있다. 북한의 도별 인구, 식량생산량, 수요량에 대한 믿을 만한 자료가 부족하기 때문에 정확한 수치를 제시하기는 어렵다. 그러나 가용한 자료를 활용하여 도별 식량상황을 대략적으로 비교할 수는 있다. 도별 인구를 감안한 식량의 소요량과 생산량을 비교하였을 때 평안북도와 황해남·북도를 제외한 나머지 지역은 식량이 부족하기 때문에 외부에서 조달되어야 한다.

특히 인구가 많고 상대적으로 농지가 부족한 평양은 식량이 크게 부족하다. 강원도와 함경남·북도는 농지면적이 적고 작물의 수량이 낮기 때문에 식량 부족이 심하다. 실제로 북한지역에 대한 긴급 식량지원을 할 경우에는 배급량도 중요하지만 배합비율도 형평을 유지할 필요가 있다. 밭이 상대적으로 많은 강원도, 함경도, 자강도, 양강도는 다른 지역에 비해 쌀이 더욱 부족할 것임을 예상할 수 있다.

또한 통일 시점에 따라 식량재고 상태가 크게 다를 것이라는 점을 감안할 필요가 있다. 북한의 식량수급 구조상 가을이나 봄에 수확이 완료되면 협동농장에서 생산하는 식량의 절반 이상은 국가에서 수매하여 다른 지역으로 수송하기 때문에 식량을 많이 생산하는 지역이라고 하더라도 실제 재고량은 많지 않다.

도시와 농촌의 식량사정이 다르다는 점도 참고할 필요가 있다. 농촌은 대부분 협동농장을 기반으로 하고 있으므로 수확 후 생산량을 분배하는 과정에서 도시민에 비하면 더 많은 식량을 확보할 수 있으며 텃밭이나 경사지의 뙈기밭에서 추가적으로 식량을 생산할 수 있기 때문에 도시에 비하면 식량사정이 더 좋다. 따라서 긴급 식량지원 시 농촌보다는 도시지역에 식량을 우선 배분하고 평야지대보다는 산간지방에 우선 배분하는 것이 바람직하다고 판단된다.

북한의 곡물 소비형태 변화에 대응하여 남한 내 식량수급을 조정할 필요가 있다. 일단 통합이 되면 북한 주민은 다른 곡물보다 쌀을 선호할 것으로 예상되기 때문에 쌀 수요량 증가에 대응하여 남한지역 내 쌀의 용도별 공급계획을 조정할 필요가 있다. 우선 최소접근물량(MMA)으로 도입하는 쌀의 식탁용 비중을 늘릴 필요가 있다. 이 경우 쌀을 수입하는 단계에서 필요한 양만큼 식탁용 쌀을 구매해야 할 것이다.

이와 함께 벼 재배면적을 확대하거나 생산성을 향상시키기 위한 각종 방안을 마련해야 할 것이다. 이 때 한반도의 중장기 식량 수급계획을 기초로 생산계획을 수립해야 함은 당연하다. 소비 측면에서는 식생활 개선을 통한 쌀 이외의 곡종에 대한 다양한 식품 개발을 통해 주식 곡종을 다양화하는 노력도 요구된다. 북한 농업의 특성을 살펴 당분간 옥수수를 주식의 하나로 유지시키면서 한반도 전체의 곡물수급 상황을 관망하면서 점차 다른 곡물로 소비행태를 전환하는 것도 선택할 수 있는 방안 중의 하나이다.

북한지역 주민에 대한 식량배급은 저가 유상분배를 원칙으로 해야 할 것이다. 그러나 통합 직후 혼란기에는 일정기간 무상배급을 추진할 수도 있다. 배급은 기존의 양정사업소와 행정기관을 활용하여, '전시양곡배급실시요령'을 준용, 실시하는 것이 효과적일 것이다.

주민의 대량이동을 억제하기 위하여 식량분배를 희망하는 주민은 등록하도록 하고, 등록된 주민에 대해서는 나이에 따라 식량배급표를 배부하고 식량배급표와 식량을 교환하는 형식으로 식량을 배급하는 것이 좋을 것이다. 이때 식량배급 기준은 성인을 기준으로 1일 1인당 600g을 표준으로 하고 나이에 따라 차등 분배하며, 분배 식량의 배합은 쌀을 70%, 나머지는 밀가루를 포함하여 잡곡으로 하면 될 것이다.

중장기 대응책의 모색

중기: 경제적 유인을 통한 생활기반의 형성

급작스런 통일이 실현되었을 때 가장 우려되는 상황은 북한 주민의 이동에 따른 사회혼란이다. 현재 북한 주민은 거주이동의 자유가 제한되며 직업선택에서도 많은 제약이 있다. 특히 농촌에 거주하거나 농업부문에 종사하는 사람들은 농촌 또는 농업부문에서 벗어나기 위하여 갖은 애를 쓰지만 쉽지 않은 일이다.

만약 이러한 상황에서 통일이 된다면 농촌주민은 북한의 도시지역이나 남한으로 이동코자 할 것이다. 이 경우 걷잡을 수 없는 혼란이 일어날 뿐만 아니라 북한지역의 재건에도 악영향을 미치게 될 것이다. 이러한 혼란을 막기 위한 방안으로써 인구의 이동을 물리적으로 막는 방법을 선택할 수도 있으나 성공 가능성은 높지 않아 보인다. 가장 좋은 방법은 주민 스스로 이동하지 않는 것인데 이를 위해서는 이동하지 않는 주민에게 유인을 제공할 필요가 있다.

북한의 농촌주민들이 굳이 남한으로 이주할 필요성을 느끼지 못하게 하는 가장 근본적인 대책은 북한의 경제를 빠른 시일 내에 발전시켜 고용을 창출함으로써 이주를 희망하는 북한의 농촌인구를 산업 노동자로 흡수하는 것이다. 그러나 북한경제를 발전시키는 데는 많은 시간이 걸리므로 북한경제가 어느 정도 수준에 오를 때까지 단기 또는 중장기적 대책을 통해 북한의 농촌주민들을 농촌에 묶어둘 수 있는 제도적 장치가 필요하다.

여러 가지 유인 가운데 경제적 이익을 주는 방안이 가장 현실적이다. 여기에는 ① 농민의 소득을 보장하고 안정화시키는 방안, ② 농민이 농지를 소유할 수 있다는 희망과 그것을 실현시키는 방안이 포함될 수 있다. 우선 북한농민들이 남한이나 북한의 다른 지역으로 이주하려는 유인을 줄이기 위해서는 단기적으로 식량 등 생활에 필요한 물자를 충분히 공급하고 소득을 일정액 이상으로 보장해야 할 것이다. 또한 농촌주민들을 농촌에 머무르게 하기 위해서는 이들의 소득을 일정수준 이상으로 유지시켜야 한다.

농촌주민의 소득을 보장하기 위해서는 농자재를 싼 값으로 공급하고, 농산물을 높은 가격으로 수매하며, 농촌에 일자리를 창출하여 농촌주민의 고용을 증대시켜야 한다. 그러나 소득을 증대시키는 일은 어느 정도 시간을 요하는 것이므로 우선 농촌주민에게 무상으로 부족한 식량과 생필품을 공급해주어야 하며, 기초생활이 가능하도록 생활보조금을 제공할 필요가 있다.

단기적으로 노동력 흡수력이 높은 도로 및 하천보수, 농로 및 농업용수로 정비, 조림 등 공공투자를 통해 취업기회를 확대할 필요가 있다. 북한의 도로, 전력, 용수공급 등 산업인프라는 상당히 낙후되어 있기 때문에 북한 농민들의 소득이 어느 정도 안정되는 시기까지는 공공부문의 투자를 확대하여 농촌인구의 취업을 보장해야 한다.

중기적으로는 농지 및 주택의 사유화를 통해 농촌주민이 재산을 형성할 수 있도록 하면서 이들을 건전한 가족농으로 육성하고 농업생산성을 향상시킬 수 있도록 지도하는 것이 필요하다. 특히 자본주의체제에 적응하기 위한 가장 기본적인 사유화는 주택자산의 형성과 개인영농이기 때문에 경영마인드 형성 과정을 통해 북한 주민들이 체제에 적응할 수 있도록 준비해야 할 것이다.

농지와 주택의 사유화는 통합 이후 북한지역에 대한 핵심적인 정책의 하나로 고려되어야 할 것이므로 농촌주민에게만 별도로 적용하기는 곤란하다. 농업부문에서는 이동하지 않는 농촌주민에게 장차 농지의 임차권 또는 매수권을 우선적으로 제공하는 방안을 고려할 수 있다. 따라서 통일에 대비하여 북한지역의 농지 소유제도를 어떻게 바꾸며 협동농장을 어떤 형태로 전환할 것인지 방안을 마련해 두었다가 통일이 실현되었을 때 신속하게 명확한 방침을 발표함으로써 농촌인구의 이동을 최소화해야 할 것이다. 이러한 대책은 비단 통일 직후의 긴급 상황뿐만 아니라 통일 이후 사회안정화 단계에서 북한지역의 농업생산성 향상을 위해서도 필요하다.

장기: 새로운 영농체제의 확립

통일 이후의 상황에 대해 우리는 2단계로 나누어 농업부문의 대책을 논의할 필요가 있다. 첫 단계는 국영농장과 협동농장의 사유화가 마무리되지 않은 채 통합 이전의 영농체계가 그대로 존속되는 상황에서 영농체제 전환을 위한 여건을 점진적으로 모색하는 단계이다. 그리고 두 번째 단계는 집단농장의 사유화가 추진되고 국영농장과 협동농장이 해체되어 다양한 소유주체로 분할되고 개인농, 생산자조합, 주식회사,

영농법인 등 다양한 형태의 경영체가 창설되고, 새로운 영농체제가 확립되는 단계이다.

1단계 : 영농체제 전환을 위한 여건의 모색

이 단계에서는 우선 통일 이후 협동농장과 국영농장이 새로운 영농체제로 전환될 때까지 기존의 영농체제를 존속시키는 가운데 생산물을 처리하기 위한 대책을 마련할 필요가 있다.

통일 이전에는 북한 당국이 각 협동농장에 영농자재를 싸게 공급하는 대신 낮은 국정가격으로 정해진 양의 곡물을 수매하였다. 통일 이후에는 비록 농지의 사유화가 이루어지지 않았을지라도 협동농장의 운영에 대한 자율성을 보장함과 동시에 영농자재의 조달방식이나 생산물의 처리방식도 달리해야 할 것이다. 협동농장 농민들은 그들이 생산한 농산물을 스스로 처리할 수 있는 권한을 가져야 한다. 남한의 농민이라면 농작물 수확 직후 곧바로 상인에게 판매하거나 수확물을 저장하였다가 나중에 비싼 가격으로 판매하는 등 다양한 선택을 할 수 있다.

그러나 북한지역의 농민이 이와 같은 선택을 하기는 쉽지 않다. 북한지역 농민들은 영농자금도 부족하거니와 자본축적이 이루어지지 않았기 때문에 농작물 수확 직후 즉시 현금화하지 않을 수 없을 것이다. 또한 북한지역에는 일시에 많은 농산물을 판매할 수 있는 시장여건도 충분치 갖추어져 있지 않거니와, 설령 시장이 존재한다고 해도 수요의 제약으로 일시에 많은 농산물이 시장에 출하될 경우 시장가격이 폭락할 가능성이 높다.

이러한 상황을 고려해 정부는 일정기간 북한농민이 생산한 농산물을 수매하는 조치를 취할 필요가 있다. 이때 수매가격은 시장가격과 연동하여 책정하는 것이 바람직하다. 정부는 수매한 농산물을 비축하였다가 남·북한 주민에게 판매함으로써 식량수급의 안정을 도모하면서 주민생활도 안정시킬 수 있다.

정부의 수매대상 농산물은 쌀, 옥수수, 밀, 보리, 콩, 감자 등 북한지역에서 생산되는 주요 식량작물이 되어야 할 것이다. 정부가 수매가격과 조건 등을 고시하면 수매에 참여하고 싶은 농민은 행정기관을 통하여 수매 희망물량을 신청하고, 정부는 절차에 따라 농장별로 수매량을 결정하면 될 것이다. 농지사유화가 확정될 때까지 기존의 영농조직인 협동농장에 대한 운영자금 지원 대책 또한 마련되어야 할 것이다.

한편 이 단계에서는 국영농장과 협동농장이 과거와 같은 형태를 유지하고 있지만 통일정부는 농지의 사유화를 추진하기 위하여 우선 모든 농지를 국유화하는 조치를 취하는 것이 바람직하다.

2단계 : 새로운 영농체제의 확립

이 단계에서는 농지 소유권의 변화와 함께 집단농장의 처리 등 새로운 영농체제를 확립하는 일이 중요하다. 통일 이후 농촌지역 주민이나 협동농장원에 대한 경제적 유인책은 농지의 소유권 이전과 연계하여 추진할 필요가 있다. 첫 단계에서는 이동하지 아니한 농촌주민에게 국유화한 농지를 분배하되 무상분배가 아니라 유상분배 방식을 통해 농지 사유화를 추진해야 할 것이다. 다만 대부분의 농촌주민은 농지를 분배받을 수 있을 만큼 재산을 형성하지 못했을 것이므로 이들에게는 일정기간 농지 임차권을 우선 제공한 다음 분할상환 방식으로 농지를 구입할 수 있도록 정책적으로 배려하는 것이 필요하다.

한편 이 단계가 되면 농가는 자율적으로 생산물을 처리할 수 있다. 다만 북한지역의 농가는 시장경제에 익숙해 있지 않기 때문에 그들이 생산한 농산물을 어떻게 처리하는 것이 좋은지 판단하기 어려울 수도 있다. 따라서 정부는 농민의 농산물 처리에 대한 선택의 폭을 넓혀 주는 의미에서 수매방식을 계속 유지할 수도 있다. 그러나 첫 단계처럼 정부 수매량을 그대로 유지할 필요는 없으며 정부의 식량 수급조절 목표량 범위 이내에서 수매량을 조절해도 좋을 것이다. 바람직하기로는 개별 농가가 농업협동조합에 가입하여 조합을 통해 농산물을 판매하도록 유도하는 것이 좋을 것이다.

사회가 어느 정도 안정되면 식량배급을 제한적으로 운영해도 좋다. 그러나 도시 지역에서는 실업문제가 금방 해소되기 어렵고 취약계층도 여전히 존재할 것으로 예상되기 때문에 사회복지 차원의 식량배급이 필요하고 기초생활의 안정을 위해 식량가격을 안정시킬 필요가 있다. 따라서 식량수급 안정을 위해 정부는 적절한 수준의 시장 개입을 할 필요가 있을 것이다.

북한지역 농민의 소득안정과 농업생산성 향상을 위해서는 다양한 형태의 농민교육이 추진될 필요가 있다. 자본주의 시장경제에 익숙하지 않은 북한지역 농민들에게는 시장 및 경영교육과 함께 기술훈련도 함께 제공해야 한다. 특히 북한지역 농민들은 시장정보를 입수하는 데 어려움을 겪을 뿐만 아니라 수집한 정보를 분석하여 활용하는 데도 남한농민에 비해 뒤지기 때문에 정보화교육도 강화할 필요가 있다. 현재 남·북한의 농업기술 간 격차가 크게 벌어져 있기 때문에 기술격차를 줄이기 위한 훈련 프로그램도 마련되어야 한다.

특히 이 단계에서 중요하게 생각해야 점은 북한지역 농민들에 대한 영농자금 지원 대책이다. 통일 이전까지 북한지역 농민들은 영농자금의 조달문제를 고민할 필요가 없었으나 이제는 본인 스스로 영농자금을 조달해야 할 상황이다. 따라서 영농자금 조달에 어려움을 겪게 될 이들에게 필요한 자금을 제때 공급함으로써 농업경영의 어려움을 해소시키고 북한지역 농민의 소득안정을 도모해야 한다.

남한과 마찬가지로 북한지역에도 농업협동조합을 조직하고 이를 통해 필요한 영농자금을 공급하는 것이 바람직하다. 농업협동조합은 영농자금의 대출뿐만 아니라 농자재의 공급과 생산된 농산물의 공동판매나 농산물의 저장, 가공 등 북한지역 농민들에게 다양한 서비스를 제공할 것으로 기대된다. 협동농장에 대한 운영자금 지원은 원칙적으로 저리 융자 형태로 제공하는 것이 바람직하다.

협동농장은 담보능력이 없으므로 농림수산업자 신용보증기금의 보증을 통해 신용융자를 제공하되 농협을 통해 대출할 수 있다. 신용융자로 인한 금융기관의 부실을 막기 위해서는 농림수산업자 신용보증기금의 역할이 중요하므로 보증여력을 확대하기 위하여 정부출연을 확대해야 할 것이다.

■ 참고문헌

단행본

농림수산식품부(2010), 《양정자료》, 농림수산식품부.

_____ (2011), 《농림수산식품주요통계》, 농림수산식품부.

통계청(2010), 《북한의 주요통계지표》, 통계청.

학술논문 및 보고서

권태진 · 남민지(2011. 1), 2011년 북한의 식량수급 전망, 〈KREI 북한농업동향〉 제12권 제4호, 한국농촌경제연구원.

김영훈 외(2010), 〈동독지역 농업 재편과정 분석과 남 · 북한 농업 통합대책 연구(1)〉 C 2010-46, 한국농촌경제연구원.

FAO/WFP(2010. 11. 16), *Special Report: FAO/WFP Crop and Food Security Assessment Mission to the Democratic People's Republic of Korea.*

WFP/FAO/UNICEF(2011. 3. 24), *Special Report: WFP/FAO/UNICEF Rapid Food Security Assessment Mission to the Democratic People's Republic of Korea.*

World Bank(2007), *Agriculture for Development*, World Development Report 2008.

첫 단추를 잘 채우자: 행정체제의 정비

5

임도빈

들어가며: 몇 가지 전제와 원칙들

논의의 시작을 위한 전제

행정체제의 통합은 정치, 경제, 사회의 통합과 더불어 통일 이후 해결해야 할 가장 중요한 과제 중 하나라고 할 수 있다. 어느 국가를 막론하고 공공부문은 그 국가가 지향하는 기본적 가치의 최후의 수호자이기 때문에 서로 다른 두 행정체제를 통합한다는 것은 곧 서로 다른 기본적 가치간의 긴장을 극복하고 조화를 찾아나가는, 매우 근본적인 문제와 맥이 닿아 있기 때문이다.

행정통합은 매우 어려운 과제이다. 통일이 실현되어 공공부문을 통합하려 할 경우 실로 다양한 문제들에 대해 고민해야 하기 때문이다. 조직을 어떻게 재설계하고, 인적 자원을 어떻게 선발하고 관리하며, 또 예산제도는 어떤 방식으로 운영해야 하는지와 같은, 정부를 운영할 때 고려해야 할 가장 기본적인 원칙과 제도들 하나하나를 새로 살피고 다시 손봐야 하는 것이다.

더욱이 남·북한처럼 오랜 기간 서로 다른 체제를 영위한 두 국가가 통합하고자 하는 경우에는 더욱 복잡한 행정과제들이 부상한다. 조직, 인사, 예산과 같은 하드웨어의 통합을 넘어 조직문화와 풍토, 가치관 같은 소프트웨어의 통합까지도 그 대안을 모색해 두어야 하는 것이다.

이렇게 행정통합에 대한 논의는 실로 광범위하고 복잡다기하다. 따라서 그 범위를 한정하지 않으면 자칫 허황된 말장난에 그칠 가능성이 크다. 그러므로 이 글에서는 몇 가지 전제를 설정함으로써 그러한 가능성을 피해 보고자 한다. 우선 이 글에서는 이 책이 기본적으로 전제한, 북한의 급변사태에 의한 급진적·흡수형 통일을 전제로 행정통합 문제를 논하고자 한다. 이 경우 남·북한 간 행정체제 통합은 남한의 주도로 남한의 체제를 근간으로 이루질 것이다. 즉, 직업공무원제, 실적주의제, 지방자치제도와 같은 남한의 행정제도와 나아가 그러한 남한의 행정제도가 전제로 하는 민주주의, 시장 경제와 같은 정치·경제 제도가 통일 이후 북한지역에 적용된다.

다음으로 이 글에서는 통일 이후 북한지역의 행정체제를 재조직하고, 정비하는 일은 북한 주민의 행정수요 변화에 맞추어 진행될 것이라고 전제한다. 만약 북한의 급변사태에 의한 급진적·흡수형 통일을 맞게 된다면 북한이 남한에 흡수될 때 북한지역의 경제적 여건이나 기반시설은 거의 황폐화되었을 가능성이 크다. 그런데 이러한 상황을 일시에 해결하는 것은 남한의 경제수준을 감안할 때 거의 불가능에 가깝다. 따라서 정부는 그때그때의 북한지역의 행정수요에 맞추어서 시급한 문제부터 해결하는 식으로 단계적으로 대응을 하게 될 것이라고 가정한다. 구체적으로 이 글에서는 이와 같은 행정수요에 맞춘 단계적 대응이 앞에서 논의한 대로 최소 3단계로 진행될 것으로 전제한다.

행정체제 통합을 위한 원칙

한편 행정체제의 통합에 대한 보다 엄밀한 논의를 위해서는 통일 이후 정부조직 정비를 할 때 반드시 고려해야 할 몇 가지 원칙을 정해 둘 필요가 있다. 이에 여기서는 조직설계(조직론)와 관료제의 정립(인사행정)이라는 두 가지 서로 밀접히 관련된 두 차원에서 원칙을 제시하고자 한다.[1]

통일 이후 남・북한의 정부조직을 정비할 때, 지향해야 할 원칙으로 ① 종합성의 원칙, ② 침투성의 원칙, ③ 효율성의 원칙, ④ 협력의 원칙을 제시하고자 한다.

먼저 '종합성 원칙'은 통일 이후 북한지역에는 정부기능 중에서 몇몇 기능만이 필요한 것이 아니라 거의 모든 정부기능이 투입되어야 한다는 원칙이다. 흡수형 통일이 될 경우 북한지역의 행정체제의 대부분 붕괴되었을 가능성이 크기 때문에 기존의 북한 행정이 수행하던 기능의 대부분을 남한 정부의 행정조직이 대신 수행해야 할 것이다. 따라서 정부의 여러 기능을 총괄적이고 일관성 있게 수행할 종합성을 갖춘 조직을 구상해 두어야 한다.

다음으로 '침투성 원칙'은 북한 주민 개개인 모두에게 직접적으로 서비스가 전달될 수 있어야 한다는 원칙이다. 즉, 행정서비스의 일부가 전달되지 않는 지역이나 개인이 없도록 최일선 행정조직까지 조직 설계에 반영해 두어야 한다는 것이다.

그리고 '효율성의 원칙'은 서비스 공급이 지체되지 않고, 빠른 시간에

1 조직통합은 조직활동의 결과가 하나의 응집된 전체가 되도록 체계 내 각 부문들이 협동하는 것을 의미한다(안계춘, 1991: 210). 이는 두 조직이 합쳐진 후 조직 내부에서 심리적, 질적 상태인 하위단위들이 서로 협동하는 상태를 일컫는다는 점에서 단순히 두 조직을 결합하여 동일한 관리체제 하에 두는 합병(*merger*)과 구분된다(정진우, 2000: 15). 즉, 조직통합은 조직합병 이후 그 조직이 도달해야 하는 바람직한 상태라고 할 수 있는 것이다. 이렇게 볼 때 통일 이후 남·북한의 행정통합에 대해 논의할 경우 단순히 조직과 관리체제를 어떻게 구성할 것인가의 차원을 넘어 인적자원관리와 같이 어떻게 하면 각각의 하위단위들이 서로 협동할 수 있게 할 것인가에 대한 고려가 반드시 필요하다 할 수 있다.

최대의 효과를 낼 수 있도록 조직이 설계되어야 한다는 원칙이다. 위에서 제시한 침투성이나 효율성의 차원에서 본다면 북한지역의 현장행정을 담당할 조직으로는 현재 남한에서 운영하고 있는 특별행정기관과 같은 조직이 적합하다고 볼 수 있을 것이다.

마지막으로 '협력의 원칙'은 정부조직을 정비할 때 북한 주민의 의사를 적극 반영하여 협력을 극대화하고 불만을 최소화해야 한다는 원칙을 말한다. 이는 북한 주민을 통치하기 위해서가 아니라 지원하기 위해 조직을 정비한다는 생각으로 접근할 때 실현 가능할 것이다.

한편 위의 원칙에 하나의 원칙을 더 추가하자면 ⑤ 오류수정의 원칙을 제시할 수 있다. 이는 통일 이후 행정조직을 정비할 때 현재 남한의 정부조직이 안고 있는 문제점의 개선까지 고려하여 설계되어야 한다는 원칙이다. 즉, 통일 이후 행정조직과 제도를 재설계할 때 여기에 기존 남한의 정부조직과 제도까지 고려의 대상에 포함시켜 관료제의 문제점을 시정할 수 있는 기회로 활용해야 한다는 것이다.

통일 이후 인적 자원 관리(특히, 북한 관료의 처리) 문제를 다룰 때 지켜야 할 원칙으로 이 글에서는 ① 전략적 활용의 원칙, ② 인적 청산의 원칙, 그리고 ③ 문화통합의 원칙을 제시하고자 한다.

우선 '전략적 활용의 원칙'은 통일 이후 북한 관료를 전부 배제할 것이 아니라 능력이나 전문성에 따라 적절히 활용해야 한다는 원칙이다. 구 공산정권에 참여했다는 이유만으로 북한 관료들을 모두 배제하는 것은 인적 자원 활용 면에서 비효율적일뿐만 아니라, 대량 실업문제가 발생하는 등 이들이 사회불안 요소가 될 가능성도 존재하기 때문에 이 원칙은 특히 중요하다.

다만 이들 북한 관료는 기존 북한체제의 기득권층으로서 한편으로는 빠른 두뇌회전과 기민한 대응능력 및 탁월한 사회성으로 통일 후에도 오피니언 리더가 될 가능성이 높을 것으로 예측된다. 그러나 다른 한편으로는 일반 북한 주민들의 질시의 대상이 되는 상황도 예측할 수 있다. 따라서 상황에 따라 이들을 적절히 활용하는 방안이 마련되어야 할 것이다. 그럼에도 불구하고 그러한 전략적 활용에서 반드시 배제되어야 할 관료들도 분명히 있다. 이를테면 과거 북한정권의 유지에 기여했던 핵심 인력이나 반인권적 · 반인륜적 행위에 가담한 전력이 있는 자는 반드시 조기에 청산되어야 할 것이다. 즉, '인적 청산의 원칙'도 지켜져야 한다.

'문화통합의 원칙'은 전략적 활용의 대상으로 분류된 북한 관료를 효과적으로 활용하기 위해 남 · 북한 관료제가 형성한 관료문화에 대한 적극적인 이해와 그 차이에서 비롯되는 갈등을 해소할 수 있는 적극적인 관리전략이 모색되어야 한다는 원칙이다. 일반적으로 합병의 대상이 되는 두 조직의 문화차이가 클수록 합병 후 갈등이 발생할 가능성이 높아지는 것으로 알려져 있다(Cartwright & Cooper, 1993).

그런데 남 · 북한의 경우 각기 단독정부를 수립한 1948년 이래 60년 이상 독자적인 행정체제를 운영했으므로, 그 세월만큼 상당히 다른 조직문화를 형성, 유지했다고 할 수 있다. 그러므로 합병 이후 적절한 대책을 마련하지 않을 경우 남 · 북한 관료들 간에 심각한 갈등이 빚어질 가능성, 그리고 그로 말미암아 효과적인 정책집행이 이루어지지 않을 가능성은 충분하다 하겠다. 따라서 이를 최소화할 수 있는 방안이 마련되어 있어야 할 것이다.

북한의 정치행정체제

역사적으로 볼 때 사회주의 국가의 국가 행정기구는 자본주의 국가의 관료제가 국민의 의지와 분리되어 지배계급으로 기능하는 것을 비판하면서 출현하였다. 따라서 사회주의 국가에서는 기본적으로 국가행정기구가 자율성이나 독자적인 의사결정 권한을 갖지 못하도록 하고 있다. 사회주의 국가인 북한도 예외가 아니어서, 북한에서도 국가경영을 자율적으로 담당하는 행정부가 따로 분리되지 않았으며, '근로대중의 모든 조직들 가운데서 가장 높은 형태의 혁명조직'인 조선노동당(조선

중앙연감, 1977: 69)에 의한 1당 지배체제 하에서 운영이 이루어지도록 하고 있다.

국가 행정조직은 노동당의 지시와 결정사항을 실행하는 도구와 수단의 지위에 머물고 있다(김근세·정용덕, 2001: 573). 즉, 권력분립 원칙에 기초하고 있는 서구 민주주의와는 달리 60여 년 동안 최고권력자 1인에게 권력기구가 완전히 통합된 정치행정체제인 것이다.

조선노동당 조직

비록 1998년 헌법 개정으로 기존 국가주석직을 폐지하고 국가주석의 권한과 임무를 내각총리와 최고인민회의 상임위원회로 이관하여 여러 조직·및 기구의 구조나 위상에 변화가 있기는 하였으나, 당이 지도적인 위치를 차지하고 있다는 점에서는 큰 변화가 없다. 따라서 북한의 행정체제를 파악하기 위해서는 관료제 조직 외에 당 조직을 살펴보아야 한다.

제도화된 1당 지배체제 아래에서 조선노동당은 지난 50년간 권력의 원천이요 중핵이며 모든 국가기관과 사회단체의 지도적 핵심으로서(최진욱, 2008: 57), 북한의 권력구조 가운데 정책결정 기능을 담당했다. 그러나 김정일 사망 이후 김정은 체제에서는 당분간 큰 조직이 중요한 역할을 할 것으로 보인다. 이러한 조선노동당의 조직을 살펴보면 다음의 표와 같다.

조선노동당 조직(2011년 12월 기준)

자료: 통일부

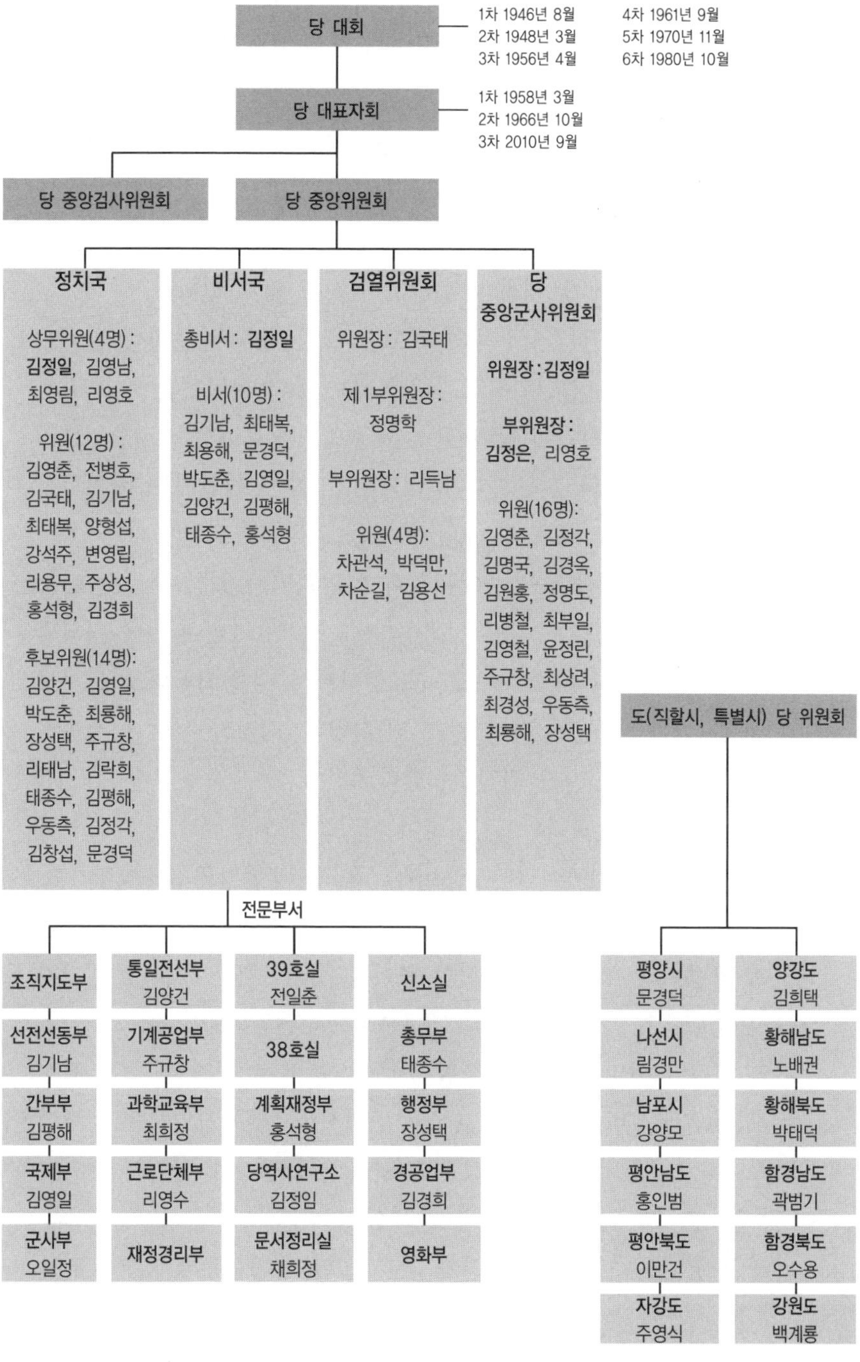

노동당 규약에 의하면 조선노동당의 최고지도기관은 당 대회이다. 당 대회는 중앙위원회 사업의 총화, 당 노선과 정책 및 전략·전술의 결정, 강령과 규약의 채택 및 수정 등 막강한 권한을 보유하고 있다. 그러나 수천 명이 참여하는 당 대회의 규모상 실질적인 토의가 진행되기 어렵기 때문에(최진욱, 2008: 61) 실제로는 당 중앙위원회나 정치국의 결정사항을 추인하는 기능을 한다. 즉, 명목상 최고기구의 성격이 강하다고 볼 수 있다. 당 대회는 5년마다 한 번씩 개최하는 것을 원칙으로 하나1980년 10월 열린 제6차 당 대회 이후에는 열리지 않고 있다.

당 대회가 열리지 않을 때 당의 최고 지도기관이 되는 것은 당중앙위원회이다. 특히 당 중앙위원회 전원회의는 당의 실질적인 최고 정책 결정기구로서 해당 시기에 당이 직면한 중요문제에 대한 결정을 한다. 그러나 당 중앙위원회 전원회의가 개최되지 않는 기간에는 정치국이 당 중앙위원회의 명의로 당의 모든 사업을 조직·지도한다.

노동당 규약에 의하면 당 중앙위원회 전원회의는 6개월에 1회 이상 소집되도록 되어 있으나, 실제로는 수개월, 길게는 1년여 만에 개최되는 경우가 많다(최진욱, 2008: 62~63). 따라서 당 정치국의 최고기구이지만 일상적인 기능을 하지 않는 기구이다. 김정일 사망 이전까지 최고 권력기구의 1인자가 김정일이었다.

당 중앙위원회, 전원회의, 정치국이 비상설 회의체로서 당의 노선과 정책을 결정하는 기관이라면 당 비서국은 당 생활지도(조직생활지도, 사상 생활지도)와 정책 집행기능을 수행하는 상설기관이다. 비서국은 산하에 행정부의 각 부처와 유사한 분야별 전문부서를 두고 당 생활지도(조직지도부)와 정책지도(기타 전문부서)를 담당하도록 하고 있다. 여기의 김정일 사망 이전까지 실질적 1인자도 김정일이었다. 즉, 김정일은 당 정치국, 비서국, 그리고 군사위원회를 모두 장악하는 권력의 독점자였다. 궁극적으로는 김정은도 이러한 독점자의 위치를 점하려 할 것이지만, 그 실현 여부는 두고 봐야 한다.

한편 노동당은 지방의 동·리와 같은 말단 행정계층까지 당 조직을 두고 있다. 이러한 지방당 조직은 기본적으로 중앙당 조직을 그대로 모방하고 있다. 즉, 지역 내에서 시·도의 당 대표회, 전원회의, 집행위원회, 비서처는 각각 중앙당의 당 대회, 전원회의, 정치국, 비서국과 거의 비슷한 위상을 누리고, 유사한 기능을 수행한다. 나아가 노동당은 행정구역별 지방당 외에 중앙 행정기관, 군부, 각급 지방 인민위원회, 공장, 기업소 등 모든 단위에 부문별 당 조직을 두고 있다.

최고인민회의와 내각

최고인민회의는 북한의 개정헌법상 국가 최고주권기관이다. 모든 국가기관을 조직하고 헌법을 수정하며 국가 대내외 정책 기본원칙 수립이나 국가예산 집행에 대한 심의·승인, 조약비준 등의 권한을 가지고 있다. 산하에는 법제위원회와 예산위원회 등의 부문별 위원회를 두고 국정에 대한 심의를 수행하도록 하고 있다.

그리고 최고인민회의가 휴회 중인 기간에는 최고인민회의 상임위원회가 상기한 모든 일을 담당하도록 하고 있다. 특히 북한 헌법 제111조에는 이 상임위원회의 위원장이 국가를 대표하도록 하고 있기도 하다. 그러나 헌법에 보장된 광범위한 권한과는 달리 실제 최고인민회의와 최고인민회의 상임위원회는 당의 결정을 형식적으로 추인하는 기구의 성격이 강하다.

내각은 최고주권의 행정적 집행기관이며, 전반적인 국가 관리기관이다. 즉, 조선노동당(정치국), 최고인민회의, 국방위원회 등에서 결정된 정책에 대해 당 비서국의 감독 아래 행정적 집행을 담당하는 기구이다. 아래의 표에서 볼 수 있는 바와 같이 현재 내각은 2위원회 30성 1부 1은행 2국의 37개의 부서로 이뤄져 있다. 내각총리는 정부를 대표하고, 각 내각부처의 사업을 조직·지도하며, 각 내각부처는 총리의 지도 아래 해당부문의 사업을 지도·관리하는 역할을 한다.

북한 행정은 당원들에게 보상적인 차원에서 많은 상위직위를 신설하

내각기구(2009년 5월 기준)

총리
부총리

외무성	건설건재공업성	임업성	교육성	국가과학원	전자공업성
인민보안성	철도성	수산성	체신성	체육지도위원회	무역성
국가계획위원회	육해운성	도시경영성	문화성	중앙은행	수매양정성
전력공업성	농업성	국토환경보호성	재정성	중앙통계국	국가검열성
석탄공업성	화학공업성	국가건설감독성	노동성	내각사무국	기계공업성
채취공업성	경공업성	상업성	보건성	원유공업성	수도건설부
금속공업성					

시·도 인민위원회

평양시	나선시	함경남도	함경북도	평안남도	평안북도
황해남도	황해북도	자강도	양강도	강원도	

출처: 통일연구원(2009), 〈북한개요〉, 64쪽.

여 왔다. 따라서 관료들의 실제적인 권한은 조직도표상에서 높은 직위를 차지하더라도 매우 제한되어 있다(Im, 2001)고 볼 수 있다. 따라서 남한의 관료체제와 비교할 수 없을 정도로 힘이 약하다. 또한 내각의 인사권도 내각이 아닌 노동당에 귀속되어 있다. 즉, 내각의 국장급 이상 고위층 인사는 노동당 조직지도부 간부과에서, 국장급 이하 공무원 인사는 노동당 간부부에서 결정한다(현성일, 2011: 42).

지방행정조직

지방인민회의는 지방의 주권기관이다. 현재 도(직할시)와 시(구역)·군에 조직되어 있으며, 임기 4년의 대의원으로 구성된다. 지방인민회의는 ① 지방의 인민경제 발전계획과 그 실행에 대한 보고의 심의·승인, ② 지방예산과 그 집행에 대한 보고의 심의·승인, ③ 해당 지역에서 국가의 법을 집행하기 위한 대책의 수립, ④ 해당 인민위원회 위원장, 부위원장 등의 선거 또는 소환, ⑤ 해당 재판소의 판사, 인민참심원의 선거 또는 소환, ⑥ 해당 인민위원회와 하급 인민회의의 그릇된 결정, 지시의 폐지 권한 등 규정상 우리의 지방의회와 유사한 역할을 수행하는 것으로 되어 있다.

그러나 실제로는 1년에 한두 차례만 개최되고 그나마 한 번 개최될 때 회기가 1~2일 정도에 지나지 않아 정책 선정이나 예산심의 등이 원천적으로 불가능하며, 따라서 중앙노동당의 결정을 형식적으로 추인하는 역할에 그치고 있다(최진욱, 2008: 117). 임기 4년의 대의원으로 구성되어 있다.

지방인민위원회는 지방인민회의가 휴회 중인 기간에 지방 주권기관의 역할을 담당한다. 위원장, 부위원장, 사무장, 위원들로 구성되는데, 이들의 임기는 해당 지역 인민회의의 임기와 같다. 이들이 실무적인 업무를 수행하기는 하지만, 중요한 정책은 평양에서 이뤄지는 하향적이고 권위적인 조직운영을 하고 있다.

지방인민위원회 산하의 분야별 전문부서들은 보통 재정과, 모집과, 양정과, 노동과, 도시경영과, 상업과, 보건과, 문화과, 경리과 등으로 구성되는데, 이는 지역의 규모와 특수성에 따라 달라지기도 한다. 평균적으로 도(직할시)에는 30개의 부서에 부서당 15명 정도의 인원이, 시(구역)·군에는 12~15개의 부서에 부서당 5명 정도의 인원이 근무하고 있다(최진욱, 2008: 119).

군부

북한에서 군대는 헌법에서 '혁명 수뇌부 보위'를 주요 사명으로 밝히고 있을 정도로 체제유지의 중요한 수단이다. 조선노동당 규약에 따르면 당이 군부를 통제하도록 규정하고 있으며, 당 중앙군사위원회와 함께 군대 내각급 단위에서도 당조직이 구성되어 있으나, 김정일 지도체제 하에서 국방위원회의 위상이 높아지면서 군부의 영향력이 강화되었다.

특히 1990년대 중반 선군정치의 공식화 이후 군의 권력은 더욱 커지고 있다. 김정일의 후계자인 김정은도 국방위원회를 장악하여 군을 권력 기반으로 입지를 굳히는 작업을 할 것이다. 즉, 권력은 '총구'에서 나온다는 원리를 충실히 활용할 것으로 안다. 따라서 자본주의 국가의 군대와 달리 주요 권력기관의 하나로 보아도 과언이 아니다.

국방위원회는 국가주권의 최고 군사지도기관이자 전반적 국방관리기관이다. 국방 분야의 주권과 행정권을 가지며, 최고인민회의와 달리 상설기구이기 때문에 실질적인 북한의 중추적 기구라고 할 수 있다. 국방위원장은 일체의 무력을 지휘·통솔하고 국방사업의 전반을 지도한다.

국방위원회 산하에는 인민무력부와 국가안전보위부가 소속되어 있다. 이 중 인민무력부는 군 관련 외교업무와 군수, 재정 등 군정권을 행사하며(통일연구원, 2010: 95), 국가안전보위부는 반당·반국가 음모자 색출, 주민 사상동향 감시, 첩보 활동을 위한 공작원 양성 등을 주 임무로 한다.

사법기관

북한의 사법기관은 중앙재판소를 정점으로 그 아래에 도(시) 재판소, 인민재판소 등 3계층으로 구성되어 있으며, 이와 별도로 군사재판소와 철도재판소 등 특별재판소를 운영하고 있다. 북한의 최고 재판기관인 중앙재판소는 우리와 같이 입법·사법·행정의 3권 분리원칙에 입각하여 구성되는 것이 아니라 민주적 중앙집권제 원칙에 따라 최고 주권기관인 최고인민회의에 의해서 조직되도록 되어 있다. 즉, 중앙재판소 소장은 최고인민회의에서, 중앙재판소 판사와 인민판심원은 최고인민회의 상임위원회에서 선거 또는 소환하도록 하고 있다(최진욱, 2008: 43).

검찰기관은 재판소와 유사하게 중앙검찰소와 도(시) 검찰소, 시(구역)·군검찰소 그리고 특별검찰소로 구성되어 있다. 중앙검찰소에는 소장과 부소장, 그 이하 일반감시부, 예심감시부, 재판감시부, 특별감시부 등의 부서가 있으며, 중앙검찰소장의 임명과 해임은 최고인민회의가, 각급 검찰소 검사의 임명과 해임은 중앙검찰소가 담당한다(통일연구원, 2010).

통일독일의 사례

정부조직의 정비

독일은 연방제 국가이기 때문에 통일 이후에 주로 연방정부가 동독지역의 업무를 처리하는 경우가 많았다. 이때 연방재산 관리업무를 수행하기 위해 연방재산관리청(BVV)을 새로 만들고, 구동독지역의 재산처리를 위해서 연방신탁후속 특별관리청을 개청하는 등 일부 조직의 신설도 있었지만, 많은 경우 기존 정부부처를 그대로 활용해 업무를 수행하도록 하였다. 자세한 분야별 담당조직은 다음의 표와 같다.

독일통일 과정에서 특히 주목해야 할 점은 통일 직후 구동독지역에 신설된 5개 주에 구서독 정부가 최고관리들을 파견해 이들로 하여금 직선 주지사 선출 전까지의 주 행정 구축을 적극적으로 지원하도록 하였다는 점이다(박해육, 2002). 즉, 통일 초기 지방(주) 행정 부분에서 바로 지방자치 방식으로 이행하지 않고 연방정부의 관할 하에 주행정 구축을 위한 과도기 과정을 거쳤던 것이다.

이러한 독일의 경험은 통일 이후 한국의 행정통합을 논의할 때 매우 중요한 참고사항이 될 수 있다. 다만 독일은 한국과 달리 연방제 국가이기 때문에 독일의 제도를 그대로 모방한다고 해서 반드시 동일한 효과를 가져 오는 것은 아니라는 점을 분명히 인식해야 할 것이다.

통일 후 독일의 분야별 담당조직

분야/이슈		담당조직	목적/성과	신설유무
수도와 국가기간 소재지		연방하원, 연방상원	부처의 제반기능을 베를린과 본 지역으로 분배조정하는 조합모델에 다른 조정조치 베를린/본 법의 제정, 연방하원의 소재지, 베를린과 본 사이의 공정한 업무분담 연방의회 의원과 직원들에 대한 경비, 주택제공 계획 및 복무관련 규정의 기본원칙 합의, 이사비용계약	–
외교 안보	동독의 국제조약처리	연방정부	동독이 제3국과 체결한 국제조약을 국내조약인 통일조약 제12조에 따라서 처리 존속, 조정, 효력상실 등을 결정하기 위한 당사국과의 협의가 진행되었으며 2,600여 건의 국제조약 중에서 80% 이상이 1990년 10월 3일 독일통일을 기해 효력을 상실하는 것으로 확정	–
	구소련군의 철군을 위한 재정적 보장	연방정부	구소련군의 철수와 관련하여 주둔비용과 철군비용에 대한 독일의 재정지원이 이루어지면서 종결	–
	통합군	연방정부	약 11,000명의 동독인민군 출신 군인들이 편입되어 연방군 군인으로 양성 동독인민군이 해체되고 신연방주에 독일 연방군 체제가 구축 독일 통합군에 대한 지원을 위해서 교육, 직업보도 서비스, 주택지원, 봉급체계, 군인원호법, 종교생활, 예비역군인의 자원봉사 등이 병행	통합
연방 행정체제의 구축	연방재산 관리행정	연방 재산관리청 (BVV)	5개 연방재산관리국과 14개의 연방재산관리청이 설치 제3산림감시청과 32개의 연방산림청이 신설	신설
	관세행정		광범위한 신연방주 관세행정 체제의 구축	통합
	수운 및 해운			통합
특수행정	특수행정을 위한 재산관리	재산관리청	변호사들을 재산관리청의 상담역으로 배치할 수 있도록 한 연방의 변호사프로젝트는 1996년에도 계속 추진	신설
	측량과 등기		연방주 측량 및 등기 분야 행정체계의 구축에 대한 지원은 성공적으로 종결	
시장경제적 재산질서의 회복	국유재산의 귀속	연방신탁후속 특별관리청	90만 건에 달하는 농경지 재산권관련 신청을 종국처리 신탁청은 인민소유재산의 사유화와 재조정에 관한 법률을 설치근거로 하여 8,000여 개 동독 국영기업의 장래를 결정하고 매각가격 결정, 인민소유 부동산과 임야처리 문제, 각 기업이 창출한 이윤의 처리문제를 담당	신설
	각종법률	연방상·하원	투자우선법, 사용자보호법, 주택현대화 및 보호법, 물권법, 채권조정법, 토지등기부제도, 측량제도, 임대차개혁, 장벽대지법 신설	통합

통일 후 독일의 분야별 담당조직(계속)

<table>
<tr><th colspan="2">분야/이슈</th><th>담당조직</th><th>목적/성과</th><th>신설유무</th></tr>
<tr><td rowspan="5">국내치안
및
질서유지</td><td>신연방주
경찰의 구축 및
연방정부의
지원</td><td>연방정부</td><td>신연방주 기동경찰의 창설</td><td>신설</td></tr>
<tr><td>국경수비</td><td>국경수비대</td><td>폴란드, 체코공화국간의 국경경찰업무의 수행에 필요
남동부국경의 개방과 유럽 내 자유통행으로 인한 국경통과 증가문제 및 범죄의 처리문제(밀수, 밀매, 마약 등)</td><td>신설</td></tr>
<tr><td>헌법보호</td><td>주헌법보호청</td><td>하나의 연방헌법보호청과 16개의 독자적인 주헌법보호청의 설립</td><td>신설</td></tr>
<tr><td>민방위 및
재난보호
체계</td><td>중앙소방
재난방지학교</td><td>신연방 출신 인원에 대한 교육을 실시</td><td>–</td></tr>
<tr><td>연방통계</td><td>연방통계청</td><td>구동독의 광범위한 통계자료를 수집, 정리 (인구, 주택, 산업, 수공업, 무역, 농업, 교통, 사법, 문화, 보건 등)</td><td>–</td></tr>
<tr><td rowspan="3">동독
불법행위
청산</td><td>정권적
범죄행위</td><td>–</td><td>구동독공산당(SED)의 정권적 범죄행위에 대한 6729건 조사가 진행되었고 5896건은 종결처리, 226건은 소송처리</td><td>–</td></tr>
<tr><td>국가보위부
요원들에 대한
형사소추</td><td>–</td><td>동독지역에 체류하면서 동독지역에서 활동한 동독의 간첩은 국가에 대한 배신행위와 비밀간첩행위로 처벌대상에서 제외</td><td>–</td></tr>
<tr><td>통일관련
경제범죄</td><td>–</td><td>화폐통일 이전에 이전의 루블화를 독일 마르크화로 교환하는 과정에서 부당한 교환기준을 사용하면서 나타난 경제문제들에 대한 처벌</td><td>–</td></tr>
<tr><td rowspan="2">재산문제
처리</td><td>재산법</td><td>연방미해결
재산관리청</td><td>사업관련 신청서의 약 74%와 약 230만 건에 달하는 토지관련 신청서의 약 72%를 처리</td><td>신설</td></tr>
<tr><td>보상
및
조정급부법</td><td>–</td><td>미해결 재산문제의 처리를 위한 입법적 노력의 최종안으로서 구동독지역에서 보상 없이 이루어진 몰수재산에 대해 보상액의 규모와 보상기금으로부터의 재정조달에 대해 규정</td><td>–</td></tr>
</table>

자료: 통일부의 〈독일통일백서〉(1995~1997년)의 내용을 요약구성.

독일통일 후 공무원의 활용

구동독 관료의 처리

1990년 10월 3일 구동독지역이 서독에 편입함에 따라 구동독 공직자의 처리문제가 발생했다. 이 과정은 1990년 9월 23일부터 발효된 통일조약에 근거해 진행되었다. 즉, 이 조약 제5장 20조에는 구동독 공직자는 통일에도 불구하고 기본적으로 공직자 신분을 유지한다고 규정했다. 다만 이러한 신분을 유지하기 위해서는 몇 가지 조건이 충족되고, 재심사를 통과해야만 했다.

일단 자신이 근무하던 기관이 통일 후에도 그대로 유지되어야 한다는 1차적 조건이 성립되어야 했다. 만약 소속기관이 폐쇄되었을 경우에는 바로 해고하는 것은 아니고, 일단 휴직상태로 전환시켜 기존 봉급의 70% 수준의 수당을 지급한 후, 6개월이 경과될 때까지 자신을 필요로 하는 새로운 기관을 찾지 못했을 경우에 해고하도록 하였다.

다음 단계로 위의 1차적 조건에 해당하지 않은 공무원을 대상으로 재심사를 진행했다. 이때는 무능력자 외에 국가보위부 근무자 및 협조자, 반인도주의적 범죄행위 가담자 등을 심사를 통해 걸러내었다. 특히 국가보위부 근무자 및 협조자, 반인도주의적 범죄행위 가담자 등 '예외적 해고대상자'는 해당 사항이 발견되면 즉각 면직되도록 하였다. 그런데 이처럼 예외적 해고규정에 해당하는 정치관료 및 국가보위부 관련자를 색출하는 작업이 상당히 까다로웠다고 알려진다. 구동독의 마지막 정권이었던 모드로우 정권이 통일 전 고위공직자 및 국가보위부 요원에 관한 인사자료를 다수 폐기해서 신분을 위장전환시켜 놓았기 때문이다.[2]

이처럼 개별심사를 통과한 공직자만이 최종적으로 통일독일 정부에

2 1999년 5월을 기준으로 국가보위부에 협조한 것을 사유로 해고된 특별해고자의 수는 3,319명에 이르렀다. 조사대상자 중에서 국가안전부에 공식적, 비공식적 협조자가 총 8,195명이었으므로, 해고율은 40.5%에 이른다(박해육, 2002).

구동독 관료의 해고규정

정상적 해고규정	예외적 해고규정
전문적 지식이 부족하거나 주어진 업무에 필요한 자질을 갖추지 못하여 업무수행에 부적합한 자	동독 시절 인도주의나 법치국가적 질서에 어긋난 행위를 한자
소속기관에서 더 이상 행정 수요가 존재하지 않아 필요하지 않은 자	인권탄압에 가담한자
속해있던 조직이 해체되었거나 다른 조직과 통폐합되어 이후 업무를 배당받지 못한 자	동독 국가보위부 활동에 가담한자

임용될 수 있었다. 하지만 이들도 이후 독일 정부의 정부조직 개편과 인력감축을 통해 지속적으로 해고되어, 통일 전 약 200만 명의 구동독 공직자 중 130만 명이 통일 후 4년 이내에 퇴직하였으며, 나머지 약 70만 명도 계속적인 감축의 대상이 되었다(양현모, 1998: 37).

신연방주 직업공무원제도의 도입

새로운 제도를 정착시키는 것은 직업공무원제의 확립이 전제된다. 통일조약(제 20조 제 2항)에는 공공업무의 수행을 조속히 공무원에게 이양하도록 명시함으로써 신연방주 지역에 직업공무원제를 도입할 것을 규정하였다.[3] 이 규정에 의거해 대대적인 공무원 채용이 이루어졌다. 이때 지원자의 인성, 전문능력, 전력 등이 고려되었다.

한편 이러한 공직임용에는 구동독 시절에 공직을 맡았던 자도 지원할 수 있었는데 이들은 직급에 따라 1년에서 4년의 유예기간을 두어[4] 그 기간 동안 인성, 전문성이 인정되고, 과거 동독시절 공직자로서 인권탄압에 관련되지 않았다는 사실이 명백히 입증되었을 경우에만 임용

3 과거 동독에는 직업공무원제가 존재하지 않았으며, 공직자는 단순히 '국가기관 종사자'라는 지위만을 향유할 수 있었다.

4 단순직 공무원은 1년, 중급직 공무원은 2년, 상급직 공무원은 3년, 고급직 공무원은 4년의 유예기간을 두도록 하였다.

될 수 있었다.

그러나 유예기간을 통해 공무원으로 임용되고자 하는 사람의 능력이 일단 인정되고 과거경력도 문제가 없는 것으로 밝혀졌다고 해서 즉각적으로 정년이 보장되는 공무원으로 임용되는 것은 아니었다. 즉, 유예기간이 끝난 공무원 재임용 신청자는 '수습공무원'으로 임용되어 3년 동안 직무수행에 필요한 전문교육 및 꾸준한 인성테스트를 받도록 하였다. 물론 수습공무원 기간에도 업무수행에 필요한 자질 및 능력이 부족하거나, 과거 행적에 문제가 있는 것으로 드러날 경우 재임용에서 탈락되었다(양현모, 1998: 39).

구동독 공직자의 재교육

통일 이후 연방정부는 구동독 공직자 중 재임용된 인력과 구동독지역에서 신규로 채용한 공직자들이 행정업무를 원만히 수행할 수 있도록 연방 공공행정 연수원, 행정전문대학 등을 중심으로 (재)교육을 실시하였다. 그 외 연방 최고관청의 직속 교육시설인 연방 민방위 아카데미, 연방 재무 아카데미 등에서도 업무수행에 필요한 전문 실무교육을 실시하였다.

한편 구동독 주와 소속 지방자치단체도 채용한 관료에 대해 자체적으로 교육을 실시하였다. 다만 이들 주와 지방자치단체는 아직 재건단계에 있었고 재정이 열악했기 때문에 구서독 주의 대대적인 지원, 특히 자매결연을 맺은 서독 주의 지원 하에 교육을 실시했다.

주요 지원내용은 자문계획의 실시 및 재원조달, 신연방주의 자치단체 공직자에 대한 직접교육, 교수와 전문가 파견, 연수단의 파견근무, 조직상의 지원 등이었다. 연방정부도 보조금을 통해 주 및 지방자치단체의 재교육사업을 지원하였다.

교육과정에는 자유법치국가의 행정업무 수행에 필요한 모든 내용이 포함되었다. 즉, 독일의 기본법, 행정법, 민법 등 법률에 관한 지식은 물론 컴퓨터 지식, 외국어 및 기타 세계정치·경제까지 포함되었다. 특히 공공행정의 수행에 필요한 법적 사고와 법의 적용능력이 강조되었으며, 자본주의 경제체제에 대한 교육도 중요시되었다(양현모, 1998: 49~50).

통일 이후 공직자 수의 변화

독일 연방통계국은 1990년 통일 이전 구서독 공직자의 수가 약 492만 명이라고 밝혔다. 그런데 통일 이후인 1991년 공직자 수는 약 673만 8천 명으로 증가하였다. 통일과 함께 조직신설과 필요인력의 증대로 182만 8천 명이 증가한 것이다.

그러나 이후 공직자의 수는 다시 급격히 줄어들기 시작해 1995년에는 약 552만 명으로 1991년에 비해 121만 8천 명이 감소했고, 2000년에는 통일 이전보다 오히려 1만 명이 감소하였다. 이는 독일 정부가 꾸준히 추진한 정부조직 개편과 민영화, 구동독 공무원 해고정책의 결과라 할 수 있다. 요컨대, 단기적으로는 정부인력이 팽창하였으나 장기적으로는 정부인력 감축으로 비효율성을 줄여 나갔던 것이다. 이러한 사실은 통일 이후 우리 정부의 행정인력 운용에 시사하는 바가 크다 하겠다.

독일 공직자 수 변화(1990~2003년)

연도	공직자의 수(천 명)	증감(명, 1990년 기준)
1990	4,920	0
1991	6,738	+1,828
1995	5,520	+300
2000	4,910	−10
2001	4,908	−12
2003	4,779	−141

통일 이후 북한행정조직의 정비방안

여기서는 북한지역에 어떠한 행정조직을 설립할 것인지에 대해 논의할 것이다. 북한의 붕괴에 의해 급속히 통일이 이루어지게 되면 북한지역의 기존 행정조직이 제 기능을 담당하지 못할 개연성이 크기 때문에 이를 대체할 조직을 신설할 필요가 있다. 또한 남한지역의 행정조직 개편에 대한 논의를 할 것이다.

이러한 논의의 기본관점은 시차적 시각이다. 급격한 통일 이후 발생하는 행정수요와 이후 어느 정도 시간이 흐른 상황에서 발생하는 행정수요는 다를 것이고, 행정수요의 변화에 따라서 다른 정부조직이 필요할 것이기 때문에 '시차' 변수를 중요하게 고려하여 조직정비 방향에 대해서 논의하고자 한다.

북한지역 총괄 행정조직

통일 이후의 혼란스러운 상황에서 정부 전체차원에서 북한 관련 정책을 수립하고, 이를 체계적으로 집행하며, 적시에 적절한 행정서비스를 제공하고, 불필요한 행정낭비를 막기 위해서는 북한지역에 필요한 행정에 대한 종합적인 실행계획(*action plan*)을 수립하고,[5] 개별부처의 업무를 조정하는 총괄조직이 설치될 필요가 있다.

이러한 조직을 설치하는 방안으로는 새로운 조직을 신설하는 방식과 기존 조직을 활용하는 방식을 상정해 볼 수 있다.

5 보통 '종합적'인 계획이라고 하면 장기적이고 거시적인 청사진을 의미하는 경우가 많은데, 여기서는 개별부처의 업무 실행계획을 종합하고 조정한다는 의미에서 '종합적'이라는 단어를 사용하였음에 주의가 필요하다. 사실 통일이 된 이후에 비로소 북한지역의 문제해결과 장기적인 발전을 위한 기본계획을 짜고, 이를 집행을 하려 한다는 것은 너무 늦은 감이 있다고 볼 수 있다. 결국 여기서는 통일 후 북한지역의 장기적인 발전계획안은 이미 준비됐다는 전제 아래 이러한 발전계획을 실제로 집행하는 실행계획(*action plan*)과 집행과정에서의 조정문제를 담당할 조직에 관한 논의를 하려는 것이다.

새로운 조직을 설립하는 경우

통일 이후 북한지역의 행정을 총괄할 조직을 신설할 경우 다음과 같이 대통령 직속의 위원회를 두는 방안, 국무총리 직속의 기관으로 설치하는 방안, '북한 행정부'와 같이 새로운 부처조직을 신설하는 방안 등을 생각해 볼 수 있을 것이다.

• 대통령 직속의 위원회 설치

① 조정기능만을 수행하는 위원회

우선 부처 간 업무의 조정만을 담당하는 대통령 직속 위원회를 설립하는 안을 생각해 볼 수 있다. 이렇게 대통령 직속의 위원회를 설립하고 이 위원회로 하여금 각 부처 간 업무 조정기능만을 담당하게 할 경우, 관련 집행기능을 수행하는 새로운 부처를 별도로 설립하거나 기존 부처의 업무를 증대시키는 등의 조치가 불가피할 것이다. 따라서 이 방안은 각 부처의 기능 확장안과 새로운 부처 신설안과 함께 논의될 수 있다.

② 부처수준 합의형 위원회

두 번째로 생각해 볼 수 있는 것은 대통령 직속의 '(가칭) 북한지역 특별행정위원회'를 설립하는 방안이다. 이는 자문위원회가 아니라 독립적인 성격을 갖는 위원회[6]를 설치하는 안이다. 현재 대통령 직속의 위원회 조직들 중에서는 방송통신위원회가 가장 비슷한 형태가 될 것이다. 현재 방송통신위원회는 명칭이 위원회로 되어 있지만 실제적인 집행기능을 담당하고 있어, 그 인원이 1,626명에 달할 정도로 대규모의 조직이다. 하지만 만약 북한지역 특별행정위원회가 설립된다면 이 위원회는 방송통신위원회보다 업무범위가 훨씬 넓기 때문에 지금의 방송통신위원회보다 더 큰 규모의 거대부처가 될 것이다.

6 독립된 단위조직이란 보통의 부(部) 조직과 같이 일정한 규모 이상이 되고 인사행정의 기본단위가 되는 조직을 말한다. 좀더 자세한 위원회의 구분에 대해서는 조석준·임도빈(2010) 참조.

부처수준 합의형 위원회

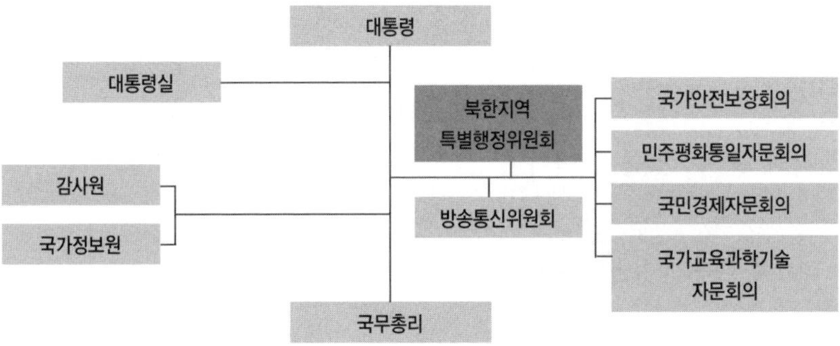

통일 이후 그동안 노동당과 북한 정부가 만든 무수한 규제 중에서 불필요한 것들은 반드시 완화하거나 철폐해야 할 것이다. 다만 그 방식은 점진적일 필요가 있다. 급격히 자본주의 시스템으로 전환할 경우 주민들이 적응할 기회를 얻지 못해 많은 부작용을 가져올 수 있기 때문이다.

이렇게 볼 때 위원회 조직으로 두는 것은 내부에서의 합의과정을 통해 좀더 신중하게 규제완화를 다룰 수 있다는 차원에서 장점이 있다. 또한 이 위원회는 규제완화 외에도 북한지역의 수많은 현안문제를 해결하는 실행계획을 세우고, 각 부처와 긴밀히 협의하고 조정하는 역할도 수행할 것이다. 위원회를 대통령 직속으로 두는 것이 실제 얼마만큼 큰 힘을 발휘할게 될지는 미지수이지만 대 국민 상징성의 차원에서도 대통령 직속으로 하는 것이 바람직할 수 있다.

국무총리 직속기관의 설치

다음으로 생각해볼 수 있는 것은 국무총리를 위원장으로 하는 '북한지역 특별행정지원위원회'를 신설하고 국무총리실에 '북한지역 행정특별지원단'을 각 부처 국장급 이상을 파견한 종합기구로 운영하는 방안이다. 이것은 외교 등 다양한 국정에 분주한 대통령 직속으로 하는 것보다는 행정실무를 담당하는 국무총리에게 총괄업무를 전적으로 맡기는 안이다.

국무총리 직속기관형

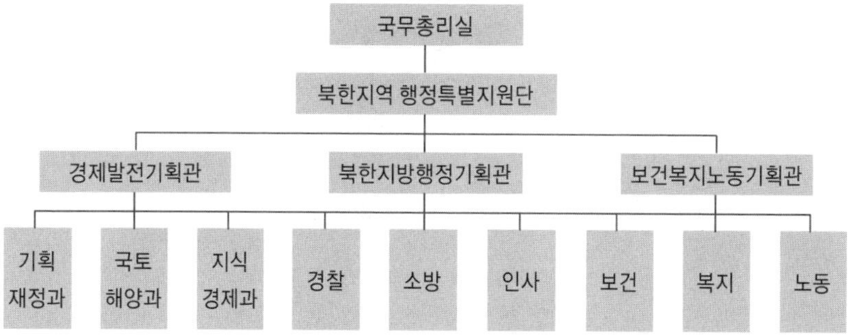

여기서 지원단 조직은 매트릭스 조직 형식으로 운영되는 것이 바람직하다. 즉, 각 부처의 국장급 이상의 간부들이 자신의 원소속 기관의 업무를 수행하는 동시에 북한지역 행정특별지원단이라는 종합기구에서도 근무하는 방식인 것이다.

이러한 조직은 ① 각 부처의 분야별 전문 인력을 활용할 수 있다는 점, 특히 북한의 붕괴와 같은 급격한 사태를 수습하기 위해서는 한 분야 전문가의 역량보다는 여러 관련 분야 전문가들의 협력이 필요하다는 점에서, ② 매트릭스 조직의 특성상 급변사태 시에만 임시적으로 활용한 후 쉽게 조직을 해체하거나 변화시킬 수 있는 유연성을 가지고 있다는 점에서 긍정적이다.

하지만 매트릭스 조직은 명령체계가 이원적이기 때문에 신속한 집행이 담보되지 않고, 내부 갈등이 발생할 우려가 있다는 단점이 있다. 그리고 남·북한의 통일이라는 시대적 과제의 중요성을 생각할 때 국무총리 소속은 상징성이 약하다는 단점도 있다.

부처조직의 신설: 통일부의 변환

다음으로 상정할 수 있는 대안은 지금의 통일부를 '북한 행정부'로 개편하여 북한지역의 행정문제를 총괄 담당하는 독립부처로 만드는 방안이다. 이 방안은 다시 다른 부처의 북한 관련기능을 모두 이관하여 거

부처조직 신설안

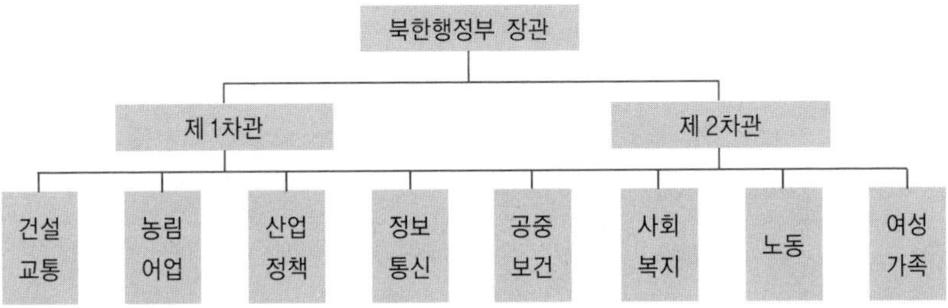

대부처의 형태로 '북한 행정부'로 만드는 방안과 조정과 기획의 기능만을 이관하는 방안 등 두 가지 세부방안으로 나누어 생각해 볼 수 있을 것인데, 여기서 일단 전자는 적절하지 못한 것으로 판단된다. 왜냐하면 다른 부처의 북한 관련기능을 모두 이관하는 것은 사실상 어려우며, 또, 이관할 경우 중복으로 비효율이 발생할 수 있기 때문이다.

예를 들어, 북한지역에 산업지원 정책을 수행하기 위해서 지식경제부 산업경제실의 일부를 '북한행정부'에 이관한다면, 결국 남한지역의 산업정책은 지식경제부에서 수행하고, 북한지역의 산업정책은 '북한행정부'에서 수행하는 등 유사기능을 서로 다른 부서에서 담당한다는 점에서 비효율적이고, 전문성의 저하를 가져올 수 있게 되는 것이다.

다른 방안은 북한관련 업무를 지휘하고 조정하는 권한을 부여하는 방안이 있다. 현재 지방행정과 관련된 기능을 '행정안전부'에서 수행하고 있는 것과 마찬가지로 '북한행정부'에서 북한지역에 관련된 업무를 전담하여 수행하는 것이다. 즉, '북한행정부'는 북한지역의 발전을 위해서 북한지역을 지원하고 각 부처와의 협조를 통해서 북한지역발전을 위해 노력하는 것이다.

하지만 이렇게 부처의 형식으로 만들게 되면 당장의 문제를 해결하는 데는 도움이 될 수 있지만 장기적으로는 업무의 중복이 가장 큰 문제가 될 것이다. 왜냐하면 '북한행정부'는 업무의 특성이나 기능에 따른 부성화(部性化)가 아니라 지역을 기준으로 한 부성화이기 때문이다.

물론 북한지역에서 지방자치가 시행된다면 지방자치단체가 국가사무를 모두 위임받아 처리할 수도 있다는 주장도 있을 수 있다. 그러나 특별지방행정기관을 모두 없애고 지방자치단체가 모든 업무를 처리하는 이 안은 현재 남한에서도 잘 실현되기 어려움 점이 있다. 어떻든 단기적으로는 이 부처의 활동은 행정안전부를 비롯한 다른 부처와 갈등관계에 처할 가능성이 크다. 다른 한편으로, 일단 독립된 부처를 만들면 조직의 영속성 때문에 폐지가 어려울 것이고, 장기적으로는 비효율을 유발할 것이다.

기존 부처조직을 활용하는 방안

이 방안은 통일부를 해체하고, 각 행정부처의 하위조직 수준에서 남한과 북한지역 업무를 병렬적으로 다루게 함으로써 시너지 효과를 얻도록 하자는 안이다. 지식경제부를 예로 들면, 아래의 그림에서와 같이 기존 과에 북한지역을 전담하는 '계'(공식적 조직단위는 아님)를 두는 방식인 것이다. 즉, 지역산업과에 '북한지역산업계'를 두어 북한지역에 집중을 좀더 많이 할 수 있도록 조직을 편제하는 것이다.[7]

이러한 방안은 전체 정부조직에 큰 변화를 주지 않고 기존 조직을 그대로 활용할 수 있다는 점에서 긍정적이다. 하지만 각 부처 간 북한지역 관련 업무의 통일성을 기하기 어렵다는 점에서 한계가 있다. 또한 북한의 급변사태에 의해 조기에 통일이 이루어질 경우 개별 부처 차원에서는 대응하기 곤란한 다양한 행정수요가 폭증할 수 있는데, 그러한 사태의 심각성에 비하여 너무 안일한 대처를 한다는 비난을 받을 수도 있다.

각 부처에서 개별적으로 북한과 관련된 업무를 담당하는 것은 중복의 문제가 없고 전문성을 높일 수 있다는 점에서 효율적일 수 있다.

7 다만 모든 부처에 획일적으로 계 수준의 조직을 신설하자는 것은 아니다. 업무수요에 따라 일부부처는 국 단위, 일부부처는 과 단위 등 선별적인 조직설계가 가능할 것이다.

기존 부처 활용안(예)

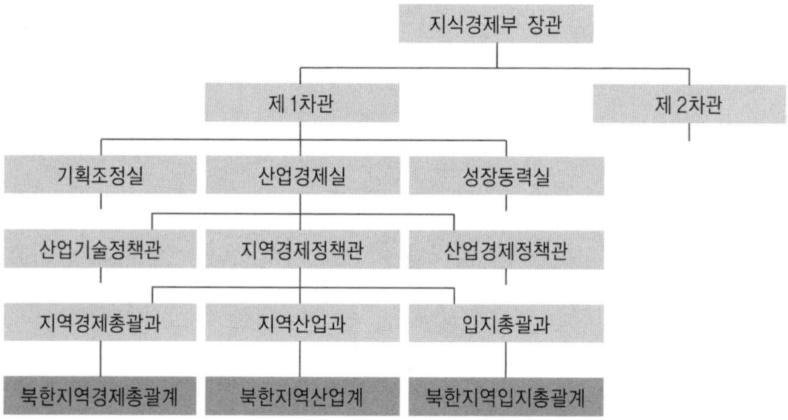

하지만 관련 업무가 상호 연관되어 통합적인 시행이 중요하다는 점에서 개별부처에 맡기는 것은 득보다 실이 많을 수 있다. 또한 사안의 중요성을 고려한다면 기존 부처를 활용하는 방안만으로는 부족한 면이 있다.

만일 기존 부처를 활용한다면 전술한대로 대통령 직속으로 조정기능을 담당하는 위원회를 설립하거나 국무총리실에 매트릭스 조직으로 지원단을 두는 것이 바람직할 것이다. 다만 이 경우에도 북한지역에서 폭증하는 신규 행정수요에 따른 외청 수준의 조직신설은 필요할 것이다.[8] 예컨대 독일이 통일 이후 연방재산의 관리와 연방주 측량 및 등기 분야의 관리를 위해서 연방재산관리청(BVV)을 신설한 것과 같이 우리도 통일 이후 북한 재산에 대한 처리를 전담할 '(가칭) 북한재산관리 및 행정청'을 신설할 수 있을 것이다.

마지막으로 언급할 사항은, 총괄행정조직이 어떠한 방식으로 구성되고 운영되는지에 상관없이 이 조직은 남·북한 간의 완전한 통합이

8 예컨대 독일 정부의 경우 통일 이후 연방재산의 관리와 연방주 측량 및 등기 분야의 관리를 위해서 연방재산관리청(BVV)을 신설한 바 있다.

이루어질 때까지만 잠정적으로 가동하는 한시조직이어야지 불필요한 정부 조직 팽창의 방편으로 기능해서는 절대 안 된다는 점이다. 즉, 통합이 이루어진 이후에는 총괄 행정조직이 수행하던 업무는 중앙정부의 각 부처 소관으로 이양하고, 조직을 해체해야 할 것이다.

북한지역 내 행정조직의 설치문제

왜 설치하고, 어떻게 설치할 것인가

북한이 급변사태를 맞아 체제가 붕괴되어 남한에 흡수통일이 되는 과정에서 앞에서 언급한 정부조직을 남한지역에만 두는 것은 북한 주민들과의 근접성이 떨어져 효과적인 행정서비스 제공을 어렵게 할 수 있다. 나아가 북한 주민들에게 심리적 박탈감도 가져다 줄 수 있다. 그러므로 북한지역 내에 적절한 수준에서 중앙행정기관을 두는 것이 필요하다.[9]

그렇다면 어떠한 기구를 북한에 두는 것이 바람직할 것인가? 앞에서 제안한 조직(북한지역 특별행정위원회, 북한지역 행정특별지원단, 북한행정부)들이 실제 설립된다면 그 사무소를 북한지역에 두는 방안을 고려할 수 있다. 이들 조직을 북한에 둘 경우 상징성과 북한지역 근접성 차원에서 긍정적일 수 있다. 하지만 남한의 대다수 정부부처가 세종시로 이전하는 것을 감안하면, 거리상으로 너무 멀어져[10] 다른 정부부처와의 유기적인 협조관계를 구축하기 어려운 문제가 있다. 따라서 북한지역(평양)에는 기획이나 조정기능을 담당하는 기구를 두는 것보다 서비스 제공을 총괄하는 기구를 두는 것이 바람직하다고 볼 수 있다.

9 연방제를 통해 점진적인 통합의 과정을 거치지 않는 한, 평양의 현 북한 정부조직은 필요가 없게 될 것이다. 물론 과도기에 제한적으로 기존 조직을 활용할 수 있겠지만 기존 조직의 체계를 그대로 유지할 수는 없을 것이다.

10 직선거리로 320km 이상이 된다.

한편 통일 이후 북한의 각 지역에서 발생하는 다양한 행정수요에 적절하게 대응하기 위해서는 각 지역별로 서비스공급 거점조직을 설치해야 한다. 이를 앞에서 다룬 인간욕구에 따른 행정수요 단계를 고려해 논의하면 다음과 같다.

먼저 1단계인 긴급구호단계에서는 사안의 시급성으로 인해 기존의 북한 지방조직을 활용하는 것이 불가피할 것이다. 즉, 시·도 및 시·군·구 인민위원회 조직을 활용하여 식량 및 의약품을 배급하는 것이 효율적일 것이다. 다만 이 경우에도 동독에서 주지사를 선출하기 전까지 구서독 정부가 임명한 대표고위직들이 각 주에 파견되어 행정을 담당했던 것처럼 이들 조직에 국가가 임명하는 남한 관료들을 보내 정책집행이 효율적으로 이루어 질 수 있도록 해야 할 것이다.

이때 각 조직의 책임자(시장, 도지사 급)는 현지인 중에서 평판이 좋은 사람을 책임자로 내세우고, 남한의 관료들은 부(副)책임자 정도의 자리를 차지하는 것이 좋을 것이다. 이렇게 할 경우 효율성은 낮아질 수 있지만 북한 주민의 반감을 줄일 수 있는 이점이 있다. 이 단계에서 파견된 남한 관료가 특히 주의해야 할 점은 북한에서 '점령군' 같이 행동해서는 안 된다는 점이다.

사회간접자본을 건설하는 등의 임무를 수행하고, 사회의 안정과 일자리 창출에 대한 행정수요가 증대하게 될 2단계에 접어들면, 이러한 지방조직 이외에 특별 업무를 담당하는 기관들을 북한지역에 두는 문제에 대해서 고민해 볼 필요가 있다. 물론 3단계인 민주화 이행기가 되면 북한 주민의 직선에 의한 지방자치제가 실시될 수 있지만 그 단계에 이르기 전까지 긴급한 국가의 위임사무를 수행하기 위한 특별

북한지역 소재 국가행정조직 체계

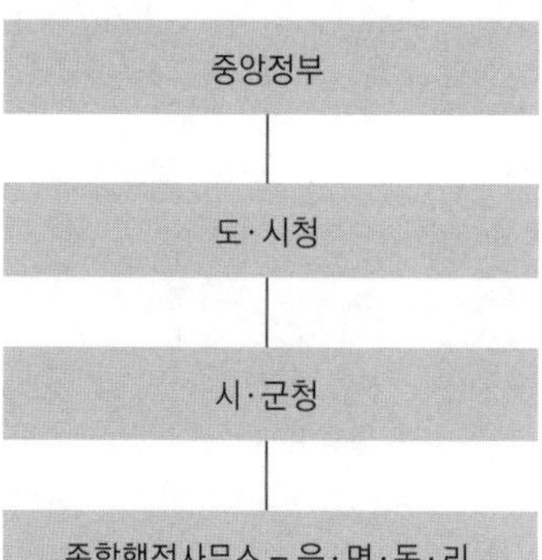

행정기관을 설립할 필요가 있는 것이다.

이 경우 남한에서 지방자치제가 실시되기 전에 운용하던 지방행정제도와 유사한 방식으로 조직을 운영하는 것을 고려해 볼 수 있을 것이다. 즉, 임명직 도지사(직할시장)를 두고 그 아래에 현재 남한의 각 부처에 소속된 일부 특별지방행정기관(기능)을 두는 것이 바람직할 것이다.

그러나 이렇게 북한에 두는 기관들이 현재 남한의 조직구조를 그대로 모방해 만들어져서는 안 되며, 사안의 시급성과 각 지역별 특수성에 맞게 조직이 구성되어야 할 것이다. 아래의 표에서는 각 행정수요 단계별로 요청되는 특별행정기관(기능)을 제시하고 있다.

행정수요에 따른 행정기관

단계	서비스	담당기관
1단계: 긴급구호단계	식량문제, 치안	식량배급, 행안부, 경찰(군),통계청
	의류/보건서비스	보건사회부
	통신	한국통신 등
	주택수리(및 공급)	주택공사
	긴급수송수단(도로복원)	국토관리청
	주민파악(호적, 주민등록)	행안부, 국정원, 전산원
	상황파악(지적, 측량)	지적공사
	에너지/전력	한전, 석유공사
2단계: 사회안정화 및 일자리창출	상하수도	상수도사업소
	국방	국방부
	법원, 교정	법무부, 검찰청,
	실업문제(노동)	노동부
	농업기술, 교육문제	교육부, 직업능력개발원
	실업수당 등 사회복지	보건사회부
	산업육성지원	산업자원부
3단계: 민주주의로의 이행	시장 기능복원 지방자치의 실시, 문화	공정거래위, 행안부, 문화관광부

담당기관의 명칭은 우선 기존 부처의 명칭을 사용, 이후 명칭에 대한 변경이 필요함

일선 종합행정사무소의 설치

특별 지방행정 기능의 통합적인 관리·운영을 위하여 몇 명의 담당이나 계로 이루어진 제일선 행정조직인 '(가칭) 국가종합행정사무소'를 설치하는 방안을 고려할 필요가 있다. 이 조직은 제일선의 원스톱(*One Stop*) 서비스 기관으로서, 기존의 부처 이기주의에 의한 벽을 넘어서 공무원, 준공공기관 종사자 등이 함께 근무하도록 기관을 구성해야 할 것이다.

이 기관에는 생활지원계, 행정안전계, 경제재건계 등 최소 3개의 계를 두는 것이 바람직할 것이다. 이 계들은 앞에서 설명한 행정수요 3단계 논의 중 1, 2단계를 반영하여 각각의 기능을 설정한 것으로서, 통일 이후 행정수요의 변화에 따라 인력이나 기능면에서의 중요성이 1단계 행정수요를 담당하는 생활지원계에서 2단계 행정수요를 담당하는 경제재건계로 순차적으로 전환되어야 할 것이다.

생활지원계는 식량, 의류, 주거, 난방, 에너지, 우편, 금융, 통신 등 일상생활에 필요한 행정서비스를 지원하는 특별 행정기능을 담당하고 지원하는 기능을 수행하도록 한다. 특히 식량배급을 위해 기존 북한의 농정국 소속의 '리' 단위 조직을 그대로 활용하는 것이 현실파악에 도움이 될 것이다. 이러한 생활지원계 업무는 행안부 소속의 공무원뿐 아니라 남한에서 관련 업무를 담당하던 농림수산식품부, 한국토지주택공사, 한국전력, 방송통신위, 우정사업본부의 직원을 파견하여 서로 유기적 협조를 하면서 업무를 수행하도록 하는 것이 바람직하다.

다음으로 치안과 안전서비스를 담당하는 행정안전계를 두어 경찰, 행정안전부, 국정원과 협조체제를 바탕으로 지역의 안전을 확보하도록 하는 것이 필요하다. 이러한 행정안전계의 업무도 생활지원계의 활동개시와 거의 동시에 시작되어야 할 기초적인 것이라 할 수 있다. 아울러 남한에서 보건소 인력 등 의료진을 대거 파견해 긴급한 의료구호를 해야 하고, 통계청, 지적공사, 등기소 등의 기능을 맡을 인력이 보강되어 북한의 실태파악도 빨리 하는 것이 필요하다.

국가종합행정사무소 조직구조

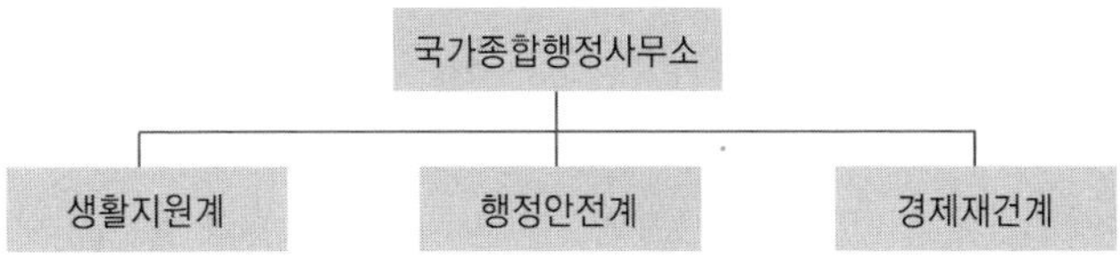

마지막 경제재건계는 철도, 도로, 항만, 통신 등 사회인프라 구축과 가내수공업부터 대규모 생산시설 건설까지 다양한 일자리창출과 관련된 업무를 담당하고 지원하도록 설계됐다. 원활한 업무수행을 위해 이 계에는 지식경제부, 중소기업청 공무원 외에 농촌개발공사, 도로공사 등의 기능과 인력도 배치되어야 할 것이다.

초기 국가종합행정사무소의 조직구조는 다음의 그림과 같다. 그러나 시간이 흐를수록 생활지원계는 축소되어 폐지될 것이며, 행정안전계도 파출소 등으로 분화되어 호적사무 등의 기본기능을 맡게 될 것이며, 후기에는 경제재건계가 중심이 될 것이다.

이러한 조직구조는 상급기관인 시·군청과 시·도청에도 기본적으로 적용되어야 한다. 예컨대 시·도청에는 '생활지원국', '행정안전국', '경제재건국'을 두고 모두 임명직 시도지사의 관리를 받도록 하는 것이다. 이때 시·도청의 각 국은 현재 지방직 공무원으로 구성되는 남한 시·도청의 각 실·국과 달리 특별 지방행정기관의 통합관리부처로 볼 수 있다.

향후 지방자치의 실시에 따라 이러한 하향식 국가행정서비스 공급체계의 필요성이 낮아지면, 이들 상급관리청도 폐지되거나 기능이 전환이 되어야 할 것이다. 즉, 이상에서 제시한 조직들은 지방자치가 실시되면 그 필요가 인정되는 범위 내에서만 기능해야 할 것이다.

남한 정부행정조직의 변화

통일 이후 새로운 행정환경 아래에서 남한의 정부부처들은 그간 보여주었던 조직 팽창주의, 부처 이기주의, 준공공기관의 남설 등의 고질적인 병폐를 다시 노출할 수 있다. 따라서 이를 어떻게 미연에 방지할 수 있는가에 대한 구상이 필요하다.

일단 각 부처는 통일 이후 생길 행정수요에 대해서 예측하고 이러한 행정수요를 어떤 조직이 담당할지, 부처 내의 인력은 어떻게 확보할지에 대해 통일 이전에 미리 계획해야 한다. 아무런 준비 없이 급격한 통일을 맞이하면, 행정수요 증가에 따라 각 부처는 인력과 조직을 과도하게 팽창하려 할 가능성이 크기 때문이다. 또한 통일 이후 북한지역 관료와의 협력을 위해서 북한에서 비슷한 업무를 담당하는 조직을 파악하고, 북한 관료들의 특성에 대해 미리 파악해 놓을 필요도 있다.

그러나 이러한 준비에도 불구하고 실제 통일이라는 사태를 맞이했을 때 각 부처는 북한지역의 인력지원과 서비스 공급을 구실로 새로운 인력을 충원하려는 행태를 보일 가능성이 크다. 하지만 행정조직에서 인력이 증가하는 것은 쉽지만 한번 증가한 인력을 축소하는 것은 매우 어렵기 때문에 가능한 조직 및 인력의 순증가가 없도록 해야 한다.

따라서 필요인력을 신규로 채용하는 것보다는 기존 인력 중 여유 부분(가칭, 통일행정준비단)으로 하여금 북한 관련 업무를 담당하도록 해서, 오히려 남한 정부조직의 효율성을 높이는 기회로 활용하는 것이 바람직하다. 특히 새로 설립되는 부처의 대부분은 기존 통일부의 인력을 활용하도록 함으로써 기존의 가용인력을 최대한 활용하는 방식으로 인적자원을 관리해야 할 것이다.

각 부처는 북한지역의 행정수요에 대처해야 한다는 구실로 조직을 확장하려는 시도를 할 것으로 예상된다. 물론 기존의 정부조직으로 대응하기 힘든 행정수요가 발생하면 새로운 부서를 증설할 필요가 없다는 것은 아니다. 하지만 통일 이후 북한의 행정수요는 시간이 흐름에 따라 급격히 바뀌는 가변적, 임시적 성격의 것들이 상당히 많다.

예컨대, 식량배급과 같은 수요는 시장기능이 회복되면 국가의 역할이 대폭 줄어들게 될 것이다. 따라서 비록 행정수요 대응을 위해 부서를 증설하더라도 이 조직들 중 꼭 필요한 일부 조직 외에 나머지 조직은 모두 한시적으로만 유지되도록 설계되어야 할 것이다.

따라서 행정수요가 사라지면 그 즉시 폐지하든지, 적절한 다른 기능으로 전환되도록 해야 할 것이다. 특히 통일부, 국방부(군 통합), 외교통상부(공관 통합)와 같이 통일에 따라 장기적으로 기능이 감소할 것으로 예상되는 부처는 한시적인 조직증설에서도 더욱 엄격한 잣대를 적용해야 할 것이다.

사실 조직팽창은 관료제의 만성적인 병이라 행정조직에 최소규모의 조직을 기대하기 힘든 것이 사실이지만, 적어도 원칙에 충실하도록 스스로 관리해야 할 것이다. 한편 중앙정부의 조직팽창을 억제하기 위해 지방자치단체를 활용하는 방안도 고려해 볼 수 있다.

이를테면 일단 남한의 지방자치단체로 하여금 북한의 각 지방행정구역과 1:1 자매결연을 맺게 해 해당 지방행정구역에 인적, 물적 지원을 하도록 하는 방안이 그것이다. 다만 이러한 방식은 장기적, 지속적으로 운영하기가 쉽지 않다는 한계가 있다.

각 부처가 특별행정기관의 증설이나 규모의 확대를 시도할 수 있다는 것도 예상할 수 있다(현 특별지방행정기관에 대해서는 임도빈, 2005 참조). 관료조직이란 기회만 있으면 팽창하려는 속성이 일기 때문이다. 현행 정부조직법(제3조 제1항)은 "중앙행정기관은 소관 사무를 수행하기 위하여 필요한 때에는 특히 법률로 정한 경우를 제외하고는 대통령령이 정하는 바에 따라 지방행정기관을 둘 수 있다"고 규정되어 있다.

이 규정에 근거하여 각 부처는 급속한 통일에 따른 북한지역의 행정공백을 특별행정기관의 확대나 신설로 대응하려 할 수 있다. 물론 지역의 행정공백으로 국가사무가 원활히 수행되지 못할 경우 특별행정기관을 두는 것이 일시적으로는 효과적일 수 있다. 그러나 현재 특별행정기관이 중앙부처 소속공무원의 인사적체를 해결하는 방편으로 사용되는 등 조직팽창의 수단으로 활용된 경우가 많았다는 점을 유념해야 한다(임도빈, 2005).[11]

통일 이후에도 각 부처에 특별행정기관 설치권한을 계속 허용한다면, 각 부처는 그 영토를 확장하기 위해 불필요하게 특별행정기관을 남설할 우려가 없지 않다. 따라서 특별행정기관의 설치 및 관리를 각 지역별로 임명한 도지사에게 맡겨서 통합적으로 운영하도록 함으로써 지역 행정의 공백을 보충하면서도 불필요한 증설은 차단하도록 하는 것이 바람직할 것이다.

북한 관료의 분류와 수용

통일 이후 효율적이고 효과적인 행정조직을 구성하기 위해서는 북한 관료조직의 전략적인 활용방안에 대해 구상해 둘 필요가 있다. 통일 직후 초기 상황에서는 기존 북한 관료를 잘 활용하여 통일 직후의 유동적이고 불확실한 환경과 상황에 대응하고, 북한지역을 담당하는 조직이나 기구를 구성하는 데 필요한 실제적인 정보를 확보하도록 하고, 이후 북한 관료를 정규직화하는 과정에서 적절한 기준을 두어 해고하거나 재임용하는 단계를 밟는 것이다. 이에 대해 자세히 살펴보도록 하겠다.

11 그에 따라 현재 남한 각 지역에는 노동, 세무, 공안, 현업, 기타특별행정기관 등 총 4,703개의 특별행정기관이 난립해 있다.

유형별	총 기관 수	1차 기관	2·3차 기관
계	4,703	254	4,449
노동행정기관	47	6	41
세무행정기관	182	53	129
공안행정기관	2,136	76	1,060
현업행정기관	1,987	0	1,987
기타행정기관	351	119	232

북한 관료의 분류와 처리

분류의 기준

일단 통일 직후 모든 북한 관료를 일시에 해고하는 것은 고려해서는 안 될 방안이다. 급격하게 기존의 북한 관료들을 해고할 경우 사회 전체적으로 적대세력을 키우는 결과를 가져올 수 있고, 북한지역을 잘 아는 지역전문 인력을 잃을 수 있기 때문이다. 더욱이 모든 관료를 해고하거나 행정조직 구성에서 전면 배제하는 것은 행정공백을 야기해 북한지역 주민들의 의견을 반영하는 통로를 제거한다는 측면에서도 받아들이기 어렵다.

그렇다고 기존의 북한 관료를 모두 승계하는 것 또한 문제가 있음은 물론이다. 북한체제의 유지에 핵심적 역할을 담당했던 이들이나, 능력이나 전문성이 매우 부족한 인력까지 고용을 유지하는 것은 남·북한 주민들의 정서나 정부 효율성 측면에서 문제가 있기 때문이다. 그러므로 합리적인 분류기준을 마련하여 기존의 북한 관료를 분류하고, 처리해야 할 것이다.

따라서 여기서는 두 가지 기준을 통해 북한 관료를 분류하는 방안을 제안하도록 하겠다. 첫 번째 기준은 대상 관료가 북한의 정권에 얼마나 깊이 관여했는가, 일반주민에게 얼마나 피해를 주었는가이다.[12] 이는 이를테면 조선노동당원을 당의 활동에 얼마나 관여했는지에 따라 열성가담자, 적극가담자, 소극가담자와 같이 분류하는 방식이다. 그리고 두 번째 기준은 대상 관료가 체제이행기의 북한에 대한 정보 및 전문성을 얼마나 가지고 있는가이다.

그런데 이러한 두 기준 사이에는 순서가 있다고 할 수 있다. 즉, 첫

12 1961년 서독은 니더작센(Nidersachsen)주 잘츠기터-바트(Salzgitter-Bad) 지방법원 산하에 '잘츠기터(Salzgitter) 중앙기록보존소'를 설립해 통일 시점까지 동독에서 자행되던 약 41,390건의 인권침해 행위를 수집하였다. 이는 독일통일 이후 구동독인사를 분류하는 데 좋은 자료가 되었다. 우리도 국가인권위원회에 설치된 북한 인권침해 신고센터와 북한인기록관이 이러한 기능을 활발하게 전개할 필요가 있다.

번째 기준으로 우선 배제할 인물들을 추려낸 후 나머지 인력을 대상으로 두 번째 기준을 적용해야 할 것이다. 이러한 기준을 바탕으로 북한의 주요 기관인 당, 정부, 군대의 관료를 분류할 경우, 구체적으로 아래와 같은 분류가 가능할 것이다.

출신, 의식구조 등으로 본 북한 관료 구성

구 분	특 징	해당 관료
1부류	체제유지에 사활적인 공동운명체 집단	노동당의 핵심조직 구성원 김정일·김정은 등 최고권력자 경호 및 측근 보장요원 사법, 검찰, 사찰기관, 정치범수용소 간부 및 요원 인민보안부 등 공안부문 책임 간부 국방위원회, 군부의 영관급 이상 지휘간부, 군대 내 정치, 사찰요원 각 근로단체의 중앙 간부 및 일부 하부 간부 국가/및 정부(내각)의 장관급 이상 고위간부 중 김정일 측근
2부류	체제에 대한 충성도가 낮은 집단	노동당의 경제 및 사회분야 담당 하급 간부, 지방당 중하층 일꾼 공안기관의 일부 중하층 간부 및 공권력 종사자 군부의 일부 위관급 장교 국가 및 정권기관, 근로단체, 기타 사회단체의 일부 고위층 간부 대남, 외교, 무역, 외화벌이 분야 일부 종사자들
3부류	체제에 대한 불만과 변화욕구가 높은 집단	국가 및 정권기관의 일부 중하층 간부 국가 및 정권기관, 경제부문의 대다수 일반 공무원 지방행정, 경제기관의 대다수 공무원 기타 현 체제에 불만을 품고 있는 각 분야의 간부 및 공무원

자료: 현성일, 2011: 42~43 일부 수정.

기준의 적용

• 조선노동당 구성원

조선노동당의 중앙당 소속 전체인원은 대략 1만 3천 명 정도인 것으로 알려져 있다(연합뉴스, 2010. 6. 2). 이 가운데 당 지도부와 적극 협력 인사들을 우선적으로 분류해야 할 것이다. 그중에서도 특히 중앙 노동당의 최고 지도기관인 중앙위원회 구성인사들은 최우선적으로 처리가 이루어져야 할 것이다.[13] 그리고 중앙위 산하기구로서 실질적인 권력을 행사하는 정치국과 비서국,[14] 나아가 비서국 산하의 전문부서[15] 구성원들 또한 통일 이후 최우선적으로 배제되어야 할 것이다. 그 외 당 중앙군사위원회 위원 등 모든 당 중앙기구에 소속된 핵심인원들은 통일 후 우선적으로 숙청되어야 할 대상으로 보인다.

노동당 지방조직에서는 우선 당 집행위원회의 구성인력들을 분류해 내야 할 것이다. 당 집행위원회는 일상적인 중요사항을 처리하며 실제 당 사업과 행정 및 경제 사업을 조직·지도하는데, 중앙당 정치국이 당·정·군의 최고 핵심인물들로 구성되는 것과 마찬가지로 지방당의 당 집행위원회도 지역 내의 핵심인물로 구성된다(최진욱, 2000: 421~422). 당 책임비서를 비롯하여 당 비서, 인민보안국장, 국가안전보위

13 북한 로동신문 2010년 9월 29일자에 따르면 당 중앙위원회 위원은 124명, 후보위원은 105명이다. 산하 정치국과 비서국의 경우, 정치국은 상무위원 5명(김정일 포함), 위원 12명, 후보위원 15명으로, 비서국은 당 총비서 1명(김정일), 당 비서 10명, 당 부장 14명으로 구성되어 있다.

14 비서국은 최고권력자의 직속부서로서 당 인사 및 당면과제 등 당내 문제를 토의·결정하며, 그 결정의 집행을 조직·지도함은 물론 산하 전문부서의 사업까지 간접적으로 통제·감독하고 있다. 또한 북한 인민군의 사상적 무장에도 관여해, 연대급 이상 부대에 있는 정치위원에 대하여 군 정치조직과 별개로 직접 통제하기도 한다.

15 비서국 산하의 전문부서들은 각 업무별로 내각에 대한 지도감독 기능을 담당하고 있다. 이를테면 당 국제부는 내각의 외무성에 대한 지도감독을 수행하는 식이다. 다만 일부 전문부서는 다른 부서에 비해 막강한 권한을 행사하는 것으로 알려져 있다. 이를테면 조직지도부는 당·국가기구·군대의 파워 엘리트들에 대한 인사권을 행사하여 당중앙위원회의 참모부서로 간주되고 있으며, 김정일의 비자금 금고로 알려진 비서국 산하 39호실은 무역회사 100여 개를 비롯하여 금광과 은행까지 거느리고 있어 미국의 대북제재 대상(중앙일보, 2010.8.4)으로 지목되었다. 이들 부서에는 김정일의 최측근 인사들이 포진하고 있는 것으로 알려졌다.

국장, 행정경제위원정, 검찰소장, 재판소장 등이 그들로서, 이들은 반드시 배제되어야 할 것이다.

그리고 지방당 비서처의 핵심 인사들도 배제되어야 할 것이다. 중앙당의 비서국이 핵심기구이듯이 지방당에서도 비서처를 중심으로 당이 운영되므로, 비서처 인력 또한 북한 체제유지의 핵심인물들로 볼 수 있기 때문이다.[16] 특히 도당 책임비서와 조직비서[17]는 지역 당뿐 아니라 지역 전체에서도 1, 2인자에 해당하는 만큼 반드시 배제되어야 한다.

• 최고인민회의와 내각의 구성원

조선노동당 조직 외의 정부기관에서 일한 관료의 경우, 우선 최고인민회의 상임위원회나 국방위원회에 소속된 김정일·김정은 등 측근의 국가 최고위층 위원 및 관료들은 고려의 여지가 없이 배제 대상이 되어야 할 것이다.

내각의 경우 총리와 부총리, 각 성 및 부의 장성들(한국의 장관급) 또한 반드시 배제되어야 한다. 다만 이들을 제외한 그 이하의 내각 소속 관료들의 처리에는 보다 신중한 접근이 필요하다. 내각의 장관급 이외의 직은 대부분 기술관료로 이뤄져 있는데, 이들은 뛰어난 능력을 지니고 있으나 성분과 사상이 부족해 조선노동당의 고위관료로 선발되지 못하고 내각의 부처에 속하게 된 경우가 많기 때문이다. 이러한 인적자원은 엄격한 심사를 통해 선별하여 활용해야 할 것이다.

이처럼 북한의 관료 중에서 해고하지 않고 남한의 관료로 수용되도록 해야 할 대상에 대해서 간략히 살펴보면, 우선적으로 수용되어야

16 비서처는 지역의 특성에 따라 그 구성인원에 차이가 있으나 일반적으로 책임비서를 포함하여 도(직할시)당의 경우 비서수가 3~5명 정도이고 시(구역)·군당의 경우 비서수가 2~3명 정도이다(최진욱, 2000: 422).

17 도당 책임비서는 중앙당 부장급 정도의 지위지만 해당지역의 인사권, 처벌권, 통제권, 평정권 등 지역 내에서는 가장 막강한 영향력을 행사하는 자리로 알려졌다. 정무원 총리를 지낸 연형묵과 이근모가 도당책임비서에 임명될 만큼 실제 위상은 대단하다 할 수 있다. 한편 도당위원회 조직비서는 중앙당 과장급으로 중앙당 부장급인 책임비서와는 2~3급의 차이가 나지만, 해당 지역에서는 책임비서의 참모장 역할을 하는 핵심실세로서 책임비서 다음의 2인자로 받아들여진다(최진욱, 2000: 422).

할 대상은 북한의 외교인력, 배급관련 일선관료, 전문기술자 등을 꼽을 수 있다. 먼저 북한의 외교인력은 외국어와 글로벌 센스를 갖춘 소수의 북한 엘리트층으로 북한의 외교문제, 특히 대중, 대러 관계에서의 계약, 차관 등에 관련한 정보와 맥락을 숙지하고 있는 이들이므로 외교통상부로의 인계 혹은 수용이 고려되어야 하겠다.

또한 대북원조 및 배급기능과 관련된 북한 일선관료의 한시적 수용이 필요하다. 북한정권 붕괴 후 주민에 대한 배급기능 및 도로정비 등은 가장 시급한 행정수요인데, 기존에 작동된 북한의 도시와 농촌 간 상이한 배급체계를 이해하고 활용하기 위해서는 식량의 배급 전달체계에 관련한 기존 조직을 활용할 필요가 있기 때문이다.

특히 대북식량 지원을 활발하게 하는 정부 간 국제기구(IRC, WFP, UNDP 등) 및 외국 NGO, 주로 북유럽이나 독일 기업들이 진출해 있는데, 이들을 잘 이용해야 할 것이다. 이들 조직들이 이용하는 북한조직을 활용할 경우 배급전달을 위한 인건비 등의 간접비를 줄일 수 있을 것이다.[18]

전문 과학기술자 역시 우선적으로 수용되어야 할 대상이다. 북한의 경우 출신성분에 따라 당정 조직에서 성장할 수 있는 한계가 있는데 북한의 평양의과대학, 김책공업대학 출신의 이공계 엘리트 중에는 이 때문에 불이익을 보는 탁월한 능력의 개인이 밀집했다고 평가된다. 특히 핵관련 기술인력은 신변의 안전과 보안에 주의를 기울여야 하기 때문에 조기수용이나 남한 인계 등을 고려할 수 있다.

한편 이 중 인민보안성의 경우 국가안전보위부와 함께 직접적인 사찰기관으로서의 역할을 하는 기구이므로 이 조직소속 관료의 완전배제 및 처벌은 불가피하다. 이처럼 각 성 및 부의 구체적 역할과 특성에 따라 각기 다른 기준이 적용되어야 할 필요성이 있다.

18 국제적인 수준의 식량, 의약품 등 국제적인 인도적 지원 및 학교와 병원 유치 등은 통일비용 절감과도 연관되는 부분이므로, 남한 및 외국정부-국제기구 및 NGO-북한 정부를 축으로 하는 대북지원 거버넌스의 허브 역할에 대한 외교통상부의 고민이 요구된다.

지방행정조직인 당 인민위원회의 경우 그 권한은 지방당 조직에 비해 훨씬 약하다고 볼 수 있다. 이는 도당 책임비서가 중앙당 부장급임에 반해 도 인민위원장은 내각 부상급으로 그 지위의 차이가 엄청나게 큰 것을 통해 알 수 있다(최진욱, 2000: 424). 따라서 핵심위원들은 처리대상에 포함시키되, 일괄배제의 대상으로 삼기보다는 그 성분과 특성에 따른 분류과정이 필요할 것이다.

• 군대조직 관료

군대는 그 조직의 성격상 사상적으로 김정일 사후 김정은의 체제에 가장 핵심적으로 활용될 조직이라 할 수 있다. 특히 북한 인민군의 경우 대내적으로 '당의 군대', '혁명의 군대', '수령의 군대'로서 통치자를 수호하는 역할과 함께, 대외적으로는 '자위', '남조선 혁명과 해방'을 통한 '전 한반도의 공산화'라고 하는 당과 수령의 정치적 목적실현을 위한 무력수단으로 기능했으며, 이러한 '혁명의 수뇌부 보위'라는 사명의 군에 대한 통치자의 각별한 관심과 특혜 속에서 정권유지의 결정적 수단이라는 역할을 충실히 수행했다(통일연구원, 2010: 92).

이러한 북한의 군대조직 관료를 분류하는 작업은 통일 직후 불안정한 상황 속에서 군사력 동원의 가능성이 있는 인력을 통제해야 하므로 매우 민감하면서도 중요한 과제라 할 수 있다. 특히 1990년대 이후 식량위기로 생필품과 부식보급이 열악한 상황에서 일부 군인이 일탈행위로서 군-민관계를 해친 사례들이 빈발(통일연구원, 2010: 100)했던 만큼 군대조직에 대한 적절한 처리는 북한 주민들이 체제변화를 수용하는 데 중요한 영향을 미치게 될 것이다.

우선 북한 인민군의 계급을 살펴보면, 인민군은 크게 군관(軍官) 15종과 하전사(下戰士) 6종 등 총 21개의 계급으로 분류된다. 여기서 군관 15종은 ① 원수급인 대원수·원수·차수, ② 장성급인 대장·상장·중장·소장, ③ 상급군관급인 대좌·상좌·중좌·소좌, ④ 하급군관급인 대위·상위·중위·소위로 구분되며, 하전사 6종은 ① 한국의 부사관에 해당하는 하사관은 특무상사 · 상사 · 중사 · 하사로, ② 일반병은 상등병 · 전사(사기진작과 서열 중시를 위해 상급병사 · 중급병사 · 초급병사 · 전사로 4등분하기도 함)로 구분된다(통일연구원, 2010). 각 계급별 양성과정을 살펴보면 아래의 표와 같다.

군 간부 양성과정

계 급	과 정	비 고
징집대상	군사동원부 차출 (특수부대 우선. 해 · 공군. 지상군 보병 순)	특수부대, 특과 우선
훈련병	각 부대 신병교육대 (일반 3개월~특수부대 9개월)	신병교육기간은 경제난으로 다소 감축
병사	전사 → 초급병사 → 중급병사 → 상급병사	5~7년 경과
하사관	하사관학교(3개월) 하사 → 중사 → 상사 → 특수상사(사관장) * 경보병, 민경, 저격병들은 우수병사(3~5년 근무) 추천을 통해 5년 이내 하사 진급	대개 10년 거쳐 중사로 제대
소위	군관학교 2년(지휘자반 : 최우등 시 중위 임명)	군관학교의 정치·군사 교육은 5:5 정도나 군사대학은 3:7 정도로 배분
중위	2~3년 경과 진급	
중대장	4~6년 경과 후 지휘관	
대대장	3~7년 경과 후 김일성군사대학(3년) 졸업	
연대장 이상	김일성군사대학 전술연구반(2년) 수료	장성은 명령만으로 진급

출처: 통일연구원(2010), 《북한이해 2010》, 98쪽.

앞의 표에서 볼 수 있듯이 군관학교나 군사대학 등에서 교육받는 계급은 소위 이상이다. 하급군관에 속하는 소위조차도 전문 군사교육기관에서 전문교육을 받은, 즉 사상적 무장이 이루어진 계급이라고 볼 수 있는 것이다. 따라서 군관 15종에 해당하는 계급의 군대인력은 모두 배제대상이 되어야 할 것이다.

한국의 군대처럼 복무기간이 끝나면 제대하는 계급인 하전사 6종의 경우에는 인적 배경이나 특성, 재교육의 효과 등을 고려해 배제여부를 결정해야 할 것이다. 특히 그동안의 경제난으로 식량사정 등 복무환경이 열악했던 만큼 인민군 내부에서도 북한 정권에 대해 불만을 가진 군인들이 많을 것으로 예상되는데, 이들은 재교육의 효과가 클 것으로 예상된다.

한편 북한 인민군의 각급 단위에는 군인들에 대한 정치사업을 수행하는 당 조직이 구성되어 있다. 군내 중앙의 '조선인민군 당 위원회', 연대급 이상의 '당 위원회', 중·소대 단위의 '당 세포' 및 '당 분조(分組)'가 그것이다. 또한 대대급 이상 부대에는 이러한 당 위원회와는 별도로 정치부라는 정치조직을 설치해 두고 있기도 하다.

이와 같은 군 내부 당 조직의 활동과 통제로, 2011년 말 인민군 일반 사병의 20%와 특수부대 군인의 40%가 노동당원인 것으로 추정된다. 이러한 군 내 당위원회 및 정치기관의 구성원들은 계급의 고하를 불문하고 통일 후 인력활용에서 배제되어야 할 것이다.

마지막으로 국방위원회 소속이나 특수기관으로 분류되기도 하는 국가안전보위부 관료의 경우, 그 활용여부는 이들이 가진 정보의 양과 질, 그리고 남한 정부에 대한 협조적 태도에 따라 결정되어야 할 것이나 가장 일차적으로 선별되어야 하는 조직임에는 틀림없다 하겠다.

위와 같이 당 조직, 정권기관, 군대조직의 인사분류는 반드시 필요한 작업이나, 북한에 대한 절대적인 정보부족으로, 실제 실행과정에서 분류가 쉽지 않음은 물론, 많은 오류가 발생할 가능성 또한 크다. 이와 같이 분류가 여의치 않은 상황에서는 서독에서 시행했던 대로 해당

관료를 대상으로 불법 또는 인권유린 행위 비가담에 대한 본인의 확인과 서명을 받고 일단 채용한 후, 나중에 허위임이 발각되었을 경우 그에 따라 처벌을 하는 방식을 고려할 수 있을 것이다.

남·북한 관료의 동질화: 단계적 접근

북한 관료를 새로운 행정체제에서 수용하고 남한 관료도 북한 관료의 업무처리 방식에 익숙해지기 위해서는 단계적인 접근이 필요하다. 이를 위해 여기서는 상호학습을 위한 남·북한 관료공조 및 인력교류 단계, 북한 인력의 재교육 및 평가단계, 북한 관료의 점진적 수용 또는 배제단계 등 세 단계를 상정해 논의하고자 한다.

남·북한 관료공조 및 인력교류 단계

독일의 경우 동독 말기부터 서독의 공직자에 의한 법제정 등 행정지원이 이루어지는 동시에 행정통합을 위한 동·서독 인력 간의 공조가 이루어졌다.[19] 동독지역에 파견된 서독 인력은 한편으로는 동·서독간 주민교류에 긍정적 기여를 한 반면, 다른 한편으로는 동독지역의 고위행정직을 장악함으로써 동독 인력과 갈등을 빚기도 하였는데, 이는 시간이 지나며 동·서독출신 비중이 균형을 이루어감으로써 점차 해소되었다.

이를 볼 때 통일 이후 북한의 안정화 시기 동안 적시적소에 서비스를 전달하는 한편, 남·북한 관료 간 오해와 선입견을 해소하고, 효율적인 공조를 하기 위해서는 인적 교류와 공동연수를 통한 제도적, 문화적 차이의 상호 학습이 필요할 것이다.

19 동독은 1990년 6월경부터 서독의 행정지원을 받았는데, 구서독 출신 공무원 중 구동독지역에서 근무하기를 희망하는 사람들을 우선적으로 파견하고, 일부 퇴직한 공무원들도 1992년 말까지 한시적으로 구동독지역의 행정재건에 참여하도록 유도하였다(양현모, 1998).

우선 통일 직후 남한의 각 부처 관료를 평양 또는 북한지역 각 도에 위치한 담당 행정기구에 파견해 해당 부처의 업무를 담당하도록 하는 한편, 남한의 중앙정부 각 부처는 북한의 잠재력 있는 관료를 파견받는 방안이 고려되어야 한다. 이러한 인적 교류를 통해 남북 관료집단 간 상호 이해도를 높이고, 효율적인 업무연락을 가능케 함은 물론, 파견된 북한 관료에 대한 간접적인 교육훈련의 효과도 거둘 수 있을 것이다.

다음으로 공동연수 및 교류를 위한 방안으로는 남·북한 행정인력의 배치와 공조방식을 정하기 이전에 남·북 대학 간(예컨대, 김일성 종합대학과 서울대 간) 교환교수 및 파견강의 등을 통해 관료를 대상으로 교육교류를 하는 방안, 평양에 공무원 교육연수기관이나 서울대 행정대학원의 분교를 구축하는 방안 등을 생각해 볼 수 있다.

교육의 내용은 체제, 정치, 경제 등 제도적 이해를 높이기 위한 선수과목들 외에 북한 관료와 주민의 인식 등 북한의 행정문화에 관한 내용, 북한 주민들과 접촉할 일선관료의 대응방식에 대한 교육 등을 포함시킴으로써 관료들이 실제 상황에서 북한 주민에게 적절한 서비스 전달 계획을 수립·집행할 수 있도록 해야 할 것이다.

서독의 경우에서 보았던 바와 같이 이 기간에는 전체 공무원 수가 증가할 가능성이 매우 크다. 원활한 체제전환을 위해 북한의 관료들이 필요하기 때문에 이는 불가피한 측면이 있다. 다만 이 경우에도 남한 정부의 관료수 증가를 최대한 억제하고, 잉여인력을 활용하는 것이 장기적 관점에서 효율적인 관료제 운영을 위해 바람직할 것이다.

북한 인력의 재교육 및 평가단계

남·북한 관료들의 학습 및 공조기간이 어느 정도 경과된 후에는 북한 행정인력에 대한 수용 및 배제가 이루어져야 하는데, 이때에는 앞에서 논의한 대로 북한 정권에 대한 관여도, 반인륜적 범죄행위 여부, 전문적 능력 등의 기준을 통해 어느 수준까지 수용하고 배제해야 할 것인지를 결정해야 할 것이다. 즉, 북한 주민들의 정서상 수용할 수 없는 반인륜적 행위자 및 수뇌부를 해고한 후 남은 인력들을 대상으로 전문성에 대한 개별평가를 통하여 선택적인 수용작업이 이루어져야 할 것이다.

이러한 수용작업을 거친 후에는 선별된 북한 관료들에 대한 전문적인 교육훈련이 제공되어야 한다. 독일의 경우 1991~1994년에 걸쳐 3년 동안 21만 5천 명의 동독 인력에 대한 재교육이 이루어졌다. 일단 구동독의 모든 공직자들을 대상으로 하여 민주적 법치국가의 정책결정과정에 관한 기초과정을 의무적으로 이수하게 하고, 시험을 치게 한 후 재교육을 시행하였다. 연방 행정아카데미의 단기집중 민주주의 교육, 지방행정기관의 중급 공무원과 사무직을 대상으로 하는 연방행정청의 교육, 구동독 5개 주에 신설된 상급 공무원 교육기관인 행정전문대학, 지방자치연구소 그리고 사설 재교육기관 등이 그러한 재교육 프로그램이었다.

독일의 사례를 참조하여 우리도 적절한 교육프로그램과 교육기관을 마련해야 할 것이다. 무엇보다 법치주의 및 준법의식에 대한 교육은 최우선적으로 이루어져야 할 것이다. 그리고 상호 간의 행정문화에 대한 이해도를 높이기 위해서는 강의식 교육보다 체험을 통해 습득하는 것이 더욱 적절하므로 그를 위한 방안(예컨대, 팀 빌딩, 공동작업, 토론 및 의사결정 참여기회 확대와 같은 현장교육)도 고려해야 할 것이다.

한편 북한의 연구자나 전문 기술인력의 경우에도 남·북한 간 경제와 기술수준의 격차로, 즉각적인 인적 자본의 전이에는 한계가 있을 것으로 판단된다. 그러므로 이들을 남한 교육기관에 모아 연수훈련 프로그램을 제공하거나, 학계를 중심으로 전공별, 기관별로 남한의 전문가를 파견하여 교육훈련을 실시해야 할 것이다.

이때 문화와 언어의 차이에서 비롯되는 학습효과 저하를 막기 위해, 교육훈련을 담당하는 남한의 학자나 공무원들은 사전에 탈북자 출신의 전문 인력으로부터 북한의 관료문화에 대한 교육을 받도록 해야 할 것이다. 그런데 이러한 와중에 북한 인력의 교육을 위한 공무원교육원 신설과 같이 행정조직 팽창현상이 나타날 수 있다. 이를 억제하기 위해서는 학계와의 연계를 통한 교육프로그램 마련에 집중해야 할 것이다.

북한 관료의 점진적 배제 및 수용단계

교육을 받은 행정인력을 대상으로 개별평가를 실시한 후 그 결과에 근거하여 수용 또는 조기퇴직, 해직, 재교육을 할 대상을 분류하는 작업을 진행해야 할 것이다. 이때 배제되는 행정인력들의 상대적 박탈감을 완화하기 위해 동·서독과 같이 이들에게 6~9개월의 대기기간을 설정해주고, 그 기간 내에 재고용되지 않으면 계약해지 및 해임이 이루어지는 식으로 점진적으로 감원하는 방안을 고려할 필요가 있다.

수용되어 직을 유지하게 된 행정인력의 경우 적극적인 조직융합 관리(*post merger integration*)를 실시해야 할 것이다. 새로운 정치행정체제 및 시장경제에 관해 수시로 재교육을 받을 수 있도록 하여 점진적인 적응을 돕고, 실적 중심의 승진체제를 공평하게 적용하며, 주기적으로 설문조사를 실시하여 문화통합 정도를 점검하고 관리전략에 환류시키는 방법을 모색해야 할 것이다.

그러나 이것은 10~20년 이상의 장기적 전략이 필요하다. 장기적인 문제는 단기적 전략을 잘 하면 저절로 잘 될 것 같지만, 사실은 그렇지 않을 수 있다. 독일의 경우 현재에 누적된 불만이 많이 있다는 점을 명심해야 할 것이다. 정부부처의 경우 정부부처 내의 조직관리 방식에 대한 다양한 외부조직과 세력의 영향으로, 각 단계별 관리전략이 왜곡될 가능성이 크다.

또한, 현행 남한 법규의 제약으로부터 유발되는 인사상, 조직구조상의 경직성으로, 과거 북한 정권의 관료들을 효율적으로 관리하는 것이 곤란하다. 이러한 단계별 관리전략을 수행하는 데 여러 제약 요소들이 있으므로 이러한 제약을 극복할 수 있는 방안 또한 마련해 두어야 할 것이다.

글을 마치면서

지금까지 통일 이후 남·북한의 행정 통합에 대해 살펴보았다. 통일 이후 북한지역의 행정수요 전반을 관리할 총괄행정조직의 구성방식, 북한지역 내에 설치할 행정기관의 유형, 그리고 이와 맞물린 남한 행정조직의 개선방안 등에 대해 살펴보았다. 아울러 통일 이후 북한관료의 처리 문제에 대해서도 논의하였다.

앞에서 밝혔듯이 이러한 논의는 급진·흡수형 통일을 전제로 한 것으로서 만약 통일이 점진적으로 협상에 의해 진행될 경우에는 논의의 내용이 상당히 달라질 것이다. 다만 그러한 경우에도 통일 당시 북한지역의 상황에 따라 지금까지 다룬 논의 중 일부는 고려할 수 있을 것이다.

통일 이후 북한지역에 기존의 획일적·권위적인 중앙집권적 사회주의 행정체제 대신 권력분립과 시민의 참여를 근간으로 하는 민주적 행정체제를 이식하는 것은 북한의 관료와 주민 모두에게 행정에 대한 새로운 인식의 내면화를 요구한다. 상명하달에 의한 기계적인 반응만을 요구받던 관료에게는 더 능동적이고, 더 자율적이며, 국민을 중시하는 방향으로의 인식변화를, 억압과 통제 위주의 국가체제 아래에서 신민화된 북한 주민에게는 더 능동적이며, 더 적극적인 참여와 수요표출을 요구하는 것이다.

그런데 이러한 방향으로의 인식변화는 하루아침에 이루어질 수 있는 것이 아니다. 특히 수뇌부가 붕괴되어 구심점을 잃게 되는 북한 관료층은 새로운 행정체제와 규범, 새로운 조직문화 아래에서 상당한 적응기간이 필요할 가능성이 높다. 더욱이 이러한 적응기간은 북한 관료에게만 필요한 것도 아니다. 통일 이후 북한지역에 파견되거나, 북한지역 관련 업무를 수행하게 되는 남한 관료들도 함께 일할 북한 관료의 특성을 파악하고, 북한 주민의 수요를 읽어내는 데까지는 시간이 필요한 것이다.

한편 이 글은 급진·흡수형 통일의 과정에서 국제사회가 북한지역에 개입하여 평화유지활동(*peace keeping operation*)을 하는 상황은 고려하지 않았다. 하지만 북한이 급변사태로 체제붕괴의 위기를 겪을 경우 미국, 중국 등의 주변국을 중심으로 국제사회가 개입해 일정기간 신탁통치(信託統治)할 가능성은 상당히 크다. 만약 이렇게 될 경우 지금까지의 논의한 남한 위주의 행정체제 통합안은 그 내용이 대폭 수정되거나, 혹은 그것의 실현이 상당 늦추어지게 될 것이다.

하지만 그러한 상황에 처할 경우에도 지금까지의 논의는 의미가 없지 않다. 국제사회의 개입이 있다하더라도 북한지역의 행정수요를 예측하고, 이를 대처할 행정조직체계를 미리 고민해 놓은 경우에만 우리가 신탁통치 상황 아래에서 적극적인 역할을 수행할 수 있고, 우리의 입지를 확고히 할 수 있을 것이기 때문이다.

더욱이 통일에서 가장 중요한 것은 '북한 주민의 의사'[20]라는 점에서 혼란상황에서 북한 주민에게 신뢰를 줄 수 있는 남한 정부가 되기 위해서는 이제부터라도 적극적으로 남·북한의 급격한 통일에 대비하여 행정의 통합에 대해서 고민하여야 할 것이다.

■ 참고문헌

단행본

박영호 외(2002), 《통일시나리오와 통일과정상의 정책추진 방안》, 통일연구원.

손기웅(2009), 《독일통일 쟁점과 과제》, 늘품플러스.

안계춘(1991), 《현대사회학의 이해》, 법문사.

양현모(1998), 《독일통일의 경험이 남·북한체제통합에 주는 교훈》, 한국행정연구원.

20 극단적으로 가정하면, 북한의 급변사태로 국제사회의 북한지역 개입이 초래되었을 경우, 국제사회의 일원으로 참여한 중국이 북한지역 사태해결에 적극적으로 대처하고, 북한 주민들의 욕구를 해결하는 일을 한다면 북한 수민은 남한과의 통일이 아닌 중국의 하나의 성이 되는 것을 선택할 수도 있다.

_____ (1998), 《통일행정요원 양성 및 관리방안》, 한국행정연구원.
임도빈(2005), 《지방조직론》, 박영사.
정일룡(2007), 《북한의 관료부패에 관한 연구》, 호남대 대학원 박사학위논문.
정진우(2000), 《부처통합의 영향요인에 관한연구 - 재정경제원을 중심으로》, 서울대 대학원 박사학위논문.
조석준 · 임도빈(2010), 《한국행정조직론》, 법문사.
최진욱(2000), 《남 · 북한 행정통합 방안》, 통일연구원 연구총서.
Lehmbruch, G. (1990), *Die improvisierte Transformation: Die Dritte deutshce-Republik vor der institutionellen Integration der DDR*, Vortrag.
Maslow, A. J. (1954), *Motivation and Personality*, New York: Harper & Row.
Nahavandi & MaleKzadeh, A. (1993), *Organizational Culture in the Management of Megers*, Westport: Quorum Book.

학술논문 및 보고서

김근세 · 정용덕(2001), "북한 국가행정기구의 변화와 지속성", 〈한국행정학회 2001년도 추계학술대회 발표논문집〉, 573~598쪽.
김남철(2000), "구동독지역에서의 직업공무원제도의 진행", 〈공법연구〉 제4권 제2호.
김종명(2007), "러시아 통치엘리트의 정치참여 변화추이", 〈국제정치연구〉 제10권 제1호, 219~242쪽.
박상익(2007), "북한 관료문화의 형성과 그 특성", 〈통일문제연구〉 제47권.
박해육(2002), "통일 이후 구동독의 행정이행과 인력통합을 위한 인사정책: 남 · 북한 통일에 대비한 인력통합의 모색", 〈한국행정연구〉, 제11권 제4호, 176~207쪽.
서민교(1999), "인수 후 조직통합에 관한 연구", 〈논문집(경일대학교)〉, 제16권 제1호.
심익섭(1994), "독일통일 이후 구동독지역 행정개혁에 관한 연구", 〈행정논집〉, 제22권.
양현모(1998), "한반도 통일과 통일행정요원", 〈한 · 독 사회과학논총〉 제8호, 179~202쪽.
정성장(2010), "북한의 파워 엘리트 변동: 동향과 전망", 〈JPI 정책포럼〉, 제주평화연구원.
최진욱(2000. 6), "북한지방행정에서의 당 · 정관계", 〈한국행정학회 2000년도

하계학술대회 발표논문집〉, 1~26쪽.

통일부(1998), 〈독일통일백서(1995~1997)〉.

통일연구원(2010), 〈북한개요 2010〉.

한기범(2010), "권력승계시기 북한의 지배구조와 대내외 정책 전망", 〈통일정책연구〉, 제 19권 제 2호.

황혜신 · 조태준 · 최성락(2010), "통합부처의 조직융합관리(PMI)와 효과에 관한 연구", 〈한국거버넌스학회보〉, 제 17권 제 2호.

현성일(2011), "통일 후 북한지역 행정체제의 정비방안에 대한 토론문 I", 〈제 557회 정책&지식포럼 자료집〉.

Im, T. (2001), The Reorganization of Government Structures to Facilitate the Process of Reunification, *Korean Journal of Policy Studies* 15(2), pp. 19~26.

Martianov, V. (2007), The Decline of Public Politics in Russia: From Public Politics to Political Administration - The Depoliticization of the Regions, *Russian Politics and Law* 45(5), pp. 67~72.

Maslow, A. J. (1943), A Theory of Human Motivation, *Psychological Review* 50, pp. 370~396.

Parison, N. (2000), *Russia Public Administration Reform: Issues and Options*, The World Bank Conference on Post-election Strategy, Moscow, April 5~7.

Steger, T. (2001): Zwischen Arbeitsamt und Altersheim?, *Die ehemaligen DDR-Kombinationseliten und ihr Weg durch die Transformation.*

Von Hagen, J., Strauch R., Wolff, G. (2002), East Germany: Transition with Unification, Experiments and Experiences, *Zentrum für Europä ische Integrationsforschung Center for European Integration Studies.*

기타

이영종(2010. 8. 4), "북한 노동당 39호실 '블랙리스트 1순위'", 중앙일보.

남·북한 지방행정체제, 어떻게 통합할 것인가

6

이승종

들어가며: 통일과 지방행정

배경

이 글은 북한의 지방행정체제에 대한 신뢰성 있는 최신자료를 기반으로 하여 남·북한 지방행정체제를 비교하고, 보다 포괄적인 관점에서 남·북한 지방행정체제의 통합방안을 제시하기 위한 것이다. 본격적인 논의에 앞서 언급할 점은 이 글이 급진적 통일시나리오를 전제로 하고 있다는 점이다. 이는 김정일 사후 내부권력 투쟁 등으로 북한의 체제가 붕괴하여 남한과 급진적으로 통합되는 모형이다.

이러한 모형을 설정한 이유는 비록 통일에 대한 시나리오로 급진적 모형(예: 흡수형, 전쟁형), 점진적 모형(예: 합의형) 등이 제시되고 있으나 최근 급진적 통일의 가능성이 힘을 얻고 있으며, 급격한 통일에 대한 대비책 마련이 더 시급하기 때문이다.

이러한 시나리오에 대비한 통합방안은 점진적 통일 등 다른 통일시나리오에도 적실하게 적용될 수 있을 것이라 생각된다. 또한 이 시나리오는 실제 독일의 통일방식이었으므로 남・북한의 통일에도 가장 적실하게 적용될 수 있는 시나리오로 평가된다(한부영・김병국, 2009).

논의의 틀

지방행정체제는 지방행정을 수행하는 기본틀로서 매우 중요하다. 지방행정체제가 적절하게 구축되어야 효율적・민주적인 지방행정의 수행이 이루어질 수 있으며, 이를 통해 주민의 복리향상에 기여할 수 있기 때문이다.

그렇다면 지방행정체제란 무엇인가? 지방행정체제에 대한 합의된 정의는 없으며, 논자에 따라 의미의 범위가 다음과 같이 다르게 나타나고 있다(이승종・서재호, 2009). 광의의 지방행정체제는 지방행정을 구성하는 제 요소를 포괄하며 지방정부, 주민, 재원, 기능, 공무원, 사무, 계층과 구역을 포함한다. 협의의 지방행정체제는 계층과 구역, 정부 간 관계를 지칭하는 용어로 사용된다. 최협의의 지방행정체제는 계층과 구역만을 가리키는 것으로 사용된다.

이 글에서는 광의와 협의의 중간적 범위를 활용하여 논의를 진행한다. 즉 계층과 구역, 정부 간 관계를 기본으로 하되 지방정부, 주민, 기능, 사무에 관한 논의를 포함할 것이다. 이는 이 글이 기본적으로 포괄적 접근방식을 택하여 지방행정의 제 요소를 논의대상으로 삼지만, 재원이나 공무원 등에 대한 논의는 재무행정분야나 인사행정분야의 통합방안에서 더욱 적실하게 논의될 수 있을 것이라 판단하였기 때문이다.

지방행정체제는 지방행정을 구성하는 제 요소를 의미하는 것으로, 이는 지방행정의 계층과 구역, 지방정부의 기관구성을 기본으로 하여 중앙-지방관계, 타 지방정부-지방정부 관계, 지방-주민관계, 지방정부-기업(지배집단) 관계를 포함한다. 이 글은 남・북한 지방행정체제를 비교하고 통합방안을 제시하는 것을 목적으로 하기에 기본적으로 이러한 틀을 바탕으로 논의를 진행할 것이다.

다만 지방정부-기업 관계 대신 정당-행정관계를 논의하고자 한다. 이는 북한에서 기업의 영향력이 미약하므로 남·북한의 비교가 적절하지 않기 때문이다. 반면, 북한에서는 노동당 영도주의에 입각하여 정당이 행정을 통제하기 때문에 정당에 대한 행정의 중립문제가 제기된다. 따라서 건전한 지방행정체제의 정착을 위해서 정당과 행정 간의 관계재정립에 대한 논의가 필수적으로 요구된다. 좀더 구체적인 논의의 틀을 제시하면 다음의 그림과 같다.

논의의 틀

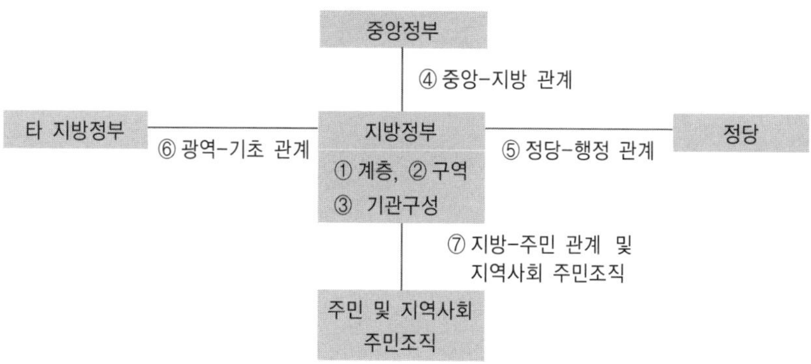

① 지방행정 계층을 자치계층과 행정계층으로 나누어 논의한다.
② 지방행정 구역을 광역구역과 기초구역으로 구분하여 논의한다.
③ 지방정부 집행기관과 의결기관의 역할과 관계를 중심으로 기관구성에 대해 논의한다.
④ 중앙정부와 지방정부간의 관계를 분권과 통제의 관점을 중심으로 다룬다.
⑤ 정당과 행정의 관계를 살핀다.
⑥ 광역정부와 기초정부의 관계를 논의한다.
⑦ 지방정부와 주민의 관계 및 지역사회 주민조직의 활성화 방안에 관해 논의한다.

이하에서는 이러한 논의의 틀의 각 요소에 대한 남・북한 비교와 통합 방안을 제시할 것이다. 참고로 기존에 제시된 남・북한 지방행정체제의 통합방안을 요약하여 제시하면 아래의 표와 같다.

기존 연구의 남·북한 지방행정체제 통합방안

구분	통일 시나리오	① 계층	② 구역	③ 기관구성	기타	비고
김상미 (1993)	민족공동체 통일방안 (3단계 통일방안)	3계층 (자치2, 행정1)	남한: 읍·면 폐지, 시 개수 축소 북한: 노동자구 폐지, 우상화 지명폐지	북한 지방인민위원회 폐지 검토	통일지방행정 전담기관설치	
민진 외 (1996)	흡수통일	남한을 기본으로 하되, 계층수 축소	남한인구규모 기준으로 북한 재편	기관대립형 단체장, 지방의원수는 인구규모를 고려하여 결정	북한국 설치	
한부영·금창호 (1998)	흡수통일	자치 2계층	남한인구규모 기준으로 북한 재편 북한 분단 전 5개도로 환원 인물지명 환원	기관대립형 북한지역 단체장 직선유보 (일시적 임명제)	북한지역 공무원 재임용 교육 지방행정조직 정비처 (가칭, 북한청 설치) 인력지도단 행정지도기구 정보서비스 제공	분석틀의 구성요소 중 ④ 중앙-지방관계 ⑤ 정당-행정관계 ⑥ 광역-기초관계 ⑦ 지방-주민관계에 대한 논의가 부분적이거나 누락됨1).
안재홍 (2003)	민족공동체 통일방안 (3단계 통일방안)	남한을 4계층에서 3계층으로 축소	남한: 읍·면·동 폐지 북한: 읍·노동자구 폐지, 인구 50만 이상 도시를 특정시나 지정시로 변경	북한의 인민위원회를 남한과 같은 지방자치 행정조직으로 개편	통일복지기획단 설립	
정병일 (2008)	합의통일	자치 2계층	중앙정부 귀속 후 단계적 변경시도	기관대립형 북한 단체장 한시적 임명제 실시 자문·심의기관으로 행정위원회 설립	북한지역공무원 재임용 교육	

주 1) 각 구성요소에 대한 남・북한 비교는 기존 연구에서도 부분적으로 논의되고 있으나, 통합 및 개편방안에 대한 논의는 찾기 어려운 실정임.

남・북한 지방행정체제 비교

계층

남한

남한의 지방행정계층은 지방자치제가 처음 시행되던 당시에는 총 3계층(특별시・도, 시・군・구, 읍・면・동) 및 자치 1~2계층(서울: 단층/ 기타지역: 광역 = 도, 기초 = 시・읍・면)으로 출발하였다. 이 구조는 1961년 지방자치에 관한 임시조치법의 제정・공포로 읍・면이 지방정부로서의 지위를 상실하고, 군이 지방정부로서의 지위를 획득하게 되면서 일부 변화되었다(군 자치 실시).

이후 1988년 구자치가 실시되면서 특별시・직할시의 구가 지방정부로 승격되었다(김병준, 2009).[1] 이러한 변화과정을 통해 현재는 자치 2계층(단, 제주특별자치도는 단층구조), 비자치 1계층의 3계층을 기본으로 하

남한의 지방행정 계층구조

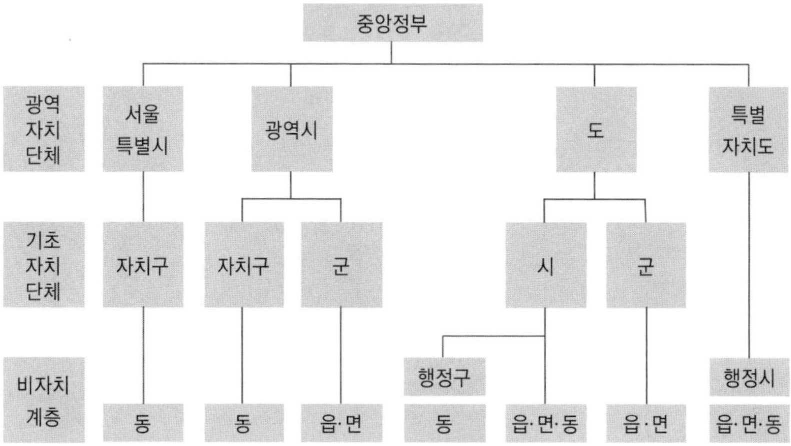

자료: 행정안전부. 2010 행정안전백서.

1 구 자치가 실시되기 이전에 특별시・직할시는 자치 1계층, 행정 3계층의 구조를 갖고 있었다.

며, 인구 50만 이상의 조건을 갖추어 행정구가 설치된 시의 경우는 예외적으로 자치 2계층, 비자치 2계층의 4계층으로 구성되어 있다.

북한

북한은 1948년 인민민주주의 헌법을 통해 도·특별시-시·군-면-리를 행정단위로 하는 4계층 구조로 시작하였다. 이후 1952년 12월 22일 최고인민회의 정령으로 면을 폐지하고 리를 광역화시키면서 시·도-시·군·구역-리의 3계층제 구조를 구축하였다. 그리고 1972년 12월 최고인민회의에서 채택한 사회주의헌법에서 지방주권단위인 리를 폐지하고 행정·생산단위로서의 성격만을 지니도록 변경하였다(한부영·김병국, 2009).

그 결과 현재는 지방주권 2계층(도·특별시·직할시-시·군·구역) 및 행정·생산 1계층(읍·리·동·노동자구)으로 구성되어 총 3계층을 기

북한의 지방행정 계층구조

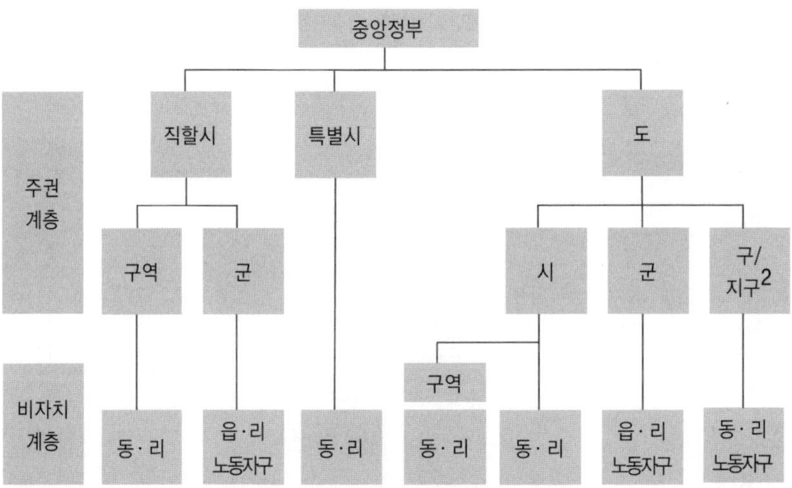

주1) 구역의 하부단위로는 동이 대부분을 차지하며 리는 소수임.
주2) 군에는 군청소재지로서의 읍이 1개씩 배정되어 있음.
주3) 도내의 시 중에서 대도시(함흥, 청진 등)의 경우 하부행정계층에 구역을 두고 있음.
주4) 노동자구는 수로 군·시구에 존치함.

본으로 구성되어 있다. 다만 함흥, 청진과 같은 일부 대도시의 경우는 하부 계층으로 구역을 두어 4계층(지방주권 3계층 + 행정·생산 1계층)으로 구성되어 있으며, 최근 특별시로 승격한 남포와 라선은 2계층(지방주권 1계층 + 행정·생산 1계층)으로 구성되어 있다.

남·북한 비교

남·북한은 모두 주민의 선거로 구성되는 자치(주권) 2계층과 비자치(행정적 보조)계층으로서의 행정(생산) 1계층의 3계층을 기본 계층구조로 채택하고 있다. 이와 관련하여 기존 연구(예: 한부영·금창호, 1998; 정병일, 2008; 최진욱, 2008)에서는 남한의 행정계층이 3~4계층으로 3계층인 북한에 비해 복잡하게 구성되어 있어 능률성의 측면에서 떨어진다고 평가하고 있다.

그러나 남한에서도 4계층은 예외적인 것이며(행정구가 설치된 인구 50만 명 이상의 도시: 경기 7개[3], 충북 청주, 충남 천안, 전북 전주, 경북 포항, 경남 창원 등 총 12개 도시), 북한에서도 함흥, 청진과 같은 대도시에서는 예외적으로 4계층의 구조를 이루고 있어(도-시-구역-동·리), 전반적으로 유사한 계층구조를 가지고 있다고 보는 것이 타당하다.

2 평안남도 청남구와 함경남도 수동구, 평안남도 운곡지구와 함경남도 금호지구는 시·군과 함께 도에 직속하는 행정구역이며(위키피디아, 2011.4.19), 시·군의 기능을 수행하고 있다(통일연구원, 2009). 이렇게 볼 때 구·지구는 북한 법령상에는 명시되어 있지 않지만, 일종의 지방주권계층이라 판단된다. 이는 특별시라는 명칭도 동일 법령들에 등장하지 않으나 도(직할시)와 동급행정구역으로 지방인민회의가 구성되어 있음(통일부, 〈2011 북한권력기구도〉; 위키피디아, 2011.4.19)을 통해서 추론한 것이다. 이는 북한에서 행정구역개편 및 행정구역 명칭변경이 지나치게 빈번히 일어나, 이를 법령 속에 일일이 반영하지 않았기 때문인 것으로 생각된다.

3 구체적으로 성남, 부천, 고양, 안산, 용인, 안양, 수원이다.

구역

남한

남한의 지방행정구역은 지방자치법이 발효되던 1949년에 1특별시, 9도, 19시, 134군, 9행정구, 75읍, 1,448면으로 출발하였다. 이후 직할시 승격, 도농통합 등 여러 차례의 개편을 거쳐 2011년 1월 현재는 16 광역자치단체(1특별시, 6광역시, 8도, 1특별자치도), 228 기초자치단

남한의 행정구역 현황

광역 주권계층		기초주권계층 (시·군·구·구역·지구)					읍·리·동·노동자구				인구 (천 명)	면적 (㎢)
계		시	군	구	구역	지구	읍	리	동	노동자구		
16 (1특별시, 6광역시, 9도)		228	73	86	69	2	33	3,477	215	1,201	2,061	50,515
특별시	서울	25			25			424			424	10,312
광역시	부산	16		1	15			215	2	3	210	3,567
	대구	8		1	7			143	3	6	134	2,511
	인천	10		2	8			142	1	19	122	2,758
	광주	5			5			93			93	1,454
	대전	5			5			77			77	1,503
	울산	5		1	4			56	4	8	44	1,126
도	경기	31	27	4			20	541	32	110	399	11,786
	강원											
	충북											
	충남											
	전북	18	7	11				193	24	95	74	1,529
	전남											
	경북											
	경남											
특별자치도	제주	0				2		43	7	5	31	571

자료: 행정안전부, 〈2011년도 지방자치단체 행정구역 및 인구현황〉.

체(73시, 86군, 69자치구), 3,477읍·면·동으로 이루어져 있다.

참고로 16개 광역자치단체의 평균 인구는 315만 7천 명, 평균면적은 6,263㎢로 나타났고, 228개 기초자치단체의 평균 인구는 21만 9천 명, 평균면적은 431㎢으로 나타났다. 한편 남한의 행정구역 개편은 지방행정제도의 변화, 인구증가 등 생활환경의 변화에 부응하는 방향으로 이루어져 왔다(김상미, 1993).[4]

북한

북한의 지방행정구역은 1945년 해방 당시 6도, 9시, 89군, 810읍·면이었으나, 1952년 12월 행정체계와 행정구역 개편을 통해 도(특별시), 시·군(구), 읍·면, 리(동)의 4단계 행정구역체계 중에서 면을 폐지하여 도(직할시), 시(구역)·군, 읍·리(동·노동자구)의 3단계 행정구역체계로 개편하고 군 지역을 재분할하였다. 이후 60여 차례에 걸쳐 행정구역을 개편하여, 2011년 1월 현재는 1직할시·2특별시, 9도, 24시, 147군, 2구, 33구역,[5] 2지구, 147읍, 3,230리, 1,137동, 267노동자구[6]로 구성되어 있다. 이와 함께 신의주특별행정구, 금강산관광지구, 개성공업지구 3곳의 특구가 존재한다. 참고로 12개 광역주권구역의 평균인구는 200만 4천 명, 평균면적은 10,261㎢로 나타났고, 208개 기초주권구역의 평균인구는 11만 6천 명, 평균면적은 592㎢로 나타났다.

북한의 행정구역 개편은 과거에는 중앙집권체제를 강화하면서 김일성·김정일 부자 및 가계우상화를 위한 지명개칭과 한국의 행정구역수를 의식한 구역수의 확대를 염두에 두고 시행되었으나, 최근에는 경제적 측면을 고려하고 있다고 볼 수 있다(통일연구원, 2009).

4 관료의 승진자리를 마련하려는 정치적 의도 혹은 인구를 주된 기준으로 삼아 일반시의 광역시화 또는 읍의 시 승격이 주로 이루어진 바, 매우 획일적이고 단견적인 것으로 평가하는 경우도 있다(소진광 외, 2008).

5 구역은 대도시(평양, 함흥, 청진)에, 구·지구는 도(평안남도, 함경남도)에 소속된 행정구역으로 시·군의 기능을 수행하는 행정단위다(통일연구원, 2009).

6 노동자구는 광산·임·수산사업소, 고장, 기업소 등 인구가 집중된 지역에 설치된 행정구역으로 1952년 12월 행정구역 개편 시 신설되었다.

북한의 행정구역 현황

광역 주권계층	기초주권계층 (시 · 군 · 구 · 구역 · 지구)					읍 · 리 · 동 · 노동자구				인구 (천 명)	면적 (㎢)
계	시	군	구	구역	지구	읍	리	동	노동자구		
12(1직할시, 2특별시,9도)	24	147	2	33	2	147	3,230	1,137	267	24,052	123,138
평양직할시[7]		4		19		4	118	284	10	3,255	2,629
나선특별시							12	20		197	945
남포특별시							15	36		366	829
평안남도	5	19	1		1	19	381	157	31	3,686	11,891
평안북도	3	22				22	484	88	31	2,729	12,680
함경남도	3	15	1	7	1	15	465	160	35	3,066	18,535
함경북도	3	12		7		12	253	134	44	2,130	15,980
황해남도	1	19				19	419	26	11	2,310	8,450
황해북도	3	15				15	332	78	8	2,114	9,463
강원도	2	15				15	379	61	7	1,477	11,091
자강도	3	15				15	229	68	23	1,300	16,765
양강도	1	11				11	143	25	67	719	13,880

자료: 행정안전부, 〈2011년도 지방자치단체 행정구역 및 인구현황〉.

7 조선중앙통신사가 발행한 2010년 조선중앙연감에는 평양의 4개 군·구역이 황해북도로 편입된 것으로 나타난다. 이에 따라 평양시 면적은 기존 면적의 43% 수준으로 축소되고, 인구는 300여 만 명에서 약 50만 명쯤 줄어든 250만 명 수준인 것으로 파악된다(동아일보, 2011.2.15). 그러나 이 같은 사실이 행정안전부의 공식문서에는 아직 반영되지 않은 것으로 판단된다. 이와 관련해 이 연구에서는 행정안전부의 공식 발표자료를 토대로 논의를 진행한다.

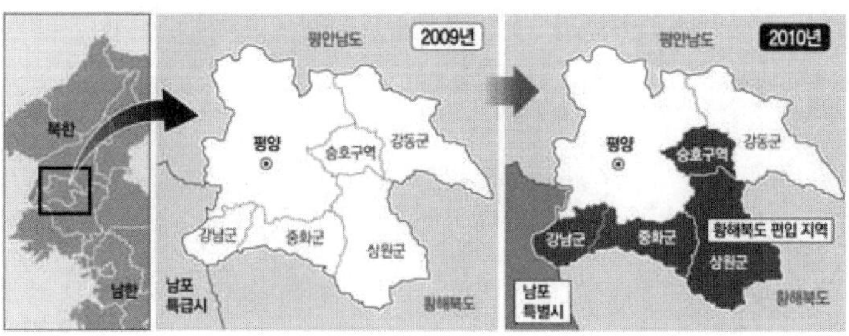

자료: 동아일보(2011.2.15), "北, 수도 평양 면적 절반 줄였다"

남·북한 비교

행정계층별 행정구역수를 비교하면 광역행정구역은 남한 16개, 북한 12개, 기초행정구역은 남한 228개, 북한 208개로 남한이 많다. 그러나 일선 행정계층은 남한이 3,477개, 북한이 4,781개로 북한이 더 많은 것으로 나타났다. 한편, 남한이 도시행정구역(시)의 수가 절대적으로 많고, 북한은 농촌행정구역(군)의 수가 상대적으로 많은 것으로 나타났다.

지방행정구역 개편의 목적에서도 큰 차이를 보인다. 남한은 사회·경제적 발전과 변화에 부응한 시·군 통합이라는 광역화의 기조에 따라, 지역의 역사성을 고려해 구역개편이 시행되었다. 반면 북한의 지방행정구역 개편은 국가이념의 신속한 확산을 통한 중앙집권적 체제구축이라는 목적에서 인위적 구역획정이 이루어졌다(한부영·김병국, 2009).

기관구성

남한

• 개요

남한의 지방행정기관 구성은 1949년 지방자치법의 제정·공포 이래 여러 번 개편되었다. 구체적으로는 1949년 당시에는 기관통합형으로 시작하였다가 1952년 직선의 의한 지방의회 구성을 계기로 기관통합형에서 기관병립형으로 변환되었다. 이후 1961년 직선에 의한 지방의회 구성이 유보되면서 다시 기관통합형으로 환원되었다가 1988년 개정자치법에 의해 의결기관인 지방의회와 집행기관인 지방자치단체장으로 분리·구분되고, 양 기관이 상호견제와 균형의 형태를 취하도록 하는 기관병립형의 구성이 채택되어 오늘에 이르고 있다.

남한의 기관구성의 특징은 기관구성에 지방의 의사가 반영되지 않고, 획일적이며, 중앙통제형 강시장(强市長)-의회제 구도를 취하고 있다는 점을 들 수 있다(김병준, 2009). 또한 집행기관의 구성에 있어 모든 집행권능을 단일기관에 집중시키는 집행기관 일원주의의 채택 및 독임제 조직형태를 취하고 있다(이규환, 2006).

• 의결기관 : 지방의회

지방의회는 주민의 대표기관이며 최고 의사결정기관이다. 이는 광역 시·도와 시·군·구에 설치되며, 의원의 임기는 4년이다. 지방의회의 주요권한은 조례의 제정과 개폐, 예산의 심의와 확정, 결산의 승인 및 기타 지방정부의 중요 정책에 관한 의결권과 지방행정사무에 대한 감사권과 조사권, 행정사무처리에 대한 질문을 할 수 있는 질문권 등이다.

• 집행기관 : 지방자치단체장

지방자치단체장은 대외적으로 자치단체를 대표하며 해당 자치단체의 사무를 총괄하는 지위를 가진다. 자치단체장은 광역자치단체장과 기초자치단체장으로 나뉘며, 주민의 보통, 평등, 직접, 비밀선거에 의하여 선출된다. 임기는 4년이며 재임은 3기에 한한다.

자치단체장의 주요권한은 사무의 관리·집행, 소속행정청·관할단체에 대한 지도·감독권, 소속 직원에 대한 임명 및 지휘·감독권, 규칙제정권 등이다. 한편, 소관 사무처리를 위한 보조기관으로 부단체장과 각종 행정기구가 자치단체장의 산하에 있다. 또한 자치단체장은 소방기관, 교육훈련기관 등과 같은 직속기관과 상수도사업소와 같은 사업소, 출장소 등을 설치할 수 있다.

북한

• 개요

북한의 지방행정기관은 1998년 이전에는 지방주권기관인 지방인민회의, 지방지도기관인 지방인민위원회, 지방행정기관인 행정경제위원회의 3원형 기관형태를 채택하다가 1998년 이후 지도기관과 집행기관의 통합에 의해, 지방인민회의(의결기관)과 지방인민위원회(집행기관)의 2원형 형태로 축소되었다.

북한의 의결기관과 집행기관은 분리하여 별도로 설치되나 집행기관을 의결기관이 선출한 위원으로 구성하고, 의결기관 휴회 시 집행기관이 의결기관기능을 수행하도록 하여 양 기관이 대립하지 않고 있다. 북한의 지방행정기관 구성형태는 의결기관의 개회 시에는 스웨덴, 노르웨이, 덴마크 등과 유사한 의회-집행위원회형을 취하지만(이계만, 2004), 휴회 시에는 집행기관과 의결기관이 통합되는 기관통합형 형태를 취한다(정병일, 2008).

• 의결기관 : 지방인민회의

지방인민회의는 우리나라의 의결기관인 지방의회에 해당한다. 이는 도·직할시와 시·구역·군에 조직된 지방주권기관이다. 지방인민회의는 임기 4년의 일반, 평등, 직접 선거원칙에 의한 비밀투표로 선출된 대의원들로 구성되며, 사회주의 헌법 제134조에 따라 다음과 같은 임무와 권한을 가진다.

① 지방의 인민경제발전계획과 그 실행정형에 대한 보고를 심의하고 승인한다.
② 지방예산과 그 집행에 대한 보고를 심의하고 승인한다.
③ 해당지역에서 국가의 법을 집행하기 위한 대책을 세운다.
④ 해당 인민위원회 위원장, 부위원장, 사무장, 위원들을 선거 또는 소환한다.
⑤ 해당 재판소의 판사, 인민참심원을 선거 또는 소환한다.
⑥ 해당 인민위원회와 하급인민회의, 인민위원회의 그릇된 결정, 지시를 폐지한다. 이를 위해 매년 1~2회의 정기회의와 임시회의[8]가 개최되고 있다.

그러나 실제로는 중앙에서 내려온 노동당의 결정을 추인하는 거수기의 기능에 불과하며, 자체적인 정책수립이나 예산심의는 불가능하다. 또한 상임위원회조차 없어 사실상 유명무실한 의결기관이라 할 수 있다(통일연구원, 2009).

• 집행기관 : 지방인민위원회

지방인민위원회는 우리나라의 집행기관인 지방자치단체에 해당한다. 이는 지방인민회의와 마찬가지로 도·직할시와 시·구역·군에 조직되어 있으며, 인민회의의 휴회 중에는 지방주권기능과 행정적 집행기관의 기능을 동시에 수행한다.

지방인민위원회는 위원장, 부위원장, 사무장, 위원들로 구성되고 그 임기는 해당 인민회의의 임기와 같다. 사회주의 헌법 제141조는 임무와 권한을 다음과 같이 규정하고 있다.

① 인민회의를 소집한다.
② 인민회의 대의원선거를 위한 사업을 한다.
③ 인민회의 대의원들과 사업을 한다.
④ 해당 인민회의와 상급인민회의, 인민위원회, 내각과 내각 위원회, 성의 법령, 정령, 결정, 지시를 집행한다.
⑤ 해당 지방의 모든 행정사업을 조직·집행한다.
⑥ 지방의 인민경제발전계획을 작성하며 그 실행대책을 세운다.
⑦ 지방예산을 편성하며 그 집행대책을 세운다.
⑧ 해당 지방의 사회질서 유지, 국가 및 사회협동단체의 소유와 이익의 보호, 공민의 권리보장을 위한 대책을 세운다.
⑨ 해당 지방에서 국가관리 질서를 세우기 위한 검열·통제 사업을 한다.

8 임시회의는 대의원 1/3 이상의 요청이나 해당 인민위원회가 필요하다고 인정할 때 소집된다.

⑩ 하급 인민위원회 사업을 지도한다.

⑪ 하급 인민위원회의 그릇된 결정, 지시를 폐지하며 하급 인민위원회의 그릇된 결정의 집행을 정지시킨다.

지방인민위원회 위원 전원으로 구성되는 전원회의는 중요한 문제들을 토의·결정하며, 위원장, 부위원장, 사무장으로 구성되는 상무회의는 전원회의에서 위임한 문제들을 토의·결정한다. 또한 비상설 부문위원회를 둘 수 있다. 그러나 헌법상으로만 인민위원회가 공식적 권한을 갖고 있는 것으로 보일 뿐, 실제로는 당이 모든 정책결정을 하고 있으며 인민위원회는 형식상의 집행기관에 불과하다(최진욱, 2008).

남·북한 지방행정기구 비교

남한은 지방행정조직의 구성에서 지방의회와 자치단체장이 별도로 선출되어 상호견제와 균형을 이루는 기관병립형을 취하고 있다. 이와 상이하게 북한은, 지방인민회의의 개회 시에는 지방인민회의가 집행기관인 지방인민위원회를 구성하는 의회-집행위원회형 구조를, 휴회 시에는 기관통합형의 구조를 취하고 있다.

이를 통해 일견 북한 지방의회의 위상이 남한 지방의회보다 높은 것으로 보이나, 실제의 역할은 매우 작다. 즉 남한 지방의회가 조례의 제정·개폐, 예산의 심의·확정, 결산 승인, 청원의 수리·처리 등에 대한 광범위하고 실질적 의결기능을 갖는 데 비해, 북한 지방인민회의는 인민경제발전계획과 예산 등에 형식적인 심의·승인과 인민위원장 등에 대한 선출권을 제외하면 구체적인 권한이 없으며, 1년에 한두 차례만 개최되고, 그마저도 회기가 1~2일 정도에 불과하여 실제 역할은 매우 미미한 것으로 판단된다(최진욱, 2008).

중앙과 지방의 관계

남한은 지방자치가 정착됨에 따라 상당한 지방분권이 이루어져 지방정부가 일정한 정책 자율성을 보유하고 있다. 또한 지방자치단체는 지방자치단체협의회, 법률안 제안요청권(제주도의 경우) 등을 통해 중앙정부에 일정한 영향력을 행사할 수 있다(소진광 외, 2008).

반면 북한은 고도의 중앙집권제적 특성을 가지고 있다. 북한헌법 제5조는 "조선 민주주의 인민공화국에서 모든 국가기관들은 민주주의 중앙집권제 원칙[9]에 의하여 조직되고 운영된다"고 규정하고 있으며 북한 국가관리학 문헌에도 "지방국가기관은 상급 행정적 집행기관에 보고할 의무가 있으며, 모든 지방행정적 집행기관은 중앙행정적 집행기관의 통일적인 지도를 받으며 그 앞에 복종한다"라고 명시되어 있다(리명일, 1998; 박영자, 2005에서 재인용).

이는 해방직후 김일성이 직접 각 급 국가기관에 상급 국가기관의 계획과 통제를 준수하며 복종할 것을 강제한 것과 맥락을 같이 하고 있다. 이렇게 볼 때 북한의 지방행정기관은 일체의 자치권이 전혀 없으며 단지 중앙의 명령을 수행하는 지방 하부조직에 불과한 것으로 판단된다.

9 민주주의 중앙집권제 원칙은 조선노동당 규약 제2장에 다음과 같이 규정되어 있다. ① 각급 당 지도기관은 민주주의적으로 선거하며, 선거된 지도기관은 선출된 당 조직 앞에 자기의 사업을 정기적으로 총화 보고한다. ② 당원은 당 조직에, 소수는 다수에, 하급 당 조직은 상급 당 조직에 복종하며 모든 당 조직은 당중앙위원회에 절대복종한다. ③ 모든 당 조직은 당의 노선과 정책을 무조건 옹호관철하며 하급 당 조직은 상급 당 조직의 결정을 의무적으로 집행한다. ④ 상급 당 조직은 하급 당 조직의 사업을 계통적으로 지도검열하며 하급 당 조직은 자기의 사업정형을 상급 당 조직에 정상적으로 보고한다.

정당과 행정의 관계

남한

남한에서 중앙정당은 가장 중요한 정치행위자이지만, 지방차원에서의 영향력은 행정명령 체계에 비해서는 약한 수준이다. 그러나 정당은 정당소속 의원을 통해서 지방행정에 유의미한 영향을 행사하고 있으며, 집행기관장의 소속정당과 지방의회 다수당은 지방의 정책결정에 일정한 영향력을 행사한다.

북한

북한은 당의 영도적 지위가 확고히 보장된 체제이며, 이는 지방에서도 철저히 적용되고 있다(최진욱, 2008). 북한 지방당의 책임비서는 해당 지역에서 인사권·처벌권·통제권·평정권 등의 보유를 통해 막강한 권력을 행사한다. 인사에서 인민위원장은 실질적 권한 없이 당 책임비서의 명을 수행하고 있으며, 인민회의 대의원 선거도 지방당에서 후보를 결정하면 형식적인 찬반투표를 통해 대의원을 선출한다.

또한 각급 당 기관은 지역 내 부처들이 상급기관의 명을 수행하는 과정에서 갈등이 발생할 때 업무조정 역할을 담당하며, 중앙국가기관 직속기관을 제외한 각급 기관·단체들을 감독하고 통제한다. 이렇게 볼 때 북한의 지방행정기관은 전체적으로 지방당에 의해 통제받고 있다(정보사령부, 2004; 박영자, 2005에서 재인용).

남·북한 비교

남한은 각 정당이 광역자치단체장 및 의원, 기초자치단체장 및 의원에 대한 정당공천을 시행하고 있고, 해당 지역구 국회의원이 지역에 사실상의 지배력을 행사하고 있다. 이렇게 볼 때 당 차원의 수직적 지배구조는 직접적이지 않고, 구체적이지도 않으며 정당의 영향력은 의원들의 개별활동을 통한 것으로 총체적이지 않으며 부분적이다. 즉 지역구

국회의원에 의한 부분적, 간접적 지배인 것이다.

반면 북한은 당적 지도의 원칙에 기반을 두고, 지방당이 직접 지방행정기관을 지도하는 관계를 가지고 있다. 즉 북한에는 지방행정기관(지방인민회의, 지방인민위원회 등)과 달리 지방당 기관이 별도로 존재하며, 지방당은 지방당 위원회로 구성되어 지방행정기관에 대한 지도를 행한다. 이는 사상과 조직사업 지도의 기본적 역할 이외에도 행정 및 경제사업을 지도하는 것을 목표로 하기 때문에 행정부에 대한 당의 우위를 나타낸다(한부영·김병국, 2009).

또한 당의 영도적 지위가 지방에서도 철저히 지켜져 상급 행정기관인 상급 인민위원회의 명령조차도 당의 지도와 상치될 때 무시되는 경우도 있다(최진욱, 2008). 이러한 측면으로 미루어 볼 때 북한지방행정기관은 상급 행정기관에 의한 수직적 통제와 지방당에 의한 수평적 통제의 이중적 통제를 받고 있다고 볼 수 있다(박영자, 2005).

광역과 기초의 관계

남한에서 지방자치단체는 헌법에 의하여 보장된 자치권을 바탕으로 한 독립된 법인격을 갖춘 법인이므로, 원칙적으로 광역자치단체와 기초자치단체는 대등한 관계에 있다(소진광 외, 2008). 그러나 상호간에 수직적 또는 비대등 관계가 성립하는 경우도 있다.

구체적으로 지방자치단체 종류별 사무배분에서 광역과 기초 간의 수직적 관계가 형성되고 있으며, 국가위임사무의 처리에서 광역은 기초를 지도·감독하며, 자치사무에 대한 감사, 위법·부당한 명령·처분의 시정, 지방의회의결의 재의와 제소 등의 권한이 있다(소진광 외, 2008).

반면 북한의 광역계층과 기초계층 사이의 관계는 하급 인민회의, 인민위원회가 상급 인민회의, 인민위원회의 감시와 통제를 받는 수직적인 구조로 이루어져 있다(최진욱, 2008). 이와 관련 북한 주권기관법 제2장 제10조 6항은 지방인민회의의 임무와 권한의 하나로 "해당 인민위원회와 하급 인민회의, 인민위원회의 그릇된 결정, 지시를 폐지한다"고 규정하고 있으며, 제 3장 제 24조 10항은 지방인민위원회의 임무와 권한으로 "하급 인민위원회사업을 지도한다"고 명시하고 있다.

또한 제 3장 제 24조 13항은 "하급인민위원회의 그릇된 결정, 지시를 폐지하며 하급인민회의의 그릇된 결정의 집행을 정지시킨다"고 명시하고 있다. 제 3장 제 35조에도 "지방인민위원회는 자기 사업에 대하여 해당 인민회의 앞에 책임지며 상급인민위원회와 내각에 복종한다"라고 규정하고 있다.

북한과 비교해 볼 때, 남한은 광역계층이 기초계층보다 우월한 지위이나 기본적으로 동일한 자치단체이기 때문에 수직적 지배관계가 고착되었다고 하기는 어렵다. 그러나 남·북한 모두에서 광역-기초관계는 상급단체와 하급단체의 관계로서 일정한 유사점을 가진다고 볼 수 있다.

지방정부와 주민의 관계 및 지역사회 주민조직

남한

남한의 지방정부-주민관계는 쌍방향적 관계라 할 수 있다. 즉 남한에서 주민은 선거를 통해 지방정부를 구성하고, 시민단체 등을 통해 정부를 감시하며, 주민투표, 주민소환, 반상회, 주민감사청구, 주민참여예산제 등 다양한 제도적 주민참여 장치를 통하거나 집회 및 시위의 방식 등으로 직접 참여하기도 하는 등 지방정부와 활발한 상호작용을 하고 있다. 이에 대응하여 지방정부도 지역주민의 의견에 대해 귀를 기울이며 적극적으로 반응하고 있다.

지역사회 주민조직의 측면을 살펴보면, 남한 지역사회의 기본 주민조직은 반상회이다. 이는 정부시책의 홍보 및 주민의 여론수렴을 위해서 1976년부터 시행된 반 단위 주민총회 성격의 모임이다. 비교적 높은 참여율을 보이는 가장 보편화된 주민 참여제도라 할 수 있으나, 지금까지는 관 주도의 획일적 운영이라는 부정적 인식으로 참여통로로서의 제 기능을 하지 못하고 있는 실정이다(이승종, 2005). 또한 반상회의 토의안건은 생활환경에 대한 고충의 논의차원에 머무른다는 한계가 있다(김병준, 2009). 한편, 남한의 경우 주민대표체계가 주민자치위원과 통·리장으로 이원화되어 근린차원의 주민대표체계에 근본적 혼선이 있다는 문제점을 가지고 있다(이승종, 2005).

북한

북한의 지방정부-주민의 관계는 일방향적 관계이다. 즉 북한의 지방정부는 명목상으로는 주민의 선거로 구성되나 실제적으로는 지방당의 지시를 받아 주민을 통제하며, 주민들이 지방정부에 참여하거나 의견을 제시하기는 사실상 어려운 것으로 보인다.

한편, 북한의 지역사회 주민조직의 기본단위는 인민반이다. 이는 본래 행정기관의 말단조직으로 결성되었으나, 점차 15~20세대로 구성된 인민반원을 정치적으로 통제하고 경제적으로 동원하는 조직으로 성격이 변화하였다. 이러한 맥락에서 북한은 인민반을 '당과 국가의 정책을 관철하며 국가 사회사업을 집행하고 생활을 알뜰히 꾸리기 위하여 일정한 수의 가구를 묶어 조직한 국가 사회생활의 기층조직의 하나'로 규정하고 있다.

즉 인민반은 지역사회 구성원들의 자발적 참여보다는 위로부터의 명령을 자동수행하는 '상의하달형 당·국가 조직의 하위단위'에 불과한 것이다(장세훈, 2005). 그러나 1990년대 중반 이후의 경제위기를 겪으며 인민반의 활동은 급격히 쇠락하고 있으며 주민 감시와 통제기능도 극히 부진한 실정이다.

남·북한 비교

지방정부와 주민의 관계에서 남한은 쌍방향적 관계로 주민들이 다양한 참여제도를 통해 지방행정과정에 참여하고 지방정부와 다양하게 상호

작용을 하고 있으나, 북한은 지방정부가 주민을 통제하는 일방향적 관계에 놓여 있다. 지역사회 주민조직에서 남한의 반상회와 북한의 인민반은 관주도로 시행된 주민조직이라는 공통점을 지니고 있으며, 주민참여통로로서의 잠재적 가능성에 비하여 제구실을 못하는 실정이다. 이러한 상황은 경제위기와 함께 더욱 심화되어 가는 것으로 보인다.

종합적 비교

위에서 살펴본 남·북한 지방행정체제를 종합적으로 비교하면 다음과 같다. 먼저 외형적 측면에서는 상당한 유사점이 존재한다. 즉 자치(주권) 계층이 광역, 기초계층의 2계층으로 구성되어 있으며, 시·군 등 구역설정도 비교적 유사하게 나타난다.

그러나 실제 운영측면에서는 커다란 차이가 있다. 남한은 지방자치제가 정착되고 있으며, 분권과 참여가 증가하는 방향으로 변모하고 있다. 이를 통해 중앙정부-지방정부, 지방정부-주민 간의 쌍방향적 관계가 성립되고 있으며, 전반적으로 주민의 복리가 최우선 정책목표로 설정되고 있다.

반면 북한은 고도의 중앙집권제를 유지하고 있으며, 지방차원의 자율성과 독립성이 전혀 없는 체제이다. 즉, 중앙정부는 지방정부를 일방적으로 통제하며, 지방정부가 주민을 통제하는 일방향적 관계만이 존재하고 있는 것이다. 이때 지방정부는 상위정부뿐만 아니라 노동당의 통제라는 이중적 통제 하에 놓여 있으며, 정책 자율성이 전혀 없어, 주민 복리를 위한 정책추진은 생각하기 어렵다.

남·북한 지방행정체제의 통합방안

통합의 기본원칙

남한 지방행정체제 중심의 통합

남·북한에서 남한의 체제를 기본으로 한 동일한 지방행정체제를 구축해야 할 것이다. 이는 분단이후 발생한 지방행정의 이질성을 빠르게 극복하고, 양 체제의 동질성 강화와 확보를 위해 필수적이다. 이에 대해서 과연 남한의 지방행정체제를 그대로 북한에 이식했을 경우 제대로 작동되겠는가 하는 의문이 제기될 수 있다.

당연히 초기에는 일정한 혼란이 일어날 수 있겠지만 급진적으로 통일된 독일의 경험을 고려할 때, 조기정착이 가능할 것이라고 판단한다. 독일은 통일과 함께 동독지역의 중앙집권체제를 서독과 동일한 지방자치체제로 변환하였음에도 불구하고 신속하고 안정적인 지방행정체제의 통합을 이루어 낸 것으로 평가받는다(박응격·서병철, 1996).[10]

다만 지금 남한에서 이루어지는 지방자치, 지방행정이 결코 정답이라고는 보기는 어렵다. 실제로 남한 내부에서는 지방자치제가 실시된 이래 지속적으로 지방자치의 제도상, 운영상의 문제와 그에 대한 대안이 제기된 것이 사실이다. 그러므로 통일을 통해 남한 지방행정체제가 떠안고 있는 문제를 그대로 북한에 전이시키지 않기 위해서는 보다 이상적인 차원에서 남한의 지방행정체제를 다듬는 작업이 먼저 이루어져야 할 것이다.

미래 통일한국 지방행정체제는 세계화 추세에 대응한 효율성과 경쟁력 제고 및 지방화 추세에 대응한 민주성과 대응성 제고의 기반 위에 서야할

10 구체적으로 옛 동독의 행정체제는 완전히 무시되고, 옛 서독의 연방국가, 지역자치, 권력분립의 원칙이 동독지역에 그대로 적용되었다[〈서울의정회보〉(2011.5)]. 또한 작센, 작센-안할트, 브란덴부르크, 멜클렌부르크-포펌머른, 튀링겐 등 통일 전의 5개의 주가 부활하고, 서독지역의 행정단위와 같은 군·시·읍·면이 새롭게 만들어졌다.

것이다. 이때 효율성과 경쟁력의 확보를 위해서는 광역단위로는 효율성에 대응하게 하고, 기초단위로는 민주성에 대응하게 하는 전략적 접근이 바람직해 보인다. 또한 근린자치의 확장을 통하여 지방자치의 정신을 살리는 것도 필요하다. 구체적 개편대안을 제시하면 다음과 같다.[11]

① 계층은 현행의 자치 2계층을 유지하는 것이 바람직하다. 이는 주요국가가 2계층을 근간으로 하고 있으며, 도 폐지 및 시·군 통합을 기초로 한 자치구역 개편안은 효율성 확보에도 충분하지 않으며 민주성 차원에도 문제가 있기 때문이다.

② 구역개편은 광역과 기초로 나누어 제시할 수 있다. 먼저 광역자치단체의 개편방안은 광역시와 도를 통합하여 규모의 경제를 확보하는 방안이 바람직한 것으로 판단된다. 즉 현재의 광역시와 도를 통합하여 인구 500~600만 규모의 광역단체를 만들어 규모의 경제를 실현시키는 것이 바람직하다. 기초자치단체의 개편방향은 시·군이 현행을 준거로 삼아 자율적으로 통합되도록 유도한다. 자치구의 경우, 도와 통합되는 광역시의 자치구는 행정구로 전환 또는 대동제를 적용해야 할 것이며, 서울시의 자치구는 유지하되 2~3개씩 통합하여 대도시 행정의 분절성을 완화하는 방향을 고려하는 것이 바람직하다. 한편, 일반시에 설치된 행정구는 폐지해야 할 것이다.

③ 기관 구성방법은 기본적으로 각 자치단체가 자율적으로 결정할 수 있도록 자율성을 부여해야 할 것이다. 이를 위한 중간과정으로 우선 자치구의 구청장 선출방식으로 시정관리인제(*city-manager*)의 도입을 고려해 볼 필요가 있다.

④ 광역과 기초의 관계는 기능조정의 측면에서 접근할 필요가 있다. 즉, 광역과 기초 간의 기능중복을 최소화하여 고유기능을 확대할 필요

11 아래의 내용은 이승종(2008), "지방역량강화를 위한 광역자치구의 개편방안"과 이승종·서재호(2009), "지방행정체제개편론"의 제6장에 제시된 바람직한 지방행정체제개편방안을 수정·보완하여 작성하였다.

가 있는 것이다. 구체적으로 광역단체는 기초자치행정의 조정, 지원, 통제 및 기초기능과 중복되지 않는 광역적 행정을 수행해야 하고, 기초단체는 관할 구역의 통합행정을 수행해야 할 것이다.

⑤ 읍·면·동 단위에서 행정과 주민참여의 로컬(*local*) 거버넌스체제를 구현해야 할 것이다. 이는 현재 근린단위에서 주민자치가 활성화되지 않은 한계를 감안한 것이다. 이를 위해서는 통·리장 및 주민자치위원회를 주민자치위원회로 일원화하고, 읍·면·동 주민센터의 기능을 강화할 것이 요구된다.

통합의 신속성

이러한 지방행정체제의 통합은 통일 직후 신속하게 처리되어야 할 것이다. 통일 이후 지방행정체제의 통합이 신속히 처리되지 않는다면, 일정 시간이 흐른 이후 발생되는 각종 정치적·경제적 이해관계의 대립 등으로 바람직한 방향으로의 통합이 어려울 수 있기 때문이다. 또한 지방행정체제를 신속하게 통합해야 통일 이후 예상되는 혼란을 최소화하고 북한지역 주민들의 효과적 관리와 필수적인 공공서비스의 적절한 제공이 가능하기 때문이다.

통합방안

지방행정계층

현재 남한과 북한은 기본적으로 3계층 체제라는 점에서 유사하다. 따라서 통일 후 현행의 3계층을 유지한 가운데, 향후 점차적으로 계층의 수를 줄이는 방안이 모색되어야 할 것이다. 이때 계층은 구역과 밀접하다는 점을 감안할 때, 후술하는 바와 같은 광역수준의 구역개편이 이루어짐을 전제하면 통일한국의 지방행정 계층구조는 다음 그림과 같다.

통일한국의 지방행정 계층구조

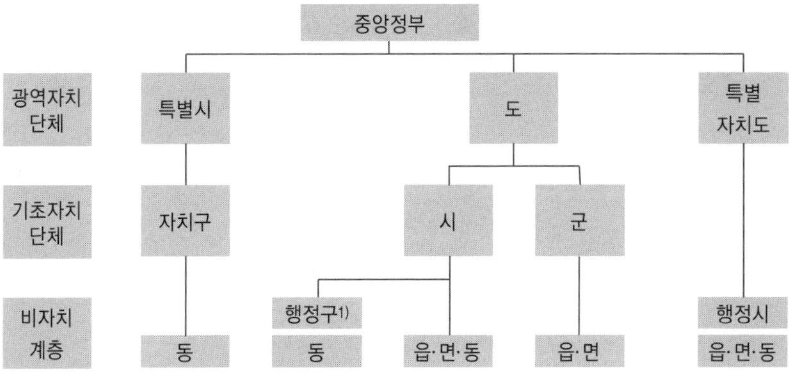

주 1) 그림에 제시된 행정구는 광역시에 존치하였던 자치구가 행정구로 변경된 것이다. 이 때 남한에서 기존 인구 50만 이상의 일반 시에 존치하였던 행정구는 폐지된다.

한편, 비자치계층에서 남한의 인구 50만 이상인 도시에 설치가 가능한 행정구는 일률적으로 폐지해야 할 것이며, 북한의 경우도 청진과 함흥에 설치된 구역을 폐지해야 할 것이다. 다만 제주도는 특별자치도이므로 현행과 같이 행정시를 예외로 존치시킬 수 있다.

지방행정구역

광역시와 도의 통합, 인접 도의 통합을 통해 광역 지방행정구역을 효율성과 경쟁력이 확보되는 규모로 개편하는 것을 제안한다. 구체적으로 남한은 서울시, 경기도, 강원도, 충청도, 전라도, 경상북도, 경상남도, 제주도의 1개 특별시와 7개 도 체제로의 개편이 바람직하다(이승종, 2008).

또한 북한을 ① 함경도: 함경북도, 함경남도, 양강도, 나선특별시의 통합, ② 평안도: 평안북도, 평안남도, 자강도, 남포특별시의 통합, ③ 황해도: 황해북도, 황해남도의 통합, ④ 강원도: 존치시켜 남한의 강원도와 통합, ⑤ 평양직할시는 평양특별시로 명칭을 변경하여 존치시키는 방안을 제시할 수 있다. 2특별시, 10도 체제로 개편함으로

통일한국의 광역 지방행정구역

구분	통일 전		통일 후	
	인구 (천 명)	면적 (㎢)	인구 (천 명)	면적 (㎢)
서울특별시	10,312	605	10,312	605
경기도	11,786	10,167	14,544	11,196
인천광역시	2,758	1,029		
충청북도	1,549	7,433	5,127	16,600
충청남도	2,075	8,628		
대전광역시	1,503	539		
전라북도	1,868	8,066	5,240	20,813
전라남도	1,918	12,246		
광주광역시	1,454	501		
경상북도	2,689	19,027	5,200	19,911
대구광역시	2,511	884		
경상남도	3,290	10,532	7,938	12,357
부산광역시	3,567	767		
울산광역시	1,126	1,058		
제주도	571	1,848	571	1,848
강원도(남한)	1,529	16,873	3,006	27,964
강원도(북한)	1,477	11,091		
평양직할시	3,255	2,629	3,255	2,629
함경북도	2,130	15,980	6,112	49,340
함경남도	3,066	18,535		
양강도	719	13,880		
나선특별시	197	945		
평안북도	2,729	12,680	8,081	42,165
평안남도	3,686	11,891		
자강도	1,300	16,765		
남포특별시	366	829		
황해북도	2,114	9,463	4,424	17,913
황해남도	2,310	8,450		

자료 : 행정안전부, 〈2011년도 지방자치단체 행정구역 및 인구현황〉

써 광역수준에서의 효율성과 경쟁력을 확보할 수 있을 것이다.

기초 지방행정구역의 경우, 남한의 일반 시에 존치하는 행정구는 폐지하고, 광역시의 자치구는 행정구로 변경시켜야 하며, 서울시의 자치구는 2~3개씩 통합하여야 한다. 또한 북한의 함흥과 청진에 설치된 구역을 폐지해야 할 것이다. 그리고 평양시의 구역은 자치구로, 평안도와 함경도에 존치하는 구는 시로, 지구는 군으로 각각 변경하여 남한의 체제와 동일화해야 할 것이다. 또한 우상화를 위해 인물명으로 변경된 지명을 환원시키는 것도 필요하다. 한편, 시·군은 유지를 원칙으로 하되 자율통합을 유도하여야 한다.

비자치계층 구역에서는 북한의 노동자구를 동으로 전환시키고, 리를 면으로 승격시켜 남한의 읍·면·동 체제와 동일하게 개편해야 할 것이다. 이를 통해 행정효율을 높이고 상호교호작용을 활성화할 수 있을 것이다.

지방행정기구

통일과 동시에 북한 지방행정기구를 실질적인 기관병립형으로 전환시켜야 할 것이다. 구체적으로 북한의 지방인민회의에 완전한 의결기관으로서의 권한과 책임을 부여하고 그 구성원은 주민직선을 통해 선출하도록 해야 할 것이다. 또한 집행기관인 지방인민위원회는 독임제 집행기관으로 변경시키고 그 수장을 단·중기적으로는 간선에 의해, 장기적으로는 주민직선에 의해 선출해야 할 것이다.

집행기관의 형태를 보면, 현재 북한은 위원회형, 남한은 독임제형을 채택하고 있다. 일견 민주적, 이중적 장치라는 점에서 북한이 우월해 보이기도 하지만 실상은 일당독재의 지배이므로 실제로는 남한보다 민주성이 확보되지 않는다. 즉 당이 인민회의와 인민위원회를 모두 장악하는 노동당 중심의 단원적 구조라는 한계가 있다. 따라서 통일한국에서는 논란을 가져올 수 있는 위원회형보다는 남한의 제도이식과 정착을 위해 독임제가 바람직한 것으로 판단된다.

또한 향후에는 각 지방정부에 기관구성의 권한을 위임하여 다양한 기관구성이 가능하도록 해야 할 것이다. 그러나 일차적으로는 기관병립형을 채택해야 할 것이며, 일정기간 후 성과를 보고 다양한 기관구성이 되도록 해야 한다. 즉 통일상황을 염두에 둘 때는 기관구성의 자율성 부여가 통합노력을 어렵게 하므로 일단은 한 가지 형태로 통일하고 성과를 봐서 다양한 방식의 기관구성이 필요한 것이다. 단, 자치구의 경우 시정관리인제의 도입·채택을 고려해 볼 필요가 있다.

중앙과 지방의 관계

통일 후 북한지역에서도 적정한 지방분권이 이루어져야 할 것이다. 이를 위해 기본적으로는 지방의 자율권 신장을 위한 조치가, 보완적으로는 중앙의 지방에 대한 통제의 적정화가 필요하다(이승종, 2005). 지방의 자율권 신장을 위해서는 지방정부의 법안제출권 인정, 조례제정권 강화, 지방사무의 확대, 지방재정력의 강화, 특별행정기관 통폐합이 요구된다.

중앙정부의 통제권의 적정화를 위해서는 조언·지원·이전재원 운용을 통한 재정통제 등 비권력적 통제수단의 적극 활용, 행정안전부의 후원자로서의 위상 변경, 중앙과 지방 간 분쟁조정기제의 마련, 정당의 분권화 등이 요청된다.

정당과 행정의 관계

통일 이후 북한지역의 1당 지배체제의 개편을 통해 정치와 행정의 일정한 분리가 필요하다. 이를 위해서는 북한의 정당을 민주화하고 다당제를 북한에 수혈해야 한다. 또한 선거가 끝난 후에는 집행기관의 행정명령체계에 의해 행정이 수행되도록 해야 할 것이다. 이러한 과정을 통해 상충성을 줄여나갈 수 있을 것이다.

광역과 기초의 관계

통일과 함께 북한지역의 광역정부와 기초정부 사이에 대등한 관계가 성립되어야 할 것이다. 양자 간에 대등한 관계가 성립되면, 다음으로 기능분담이 적절히 이루어져야 한다. 구체적으로 광역정부는 광역적 업무, 조정·지도·지원 기능을 수행해야 할 것이고, 기초정부는 구체적 업무, 서비스 집행 업무의 기능을 수행할 것이 요청된다.

지방정부와 주민의 관계설정 및 지역사회 주민조직의 활성화

통일한국의 지방정부는 주민의 뜻에 따라 운영되어야 할 것이다. 이를 위해서는 지방정부의 정책결정 과정에 주민참여가 활발히 이루어져야 한다. 주민참여 활성화의 방안으로는 참여제도의 확충, 주민의 참여의식 고양, 시민교육의 확대, 참여에 대한 정책결정자의 인식개선, 매개집단의 역할강화, 정보공개 등의 조건개선이 제시된다(이승종, 2005).

북한지역의 참여제도가 전무한 실정이라는 점을 감안할 때, 이중에서도 특히 남한에서 활용되는 다양한 참여제도의 확산과 도입이 우선적으로 요구된다. 구체적으로 주민투표, 주민발의, 주민소환이라는 직접민주주의의 3대 제도, 반상회, 공청회, 위원회, 민원 및 청원 등의 개별적 참여제도와 주민감사청구, 주민소송, 주민참여예산제도 등의 집합적 참여제도(김병준, 2009) 등의 도입과 적극적인 활용이 요망된다.

이와 함께 통일한국의 지역사회를 활성화하기 위해서 지역사회의 기초 주민조직인 반상회와 인민반의 활성화가 필요하다. 이를 위해 북한의 기존 인민반 조직을 반상회 조직으로 재편해야 한다. 반상회는 풀뿌리 민주주의의 기반조직으로 활성화될 잠재력이 높으므로 정책과정에 대한 여론의 투입 또는 주민간의 담화를 위한 장으로 변환될 필요가 있다. 특히 이는 민주적 의사결정의 훈련경험이 부족한 남·북한의 경험을 고려하면 더욱 중요하다.

이와 함께 남한의 경우는 현행 주민자치위원과 통·리장으로 이원화된 주민대표체계를 일원화하여 참여의 효율성을 증진시킬 필요가 있다(이승종, 2005). 이를 위한 구체적인 방법은 반장→ 통·리장→ 자치위원회로 이어지는 축차적 호선방식 또는 위촉제와의 병행 등을 들 수 있다. 이와 함께 지역사회 주민조직에 지역사회개발 우선순위 제안권 등을 부여하여 실질적인 참여를 유도해야 할 것이다. 또한 기초지방자치단체의 하부구역인 읍·면·동 단위 행정기관의 권한을 강화시키고, 주민들에게 일감을 부여하는 등의 조치가 필요하다.

글을 마치면서: 추진전략

지금까지 남·북한의 지방행정체제를 비교하고 통일을 대비한 통합방안을 제시하였다. 비교분석 결과, 외형상의 유사성이 상당함에도 불구하고 실제 운영상 차이가 크다는 점을 알 수 있었다. 따라서 이러한 차이를 빠르고 적절하게 줄여 실질적인 통합이 이루어지도록 노력해야 할 것이다. 여기서는 이와 관련하여 지방행정체제의 통합에서 고려해야 할 추진전략에 대해 간략히 논의하고자 한다.

첫째, 지방행정체제 통합방안의 실질적인 집행을 위한 추진체계의 마련이 필요하다. 구체적으로 국무총리실이나 행정안전부에 지방행정체제 통합추진중앙위원회를 구성·설치하고, 광역 시·도 단위에도 하부기구를 설치하여야 한다.

이때 중앙정부의 지방행정체제 통합추진위원회는 국무총리 또는 행정안전부 장관을 위원장으로 하여 각 부처 고위행정관료, 행정학자, 북한 전문가, 시민사회 전문가 등으로 구성해야 할 것이다. 또한 각 광역자치단체의 지방행정체제 통합추진위원회는 광역자치단체장을 위원장으로 하여 행정관료, 행정학자, 북한전문가, 시민대표 등이 포함되도록 구성해야 한다. 이와 함께 지방행정체제 통합추진위원회에 실질적 권한을 부여하여 신속한 통합이 이루어질 수 있도록 지원해야 할 것이다.

둘째, 지방공무원의 인사와 교육에서 북한지역의 부단체장은 남한에서 파견해야 하며, 북한지역 지방공무원의 교육은 남한의 공무원 교육기관에서 수행하여야 할 것이다. 남한의 지방행정체제를 적실히 이해하고 있는 부단체장이 단체장을 보좌함으로써 신속한 지방행정체제의 통합 및 안정적인 구축에 기여할 수 있기 때문이다.

또한 북한지역 지방자치단체의 공무원들은 일정한 심사를 거쳐 부적격자를 제외하고[12] 실무직원에 대해서는 원칙적으로 재임용해야 할 것이다. 단, 정책의 방향을 결정하는 상위직급의 경우는 보다 엄격한 심사를 거쳐야 할 것이다[13].

이러한 과정을 거쳐 재임용된 북한의 지방공무원들은 남한의 전문공무원 교육기관에서 재교육시켜야 한다. 이를 통해 변화된 북한지역에서의 대 주민 공공서비스 제공역할을 적절히 수행할 수 있도록 준비시켜야 한다.

셋째, 통합촉진을 위해 지방행정통합지원기금(교부금)을 마련해서 통합의 유인기제로 활용할 필요가 있다. 통일 후 북한지역의 지방행정체제 통합은 동시적이고 신속하게 추진함을 원칙으로 하나, 지역의 사정에 따라 시기별 차이가 존재할 것으로 예상된다. 따라서 지방행정체제의 조기통합을 위한 재정적 유인기제를 마련할 필요성이 제기되는 것이다. 이를 위한 재원은 현재 도입이 논의되는 통일세의 일정비율을 확보할 수 있을 것이다.

이 글은 이승종·김대욱 (2011), "남북한 지방행정체제의 통합방안", 〈행정논총〉 제 49권 제 2호를 수정·보완한 것이다.

12 독일의 경우 ① 국가보위부 종사자, ② 공산주의 체제수호에 적극적이던 자, ③ 인권탄압에 관여된 자, ④ 전문성이 극히 취약한 자, ⑤ 소속기관이 바뀌어 업무할당을 받지 못한 자, ⑥ 소속기관에서 더 이상 필요치 않은 자 등을 해임기준으로 설정하였다(한부영·금창호, 1998).

13 이에 대한 자세한 논의는 관료제, 행정체제, 행정인력 통합 등에 대한 연구에서 이루어지고 있다.

제 3 편

7. 남·북한 경제통합, 어떻게 대비할 것인가 이지순

8. 남·북한 화폐통합 김병연

9. 통일과 법제통합 홍준형

10. 북한 사회복지체제의 재구축 권혁주·류이현

11. 북한지역 사회기반시설의 구축 김동욱

7

남·북한 경제통합, 어떻게 대비할 것인가

이지순

들어가며: 지금 준비해도 늦다

남한과 북한경제는 분단 이래 전혀 다른 길을 따라 변화한 결과, 당초 온전히 동질적인 하나에서 지금은 전혀 이질적인 두 개로 분리되었다. 한국전쟁 종료 당시만 해도 (지금의 가치로) 약 400달러의 1인당 소득을 지닌 절대빈곤 국가이던 남한과 북한이, 하나는 선진국 진입을 목전에 둔 글로벌 국가로 변모되었음에 비해, 다른 하나는 극도로 폐쇄적인 최빈국 상태로 남아 있다. (경제발전 단계에 따른 국가분류에 관해서는 세계은행, *World Development Review* 참조.)

현재의 남한과 북한은 1인당 소득 2만 달러와 1천 달러가 보여주는 것보다 훨씬 더 큰 차이를 지니고 있다. 이념, 체제, 규범, 제도, 정책, 관행 등 경제의 근간을 이루는 기초가 상이함은 물론 노동, 인적 자본, 물적 자본, 금융자본 등 생산요소의 가용량과 활용도가 상이하며, 기술수준이 상이하고, 시장, 금융, 경영, 투자 및 정책의 효율성이 상이하다. 나아가 언어, 문화, 관습, 사고방식 등에서도 차이를 보이고 있다.

(통일교육원, 《북한이해 2010》과 통일교육원, 《북한경제포럼》)

양자 사이에 존재하는 이러한 간극은 극복이 가능한가? 시간과 노력과 비용을 얼마나 들이는가의 문제이지 관련 당사자가 주변의 지원을 받아 지속적으로 노력을 경주한다면 경제적 이질성은 극복가능하다. 그러나 결코 저절로, 공짜로 그리고 하루아침에 이루어지지 않는다. 당사자가 힘과 지혜를 모아 전력을 투구하더라도 이질성을 극복하고 완전한 통합을 이루는 데는 적어도 한 세대가 소요된다(손기웅, 《독일통일 20년: 현황과 교훈》 참조).

경제통합은 무엇을 뜻하는가? 경제학에서는 상이한 국가 간에 인력, 물자, 돈, 기술과 아이디어 등이 얼마나 용이하게 오갈 수 있는가를 보고 통합의 정도를 평가한다. 예를 들어 미국과 캐나다는 거의 완전한 경제통합을 이루었고, EU 역시 1기 회원국 간에는 통합의 정도가 매우 높다. 남한은 미국, 일본, 중국, EU 등 주요 교역상대국들과 비교적 높은 정도의 통합을 이루고 있다. 그러나 남한과 북한의 경제통합도는 극히 낮다. (서울대 통일평화연구소, 《2009 남북 통합지수》 참조)

남한과 북한 사이의 경제통합은 일반적인 경제통합의 문제와는 상이하다. 여기에서는 인력과 물자, 자본과 기술 등의 자유로운 왕래 여부보다는 남한과 북한 주민이 온전히 하나가 된 경제에서 동등한 시민으로 살아가는 상태를 이루는 것을 의미한다. 남·북한 경제통합에 관한 논의를 통일과 분리시켜 생각할 수 없기 때문이다.

우리가 중국과의 경제통합을 논의하는 경우에는 통합도가 아무리 높아지더라도 두 나라가 하나가 되는 것을 상정하는 사람은 아무도 없지만, 남한과 북한의 경우에는, 적어도 한국인의 입장에서는, 둘이 하나가 되는 온전한 통합을 상정한다. 결국 우리가 목표로 하는 것은 상이한 두 경제의 상호 연결성을 의미하는 통합(*integration*)이 아니라 둘이 하나가 되는 융합(*fusion*)이다.

당연한 일이지만 융합은 통합보다 훨씬 더 어렵다. 통합은 양국 간에 존재하는 각종 장벽을 철거하면 이루어지지만, 융합은 장벽을 철거

한다고 해서 저절로 이루어지지 않는다. 융합은 우리들 뇌리 속에서 주민, 노동자, 기업, 돈, 기술, 시장 등 경제활동의 전 영역에 걸쳐 남한 것과 북한 것을 구분할 필요가 없게 될 때 완결된다. 남한과 북한의 체제와 제도와 정책과 규범 등 경제적 기초가 동일해져야 이루어질 수 있는 일이다.

통합을 넘어서 융합을 이룩한다고 해서 모두가 똑같아 지는 것은 아니다. 아무리 융합된 사회라고 해도 사람은 서로 차이가 나게 마련이다. 우리가 지향하는 것은 다양한 요소들이 공존하는 공정하고도 평등한 사회이지 개인차를 전혀 인정하지 않는 획일적인 균등사회가 아니다〔*equal but not identical*〕.

통합과 융합은 장기적 과제이므로 모든 면에서 면밀한 대책을 세워 차근차근하게 추진해야 한다. 그러나 현실은 그와 달리 전개될 가능성이 크다. 남·북한 경제가 장기에 걸쳐 점진적인 통합의 과정을 밟아나갈 가능성보다는, 어느 날 갑자기 일어날 '만약의 사태'에 떠밀려서 준비 없이 통합에 나설 가능성이 높다. 우리가 현 시점에서 통합논의에 관심을 갖는 것은 바로 그런 경우를 상정해서 미리 미리 대비책을 강구하기 위함이다.

이 글에서 필자는 몇 가지 실용적인 통합 대비책을 제시하고자 한다. 단기적인 대책을 염두에 두었으나 중장기적 대책이 더 많은 듯하다. 이 글의 구성은 다음과 같다. 제 2절에서는 경제통합의 이론과 현실을 간단하게 살펴본다. 제 3절은 남·북한 경제통합의 방향과 전략에 관해 논의한다. 제 4절에서는 구체적인 통합 대비책을 제시한다.

경제통합의 이론과 현실

경제통합: 경제발전론에 비추어 본 이론적 고찰

경제통합에 관해 이해하는 한 가지 방안은 나라 경제의 상황을 집약해서 나타내는 1인당 소득의 결정 메커니즘을 중심으로 살펴보는 것이다. 경제의 성장·발전에 관한 이론 및 실증 연구결과를 보면 근로자 한 사람당 생산요소의 투입량, 그 나라의 기술수준 그리고 경제운영의 효율성이 소득의 크기를 결정하는 3가지 핵심요소라고 한다. 이 3가지가 모두 양호한 나라는 선진국이고, 3가지가 모두 불량한 나라는 후진국이며, 한두 가지가 괜찮은 나라는 절대빈곤을 극복한 중진국이다.

이를 동학적인 관점에서 보면 비록 현재는 최빈국이라 하더라도 생산요소의 투입량을 늘려나가며, 기술을 발전시키고, 효율성을 개선하는 데 성공하는 나라는 후진국에서 중진국을 거쳐 선진국으로 발전할 수 있으나 그렇지 못한 나라는 후진국 상태를 벗어나지 못한다는 결론을 얻는다.

남한은 1960년대 이래 생산요소의 투입량을 꾸준하게 늘리고, 1980년대 이래 기술을 크게 발전시키며, 1990년대 이후 효율성 향상에 성공한 결과 당초 최빈국의 처지에 놓여 있던 경제를 선진국 진입을 목전에 둔 상태로 발전시켰다. 반면 북한은 생산요소 투입량을 늘리는 일과 기술을 발전시키는 일 그리고 효율성 개선에 모두 실패한 결과 아직도 최빈국 상태를 탈피하지 못하고 있다(북한경제의 실상에 관해서는 통계청, 〈북한 주요통계지표: 본문 및 부록〉 참조).

남·북한 경제가 성과에서 이처럼 큰 차이를 보이는 것은 양자가 매우 이질적인 경제체제를 갖추고 있기 때문이다. 남·북한 경제는 얼마나 이질적인가? 양자는 적어도 11가지 측면에서 다르다.(이지순, 《남·북한 경제의 이질성》 참조)

① 경제체제가 상이하다. 남한은 자본주의 시장경제체제를 근간으

로 하고, 북한은 공산주의 계획경제체제를 근간으로 하고 있다.

② 정부의 경제적 역할이 상이하다. 남한에서는 민간부문이 주도하고 정부가 보완적인 역할을 수행함에 반해 북한에서는 모든 것을 정부가 주도한다.

③ 남한은 개방도가 100%에 근접한 완전한 개방경제임에 반해 북한은 개방도가 5%도 되지 않는 완전한 폐쇄경제이다. 북한도 2002년에 개혁과 개방에 나서는 듯 했지만 2005년 이래 즉, 몇 년 만에 구체제로 회귀하였다.

④ 자원 활용도가 상이하다. 핵심적인 자원이 부족하기는 마찬가지이지만 남한은 부족한 것을 외국에서 사다 쓸 의사와 능력이 있으나 북한은 그럴 의사도 능력도 없다. 그 결과 북한은 지금 극도의 식량난, 에너지난 및 외화난을 겪고 있다.

⑤ 산업구조가 다르다. 남한은 서비스업과 첨단 제조업이 산업의 중심을 이루지만 북한은 농림어업과 광업 및 기술수준이 낙후된 중공업이 산업의 중심을 이루며, 통신, 운송, 전기, 금융, 유통, 의료 등 서비스 산업은 극히 낙후된 상태이다. 그나마 선군정치를 내세운 경제의 군사화 여파로 산업 간의 전후방 연결고리가 완전히 와해되고 있다.

⑥ 노동생산성이 크게 차이난다. 근로자 한 사람당 생산량을 보면 남한 근로자가 20개를 생산하는 동안 북한 근로자는 1개밖에 생산하지 못한다.

⑦ 금융의 역할이 현격하게 다르다. 남한에서는 금융이 경제의 순환과 균형과정에서 핵심적인 역할을 수행함에 반해 북한에서는 금융이 거의 전무한 상황이다. 이 점은 화폐의 역할과 기능에서도 대동소이하다. 대외신용도에서도 우량국과 불량국으로 갈려져 극단적인 대조를 보인다.

⑧ 제도, 기구, 관행, 법령 등 인적 사회자본의 양과 질이 현격하게 다르다. 뿐만 아니라 도로, 철도, 항공, 항만, 상하수도, 오수처리, 주택 등 물적 사회자본의 양과 질에서도 현격한 차이를 보인다.

⑨ 남한에서는 다양한 시장에서 자율적으로 형성되는 가격이 경제활동을 인도하는 신호의 기능을 원활하게 수행함에 반해 북한의 가격체계는 그렇지 못하다. 2009년 11월에 단행된 재산몰수형 화폐개혁은 그나마 작동하던 화폐신용질서를 와해시켰다.

⑩ 정보와 지식의 생성, 전달, 이용에서 낮과 밤 같은 차이를 보인다. 남한에서는 국내외의 정보가 실시간으로 생성, 전달, 활용되지만 북한에서는 전혀 그렇지 못하다.

⑪ 자유의 범위와 크기와 질이 현격한 차이를 보인다. 남한은 인간생활의 거의 모든 부문에 걸쳐서 자유로운 선택이 보장된 민주주의 사회이지만 북한은 개개인의 행동이 극도로 제약되는 철저한 집단주의 사회이다.

남·북한 경제의 이러한 이질성이 양자의 경제적 성과를 차이 나게 만든 가장 핵심적인 요인이다. 지난 60년을 돌아보면 단적으로 말해 남한은 경제발전에 성공했으나 북한은 실패하였다.

남한이 경제발전에 성공한 것은 일하고 배우고 훈련하고 투자하고 혁신하고 기술을 개발하는 데 모든 사람이 전력투구한 덕이다. 그러한 일이 가능했던 것은 남한경제가 사유재산권을 토대로 하는 개방형 시장경제체제를 근간으로 해서 운영되었기에, 누구나 열심히 일하면 그와 그 자손이 지금보다 더 나은 미래를 가질 수 있다는 희망이 있었기 때문이다.

반면에 북한이 경제발전에 실패한 것은 지난 60년에 걸쳐서 사유재산권을 철저하게 부정하는 극도의 폐쇄형 계획경제체제를 근간으로 하여 운영되었기 때문이다. 열심히 노력해서 이루어 낸 과실의 대부분이 행위 당사자에게 귀속된다는 보장이 없음에도 불구하고, 배우고 투자하고 혁신하고 기술을 개발하는데 전력을 투구할 사람은 많지 않기 때문이다. 또한 노동의 대가인 과실을 향유할 수 있다 하더라도, 경쟁의 압력이 없으면 지속적으로 최선을 다해 경주에 임하기란 쉽지 않다.

결국 확고한 재산권 보호, 광범위한 자유와 자율의 보장 그리고 치열한 경쟁 이렇게 3요소가 두루 갖추어져야 경제가 발전하게 된다. 환언하자면 개혁과 개방이 발전의 요체가 된다.

이러한 관찰이 남·북한 경제통합에 관해 시사하는 바는 무엇일까? 남·북한 경제의 통합을 고려하면서 남한경제를 북한경제와 같게 만들자고 주장할 사람은 없을 것이다. 그렇다면 통합은 북한경제를 현재의 남한경제 또는 미래의 더 나은 남한경제와 같게 만드는 작업이 되어야 한다. 경제발전의 요체가 개혁과 개방에 있다는 점에 착안한다면, 그러한 작업은 북한경제를 철저하게 개혁하고 개방하는 것을 목표로 해서 추진되어야 할 것이다.

즉, 남·북한 경제를 통합한다는 것은 한편에서는 남한경제를 더욱 더 철저하게 개혁하고 개방함으로써 그것을 하루 속히 선진경제로 전환하는 동시에, 지금은 매우 낙후되고 폐쇄적이어서 극도로 비효율적인 북한경제를 가능한 한 빠른 속도로 개혁하고 개방하는 것을 통해 남한경제와 동화시켜 나가는 작업을 의미한다.

독일통일의 교훈

분단의 상징이던 베를린 장벽이 붕괴(1989년 11월 9일)된 지 채 1년도 지나지 않은 1990년 10월 3일에 통일을 이룩한 통일독일의 20년 역사는 우리에게 선망과 교훈의 대상이 된다. 동·서독보다 더 빨리 통일될 수도 있다던 남·북한은 여전히 무력으로 대치하는 분단상태에 놓여 있는데 반해 독일은 극심했던 통일후유증을 거의 극복해 가고 있다. 여전히 불만인 기성세대와는 달리 통일 이후 출생한 신세대 젊은이들은 통일된 독일에 대해 강한 자부심을 갖고 있다(손기웅, 《독일통일 20년: 현황과 교훈》 참조).

독일통일이 우리에게 주는 교훈은 무엇일까? 과도한 비용을 지불하고 이룩한 독일처럼 통일해서는 안 된다는 주장을 펴는 이가 있는 반면, 그만한 대가도 치루지 않고 어떻게 통일이라는 당위적 과업을 성취할 수 있는가 반문하는 주장도 있다(손기웅, 2010; 염돈재, 2011; 서재진, 2011; 김영윤, 2011; 김병연, 2011 참조).

독일통일은 매우 신속하게 그리고 아주 평화적으로 이루어졌다는 특징을 지닌다. 표면적으로 보면 독일의 통일은 동독이 서독체제로의 편입을 자체적으로 결정하고, 서독이 이를 받아들임으로써 이루어졌다. 그러나 동독이 서독체제로 편입을 결정하게 만든 데는 서독의 노력이 주효했다. 이는 동독의 주민들이 동독체제보다는 서독체제가 훨씬 더 우월함을 분명히 인식한데다 서독 정부와 서독 사람들을 온전하게 신뢰했기에 가능했던 일이다. 서독체제로 편입했을 때 얻게 될 편익(*benefits*)이 분단된 채 남아 있을 때보다 확실하게 크다는 인식이 있었던 것이다.

이와 관련해서 서독 정부 그리고 서독 주민들이 보여준 통일에 대한 전폭적인 지지와 통일과 더불어 동독 주민에게 대폭적인 경제적 혜택을 이전해 줄 것을 약속했다는 점이 매우 중요하다. 실제로 서독은 통일 직후 몇 년간은 물론 20년이 지난 지금도 구동독지역과 구동독 주민에게 매우 큰 규모의 경제지원을 지속하고 있다.

독일통일에 대해 의구심을 갖던 미국, 영국, 프랑스, 러시아의 이해와 협조를 이끌어낸 통일외교가 성공하지 못했더라면 통일이 지연되었거나, 지금과는 다른 형태의 통일이 이루어졌을 가능성이 크다. 브란트의 미래지향적인 사전 정지작업, 콜과 겐셔의 뛰어난 주민설득과 위기관리 능력이 없었더라면 모처럼의 통일기회를 놓칠 수도 있던 것이다.

이러한 독일의 경험으로부터 우리는 몇 가지 교훈을 얻을 수 있다.

첫째, 동독 주민이 민주적인 절차를 거쳐 서독체제로의 편입을 결의했다는 점에서 북한 주민의 민주적 역량을 함양해야 할 필요성을 절감하게 된다. 즉, 북한 주민들이 민주적 절차를 통해 남한체제로 통합하기로 결의할 가능성은 전무하다. 그러므로 이와 관련해서 사전적으로 우리가 할 수 있는 일은 하나도 없다. 다만 북한체제가 붕괴되었을 경우에 대비해서 어떻게 하면 북한 주민의 민주적 역량을 함양시킬 것인가에 관한 대비책은 강구해 둘 필요가 있다.

둘째, 행정통합과 관련하여 통일 이전이라도 북한의 행정체제에 관해 정확하게 조사연구해서 실상을 파악하고 통일 후 북한의 기존 행정인력 처리계획 및 신규 행정인력 충원방안을 강구해 둘 필요가 있다. 특히 통일 이후 북한지역을 관할하게 될 각급 행정인력에 대한 사전교육 프로그램을 운영할 필요가 있다. 이때 북한 인력을 주연으로 그리고 남한 인력을 조연으로 인식함이 좋을 것이다.

셋째, 생산성 격차를 무시한 북한 근로자의 임금인상을 자제해야 한다. 개성공단에서의 경험을 살려 본격적인 통합과정이 시작되더라도 임금은 기본적으로 생산성에 비례해서 정해지도록 유도해야 한다. 이와 관련해서 더 유용한 경험을 쌓기 위해서라도 개성공단과 같은 직접적 경제협력 채널을 더 확대할 필요가 있다. 이 점은 교육, 의료, 주택, 에너지 등 복지의 모든 측면에서도 동일하게 고려해야 할 사항이다. 남한과 북한 주민의 차이를 일시에 없애는 방식의 소득 또는 재산 이전은 바람직하지 않다.

이와 관련하여서 매우 중요하게 고려해야 할 사항은 경제의 실상을 무시한 남·북한 화폐의 인위적 등량교환은 삼가야 할 정책이라는 점이다. 북한 주민에 대한 시혜적인 통합은 바람직하지 않다. 북한 주민을 의존적인 2등 국민으로 만들지 않기 위해서라도 자조와 자립 즉, 자력갱생의 원칙에 맞는 통합이 더 바람직하다.

넷째, 정치, 행정, 경제의 통합보다 훨씬 더 어려운 것은 남·북한 주민의 마음속으로부터의 통합 즉, 사회통합을 이루는 일이다. 이는 매우 어려운 작업이다. 남한 내에서의 온전한 사회통합도 이룩하지 못하고 있는 우리의 현실을 되돌아볼 때 그리고 우리가 새터민이나 외국인 근로자와 다문화 가정을 대하는 태도를 볼 때 사회통합이 얼마나 어려울 것인가 짐작할 수 있다.

남한사회 내에서 관용과 배려를 통한 조화로운 공존의 기틀을 다지는 동시에 통합 이후 대두될 분열과 갈등 표출에 효과적으로 대처할 수 있는 방안을 강구해 둘 필요가 있다.

경제통합 관련 주요 이슈: 통합의 방향과 전략

통합의 방향 및 원칙

남·북한 경제통합과 관련하여 이 항에서는 통합의 필요성, 그 지향점, 방식과 속도, 순서, 소요비용과 조달방안, 행위주체 등에 관해 알아본다.

통합은 반드시 필요한가? 경제학의 관점에서 보면 통합을 통해 얻을 편익이 통합을 위해 지불해야할 비용보다 크므로 통합하는 것이 옳다.(이지순, 2009) 뿐만 아니라 사태가 예상치 않게 진전되어 필요성 여부와 무관하게 통합을 진행해야 할 가능성도 매우 높다. 따라서 통합이 필요하며 조만간 그렇게 해야 할 필요성이 대두될 것이라는 전제 하에서 대비책을 강구하는 것이 현명하다.

그렇다면, 무엇을 향해 통합을 이루어야 하는가? 구체적으로 말해 지향하는 바가 남한체제인가, 북한체제인가, 아니면 제 3의 대안인가? 이 물음에 대한 우리의 답은 지금보다 개선된 남한체제로 통합해야 한다는 것이다. 개방형 자율 시장경제를 근간으로 하는 남한체제가 폐쇄형 타율 계획경제를 근간으로 하는 북한의 그것보다 우월함은 이미 역사가 증명한 바이다. 그러나 모든 면에서 남한체제가 이상적인 것은 아니다. 따라서 장점은 더욱 강화하고 단점은 보강한, 개선된 남한체제를 통합의 지향점으로 잡는 것이 옳다.[1]

통합의 방식과 속도로는 체제와 이념, 관행과 규범, 제도와 정책 등

1 모든 이가 행복한, 지속 가능한 녹색성장을 가능하게 만드는 방향으로 패러다임 전환이 이루어진 나라가 하나의 대안이 된다.

경제의 기초를 남한의 것으로 바꾼 다음 오랜 기간에 걸쳐 자발적으로 이루어지는 점진적이고도 자연스러운 화학적 통합이, 일거에 모든 것을 동질화시키려는 인위적이고도 강압적인 물리적 통합보다 낫다. 이상으로는 그렇더라도 실제로 급격한 물리적 통합이 유일한 대안이 될 가능성이 크므로, 역시 그러한 상황을 상정해서 대비책을 강구하는 것이 옳다.

통합의 순서로는 체제와 제도와 규범과 정책 등 경제의 기초를 통일하고, 교통, 통신, 에너지, 교육, 도량형 등의 표준을 통일하며, 자본시장, 금융시장, 외환시장 등의 시장을 통합하고, 화폐를 단일화하며 사회간접자본을 통합해 나가면서 그 바탕위에서 노동, 물적 자본, 인적 자본 그리고 기술이 자연스럽게 통합되도록 유도하는 것이 좋다.

통합의 방식과 속도 그리고 순서에서 모든 것에 우선하는 최선이란 존재하지 않는다. 이 문제에 관한 한 절대로 조급하게 굴지 말고 가능하면 천천히 내실을 기하면서 이념에 억매이지 말고 실용적인 잣대를 기준으로〔*pragmatic, through trial and error*〕 일을 처리함이 옳다.

통합의 비용과 관련하여 그동안은 많고 적음이 논란의 대상이 되었으나 그보다는 그 자체를 비용으로 인식하는 우리의 태도를 바꾸는 것이 시급하다. 통합에 소요되는 비용은 대부분 북한 주민에 대한 소득이전이거나 북한지역의 사회 자본을 재건하는데 드는 투자이다.

다수가 동의하는 합리적인 수준에서 소득이전이 이루어지거나 미래지향적인 타당성 평가를 거쳐 투자가 이루어진다면 비용의 크기가 크게 문제될 것 없다. 다만 소득이전보다는 투자에 더 큰 비중을 둘 필요가 있다. 경계해야 할 것은 북한 주민의 자력갱생 의지를 손상시킬 정도로 과도하게 이루어지는 소득이전이며, 타당성 평가도 거치지 않고 무리하게 추진하는 투자이다.

통합의 비용을 조달하는 방안으로는 남한 주민이 분담하는 방안, 북한 주민에게 부담을 지우는 방안 그리고 우방국이나 국제기구의 도움을 얻는 방안 등이 있다. 세 가지 방안을 병행하는 것이 바람직하다.

여기에서 북한 주민에게도 부담을 지우자는 것은 지금 당장 북한 주민에게서 돈을 걷자는 것이 아니다. 통합에 소요되는 비용의 일정부분을 유상차관으로 제공한 다음 차후 북한경제와 북한 주민이 자생력을 갖게 되었을 때 북한 주민이 내야할 조세와 북한 재산의 매각대금을 활용해서 통합비용의 일부를 회수하자는 것이다.

소요비용의 60%는 유상차관, 30%는 남한의 무상원조 그리고 나머지 10%는 국제기구와 우방국의 무상원조로 조달하는 것이 한 예가 된다. 그렇게 해야 통합 이후 북한 주민들이 자긍심을 갖게 될 것이며 남한 주민 역시 시혜자라는 우월의식을 덜 갖게 될 것이다.

통합의 주체는 누구여야 하는가? 여기에서 말하는 통합이란 북한경제를 남한경제와 같아지도록 만드는 작업을 의미하므로 당연히 북한 주민이 주연이 되어야 한다. 그러나 경험과 능력이 부족한 북한 주민이 처음부터 주연을 맡기는 어려울 것이다. 국제기구의 도움을 받는 가운데 남한 정부와 남한 주민이 북한 정부와 북한 주민을 도와서 통합과정을 진척시키되, 최대한 빠른 속도로 북한 주민의 역량을 키워 그들이 통합작업을 주도하도록 유도해야 한다.

통합의 전략

여기에서는 규범과 제도 및 표준의 통일, 각종 시장의 통합, 가격 및 임금의 자유화, 금융과 통화 및 재정의 통합, 북한재산의 처리 방안 등에 관해 알아본다.

규범, 제도 및 표준의 통일

경제통합을 위해서는 경제활동이라는 게임의 기본 룰에 해당하는 각종 규범, 게임의 장이 되는 각종 제도와 시장기구, 게임의 성과를 평가하는 기준이 될 각종 표준 등을 통일하는 것이 최우선 과제가 된다. 남·북한 경제의 규모로 보거나 경제발전의 성과를 볼 때 남한경제에 적용되는 게임의 규칙, 남한경제에 존재하는 각종 제도와 시장기구 그리고 남한경제에 통용되는 표준으로 통일함이 옳을 것이다.

이를 위해서는 현재 남한경제에서 통용되는 게임의 기본규칙, 게임의 장을 규정하는 제도와 시장 그리고 각종 표준 등에 걸쳐 미비점을 찾아 개선할 필요가 있다. 남한경제의 입장에서 볼 때에 바람직하지 않은 규범과 제도와 표준을 통합 한국경제에 그대로 적용해서는 안 될 것이다.

규범, 제도, 시장기구, 평가기준 등을 통합하는 데 특히 유의해야 할 것은 북한 주민의 입장에서 보면 모든 것이 생소한 것이므로 교육과 설득을 통해 그들의 이해를 구하는 작업이 반드시 필요하다는 점이다. 남한경제에서 통용되는 것이니 무조건 따라야 한다는 강압적인 태도는 틀림없이 큰 반발을 불러올 것이기 때문이다.

가격 및 임금의 자유화

북한지역의 가격 및 임금은 시장에서의 수요-공급 균형에 따라 저절로 정해지는 방향으로 자유화해야 한다. 유사한 것이라고 해서 남한에서 통용되는 가격과 임금을 그대로 적용해서는 안 된다. 진정으로 동일한 것이라면 일물일가(一物一價)의 법칙이 작용해서 저절로 동일한 가격과 임금으로 귀착될 것이다. 이에 관해 좀더 구체적으로 살펴보자. (Kim, 2011 참조)

북한기업이 생산한 제품 A가 있을 때 그 가격을 어떻게 정해야 할까? 그 답은 그 제품이 시장에서 자유롭게 거래되도록 두고 거기에서 저절로 가격이 정해지도록 하라는 것이다. 이때 그 제품이 남·북한 지역 어느 곳에서든 자유롭게 거래되도록 하고 또한 수요가 있다면 해외 수출도 허용해야 한다.

유의할 것은 북한제품 A가 남한제품 B와 유사하다고 해서 남한에서 통용되는 B의 가격을 A에 대해 그대로 적용해서는 안 된다는 사실이다. B와 A가 정말 동일한 제품이라면 누가 시키지 않아도 양자는 동일한 가격을 받을 것이다. 그렇지 않다면 비록 유사해 보일지라도 다른 상품이라고 보아야 한다.

남한에서 생산된 제품 B의 가격은 어떻게 정해야 할까? 이 역시 거래에 제한을 두지 않는다면 북한지역에서 형성되는 가격을 그대로 따르면 된다. 제품 B가 남한에서는 개당 1만 원에 거래되는 경우에도 북한에서는 시장 상황을 반영해서 5천 원에 거래될 수도 있다. 남·북한 경제의 통합이 완결되기 전까지 양 지역의 시장을 서로 다른 시장으로 인식할 필요가 있다. 따라서 동일한 제품이라도 같은 가격에 거래되지 않을 수도 있는 것이다.

이러한 원칙은 북한 근로자의 임금에 대해서도 그대로 적용된다. 임금 역시 노동시장에서 노동력에 대한 수요와 공급이 균형을 이루는 수준에서 정해지도록 두는 것이 옳다. 예를 들어, 노동시장에서 이루어진 자유로운 거래의 결과 남한근로자는 시간당 5천 원을 받는 데 비해 북한 근로자는 시간당 2천 원을 받게 되었다고 하자.

이러한 차이는 부당한 것인가? 그렇지 않다. 차별이나 강압이 없었다면, 북한 근로자가 남한 근로자보다 싼 임금을 받는 것은 전자가 행한 노동의 가치가 후자가 행한 것보다 작기 때문이다. 노동력에 대한 수요와 공급 조건의 차이에 따라 임금이 상이하게 정해지는 것은 아주 당연한 일이다. 남한에서도 학력, 숙련도, 경험, 자격 등에 따라 임금이 천차만별로 정해짐을 상기해 보라.

그럼에도 불구하고 북한근로자의 임금수준을 남한근로자와 비교해서 억지로 동일하게 정하면 생산성이 떨어지는 북한근로자를 비싼 대가를 지불하면서 채용할 기업은 아무도 없을 것이므로 결과적으로 북한근로자의 노동기회만 박탈하게 된다. 그래도 강요한다면 북한근로자를 고용하는 기업은 경쟁력을 상실하고 도태하게 될 것이다.[2] 가격과 임금에 관한 한 중요한 것은 자유화이지 동일화가 아니다(*liberali-*

2 북한근로자들이 '임금은 능력에 따라 정해지므로 모든 사람이 똑같은 임금을 받을 수는 없다'는 사실을 받아들이도록 설득하고 이해시키는 작업이 이루어져야 한다.

zation, but not equalization〕.

금융 및 재정통합

금융, 통화 및 재정 역시 남한으로 통합함이 옳다. 금융은 금융기관과 금융시장의 통합을 통해 자연스러운 통합이 이루어지도록 함이 옳다. 이때 인위적으로 북한 주민 또는 북한 기업에게 금융자산을 이전하는 일은 삼가야 한다. 중요한 것은 그들을 남한 주민이나 남한기업과 동등하게 대우하거나 약간 우대하는 일이다.

금융신용질서에 대해 무지한 북한 주민과 북한기업을 교육하고 훈련하는 작업을 병행해서 수행해야 할 필요가 있다. 지금부터 그 일에 소요될 인력과 프로그램을 개발할 필요가 있다. 재정은 신속하게 통합해야 한다. 이는 남한과 북한지역에 대해 원칙적으로 동일한 조세정책과 지출정책을 적용해야 할 것임을 의미한다.

소득세와 재산세는 소득과 재산의 크기에 비례하는 것이므로 남·북한지역에 대해 상이한 조세체계를 적용할 이유가 없다. 적게 벌면 적게 내고, 재산이 적으면 적게 내면 되므로 그렇다. 이는 등록세와 부가치세 등에 관해서도 동일하게 적용될 수 있는 원칙이다. 동일한 조세체계를 적용하는 것을 원칙으로 하되 남한지역에서 약자보호와 소득이전의 차원에서 이미 시행하는 각종 면세, 감세, 누진과세 등의 관행을 북한지역에 대해서도 시행하면 된다. 다만 면세점이나 감세대상과 누진체계 등은 북한의 상황을 감안해서 적절하게 재조정할 수 있을 것이다.

지출 측면에서도 남한과 북한지역에 대해 동일한 원칙을 적용하는 것이 바람직하다. 추가적으로 고려해야 할 사항은 재정규모를 얼마로 할 것인가, 재정지출의 내역을 어떻게 조정할 것인가, 재정지출의 지역적 배분비율을 어떻게 조정할 것인가 하는 문제이다.

통합한국의 재정규모는 어느 정도가 되어야 할까? 한 가지 방안은 현재 남한 정부가 집행하는 재정지출 규모를 근거로 산정하는 것이다.

남한의 일반정부 지출규모는 GDP 대비 25%인 300조 원 정도로서 남한인구 한 사람당 600만 원을 쓰는 셈이다. 통합한국의 총인구를 7,500만 명으로 치면, 현재의 수준을 유지한다 할 때 통합 이후에 재정지출 규모는 450조 원이 되어야 한다. 현재 상태에서 통합될 경우 남·북한의 총 GDP는 약 1,230조원이 되므로 통합 이후 재정지출 규모는 즉시 GDP의 36.6%로, 지금보다 10% 이상 늘어나게 된다. 이는 현재 일본 또는 미국의 재정지출의 상대적 규모와 유사한 수준이다.

재정지출의 상대적 규모 36.6%가 너무 높다고 판단되면 지금부터라도 남한의 재정지출 규모를 25%에서 20%로 축소할 필요가 있다. 이 경우 통합 이후의 재정규모는 29% 정도가 된다. 이와 같은 계산을 근거로 통합 이후 재정지출의 상대적 규모를 30% 이내로 유지할 것을 제안한다. 이것은 통합한국의 국민이 한 사람당 개인소득의 30%를 각종 조세로 정부에게 이전하게 될 것임을 의미하는 수치이다.

현재 남한 주민의 평균 담세율은 약 25% 수준이다. 통합 이후 당분간은 북한 주민의 담세능력이 취약할 것이므로 통합 이후 평균 담세율 30%라는 수치는 통합과 더불어 남한 주민의 담세율이 현재의 25% 수준에서 대폭 증가하게 됨을 시사한다(현재의 담세율 25%는 유지하되 지출은 20%로 축소하고 그 나머지를 통합에 대비해서 축적해 둔다면 통합 이후 남한 주민의 조세부담은 그만큼 경감될 것이다).

GDP의 30%를 재정지출로 쓰되 그 구성에서 국방비의 비중을 대폭 낮추고 복지성 사회지출 및 투자성 경제지출을 크게 늘려야 할 것이다. 반면 일반행정비용은 현재의 비중을 유지하는 선에서 억제함이 좋다. 통합이 진전되면 북한 주민에 대한 복지성 이전지출이 크게 늘어날 전망이며 또한 통합의 진전에 맞추어 남·북한 사회간접자본을 통합하는 일 및 북한지역의 사회간접자본을 건설하는 데 막대한 투자비용이 소요될 것이다. 국방비와 일반행정비를 절약해야 할 까닭이 거기에 있다.

복지성 재정지출의 경우 남·북한 주민을 차별해서 대우하는 것은 매우 어려울 것이다. 현재 정부예산 가운데 복지예산이 차지하는 비중이 약 15% 수준이다. 이를 금액으로 환산하면 한 사람당 90만 원이 된다. 통합 이후 북한 주민에게도 동일한 금액을 보조하려면 현재의 복지성 지출 40조 원에 추가해서 22.5조 원이 더 필요하게 된다. 현 수준을 유지하더라도 매년 62.5조 원의 복지예산이 필요해지는 것이다.

이 경우에도 통합 이후 재정지출 규모를 30%로 한다는 원칙을 적용하면 통합 이후의 복지예산을 55.4조 원으로 제한해야 한다는 결론이 나온다. 이는 통합 이후 남·북한 주민 한 사람당 복지예산이 73.8만 원이 되어야 할 것임을 시사한다. 이는 남한 주민 한 사람당 90만 원인 복지예산을 통합에 대비해서 74만 원 수준으로 축소해야 함을 시사한다.

조세 및 재정을 통합하려면 그 선행 과제로서 북한지역의 행정체계를 재정비해야 한다. 북한지역의 행정체계가 정비되어 있어야 지방정부에 대한 중앙정부의 재원이전이 가능하다. 현재에도 남한에서는 지방정부 예산의 상당부분을 중앙정부에서 이전받는다. 지방정부의 재정자립도가 천차만별이므로 정부가 이전을 통해 그 차이를 어느 정도 완화시키려는데 정부 간 이전의 의의가 있다.

북한과의 통합을 추진하게 되면 중앙정부에서 북한 지역정부로 매우 큰 규모의 재원이전이 필요할 것이다. 거기에 필요한 재원을 충당하려면 남한 내 지방정부에 대한 이전지출 규모를 크게 축소하지 않으면 안 될지도 모른다. 재정 건전성을 확립하기 위해서는 물론이고 경제통합에 대비하기 위해서라도 남한 지방정부의 재정자립도를 높여나갈 필요가 있다.

동시에 매우 방만하게 운영된다는 평을 듣는 남한 지방정부의 재정운영 방식을 효율성을 높이는 방향으로 개혁하는 작업도 추진해야 한다. 향후 북한의 지방정부에 대해 효율적인 재정운영을 주문하려면 남한의 지방정부가 솔선수범해서 건전재정의 원칙을 준수해야 할 것이다.

북한재산의 처분

북한의 토지, 건물, 지하자원, 기업체 등 재산은 어떻게 처리하는 것이 좋은가? 이와 관련하여 우선 염두에 두어야 할 사항은 북한에서는 원칙적으로 모든 재산이 국유 또는 공유라는 사실이다.

경제통합과 더불어 이들 국유재산을 어떻게 처리함이 좋은가? 장기적으로는 남한의 현 국유재산 비율 또는 합리적인 논의의 과정을 거쳐서 새롭게 정할 국유재산 비율에 해당하는 것만 남기고 모든 것을 처분해서 사유화시키는 것이 좋을 것이다.

그러나 이는 오직 장기적인 방안일 뿐이다. 재산 소유권의 민영화는 가능하면 늦추는 것이 좋다. 그 대신 재산의 이용권 또는 기업의 경영권은 조기에 매각함이 좋다. 소유권은 상당한 기간이 경과한 후 북한지역 재산의 가치가 제대로 평가받게 되었을 때 매각함이 좋다. 이때 몇 가지 원칙을 준수하면 좋을 것이다.

첫째, 북한지역 재산의 소유권은 현재의 북한 주민에게 주민 한 사람당 N분의 1씩 귀속된다.

둘째, 북한 주민에게 북한지역 재산에 대한 소유권을 나타내는 증서를 발급한다. 이 증서는 자본시장을 통해 거래할 수 있다. 다만 증서를 사더라도 당장 재산을 넘겨받는 것이 아니다. 향후 재산을 처분하게 되면 소유증서의 양에 비례해서 보상을 받는다.

거래를 활성화하기 위해 북한 주민 한 사람 당 예를 들어 1천 장의 증서를 교부하면 좋을 것이다. 한편 이 소유증서를 주고 북한지역의 토지, 건물, 지하자원, 기업 등을 이용, 개발 또는 경영할 수 있는 권리를 구매할 수 있다. 예를 들어 어떤 토지의 이용가치가 소유증서 1만 장으로 정해졌다면 북한 주민 10명이 모여서 해당 토지를 공동으로 임차할 수 있다. 물론 소유증서를 사 모는 것을 통해 재산을 형성할 수도 있다.

셋째, 북한지역 재산은 원소유주에게 반환하지 않는다.

넷째. 이미 언급한 바지만 북한지역 재산의 매각은 그것이 쓸모 있

게 된 연후에 제 값을 받고 매각한다.[3]

북한지역 재산처분과 연계한 소득 및 재산이전

통합과 더불어 북한지역 주민에 대한 소득 또는 재산이전의 필요성이 대두될 수도 있다. 너무나 못사는 북한 동포를 그대로 두고 볼 수는 없으며 우리가 남의 나라도 도와주는데 북한을 도와주는 것은 당연하다는 논리가 등장할 것이다. 그러나 남한 주민의 소득이나 재산을 북으로 이전하자고 하면 그에 대한 남한 주민의 반발이 만만하지 않을 것이다. 따라서 합리적인 선에서 소득 또는 재산을 이전하는 방안을 강구해야 할 것이다.

한 가지 방안은 위에서 언급한 바와 같이 현재 북한지역에 존재하는 전 재산의 소유권을 북한 주민에게 귀속시키는 제도를 활용하는 것이다. 북한에 존재하는 토지, 건물, 시설물, 지하자원, 기업체, 사회간접자본 시설, 지적 재산 등은 원칙적으로 모두 국유재산이다.

이 국유재산에 대한 소유권을 북한 주민에게 소유증서의 형태로 교부하자는 안이다. 동 증서는 국유재산 매각대금 배분에 참여할 권리를 나타낸다. 증서는 가칭 국유재산신탁청이 맡아서 보관하면 좋을 것이다. 이미 언급한 바와 같이 소유증서는 자본시장을 통해 거래될 수 있다. 이 소유증서의 가치는 얼마나 될까? 현재 북한 주민의 1인당 소득이 약 100만 원이며, 수익률을 5%로 상정할 때 재산-소득 계수가 약 20이 되므로, 주민 한 사람당 2천만 원의 재산을 갖고 있는 셈이 된다(같은 방식으로 남한 주민의 재산을 계산하면 4억 원이 된다).

향후 통합이 진전되어 북한 재산의 실질가치가 현재가치 기준으로 두 배가 되었을 때, 그 중 25%는 국유로 남겨 놓고, 50%는 매각해서 사회간접자본 투자비용을 비롯한 각종 통합비용에 충당하고, 나머지

3 북한소재 국유재산 처분 시까지 계속해서 북한에 거주한 주민에게만 국유재산 매각대금을 귀속시키는 정책은 통합과 더불어 북한 주민들이 대거 남한으로 이주하는 것을 막는 좋은 방편이 될 수도 있다.

25%는 북한 주민에게 제공한 복지성 경비를 회수하는 데 쓰는 방안에 대해 생각해 보자.

이는 북한 주민 한 사람당 4천만 원에 해당하는 통합비용이 투입되는 것으로 상정한 것이다(이는 통합 이후 북한재산의 가치가 현재의 두 배가 되는 시점까지를 고려한 총비용으로서 만일 이 일이 10년에 걸쳐 이루어진다면 1인당 연 400만 원에 해당하는 통합이용이 들 것임을 시사한다).

북한 주민 한 사람당 소요비용 4천만 원 중 1천만 원은 국유재산으로 남겨 둘 부분의 가치로서, 순수한 의미에서의 재산이전이 된다. 나머지 가운데 2천만 원은 통합에 소요될 직·간접비용이 되며 1천만 원은 북한 주민에 대한 복지성 소득이전이 된다. 통합의 직·간접비용과 복지성 소득이전을 합한 3천만 원은 엄밀한 의미에서 보면 유상차관에 해당한다. 즉, 거저 주는 돈이 아니다. 추후 국유재산을 매각해서 회수할 돈이다.

위의 예에서 북한 주민 한 사람당 2천만 원에 해당하는 금액을 유 무상으로 이전하게 되는데, 이를 언제 얼마나 이전할 것인가는 더 많은 논의를 거쳐 정할 일이다. 또한 위의 예에서 총 통합비용의 크기 및 이전금액의 크기는 북한지역 재산의 미래가치가 얼마가 될 것인지 그리고 국유재산유지비율 및 소득이전과 투자비용 간의 배분비율을 어떻게 정하느냐에 따라 달리 정해진다. 중요한 것은 위에 예에서 보듯이 총 통합비용의 상당액을 회수할 수 있다는 점에서 순수 이전비용은 그리 크지 않다는 사실이다(김영윤, 2011; 서계진, 2011; 홍순직, 2011 참조).

산업의 재편

북한은 매우 낙후된 산업구조를 지니고 있다. 광업과 중공업, 그중에서도 군수산업이 큰 비중을 점하며 경공업과 농림어업은 매우 취약하다. 또한 유통, 통신, 교통, 의료, 법률, 건설, 관리, 금융, 대외교역 등의 서비스 산업은 전무한 실정이다. 다만 교육과 행정 서비스는 일정 수준을 유지하고 있다. 그 결과 북한지역의 식량난과 생필품난은 아주 심각한 수준에 놓여 있다.

또한 북한은 외환이 절대적으로 부족하며 외채를 상환하지 못해 대외신용도가 극히 낮다. 산업시설이 낙후되었고, 전력과 유류 등 에너지난도 심각한 수준에 달했다. 전기, 통신, 도로, 철도, 항만, 교량 등의 사회간접자본 역시 극도로 취약한 상태에 놓여 있다. 그나마 작동하는 것은 군과 군 관련 산업인데, 군수산업과 일반산업 간의 연관도가 매우 낮아서 군수산업의 발전이 여타 산업발전에 별다른 도움을 주지 못한다.

산업구조 통합은 북한의 산업구조를 남한과 동일하게 만드는 것을 목표로 추진해서는 안 된다. 북한의 산업구조와 역량은 1960년대 남한과 유사하다. 50년이나 낙후된 산업구조를 일거에 현대화, 첨단화하는 것은 가능하지도, 바람직하지도 않다. 바람직한 것은 남한경제가 그랬던 것처럼 점진적인 산업구조 고도화의 전략을 따르는 것이다.

먼저 농림어업 부문의 생산성 제고에 힘써야 한다. 중국이 개혁·개방에 나서면서 농업혁명을 통해 식량문제를 원만하게 해결한 것에서 교훈을 얻어야 한다. 농어민에게 경작권과 어로권을 부여해서 근로의욕을 부여한다면 만성적인 식량난 해소에 큰 도움이 될 것이다. 남한의 새마을 운동을 북한의 농어촌에 적용하는 것도 한 방안이다. 이 경우 무조건 도움을 주지 말고 농어민이 스스로 일어설 수 있도록 유도하고 지원하는 것이 낫다. 농어촌 활성화와 관련해서 다음과 같은 몇 가지에 유념할 필요가 있다.

첫째, 과거 남한에서 그랬듯이 농어촌주민들의 급격한 이농이촌 현상을 방지해야 할 것이다. 북한의 농어촌지역을 도시지역에 버금갈 정도로 살 만한 곳으로 가꾸는 일이 그래서 중요하다. 주택개량, 경지정리, 토양개선, 통신·상하수도·교통 등 기반시설정비, 농어촌 교육·문화시설 확충 등을 통해 가능하면 많은 주민이 농어촌지역에서 생활하도록 유도할 필요가 있다.

둘째, 현재 극도로 황폐화된 북한지역의 농어촌을 살리는 방안을 강구할 때, 화학비료와 농약의 과다사용 그리고 전기와 유류 등 에너지를 많이 소비하는 방식의 남한식 영농 및 어로방법을 그대로 이전해서는 안 된다. 그보다는 노동집약적인 소규모 친환경 유기농을 육성하는 것이 더 낫다. 아직은 토양오염도가 낮은 그러나 척박하기 그지없는 북한지역을 친환경 유기농업을 통해 고급 먹을거리 생산지역으로 탈바꿈하는 전략을 구사함이 좋을 것이다.

이를 위해 북한의 광범위한 농촌지역을 친환경 유기농 단지로 지정하고 남한 등지에서 초치(招致)한 관련 전문가들을 상주시켜 북한농민들을 교육하고 훈련하는 것이 필요할 것이다. 친환경 유기농이 정착하려면 많은 시간과 노력과 비용이 들겠지만 이는 북한의 농촌을 살리는 길이다. 이러한 친환경 유기농 방법은 북한의 축산, 어업, 임업 등에도 그대로 적용된다. 화학비료와 농약에 의존하는 자본집약적(농기계집약적)인 기업농법을 활용해서 북한지역의 농업생산성을 일거에 높이려는 방안은 장기적으로 매우 큰 부작용을 낳을 근시안적인 대안이다. 광업을 활성화하는 것보다도 더 필요한 것은 제조업을 활성화시키는 것이다. 이때 점진적이며 단계적이고 실용적인 접근법을 채택함이 옳다. 초기에는 미숙련의 노동집약적인 경공업을 육성하는 것이 좋다. 이는 생필품 부족현상을 완화하는 데 도움이 될 것이며, 기술과 숙련도가 낮은 북한 근로자들에게 유용한 고용기회를 제공하게 될 것이다.

이 경우 내수도 중요하지만 이를 수출산업으로 육성하면 더 좋을 것이다. 미숙련 노동집약적인 경공업 진흥에 성공하게 되면 차츰 자본집약적 경공업, 자본집약적 중공업, 기술집약적 첨단산업, 두뇌집약적 지식정보산업 등으로 산업구조를 고도화할 필요가 있다. 이때 남한경제가 50년에 걸쳐 이룩한 것을 그 절반인 25년 정도에 완수한다는 목표를 정해 일을 추진하면 좋을 것이다.

북한근로자를 활용하는 제조업육성과 병행해서 남한기업, 남한기술, 남한근로자와 경영자와 기술자를 활용하는 첨단 지식정보산업을 북한지역에서 육성하는 방안도 병행함이 좋을 것이다. 중국이 개혁과 개방 초기에 기술력과 자본력 그리고 경영능력이 앞선 외국기업의 직접투자를 유도하는 것을 통해 산업구조를 아주 빠른 속도로 발전시켜 온 것에서 교훈을 얻을 수 있을 것이다. 이와 관련해서 북한이 그동안 IT 전문요원 양성에 심혈을 기울여왔다는 사실에 착안할 필요가 있다.

서비스업은 전무한 실정이므로 새로 시작하는 기분으로 산업을 일으켜야 한다. 이 경우에는 일거에 첨단화하는 전략 즉, 립프로깅(*leap-frogging*) 전략을 적용할 수도 있다. 예를 들어, 통신서비스의 경우 아예 처음부터 4G 모바일서비스 시스템을 구축하는 것이다.

전력의 경우에도 여건이 허락하면 처음부터 스마트그리드(*smart grid*) 기술을 적용할 수 있을 것이다. 철도나 도로 역시 새로 시설하는 경우에는 최첨단 형을 채택하는 것이 좋을 것이다. 이 경우 북한이 컴퓨터 소프트웨어 특히 게임이나 해킹 분야에서 상당한 수준의 기술력을 보유하고 있다는 점을 활용할 필요가 있다.

서비스업은 고용창출의 효과가 가장 큰 분야다. 제조업분야에서 남한 근로자보다 능력이 뒤떨어지는 북한근로자가 그래도 비교적 쉽게 일자리를 찾을 수 있는 분야가 판매, 운송과 배달, 관광 안내, 토목과 건설, 보건의료, 교육, 요식업, 숙박업, 산림관리, 경비와 경호, 차량정비와 선박수리 등의 서비스업종이다. 고용문제 해결을 위해서라도 서비스업 육성에 힘써야 한다.

기술의 전파

북한의 기술수준은 일부 군사기술을 제외하면 아주 낙후됐다. 기술은 공공재로서의 특징을 지니며 앞선 기술이 낡은 기술을 완전히 도태시키는 특징이 있다. 기술에 관한 한 북한의 낡은 기술을 활용할 여지는 거의 없을 것이다. 따라서 이 경우에는 남한의 앞선 기술을 가능하면 빨리 북한으로 이전시키는 전략을 채택함이 옳다. 이를 위해서는 북한의 기술자들을 재교육 및 재훈련시키는 한편 신규 기술인력을 양성하는 일이 시급하다. 각급 기술학교 및 교육기관 그리고 연구소 등을 설립해서 운영할 필요가 있을 것이다.

남한의 기술인력을 교육 훈련요원으로 활용하고 특히 남한의 은퇴 기술 인력을 적극적으로 활용하는 방안을 강구함이 좋을 것이다. 이때 기술의 해외유출로 경쟁력을 손상시킬 우려가 없는 경우에는 남한이 보유한 기술, 지식, 정보를 무상으로 북한으로 이전함이 바람직하다.

기술이전의 방법으로서 효과적인 대안 가운데 하나가 경험으로부터의 배움(*learning by doing*)과 두뇌환류(*reverse brain drain*)이다. 북한지역의 근로자, 특히 젊은이들을 대거 남한기업에 취직시켜 기술을 전수받은 다음 북한에서 기업을 운영하도록 지원하고, 북한의 젊은이들을 남한에서 교육 훈련시켜서 고급두뇌로 북한지역으로 되돌려 보내는 방안을 활용하면 좋을 것이다. 물론 이는 교육훈련을 받은 후 그들이 북한지역으로 되돌아갈 유인을 갖게 만드는 것을 전제로 한다.

사회간접자본의 통합

전기, 통신, 도로, 철도, 항만, 교량, 공항, 상하수도, 폐기물처리 등 사회간접자본의 통합과 관련해서는 남·북한 시설물 간의 규격과 기술과 용량 등에서의 이질적인 표준을 단일표준으로 통일하는 일과 절대적으로 부족한 북한지역의 사회간접자본을 확충하는 것이 과제가 될 것이다. 표준은 남한의 것으로 통합해 나가되, 단 시일에 변형이 어려운 경우는 당분간 병행해서 사용하면서 점진적으로 통합하는 방안도 강구해야 한다. 그러나 경우에 따라서는 전량 폐기하고 다시 건설하는 것이 나을 수도 있을 것이다.

부족한 사회간접자본을 건설할 때, 국가의 근간을 이루는 핵심시설은 가능하면 최첨단 시설로 건설함이 좋을 것이다. 그러나 최첨단이어야 할 필요성이 낮은 분야는 다수의 북한근로자에게 유용한 고용기회를 제공할 수 있는 방식을 채택하는 것이 좋다. 예를 들어, 핵심 고속도로는 최첨단 녹색지능형으로 건설하되, 낙후된 지역의 지방도로는 노동집약적인 방식으로 건설하는 것이 바람직하다. 북한 근로자들에게 일자리를 제공하고 그들의 기술수준 및 숙련도를 남한근로자와 근접하게 만드는 것이 시설물 건설에 못지않게 중요하기 때문이다.

인적 자본의 통합

인적 자본을 통합하는 일이 가장 중요하다. 그렇지만 인적 자본을 통합하는 일은 매우 어려우며 장시간의 노력을 필요로 하는 작업이다. 인적 자본이 통합되어야 경제통합도 완결된다.

인적 자본의 통합은 무엇을 뜻하는가? 남한사람과 북한사람이 모든 면에서 동일해지는 것을 의미하는가? 그렇지는 않을 것이다. 이는 무엇보다도 북한사람이 남한사람에 비해 불합리하게 차별받지 않게 됨을 의미한다. 이는 또한 인적 자본 축적량과 질에서 남한사람에 비해 현저하게 뒤떨어진 북한사람의 처지를, 적어도 평균적 관점에서, 가능하면 빨리 남한사람 수준으로 끌어올리는 것을 의미한다.

인적 자본통합과 관련해서 결과의 균등보다는 기회의 평등을 중시할 필요가 있다. 당연히 북한사람에게, 모든 면에서 남한사람에게 보장하는 것과 동일한 수준의 기회의 평등을 제공해야 한다. 법적인 기회평등 만으로는 부족하다. 예를 들어 북한의 어린이에게 남한의 어린이와 동등한 교육기회를 준다고 해도, 가정형편 때문에 그 기회를 활용할 수 없다면 소용이 없다. 따라서 중요한 것은 적극적 의미에서 그리고 실효적 의미에서의 기회평등이 이루어지도록 조치하는 것이다.

건강, 의욕, 태도, 학력, 기술, 숙련도 등으로 측정되는 인적 자본의 양과 질에서 북한사람은 남한사람에 비해 열세에 놓여 있다. 많은 면에서 지금의 북한 사람들은 1960년대의 남한사람과 유사하다. 발달의 정도를 보면 많게는 50년 그리고 적게는 25년 정도 뒤떨어져 있다. 이 정도의 인적 자본 차를 극복하는 일은 매우 어려운 작업이다. 인적 자본의 괴리를 좁혀야 남·북한 간의 참된 통합이 이루어진다. 시간과 노력과 돈이 많이 들더라도 반드시 이루어내야 할 과제다. 그러나 조급해 할 필요는 없다. 한 세대 안에 통합을 이룬다는 목표 아래 일을 추진하면 된다.

이를 위해 북한 주민을 위한 보건, 위생, 의료, 스포츠, 문화시설을 확충하는 한편 교육훈련체계를 전면 쇄신해야 한다. 전자는 북한 주민의 건강과 의욕증진을 위해 필요하고, 후자는 북한 주민의 학력과 능력 및 기술향상을 위해 필요하다.

학교교육을 개방형 자본주의 시장경제에 적합한 민주시민을 양성하는 체제로 전환해야 한다. 교사들을 재훈련, 재교육시켜야 하며 특히 실용적인 교육을 활성화시킬 필요가 있다. 여성과 아동 및 청소년 교육에 특히 많은 노력을 기울여야 한다. 학교교육과 관련하여 북한아동에게는 고동학교까지 전면 무상 의무교육을 제공하는 방안을 강구함이 좋을 것이다(합리적 기준에 의해 선발된 학생들에게는 무상숙식까지 제공할 수 있을 것이다). 북한학생을 대상으로 하는 장학제도를 대폭 신설해서 능력과 의욕이 있는 젊은이들이 최고의 교육을 받을 수 있도록 지원할 필요가 있다.

북한의 노동력을 재교육, 재훈련시킬 필요가 크다. 북한근로자의 노동능력은 개방형 자본주의 시장경제에는 적합하지 않아 다수의 북한 근로자는 '쓸모없는' 노동력이다. 그들을 '쓸모 있게' 변화시키는 일이 통합의 최우선 과제가 될 것이다. 독일통일의 경험을 보면 젊은이들이 환경변화에 대해 더 빠르게 적응하는 것으로 나타난다. 이를 보면 현재 40세 이상의 북한근로자를 쓸모 있는 인재로 변화시키기는 상당히 어려울 것으로 전망된다. 한편 북한근로자를 재교육 및 재훈련할 때, 이를 완전하게 무상으로 실시하는 것은 바람직하지 않다. 내 힘으로 그리고 내 돈을 들여 했다는 의식이 있어야 참된 훈련이 이루어지기 때문이다.

기타

남·북한 통합에서 고려해야 할 또 하나의 중요한 사항은 성장과 환경이라는 두 가지 핵심가치를 동시에 달성하고자 하는 녹색성장 전략을 북한지역에도 적용하자는 주장이다. 이는 현재 짙은 갈색 일변도인 북한을 미래지향적인 녹색으로 변화시키자는 주장이다.

북한의 산림과 하천, 토지와 농지, 농어촌, 기업과 산업, 에너지 수급, 사회간접자본, 행정체제 등을 친환경 자원절약형으로 재구축하는 것이 미래 비전에 걸맞은 일이다. 이와 관련하여 남한의 공해산업을 북한으로 이전하려는 발상은 설령 그 산업이 북한지역의 경제발전에 도움이 된다 하더라도 실행에 옮기지 않아야 한다.

남·북한 경제통합을 추진할 때, 북한경제의 개방이 중요이슈로 대두될 것이다. 예를 들어 일시에 전면 개방할 것인지 상당한 기간에 걸쳐 점진적으로 개방할 것인가가 논란이 될 수 있다. 북한경제를 일시에 전면적으로 개방하는 방안은 바람직하지 않다. 통합을 추진하더라도 북한지역을 독립된 경제로 인정받아서 후진국 또는 개발도상국의 지위를 확보한 후 점진적으로 개방도를 높여 나가는 것이 좋다. 이 문제와 관련해서 중국이 추진했던 점진적이며 실용적인 개방전략을 원용하면 좋을 것이다. 구소비에트연방에서 일어났던 것 같은 전면적인 개방과 그에 따른 시스템 붕괴의 경험이 좋은 반면교사가 될 것이다.

경제통합을 위한 준비

경제통합에 대비해서 준비해야 할 일이 많다. 그 중 몇 가지에 관해 알아보기로 한다.

남한의 체제와 제도의 혁신·지속

통합의 지향점을 현재의 남한체제와 제도를 개선한, 더 진전된 남한체제와 제도로 하자는 주장이 의미 있는 것이 되려면, 남한체제와 제도의 장점은 강화하고, 단점은 보완하는 작업이 이루어져야 한다.

경제적 측면에서는 개혁과 개방을 지속적으로 추진해서 남한경제의 자생력과 경쟁력을 더욱 강화시켜야 한다. 이는 단적으로 말해 현재 1인당 소득 2만 달러의 실력밖에 지니지 못한 남한경제를 4만 달러의 실력을 갖춘 선진경제로 개선하는 작업에 해당한다.

사회적 측면에서는 장애우, 여성, 고령자, 다문화 가정 등 사회적 약자들을 보호하고 지원하는 문화와 제도를 확충할 필요가 있다. 시민의식을 높여 나가야 하며 관용과 배려심을 함양해야 하고 모두가 더불어 조화롭게 살아가는 방법을 체화해야 한다. 남한 내에서 이루어지는 사회적 약자에 대한 무관심과 차별과 냉대의 폐습을 고치지 못한다면 어떻게 북한사람을 따뜻한 마음으로 대할 수 있겠는가?

또한 남한의 복지제도를 대폭 재정비해야 할 필요가 있다. 따뜻한 그러나 자력갱생을 원칙으로 하는 복지가 이루어질 수 있도록 100% 시혜적인 복지제도는 최소한으로 유지해야 한다. 이와 관련해 대중에 영합하는 무분별한 복지확충 정책을 경계해야 한다.

남한의 교육제도 역시 대폭 개선해야 한다. 교육이념, 철학, 교재, 교사의 자질 등 모든 면에서 통합에 대비한 일대 재정비가 필요하다. 또한 통합 이후 대두될 교육훈련 인력에 대한 수요증가에 대처할 방안을 강구해 두어야 한다.

통합에 대비한 제도적 장치, 인력, 프로그램 준비

북한의 경제, 사회, 행정의 실상을 정확하게 파악할 필요가 있다. 정확한 정보가 있어야 합리적인 대안을 강구할 수 있기 때문이다. 이를 위해서는 북한 실태에 관한 조사연구 사업을 더욱 활성화시킬 필요가 있다. 통합 이후 적용할 북한지역 행정체제에 관한 사전 구상작업이 필요하다. 관련 프로그램 개발과 인력양성 계획도 수립하고, 지금부터라도 필요한 인력을 교육하고 훈련시켜야 한다. 특히 북한지역에 파견되어 통합작업을 주도적으로 또는 보조자로서 추진해야 할 인력의 수요가 만만치 않을 것이다. 지금부터 필요한 인력을 양성해 두어야 한다. 이와 관련해서 남한지역의 숙련도 높은 고급 은퇴인력을 활용하는 것도 좋은 방안이 될 것이다.

한편 정부의 각 부처별로 가칭 북한 ○○국을 설치해서 통합 이후 급증하게 될 행정서비스 수요증가에 대처하는 것도 좋은 방안이 된다. 예를 들어 북한 경찰국을 신설해서 통합과 더불어 급증하게 될 북한지역 치안수요에 대비할 수 있다. 북한 교육과학국, 북한 보건복지국, 북한 국토해양국 등이 그와 같은 성격의 예가 된다.

북한 사업지구 조성

통합시 핵심적 역할을 할 인재를 양성하고 유용한 경험을 쌓으며 경비를 조달하는 방안으로서 북한 사업지구를 조성해서 운영하는 방안을 강구하면 좋을 것이다. 우리가 각종 사업지구를 조성해서 운영하듯이 북한의 인력을 훈련하고 교육하는 것을 주목적으로 하는 북한 사업지구를 조성하자는 안이다. 조성 대상지역은 북한 내, 중국의 동북 3성 지역, 러시아의 태평양 연안지역 등을 후보지로 생각할 수 있겠다.

이곳에 한국, 중국, 러시아 기업을 유치하고 북한사람을 노동자로 고용해서 상품과 서비스를 생산하여 북한, 중국, 러시아, 한국 등에 판매하자는 것이다. 여건이 허락한다면 남한 내에 사업지구를 조성할 수도 있을 것이다. 이 프로그램의 핵심은 북한의 노동능력과 기업경영 능력을 함양하는 데 있다.

중국과 러시아에 사업지구를 조성하는 경우에는 이들 정부의 협조가 필수적이다. 양국의 정부나 국민에게도 혜택이 돌아가는 방향으로 사업계획을 짠다면 불가능한 일도 아닐 것이다(예를 들어 중국의 경우 변경지역으로의 북한주민 탈출을 막는 방안으로 사업지구에서의 합법적인 취업을 유도할 수 있을 것이다. Fedrovskiy, 2011; Larin, 2011 참조).

현재의 개성공단 프로젝트를 본 따서 판문점 인근 군사분계선 지역에 북한전용 사업지구를 건설하는 방안도 고려할 만하다.

북한이해 프로그램 개발

남북 통합과정에서 나타날 가장 큰 걸림돌은 남한사람이 북한과 북한사람에 관해 무지하다는 사실이다. 그러므로 남한사람이 북한을 알고 이해할 수 있는 프로그램을 개발할 필요가 있다. 북한 체험마을 조성이나 북한학습 프로그램 개발과 보급이 하나의 대안이 될 수 있다.

북한 체험마을을 조성하는 일은 여러모로 유용할 것이다. 무엇보다도 북한사람에게 고용기회와 기업경영 능력을 키울 기회를 제공할 것이며 남한사람에게 북한을 배우고 이해하는 기회가 될 것이다. 예를 들어 판문점 인근 비무장지대 또는 판문점에서 한 시간 이내에 오갈 수 있는 남쪽지역에 북한 주민이 출퇴근하며 근무하는 북한 체험마을을 조성해서 운영하는 방안을 생각할 수 있다.

통합 한국 식량조달 프로그램과 자원-에너지 프로그램 가동

통합 이후 틀림없이 전개될 에너지난과 식량난을 극복하기 위한 방안을 마련해야 한다. 식량난과 연결해서 최근 해외 식량조달기지 개발안이 제시되었는데, 통합 이후 한국의 상황을 염두에 두고 대폭 수정한 다음, 가능한 한 많은 수의 북한 인력을 해외 식량조달기지에서 활용하는 방안을 강구하면 좋을 것이다.

예를 들어 중국 동북 3성, 아프리카 또는 남미지역에 식량조달기지를 건설하는 프로젝트를 추진할 때, 남한의 식량문제만 염두에 두지 말고 북한의 식량문제도 염두에 두고 계획을 수립하면 좋을 것이다. 아울러 해당 사업지구에서 필요한 인력 중 일부를 북한근로자로 충원하는 방안을 모색할 필요가 있다(권태진, 2011; 남성욱, 2011; 이태호, 2011 참조).

이 점은 에너지난 극복 프로그램에서도 동일하게 적용된다. 이 부분에서는 북한 인력을 활용할 여지가 많지 않을 것이다. 그렇더라도 국가 에너지 계획을 수립할 때 남한지역의 사정만 고려하지 말고 통합한국

전체를 대상으로 하여 계획을 수립해서 시행에 옮기는 것이 현명한 대안이 될 것이다. 이때 한 가지 유념할 것은 북한지역을 친환경 청정지역으로 유지할 수 있는 방향으로 에너지 계획을 수립해야 한다는 점이다.

통합외교 전개

독일통일 경험에서 얻은 가장 중요한 교훈 가운데 하나는 브란트 수상에서 비롯하여 콜 수상과 겐셔 외무장관에 의해 계승 발전된 통일외교가 없었더라면 독일통일이 그처럼 '쉽고 빠르게' 이루어지지 않았을 것이라는 사실이다(손기웅, 2010 참조).

향후 역내 경제통합을 추진할 때 북한의 동참을 유도하고 그렇게 하도록 지원할 필요가 있다. 또한 미국, 일본, 중국 그리고 러시아 등에 통합한국이 역내 평화유지에 핵심이 될 수 있다는 신뢰를 행동을 통해 확고하게 심어줄 수 있어야 한다. 이와 관련해서 통합 이후에 미군은 남한지역에만 주둔하도록 하든가 북한지역을 군사 중립지대로 남겨두는 방안을 추진할 수 있다.

북한이 세계은행, 국제통화기금, 아시아개발은행 등 국제기구에 더 적극적으로 참여해서 활동할 수 있도록 지원할 필요가 있고 나아가 평화유지와 통합에 도움이 되는 방향으로 외교적 노력을 기울이도록 북한을 설득하고 지원할 필요가 있다.

글을 마치면서

남한과 북한 사이에 존재하는 이질성은 그 정도가 심할 뿐 아니라 그것이 형성된 역사가 길어서 좀체 그 차이를 줄이기가 어렵다. 교역과 교류가 이루어지더라도 한 세대는 지나야 어느 정도 동질성을 회복할 수 있는데 현재와 같은 고립상태가 지속된다면 통합은 난망(難忘)의 일이다.

남한과 북한이 합리적인 대화와 논의를 통해 통합의 길로 나설 가능성보다는 어느 날 갑자기 통합의 길로 떠밀려 갈 가능성이 높다. 원하든 원치 않든, 준비가 되어 있든 아니든 상관없이 예상치 않게 진행될 가능성이 높은 것이다. 1년 이내에 그러한 일이 일어날 가능성은 높지 않지만 5년 이내에 그러한 일이 일어날 가능성은 제법 높아 보인다.

이질성이 큰 만큼 남한과 북한을 통합하는 일은 매우 어려운 과제가 될 것이다. 특히 아무런 준비 없이 돌발사태를 맞아 통합에 나서게 된다면 어려움은 더욱 가중될 것이며 남한이 부담해야 할 통합비용 역시 크게 늘어날 것이다.

언제 될지 모르는 일이니 서둘러서 준비할 필요가 없다는 생각보다, 통합은 빠른 시일 내에 반드시 이루어진다는 전제 하에서 일을 추진함이 옳다. 준비 없이 있다가 일을 당한 다음 당황하기보다는 미리미리 통합프로그램을 개발하고, 통합일꾼을 양성하며, 통합소요자금을 확보하는 게 옳다.

이 일에 소요되는 비용은 미래를 위한 투자로서 단시일 내에 통합 프로세스가 시작되지 않더라도 낭비라고 볼 수 없다. 왜냐하면 이는 발생할 확률이 비교적 높은, 미래의 불확실한 사상(*event*)에 대한 합리적인 대비책으로서의 성격을 갖기 때문이다.

통합을 위한 준비로서 우선 남한의 국가운영체제를 통일한국 전체를 대상으로 하는 것으로 변화시켜감이 좋을 것이다. 현재 우리는 남한만을 대상으로 해서 국가를 운영하고 있다. 60여 년을 분단상태로 지내왔으니 그렇게 된 것이 당연하다.

그러나 이제부터는 남한과 북한을 모두 아우르는 것으로 확대할 필요가 있다. 당장 구체적으로 어떤 일을 할 필요는 없겠지만 북한을 염두에 둔 국정운영 계획을 수립할 필요가 있다. 동시에 유사시에 즉각 가동할 수 있는 비상 국정운영 프로그램을 만들어서 이 프로그램이 제대로 작동하는지 검증해 볼 필요도 있다.

통합을 원만하게 추진하려면 북한의 실상을 정확하게 알아야 한다.

그러려면 북한에서 벌어지는 일들을 정확하게 파악하고 있어야 하는데 이를 위해서는 신뢰성 있는 통계를 확보하려는 노력이 이루어져야 한다. 북한 통계는 그 양도 적은 데다 질적 수준도 아주 낮다. 통계청이나 통계학회가 주축이 되어서 북한 스스로가 제대로 된 통계를 작성하도록 유도하고 필요한 경우 경비와 인력을 지원하는 것이 좋을 것이다. 남한이 앞장서서 국제통화기금이나 세계은행이 북한에 통계와 관련한 지원을 제공하도록 설득할 필요가 있으며, 북한이 세계통계학회의 정회원이 될 수 있도록 지원해주는 것도 좋은 방안이 될 것이다.

통합은 사람이 하는 일이므로 사람이 통합되지 않고서는 진정한 통합이 이루어질 수 없다. 현재 대부분의 남·북한 사람은 분단시대의 냉전적 사고에 사로잡혀서 서로를 배척해야 할 대상으로 간주하고 있다. 그러한 사고방식으로는 통합을 이룰 수 없다. 하루라도 빨리 이를 화해와 상생의 열린 자세로 바꾸지 않으면 안 된다.

그러나 모든 일에서 그렇듯이 사람들이란 막상 일이 닥치기 전까지는 쉽게 변화하지 않는다. 그저 남의 일이라고 생각하고 있다가 갑자기 일을 당하면 상대방을 적으로 간주하는 타성을 벗지 못해 어려움을 겪을 가능성이 크다. 그러한 사태를 방지하려면 냉전적 사고를 불식시키는 일에 정부가 선도적으로 나설 필요가 있다.

통합은 남한과 북한 모두에게 도움이 되도록 이루어져야 하지만, 남한이 북한보다 훨씬 더 잘 살므로 북한에게 더 크게 도움이 되는 방식으로 이루어지는 것이 좋다. 그렇지만 북한 주민의 자력갱생 의지를 훼손할 정도로 큰 지원은 하지 않는 것이 좋다.

통합은 북한체제를 남한과 동질화하는 형태로 진전될 것인데 그러한 작업이 성공하려면 60여 년간 극도로 폐쇄적인 사회주의 계획경제체제하에서 살아오던 북한사람을 개혁과 개방을 모토로 하는 자본주의 시장경제체제 하에서 살아갈 새 사람으로 변화시키는 작업이 선행돼야 한다.

현재 북한사람은 자본주의 시장경제체제를 체험할 기회가 극히 제한되어 있다. 남한기업이나 제 3국 기업의 북한진출을 장려하고, 개성공

김영윤(2011), 〈통일과 통일재원의 문제에 관한 1고찰〉, 서울: 제 547회 정책&지식 포럼, 서울대 행정대학원.

남성욱(2011), 〈통일 직후 과도기 상황에서의 한반도 식량문제 대응방안에 대한 토론문 I〉, 서울: 제 549회 정책&지식 포럼, 서울대 행정대학원.

문성민(2011), 〈남북 화폐통합에 대한 토론문 II〉, 서울: 제 553회 정책&지식 포럼, 서울대 행정대학원.

서울대 통일평화연구소(2010), 《2009 남북통합지수》, 서울대.

서재진(2011), 〈통일과 통일재원의 문제에 관한 일 고찰에 대한 토론문 I〉, 서울: 제 545회 정책&지식 포럼, 서울대 행정대학원.

염돈재(2011), 〈독일통일의 과정과 한반도 통일정책에의 시사점〉, 서울: 제 545회 정책&지식 포럼, 서울대 행정대학원.

이영섭(2011), 〈남북 화폐통합에 대한 토론문 I〉, 서울: 제 553회 정책&지식 포럼, 서울대 행정대학원.

이태호(2011), 〈통일직후 과도기 상황에서의 한반도 식량문제 대응방안에 대한 토론문 II〉, 서울: 제 549회 정책&지식 포럼, 서울대 행정대학원.

통계청(2010), 〈북한의 주요통계지표 2010〉.

통일교육원(2005), 〈북한경제포럼〉.

______(2010), 〈북한이해 2010〉.

______(2010), 〈통일문제 이해 2010〉.

홍순직(2011), 〈통일과 통일재원의 문제에 관한 1고찰에 대한 토론문 II〉, 서울: 제 547회 지식&정책 포럼, 서울대 행정대학원.

서울대 행정대학원에서 개최한 논문 발표 행사장에서 여러 가지로 훌륭한 조언을 해 주신 김병연, 박상인 두 분께 깊은 감사를 드립니다.

남·북한 화폐통합

8

김병연

들어가며

남한과 북한이 하나의 단일한 화폐를 갖는 것, 이른바 화폐통합은 남한과 북한의 경제통합에서 가장 중요한 통합대상 중 하나이다. 이는 하나의 국가가 되었다는 상징적 효과를 넘어서 중요한 경제적 효과를 가진다. 즉 동일한 화폐를 사용함으로써 경제주체들의 거래비용이 줄어들 뿐 아니라 경쟁이 촉진될 수 있다. 그리고 화폐통합이 이루어져야 비로소 통화정책을 비롯하여 공동의 경제정책을 쓰는 것이 가능해진다. 따라서 완전한 경제통합을 위해서는 통합대상 국가 혹은 지역이 같은 통화를 사용하는 것이 필수적이다.

남북 화폐통합에 대해 한국에서의 관심은 매우 크다. 이는 다가올 남북 경제통합 혹은 통일에서 이 이슈가 갖는 정치적, 경제적 중요성 때문이다. 그럼에도 불구하고 남북 화폐통합에 대한 연구성과는 여전히 미미한 수준이다. 서독과 동독의 화폐통합 과정에서의 정책적 실수로 통일비용이 크게 증가하였다는 내용의 논의만 반복될 뿐, 구체적으로 어떻게 하는 것이 그 실수를 반복하지 않을지에 대한 연구는 상대적으로 적다. 또한 남북 화폐의 통합시 전환율을 추정하는 연구는 북한경제에 관한 기초자료의 부족으로 크게 제한되어 있다.[1]

이 글에서는 화폐통합의 실제적 사례로서 독일 화폐통합과 유럽연합국의 화폐통합 사례를 살펴본 후 남북 화폐통합의 원칙과 시기, 그리고 적절한 화폐전환율을 추정하기 위한 방법론을 논의하도록 한다.

외국의 화폐통합 사례

독일 화폐통합

동독지역의 체제이행은 동독의 서독으로의 편입에 따른 결과이었다. 1989년 11월 9일 베를린 장벽이 붕괴된 이후, 동독과 서독은 빠른 속도로 통일을 이루었다. 1989년 11월 28일 그 당시 서독 수상인 헬무트 콜은 '10개항의 계획'을 발표하여 서독과 동독 사이의 연합국가 구성을 제안하였다. 그리고 1990년 3월 18일에는 동독지역에서 자유의회선거가 실시되었으며 1990년 5월 18일에는 서독과 동독 사이에 '경제, 화폐 및 사회 동맹' 협정이 체결되어 동년 7월 1일부터 그 법적 효력이 발생하였다. 1990년 7월 2일에는 동독 마르크의 서독 마르크로의 화폐전환이 이루어졌으며 1990년 10월 3일 통일협정이 공식적으로 발효되었다. 이와 같이 베를린 장벽의 붕괴 이후 1년이 채 안 되는 짧은 기간 동안에 서독과 동독의 통일이라는 역사적 사건이 완료되었다.

신속하고도 전격적인 피(被)편입식 통일은 동독의 체제이행의 큰 틀을 결정지었다. 즉 동독의 체제전환 과정에서는 동독에 맞는 법적, 제

1 전홍택·이영섭, 2002; Rhee, 2009; 김병연, 2009의 연구는 남북 화폐전환율에 대한 추정치를 제시하고 있다는 점에서 예외적인 연구이다. 이 연구들에 대해서는 뒤에서 보다 자세히 다루고 있다.

도적 장치를 독립적으로 마련할 필요가 없이 단순히 서독의 법과 제도를 동독에 이식하는 것이 주목표가 되었다. 그 결과 동독의 체제이행은 빠른 속도로 진행될 수 있었다. 즉 1990년 3월 18일 선거 이후 동독의 체제전환 과정이 본격적으로 시작한 후, 약 4개월여 만에 주요한 이행정책들이 실시되었다. 이 조약에 담긴 통합의 기본원칙 중 첫 번째가 서독 마르크화를 통일독일의 유일한 화폐로 인정하는 것이었다.

가능한 신속히 동독의 화폐를 서독의 화폐로 바꾸기 위해 전환율을 결정할 필요가 있었다. 그러나 추정방법과 사용한 자료에 따라 여러 기관과 학자들의 다양한 전환율이 제시되었다. 예를 들어 독일경제연구소(DIW), 경제연구소(Ifo) 등 서독의 여러 기관들이 구매력평가에 기초하여 추정한 적정환율은 1:1이었다(Sinn and Sinn, 1992). 그리고 여러 자료를 토대로 추정한 결과 서독정부가 공식적으로 내놓은 적정 전환율은 1.8 동독 마르크:1 서독 마르크였다.

그러나 1989년 10월 서베를린에서의 동독 마르크 대 서독 마르크의 시장환율은 9:1이었으며 1990년 1월에는 7:1에 달하였다. 또한 1989년 독일 역내무역에 대한 동독 경제학자의 계산에 의하면 동독의 수출로 얻을 수 있는 서독 마르크화는 평균적으로 생산비의 23%에 불과하다는 주장도 제기되었다.

이러한 차이는 통계자료의 부족과 사회주의경제의 환율이 수요와 공급을 반영하지 않는 점 등 사회주의경제의 특성 때문에 발생된 것으로서 불가피한 측면이 있었다. 따라서 이 중 어떤 전환율을 택할지 결정하는 것은 다분히 정치적 판단이었다. 서독정부는 정치적 이유 등으로 1:1 전환을 선호하였지만 서독중앙은행은 화폐통합 자체에 대해서도 회의를 표시하며 전환이 필요하다면 2:1의 전환율, 즉 동독 마르크에 대해 불리한 전환율을 적용해야 한다고 주장하였다.

그러나 결국 서독정부의 안대로 최종 전환율이 결정되었다. 즉 독일정부는 연령에 따라 2천 마르크(0~14세), 4천 마르크(15~59세), 6천 마르크(60세 이상)까지는 서독 마르크와 1:1의 비율로 교환되도록 결정하였다. 그리고 기존의 임금과 연금계약에 대해서도 1:1의 전환비율을 적용하였다. 나머지 화폐잔고나 기업부채 등은 동독 마르크 2:서독 마르크 1의 비율로 전환되었다. 이러한 전환비율은 동독민의 서독으로의 이주를 우려한 정치적 결정이었다는 것이 중론이다. 그러나 그 결과 동독경제의 자생력이나 경제추격은 큰 타격을 받게 되었다.

유럽 화폐동맹

유럽연합의 화폐동맹(*Monetary Union*)은 여러 면에서 독일의 화폐통합과 비교된다.

첫째, 유럽연합의 화폐동맹이 맺어지기까지 소요된 기간은 1979년 유럽화폐체제에서부터 유로(Euro)가 동맹국들의 유일한 법화로 도입된 2002년까지 23년이었다. 그러나 독일의 경우는 1989년 11월 9일 베를린 장벽의 붕괴에서부터 1990년 7월 2일 화폐통합까지 채 1년도 걸리지 않았다.

둘째, 독일의 경우 전환율을 이론적으로 추정한 반면 유럽연합의 경우 시장접근법을 활용하여 1998년 12월 31일의 시장환율을 토대로 각국의 통화와 유로 사이의 전환율을 결정하였다.

셋째, 유럽연합의 경우 화폐통합이 다른 경제통합 뒤에 시행된 반면 독일에서는 다른 통합과 거의 동시에 화폐통합이 일어났다.

넷째, 독일의 경우는 기존의 통화인 서독의 통화를 동독에도 도입한 반면 유럽연합의 경우에는 유로라는 새로운 화폐를 도입하여 각 국가의 고유화폐를 유로로 대체하는 방식을 택하였다.

유럽 화폐동맹은 1979년에 합의된 유럽화폐체제로부터 출발한다. 유럽경제공동체(EEC)의 회원국가들이 1970년대에 걸쳐 심각한 환율불안정에 봉착하게 되자 이러한 환율변동성을 줄이기 위해 고안한 시스템이 유럽화폐체제였다. 이 체제는 환율메커니즘에 기초하는 것으로서 회원국들의 통화를 ECU(*European Currency Unit*)에 대해 고정시

키고 상·하방 2.25% 사이에서만 자유롭게 움직일 수 있도록 허용하였다.[2]

유럽화폐체제는 1957년 로마조약에 의해 결성된 유럽경제공동체 결성 이후 22년이 지나서 시작되었다. 1957년부터 1979년 유럽화폐체제가 작동될 때까지 유럽시장은 관세를 철폐하고 유럽 공동의 지역정책을 펴는 등 회원국 사이에 통합이 계속 진전되는 추세에 있었다. 또한 1992년 2월 7일 유럽연합 조약 혹은 마스트리히트 조약에서는 유로의 도입을 위한 4가지 수렴조건을 제시하는 등 유럽 공동의 화폐를 도입하기 위한 구체적인 로드맵을 만들었다.

재화나 서비스뿐만 아니라 사람과 자본의 자유로운 이동을 통하여 모든 회원국을 포괄하는 하나의 단일 시장을 만든다는 내용의 마스트리히트 조약은 1993년 1월 1일부터 발효되기에 이르렀다. 이와 같이 1999년 1월 1일 유로의 도입은 유럽 내 경제통합이 상당히 진전된 이후에 일어났다. 그리고 유로의 도입도 점진적이었다. 1999년부터 2001년까지는 유로와 각국의 통화를 병용할 수 있었지만 2002년 1월부터는 각국의 유일한 법정화폐로서 유로가 채택되고 기존의 통화는 사라지게 되었다.

이상과 같이 유럽의 화폐동맹은 후기 화폐통합, 점진적 화폐통합의 전형을 보여 준다. 먼저 관세를 철폐하여 재화나 서비스 시장을 통합한 후 자본과 노동 등 생산요소 시장의 통합을 이룬 다음 화폐통합을 시행한 것이다. 그리고 전환율도 시장에서 오랜 기간 검증된 환율을 기초로 결정되었다. 이는 독일의 화폐통합과 뚜렷이 대비되는 특징으로서 다가올 남북의 화폐통합을 위한 또 하나의 모델로서 중요한 의미가 있다.

2 벨기에, 덴마크, 프랑스, 독일, 아일랜드, 네덜란드의 통화는 상·하방 2.25% 내에서 움직여야 했으나 이태리의 경우는 예외적으로 상·하방 6% 내에서 움직이는 것을 허용하였다. 1979년의 유럽화폐체제의 결성 이후 1989년에는 스페인, 1990년에는 영국, 1992년에는 포르투갈이 이 체제에 가입했으며 이들 국가 역시 상·하방 6% 환율밴드를 사용하였다. 또 다른 가입국에 비해 인플레이션이 높은 국가들의 경우 환율 패리티(*parity*)를 평가절하할 수도 있었다. 그러나 1992년 영국 파운드가 환율 하방 허용치 이하로 하락할 위험에 처하게 되자 영국 정부는 유럽환율체제에서 탈퇴하는 결정을 내렸다.

화폐통합의 원칙과 시기

화폐통합의 원칙

화폐통합에서 고려할 사항은 다음과 같다.

첫째, 화폐통합의 시기를 결정하는 문제이다. 화폐통합의 시기는 조기통합, 혹은 급진적 통합(이하 조기 화폐통합)과 후기통합, 혹은 점진적 통합(이하 후기 화폐통합)으로 대별될 수 있다. 화폐통합의 대상국의 화폐를 먼저 일치시킨 후 다른 경제통합을 추진하는 방법은 조기 화폐통합으로 분류할 수 있다. 반면 후기 화폐통합은 다른 부문에서의 통합을 일정부분 이룬 다음 화폐를 통합하는 것이다.

둘째, 화폐의 통합시 전환율을 결정하는 문제이다. 이 전환율의 결정에 따라 여러 경제변수들이 영향을 받을 수 있다. 이 전환율은 일종의 환율로서 그 수준의 결정에 따라 적어도 단기적으로 수출, 경제성장, 물가, 주민 복지 등의 변수가 영향을 받는다.[3]

특히 남한과 북한과 같이 1인당 국민소득이 큰 격차를 보이는 지역 혹은 국가의 화폐를 일치시킬 경우, 전환율 결정의 주된 목표를 수출 혹은 경제성장에 둘 것인지, 아니면 북한 주민의 복지수준 제고에 둘 것인지에 따라 전환율이 크게 달라질 수 있다.[4]

남·북한의 화폐를 통합할 때 어느 화폐로 통합할 것인지도 결정해

3 전환율 결정이 물가에 미치는 영향은 다음과 같이 두 가지로 나누어 생각할 수 있다. 첫째, 화폐가치가 절하되어 통합되는 나라의 경우, 공동화폐로 표시된 그 나라의 화폐잔고는 줄어들기 때문에 인플레이션 압력이 감소한다. 둘째, 화폐가치가 절하된 상태에서 화폐가 통합되면 그 국가, 혹은 지역의 수출이 증가할 수 있다. 이는 인플레이션을 유발하는 효과를 가진다.

4 화폐통합의 시기와 전환율 결정 사이에도 일정한 관계가 있다. 조기 화폐통합은 비경제적 요인들, 특히 독일이나 남·북한의 경우 동독 혹은 북한 주민들의 대량 이주 사태에 의해 촉발될 수 있다. 이러한 경우 동독이나 북한 주민들이 대량 이주를 막기 위해 전환율을 서독 혹은 남한 화폐에 비해 우호적인 수준으로 결정할 유인이 커진다. 즉 피통합지역 주민들의 그 지역에서의 정주 인센티브를 높이기 위해, 그들의 복지 수준을 제고하기 위해 우호적인 전환율을 적용하는 것이다. 이와 같이 조기 화폐통합과 피통합국에 우호적인 전환율 결정 사이에는 일정한 양의 상관관계가 있을 수 있지만 피통합국 주민들의 대량 이주를 막기 위한 인센티브로 반드시 전환율을 사용해야 하는 것은 아니다. 이에 대해서는 뒤에서 기술하고 있다.

야 한다. 독일은 서독 마르크가 통일독일의 유일한 법화가 된 반면 유럽의 화폐동맹에서는 유로라는 새로운 화폐가 도입되어 화폐동맹 가입국의 유일한 법화로 자리잡았다. 남 · 북한의 경우는 경제력의 차이와 시장경제제도의 작동성과 신뢰성, 통화가치의 안정성 확보 등의 이유 때문에 남한 원화로의 통합이 불가피할 것이다. 그리고 이 가능성은 화폐통합이 조기에 이루어질수록 커질 것이다.

남북 화폐통합의 가장 중요한 원칙은 화폐통합이 북한의 경제성장을 촉진하는 방향으로 이루어져야 한다는 것이다. 독일은 화폐전환율 결정의 주요 고려사항으로서 이를 경제성장을 위한 정책도구로 사용하기보다 동독 주민의 복지정책의 도구로 활용하였다. 그러나 전환율은 주민의 복지뿐만 아니라 거시적으로는 경제성장, 미시적으로는 기업의 생산성에 영향을 미칠 수 있다. 특히 동독 화폐의 유량에 대해 동독에 유리한 전환율을 적용한 결과, 주민들의 복지는 일시적으로 상승하였으나 노동시장의 경직성과 결합되어 동독기업의 경쟁력은 크게 하락하였다.

화폐통합은 북한의 거시경제 안정화와 경제성장을 위한 주요 정책변수로서 북한 화폐의 전환율을 신중하게 결정해야 한다. 일반적으로 후진경제가 선진경제와 통합되면 일종의 추격기간이 필요한데 이 추격을 가속화하는 기제 중 하나가 우호적인 환율이다. 그런데 독일의 경우 화폐전환율 결정에서 정치적 요소를 주로 고려함으로써 동독경제, 나아가서는 전체 독일경제에 적어도 단기적으로 부정적인 영향을 주었다.

화폐통합이 동독 기업의 경쟁력에 미친 영향은 다음의 예를 통하여 설명할 수 있다.

서독과 동독의 화폐통합 시 동독 기업의 경쟁력을 위하여 바람직한 전환율이 서독 1마르크: 동독 5마르크인 반면 화폐전환율은 1:1로 결정되었다고 하자. 사회주의 시기 근로자들에게 월 임금으로 1000 동독 마르크를 지급하였던 동독기업은 이제 1000 서독 마르크를 지급하는 것을 기준으로 삼게 되었다.

만약 노동시장이 유연하다면 이 동독기업은 1천 마르크를 지급할 수 없기 때문에 그 이하의 임금, 바람직한 전환율을 적용한 임금수준인 200마르크를 지급하려 할 것이다. 그러나 노동시장이 경직적이어서 이 수준의 임금으로는 근로자를 고용할 수 없거나, 최저임금이 200 마르크 이상으로 정해져 있다면 이 기업은 적자를 내고 도산할 것이다. 이 예에서도 알 수 있듯이 동독경제의 실물충격의 핵심은 최저임금과 같은 노동시장의 경직성과 서독 마르크에 유리한 화폐전환율이 결합되어 일어난 현상이었다.

남·북한 화폐통합에서 북한기업과 경제성장을 고려한 화폐전환율을 결정할 경우 북한 주민들의 복지수준을 제고하는 별도의 정책이 필요하다. 그렇지 않을 경우 북한 주민들이 남한으로 이주할 인센티브가 커져 남북 경제통합을 순조롭게 진행하는 데 장애요인으로 작용할 가능성이 높기 때문이다. 북한 주민들이 북한에 계속 거주할 인센티브를 증가시키기 위해서는 화폐통합에서 북한 주민에게 유리한 전환율을 적용하는 것보다 직접적인 소득보전과 북한의 기업, 토지, 주택의 사유화 시에 북한 주민에게 권리를 부여하는 방식의 정책들로 보상하는 것이 바람직하다.

만약 정치, 사회적인 이유 등으로 북한 주민에 유리한 전환율을 적용하는 것이 불가피하다면 북한 화폐의 유량(流量)보다 저량(低量)에 대해 유리한 전환율을 적용하는 것을 고려할 필요가 있다. 이는 저량에 대해 북한 주민들에게 유리한 전환율을 적용하더라도 유량과 달리 기업의 고용과 생산에 주는 충격이 적을 것이기 때문이다.

화폐통합의 시기

조기 화폐통합은 남북 경제의 상호 적응과정을 거치지 않거나 그 시간이 매우 짧은 상태에서 신속하게 양국의 화폐를 일치시키는 것을 의미한다. 이 경우 실제적인 체제이행 정책의 집행은 화폐통합과 동시 혹은 그 이후에 일어날 가능성이 높다. 더욱이 화폐통합은 단시일 내에 시행될 수 있는 반면, 자본이나 노동시장의 통합, 그리고 기업의 사유화 등은 보다 많은 시일이 소요되기 때문에 화폐통합이 다른 통합 이전에 일어날 가능성이 있다.

반면 후기 화폐통합은 상호 적응과정을 거쳐 통합의 조건들, 예를 들면 경기순환의 동조화 현상이 뚜렷하고 1인당 소득의 격차가 일정범위 내에 들어왔을 때 공동의 화폐를 도입하는 것을 의미한다. 이 경우 통화의 통합은 북한의 체제이행이 완료된 이후, 혹은 체제이행이 상당한 진전을 보인 이후에 일어날 가능성이 높다.

경제학에서 발달한 최적통화지역(*optimal currency area*)이론은 후기 화폐통합이 화폐통합으로 경제적 효과를 극대화할 수 있음을 시사하고 있다. 최적통화지역 이론에 따르면 화폐통합의 경제적 성과는 다음의 4가지 조건을 만족시킬 때 극대화될 수 있다고 시사한다.

첫째, 지역 내의 노동과 자본이동이 자유로워야 한다.

둘째, 상품시장과 노동시장이 유연한 결과, 가격과 임금을 결정하는 데 시장메커니즘이 작동해야 한다.

셋째, 지역 간 재정이전이 가능해야 한다.

넷째, 경기순환이 동조화되어 비대칭적 경제충격의 가능성 낮아야 한다는 것이다.

즉 이 이론에 따르면 우선 화폐통합의 이익을 극대화할 수 있는 정책, 북한의 경제체제 이행과 남북경제의 통합을 이루는 정책을 집행한 이후, 그 성과를 평가한 이후에 남한과 북한의 화폐를 단일화하는 것이 필요하다.

후기 화폐통합의 주요 장점은 화폐통합시 전환율을 결정하는 데 시장환율을 이용할 수 있다는 점이다. 즉 후기 화폐통합의 경우, 북한 화폐와 남한 화폐 혹은 다른 국가 화폐 사이의 환율을 관찰하는 시간을 가질 수 있음에 따라 조기 화폐통합의 전환율 결정에 관한 정책의 실패를 막을 가능성이 증가한다는 점이다.

유럽연합의 경우에도 각국의 통화를 ECU에 페그(*peg*)시키고 일정 기간 동안 시장에서의 검증을 거친 후 유로를 도입하는 점진적 화폐통합 전략을 구사했음을 앞에서 논의하였다. 이와 같이 후기 화폐통합은 시장을 이용하여 적절한 전환율을 찾음으로써 시장의 정보 없이 여러 추정을 통해 전환율을 잘못 결정하는 데서 오는 비용을 줄일 수 있다는 장점을 가지고 있다.

북한이 별도의 자국통화를 사용함으로써 북한이 누리는 장점도 존재한다. 경제발전 초기에 북한통화의 가치가 저평가되면 수출경쟁력이 높아진다. 특히 북한 원화를 저평가한 수준에서 고정환율제도를 채택하게 되면, 그 기간 동안 수출경쟁력을 확보할 수 있어 수출을 통한 경제성장 전략에 도움이 된다. 그리고 북한에 비대칭적 충격이 가해졌을 경우 별도의 통화, 재정정책을 활용하여 그 충격을 극복하는 것이 용이하다.

후기 화폐통합의 대부분의 장점은 경제적 측면에서 발생하지만 정치적 측면에서의 장점도 없는 것은 아니다. 만약 남북통합을 지지하는 여론이 높지 않을 때 조기 화폐통합은 실시되기 어렵다. 예를 들어 북한 주민에게 우호적인 전환율을 적용할 경우 남한 주민들이 통합에 반대할 수 있고, 반대로 북한의 화폐가치를 균형환율보다 크게 절하한 수준에서 전환율을 결정할 경우, 북한 주민들이 통합을 지지하지 않을 수 있다.

화폐통합을 실시하였다고 하더라도 그 부작용과 비용에 대한 부정적인 경험 때문에 다른 통합정책의 시행을 국민들이 반대할 수 있다. 이러한 경우, 남북 모두에 편익을 가져다주는 정책, 예를 들면 자본이동의 자유화를 먼저 시행함으로써 남북 경제통합에 대한 남북 주민의 지지도를 제고한 다음 화폐통합을 시도할 수 있을 것이다.

조기 화폐통합의 정치적 측면에서의 장점은 다음과 같다.

첫째, 조기에 남북의 화폐를 통합함으로써 통일 혹은 통합을 불가역적(*irreversible*)으로 만드는 데 기여할 수 있다. 특히 통일로 향하는 기회의 창이 열렸을 때 신속히 화폐를 통합함으로써 통일 자체를 기정

사실화하는 효과를 거둘 수 있다. 또한 화폐통합은 중앙은행의 단일화 등 다른 통합을 촉발할 수 있기 때문에 통일로 가는 경로 의존성(*path dependence*)이 생길 수 있다.

둘째, 상대적으로 후진적 지역으로부터 선진적 지역으로의 대량이주를 막을 수 있다는 것이다. 즉 화폐통합 시 유리한 전환율을 적용함으로써 후진지역의 주민들의 부(*wealth*)의 가치가 높아짐에 따라 거주지역을 이탈하여 선진지역으로 이주하려는 동기가 약화될 수 있다.

조기 화폐통합의 경제적 이점도 존재한다.

첫째, 정책신뢰성의 수입(*importing policy credibility*) 효과를 조기부터 거둘 수 있다는 점이다. 북한의 화폐에 대한 신뢰도가 낮으면 인플레이션 기대심리가 높아지고 환투기가 성행할 것이다. 그리고 이는 경제 내의 불확실성을 증가시킬 것이다. 만약 북한 화폐가 조기에 남한 화폐와 통합된다면, 즉 북한의 원화가 남한의 원화로 대체된다면 이러한 불확실성은 크게 줄어들 것이며, 그 결과 북한경제는 보다 조기에 안정화될 수 있을 것이다.

둘째, 앞의 이점과 관련하여 후진지역인 북한의 정치, 경제적 불확실성이 조기에 크게 낮아짐으로써 체제이행이 촉진되고, 외국자본이 더 활발하게 유입할 가능성도 존재한다. 그리고 이는 북한경제의 성장을 촉진할 것이다.

화폐통합의 시기에 대한 결정은 정치적 상황에 의해 크게 영향을 받을 것으로 보인다. 만약 통일이나 통합이 급격히 진행될 정치적 상황이 발생하면 조기 화폐통합으로 갈 가능성이 높다. 가장 중요한 이유는 하나의 국가에서 두 통화를 사용하기는 어려우며 북한지역을 조기에 안정화하기 위해서는 조기 화폐통합이 필요하기 때문이다.

반면 남북의 통일이나 통합을 염두에 두되 단기간에 이를 추구하지 않을 경우 후기 화폐통합이 가능할 뿐 아니라 더 적절할 것으로 생각된다. 특히 북한지역이 안정적인 상태에서 남북 통합정책이 실시될 경우 후기 화폐통합이 통일비용 면에서 갖는 장점을 무시하기 어려울 것이다.

조기 화폐통합과 후기 화폐통합의 장·단점

통합시기	조기 화폐통합	후기 화폐통합
장점	통일을 불가역적으로 만듦 통일에 대한 주변국이나 국민들의 지지가 높을 때 이를 이용할 수 있음 후진 지역의 정치, 경제적 불확실성 감소 – 체제이행과 자본 도입 촉진 후진 지역에서의 정책 신뢰성을 선진지역에서 수입할 수 있음 (예: 인플레이션 저감 정책)	통일에 대한 지지가 낮을 때 통합의 실익을 먼저 누리게 한 후 이를 토대로 화폐통합 가능 전환율을 결정하는 데 시장을 이용함으로써 정책의 실패를 줄일 수 있음 저평가된 환율로 후진 지역의 자생적 성장을 촉진하는 것이 가능 – 통일 비용의 상대적 감소 잘못된 정책의 수정이 가능 – 원상복귀비용 낮음
단점	잘못된 정책의 수정이 불가능하거나 어려움 – 원상복귀비용 과다 통일비용 증가 가능성 높음	후진 지역의 조기 안정이 어려울 수 있음 두 통화의 존재로 인해 거래비용 증가

자료: Rhee, 2009 수정·보완.

위의 표는 이상에서 논의한 조기 화폐통합과 후기 화폐통합의 장점과 단점을 요약하고 있다.

화폐통합의 전환율 결정: 전환율 추정방법론과 추정치

시장접근법과 환율제도

화폐전환율 결정은 화폐통합의 시기와 더불어 화폐통합의 가장 핵심적인 내용이다. 만약 후기 화폐통합을 실시할 경우, 화폐전환율은 시장에서 결정된 환율을 기초로 결정할 수 있기 때문에 전환율 결정의 정책적 실패 가능성은 크게 줄어든다.

즉 후기 화폐통합의 경우, 시장접근법(*Market-based approach*)을 활용하여 외환시장에서의 거래를 통해 환율의 적정한 수준을 평가하고 이를 검증한 다음, 주로 시장환율을 벗어나지 않은 적절한 수준에서 남북 화폐통합이 가능하다. 그리고 이와 같은 화폐통합 방식은 유럽연합의 화폐동맹과 동일한 방식이다.

남·북한의 화폐를 통합하지 않고 일정기간 북한이 독자적 통화를 가질 경우에도 북한의 통화는 다른 나라의 통화와 거래되도록 해야 한다. 사회주의의 통화는 불태환(不兌換) 화폐이며 북한의 화폐도 이와 마찬가지로 다른 나라의 화폐와 자유롭게 교환되지 않는다.[5] 이러한 북한 화폐가 다른 화폐와 태환되도록 해야 무역이 촉진되며 시장경제 체제에 부합하는 경제정책을 시행할 수 있다. 따라서 북한은 체제이행 초기에 북한 화폐의 태환화를 실시해야 할 것이다.

북한 화폐의 태환화와 아울러 북한은 환율제도를 결정해야 한다. 구소련과 동유럽의 체제이행국들이 채택한 환율제도로서 변동환율제, 고정환율제, 통화위원회제(*currency board system*)가 있다. 변동환율제는 환율의 결정을 외환시장의 수요와 공급에 맡기는 것으로서 대부분의 선진국들에서 운용하는 제도이다. 체제이행 과정 초기에 러시아, 불가리아, 루마니아, 그리고 많은 독립국가연합(CIS, *Commonwealth of Independent States*) 국가가 변동환율제를 채택했다. 고정환율제는 자국화폐 가치를 타국화폐 가치, 혹은 복수의 타국화폐의 가중(加重) 합과 일정수준에 고정시키는 제도이다. 체제이행국으로서 폴란드, 체코슬로바키아(1993년 이후 체코공화국) 등이 이 제도를 채택하였다.

통화위원회제는 고정환율을 운용함과 아울러 자국의 통화량 발행을 경화(*hard currency*)의 증가와 1 대 1로 연동시키는 제도이다. 이 환율제도는 에스토니아에 의해 채택되었으며 추후 다른 발틱국가와 불가리아도 이 제도를 도입하였다.

체제이행국들의 경제적 성과를 연구한 문헌에 따르면 고정환율제와

5 북한의 화폐 및 금융제도에 관해서는 문성민, 2000; 전홍택, 2005; Kim, 2009를 참고하라.

통화위원회제를 채택한 국가들이 변동환율제를 따른 국가들에 비해 더욱 양호한 경제성과를 거두었다(Kim and Pirtilla, 2006; Fischer et al., 1996). 그 주된 이유는 고정환율제, 혹은 통화위원회제에서는 고정환율이 경제의 명목적 닻(*nominal anchor*)의 역할을 수행해서 각종 경제정책을 조율하고 상호 정합적으로 추진하는 데 기여했기 때문이다.

보다 구체적으로 고정환율을 정하면 이 환율의 방어를 위해 통화공급량을 엄격히 관리하고 재정적자를 축소해야 한다. 그렇지 않으면 고정환율의 방어가 어려워져서 고정환율을 평가절하하거나 변동환율로 옮아가야 하며 이러한 환율위기나 변경은 정책의 신뢰성을 떨어뜨려 경제안정을 저해할 수 있다. 이와 같이 고정환율을 중심으로 통화정책, 재정정책이 서로 조율되어야 하며 이는 결과적으로 거시경제 안정화에 기여했다.

고정환율제나 통화위원회의 또 다른 장점은 인플레이션 기대심리를 낮출 수 있다는 것이다. 만약 고정환율을 채택하는 것을 경제주체들이 안정화에 대한 정부의 확고한 의지를 보여주는 시그널로 간주한다면 이는 인플레이션 기대 심리의 하락, 나아가서 인플레이션 하락으로 이어질 것이다. 그뿐만 아니라 체제이행국들은 자국화폐를 균형환율에 비해 크게 평가절하시킨 수준에서 자국화폐를 타국화폐에 고정시켰다.

그 이유는 고정환율의 방어를 용이하게 하기 위한 것이며 또한 타국화폐로 표시된 자국재화나 서비스의 가격경쟁력을 제고시켜 수출을 촉진하기 위함이다. 그 결과 고정환율제나 통화위원회제를 채택한 국가들은 변동환율제를 택한 국가들에 비해 인플레이션이 상대적으로 낮았으며 경제성장률이 보다 높았다(Lougani and Sheets, 1997; Kwon, 2009).

북한이 남한의 화폐를 사용하지 않고 독자적인 화폐를 일정기간 사용한다면 북한은 체제이행의 초기에 고정환율제 혹은 통화위원회제를 채택하여 인플레이션 기대심리를 억제하고 북한수출품의 가격경쟁력을 제고해야 한다. 그리고 시간이 흐름에 따라 변동환율제로 전환하여 환율이 시장에서 결정되도록 유도할 필요가 있다.

이와 같이 시장에서 발견되고 검증된 환율을 기준으로 그 이후 적절한 시기에 남한의 원화와의 전환율을 결정하는 방식을 택할 수 있다면 비교적 순탄한 남북 화폐통합을 이룰 수 있을 것이다. 이와 관련하여 문성민·문우식(2009)은 남·북한이 정치적 통합을 이루더라도 일정한 기간 동안 1국 2통화 제도를 운용하면서 점진적으로 통화통합을 실시하는 방안을 제시하고 있다.

북한이 고정환율제나 통화위원회제를 일정기간 채택할 경우 북한통화에 대한 신뢰성이 부족하기 때문에 고정환율제나 통화위원회제가 실패할 수 있다. 따라서 북한 통화에 대한 신뢰성을 제고시키기 위해 한국은 국제금융기구 및 여타 국가와 협력하여 북한의 고정환율을 방어할 수 있는 방안을 모색해야 할 것이다.

예를 들어 국제통화기금의 자금지원과 국가 간 통화스왑 등 여러 방식의 북한통화 지원체계를 사전에 구축해서 고정환율제나 통화위원회제의 채택과 동시에 이를 발표하여야 채택한 환율제도의 장기적 지속이 가능할 것이다. 또 문성민·문우식(2009)은 정치적 통합이 일어나지 않은 경우 남·북한은 CFA프랑존과 같은 환율동맹을 결성하여 북한 통화의 안정화를 추구할 필요가 있음을 역설하고 있다.[6]

구매력평가 접근법

앞 절에서의 논의와 달리 만약 조기 화폐통합이 일어날 경우, 적절한 화폐전환율 결정의 중요성은 더욱 커진다. 이는 시장에서 결정되는 환율을 이용할 시간적 여유가 없음과 동시에 북한경제에 관한 자료의 한계와 상이한 경제체제로 남·북한 통화의 균형전환율, 혹은 최적전환

6 CFA프랑존은 구 프랑스 식민상태를 경험했던 사하라 이남의 아프리카 14개국의 화폐동맹으로서 서부아프리카 경제·통화동맹과 중앙아프리카 경제·통화동맹으로 구성되어 있다. 각 동맹은 CFA 프랑(CFA Franc)이라는 하나의 통화를 사용하며 동맹 내에는 하나의 중앙은행이 존재한다. 자세한 내용은 문성민·문우식, 2009 참조.

율을 추정하기가 대단히 어렵기 때문이다. 더욱이 화폐통합의 전환율은 불가역적이기 때문에 전환율의 결정은 매우 중요한 효과를 가진다.

구매력평가 접근법(*Purchasing Power Parity Approach*)은 일물일가(一物一價) 법칙에 의거하여 동일한 재화와 서비스의 바스켓을 구입하기 위해서 필요한 각국의 화폐량을 계산하고 그 비율을 균형환율로 제시하는 방안이다(Rhee, 2009). 예를 들어 동일한 재화와 서비스의 바스켓을 구입하기 위해 남한에서는 남한 원화 10만 원이 든 반면, 북한에서는 5만 원이 필요했다면 남북 화폐의 교환비율은 남한 원화 2원이 북한 원화 1원이 될 것이다. 이와 같이 구매력평가 접근법은 전환율을 소비측면에서 접근하여 추정하는 방안이다. 세계은행 등 국제금융기구에서 추정한 각국별 구매력 평가지수도 이러한 방법을 사용하여 계산된 것이다.

전홍택·이영섭(2002)은 구매력평가 접근법에 따라 남북 화폐의 전환율을 추정하고 있다. 보다 구체적으로 북한의 배급가격을 이용할 경우, 1998년의 남·북한 화폐전환율은 북한 1원이 남한 917.03원의 가치를 가지는 것으로 평가하고 있다. 반면 암시장 혹은 농민시장의 가격을 이용할 경우, 위와 동일한 연도의 북한 1원은 남한 16.53원으로 평가하고 있다.

Rhee(2009)는 이러한 방법에 따른 추정치를 2007년의 경우에도 제시하고 있다. 2007년 북한의 공식가격에 따른 남북 화폐의 전환율은 북한 화폐 1원이 남한 화폐 6.59원의 가치가 있는 것으로 평가하고, 시장가격을 적용할 경우 북한 화폐 1원은 남한 화폐 0.86원에 해당되는 것으로 추정하고 있다. 이와 같이 북한 화폐의 가치가 1998~2007년 동안 크게 하락한 것은 북한의 인플레이션이 남한에 비해 훨씬 높았음을 의미하는 것이다. 특히 2002년의 7·1 경제관리 개선조치에 의해 공식가격도 평균 25배 상승하였다고 보도되었다(조선일보, 2002).

구매력평가 접근법을 사용하여 남·북한 전환율을 정확히 추정하기는 현실적으로 매우 어렵다. 무엇보다 북한의 가격데이터가 크게 부족하고 남·북한 사이의 재화의 종류, 품질의 차이가 커서 동일한 재화와 서비스의 바스켓의 구입에 드는 비용을 계산하기가 어렵기 때문이다. 더욱이 북한에서는 배급과 국정가격, 시장가격 등이 공존하며 지역별, 계층별로 이상의 가격으로 구입할 수 있는 재화나 서비스의 비중도 다르다.

즉 북한을 대표하는 전형적인 소비자가 구입하는 재화와 서비스의 바스켓에 드는 비용을 추정하기가 힘들다는 것이다. 특히 북한의 가계 데이터를 통해 각각의 경로를 통한 재화나 서비스의 구입비중과 가격에 대해 상세한 통계정보의 입수가 필요하나 현재까지 이에 대한 데이터는 사용된 적이 없으며 아예 존재하지 않을 가능성이 높다. 그리고 공식가격을 적용할 경우와 시장가격을 적용할 경우의 전환율의 격차가 매우 크다는 사실도 이 방법론을 사용할 경우의 문제점을 잘 드러내고 있다.[7]

이상의 어려움에도 불구하고 구매력평가법은 다음에서 소개할 두 추정법, 즉 단위요소비용 접근법이나 통화량 접근법에 비해 통계자료의 가용성 측면과 추정결과의 신뢰성 측면에서 상대적으로 더 유리하다. 즉 북한 가계의 소비패턴에 대한 상세한 데이터가 존재하지 않을 가능성이 크지만 탈북자들을 대상으로 한 조사를 통해 일정한 정보의 획득은 가능하다. 그리고 추정에 필요한 가정에 큰 오류가 발생할 가능성도 다른 방법에 비해 상대적으로 적다.[8]

만약 북한에서 가격자유화가 단행되고 배급제가 폐지되어 소비재 구입의 경로가 시장으로 단일화된 이후에 화폐통합이 일어난다면 구매력

7 대단히 거친 방법이기는 하지만 북한의 공식가격을 기초로 한 전환율과 시장가격을 기초로 한 전환율을 북한 소비자의 소비패턴, 즉 시장경로를 통한 소비재 구입과 국정가격 혹은 배급 등을 통한 소비재 획득경로의 비중을 사용하여 가중평균을 구할 수 있다. Kim and Song(2008)은 탈북자들의 지료를 이용하여 소비자들이 시장에서 소비재를 구입한 비중과 공식경로를 통해 획득한 비중을 각각 80%, 20%로 추정하고 있다. 이를 2007년의 Rhee(2009)의 추정치에 적용시키면 남북 화폐의 균형전환율은 남한 화폐 2원은 북한 화폐 1원의 가치를 지니는 것으로 평가할 수 있다(6.59원*0.2 + 0.86*0.8 = 2.006).

8 물론 남한과 북한에서 생산되는 소비재의 범위와 질에 대한 현격한 차이 때문에 이를 보정한다고 하더라도 중요한 오차가 발생할 것이다. 그러나 이 오차는 다음에서 설명할 두 방법과 비교하면 상대적으로 적다고 볼 수 있을 것이다.

평가법을 이용하여 더욱 신뢰성 있는 화폐전환율을 추정할 수 있을 것이다. 즉 이 경우 소비재 바스켓에 포함되는 재화와 서비스 가격을 조사하여 이를 기초로 구매력평가 접근법을 사용, 균형전환율을 추정할 수 있을 것이다. 따라서 이 방법은 현재로서는 그 추정치의 신뢰도가 높지 않으나 북한의 가격자유화 이후에는 남북 화폐통합 전환율 결정을 위해 비교적 신뢰성 있는 자료를 제공할 수 있을 것으로 판단된다.

단위요소비용 접근법

단위요소비용 접근법(*Unit Factor Cost Approach*)은 양국의 노동생산성의 비율과 양국의 임금의 비율을 비교함으로써 균형환율을 추정하는 방안이다. 즉 구매력평가접근법이 소비측면에서 균형환율을 추정하는 방법이라면 이 접근법은 생산측면에서 접근하는 방법으로서 북한의 생산성을 고려하여 적절한 균형전환율을 추정하고 있다.

예를 들어 남·북한 근로자의 노동생산성 비율이 10(남한):1(북한), 즉 북한근로자의 노동생산성이 남한근로자의 10%라고 하자. 그리고 남·북한 근로자의 연평균 임금이 각각 3천만 원(남한), 10만 원(북한)이라고 하자. 북한근로자의 노동생산성이 남한근로자의 10%이므로 북한근로자는 남한근로자 임금의 10%, 즉 남한 원화로 3백만 원을 받는 것이 적절한 수준의 임금이다. 그런데 이들이 북한 원화로 10만 원을 받고 있기 때문에 남·북한 화폐의 교환비율은 3백만 원(남한)=10만 원(북한), 즉 북한의 1원은 남한의 30원의 가치를 지니는 것이다. 이 비율로 교환하면 북한근로자의 생산성을 반영한 화폐전환율이 되는 것이다. 이 방법을 이용하여 남북 화폐의 적절한 전환율을 추정하는 것은 매우 어렵다.

첫째, 현재 북한의 경제상황에서 북한 근로자의 노동생산성을 추정하는 것이 어렵기 때문이다. 현재 한국은행이 관계기관의 자료를 기초로 북한의 국민소득을 추정하고 있지만 그 신뢰성은 높지 않다(김병연·이석, 2007; 김병연, 2008).[9] 더욱 큰 문제는 북한근로자가 받는 공식직장에서의 임금이 북한근로자의 노동생산성을 제대로 반영하고 있다고 믿기가 어렵다는 사실이다. 북한의 경우, 공식직장에서 받는 소득과 비공식시장 참여로 얻는 소득은 약 2:8 정도로 추정된다(Kim and Song, 2008; 김병연·양문수, 2011).

또한 8.3 노동자[10]들이 비공식시장에서 번 돈을 공식직장에 납부하고 기업이 이를 정규직의 임금 재원으로 사용하기도 한다. 그리고 비공식활동의 경우, 생산활동은 제한적이고 대부분 유통활동 중심이어서 비공식활동의 북한 국민소득에의 기여도는 제한적이라고 평가된다. 그리고 추정을 위한 북한의 임금수준을 공식직장, 혹은 비공식직업에서의 임금수준, 혹은 이 임금의 평균으로 정하는지에 따라 화폐전환율 추정치의 차이도 상당할 것이다. 이러한 문제들은 단위요소비용법을 이용하기 위한 자료의 적절성에 큰 의문을 던지고 있다.

단위요소비용법을 사용하기 어려운 두 번째의 중요한 문제는 실제 북한에서 생산되는 재화나 서비스는 정상적인 시장경제에서는 판매가 어려운 제품들이다. 따라서 사회주의체제에서의 생산성 측정과 시장경제로의 전환과 경제개방이 이루어진 이후의 생산성 측정에는 상당한 오차가 발생할 가능성이 높다. 즉 사회주의 시기의 북한근로자의 노동생산성이 남한근로자의 10%라고 하더라도 이 수준이 시장경제로의 체제이행 후에도 계속된다는 가정은 사실과 부합되지 않는다.

이와 관련하여 동·서독 근로자의 생산성을 비교하여 균형전환율을 추정한 연구는 동독 화폐의 가치를 과대평가한 결과를 낳았다. 즉 단위요소비용 접근법을 이용하여 동·서독 화폐의 균형전환율을 추정하

9 한국은행은 관계기관이 여러 경로로 입수 혹은 추정한 북한의 재화나 서비스 물량에 한국의 가격과 부가가치율을 적용하여 북한 국민소득을 추정, 발표하고 있다. 데이터의 부족으로 이러한 추정방법을 사용해야 하는 불가피한 측면은 있으나 그 추정의 신뢰도는 가용한 데이터, 즉 북한의 재화나 서비스 물량의 수, 그 정확도의 문제뿐만 아니라 남한과 북한의 비교에서 오는 문제 등으로 높지 않다고 판단된다.

10 자신이 본래 일하는 공식 기업에서 일하지 않고, 대신 시장 등에서 돈을 벌어 적어도 그 일부를 공식 직장에 납부하는 근로자

면 서독 화폐 1마르크는 동독 화폐 1.34마르크의 가치를 가져야 하는 것으로 추정되었다. 그러나 실제 동독이 서방국가들에 수출한 재화에 관한 자료를 토대로 동·서독 생산성 격차를 추정하였을 때 서독 화폐 1마르크는 동독 화폐 4마르크와 교환되어야 적절한 것으로 나타났다 (Sinn and Sinn, 1992).

이와 같이 사회주의 시기나 체제이행 초기의 자료를 이용하여 단위요소비용 접근법을 이용한 균형전환율을 추정할 때 그 신뢰성은 높지 않다. 즉 남북 화폐가 조기에 통합될 때 단위요소비용 접근법을 사용하여 균형전환율을 추정하는 것은 적절하지 않다. 만약 북한이 경제체제를 자본주의로 전환하고 일정기간이 지나 북한경제가 시장경제에 걸맞게 운용될 경우는 단위요소비용 접근법을 이용한 추정결과가 신뢰성을 가질 수 있을 것이다. 그러나 이와 같은 후기 화폐통합의 경우는 시장접근법을 이용할 수 있으므로 단위요소비용 접근법을 이용하여 균형전환율을 추정할 필요성이 줄어든다.

통화량 접근법

통화량 접근법(*Monetary Approach*)은 화폐통합 이후 인플레이션을 유발하지 않도록 전환율을 결정하는 방법을 의미한다. 보다 구체적으로 남·북한이 통합할 때 남한의 생산량과 통화에 북한에서의 생산량과 북한의 화폐량이 추가되기 때문에 남·북한 전체의 생산량과 화폐량이 동시에 증가한다. 그런데 이 증가가 인플레이션으로 이어지지 않도록 남북 화폐의 전환율을 계산하고 이를 균형전환율로 제시하는 방안이 통화량접근법이다. 즉 이 방법은 통화량이라는 저량(*stock*) 변수를 통하여 균형전환율을 추정하는 방법이다.

이 방법을 보다 정확히 이해하기 위해서는 경제학에서 사용되는 화폐수량식을 이용해야 한다. 화폐수량식에 따르면 "화폐량 × 화폐유통속도 = 물가 × 실질생산량"의 등식이 성립한다. 만약 북한의 화폐량과 실질생산량, 화폐유통속도를 알 수 있다면 남·북한 통합 시 인플레이션을 유발하지 않는 화폐전환율을 계산할 수 있을 것이다.

예를 들어 남한의 실질생산량에 북한의 실질생산량이 더해져서 남·북한을 합친 경제의 실질생산량이 남한의 실질생산량보다 10% 증가하였다고 하자. 만약 남·북한의 화폐유통속도가 같다면 남한의 화폐량에 북한의 화폐량이 추가되어 남·북한의 화폐량이 남한의 화폐량보다 10% 늘어나도록 북한의 화폐를 남한의 화폐와 교환하면 화폐통합으로 일어나는 물가의 상승, 즉 인플레이션을 막을 수 있다.

그런데 만약 북한의 화폐량이 북한 원화로 50조인 반면 남한의 화폐량은 1,000조 원(남한)이라면 1,000조 원의 10%, 즉 남한 원화로 100조 원이 북한 원화로 50조 원과 교환되도록 전환율을 결정하면 될 것이다. 따라서 북한 화폐 1원은 남한 화폐 2원의 가치를 가지도록 하는 것이다. 독일의 경우 이 방법을 통해 서독화폐와 동독 화폐의 균형전환율을 1:2로 추정하였다(Sinn and Sinn, 1992).

통화량접근법은 다른 접근법에 비해 균형전환율을 추정하기 위한 통계자료가 상대적으로 잘 구비되어 있다고 간주되어 여러 연구들이 이 방법을 이용하여 남북 화폐의 균형전환율을 추정하였다. 북한의 생산량은 한국은행의 북한 소득추정치를 이용하고 다른 자료에서 북한의 화폐량과 화폐유통속도를 추정할 수 있다면 이를 통하여 남북 화폐의 균형전환율을 추정하는 것이 가능한 것으로 믿었던 것이다.

예를 들어 전홍택·이영섭(2002)은 사회주의 시기의 동유럽과 중국의 생산량과 화폐량 데이터를 비교하여 통화와 총생산 사이의 비율을 추정하고 이를 북한에 적용하여 북한의 화폐량을 계산하였다. 이 결과는 어느 국가의 추정치를 사용하는가에 따라 달라지지만 2000년에 북한 1원은 남한 원화로 최소 429.97 최대 924.75원 가량의 가치를 가지는 것으로 평가하고 있다.

안재욱(1996)은 중국의 자료를 활용하여 1989년 북한의 1원은 남한의 200원으로 교환되는 것이 적절한 것으로 제시하고 있다. 이 외에도 하성근(1997), 황의각·장원태(1997), 한국은행(1998) 등이 위와 유사한 방법으로 남북 화폐의 적정 교환비율을 추정하고 있다. 이와 같이 외국의 자료를 이용한 연구 외에도 탈북자를 대상으로 한 조사자료를 활용, 민간 유통현금 규모를 추정하고 이를 이용하여 균형전환율을 계산한 연구도 진행되었다.

Rhee(2009)는 탈북자 조사자료를 통해 북한의 유통현금을 추정한 박석삼(2002)의 자료를 이용하여 남북 화폐의 균형전환율을 평가한 결과, 1990년과 2000년에 북한 화폐 1원이 각각 남한 화폐 39.44원, 6.17원의 가치를 가지는 것으로 나타났다.

통화량접근법은 통화량에 대한 자료가 정확하다면 다른 접근법에 비해 신뢰성 있는 추정치를 제시할 수 있을 것이다. 그러나 앞에서 논의한 바와 같이 한국은행의 북한 국민소득 추정치 자체의 신뢰성도 높지 않다. 그뿐만 아니라 북한을 비롯한 사회주의 공식통계는 화폐량을 발표하지 않는다.[11]

통화량 접근법을 통해 남북 화폐의 균형전환율을 추정한 기존의 연구들이 다른 사회주의 국가들의 생산량과 화폐량 사이의 비율을 적용하지만 이 국가들의 화폐량도 대략적인 추정치에 불과하다. 더욱이 이 비율을 북한에 적용할 때는 국가 간 화폐유통속도의 차이를 무시하기 때문에 추정오차의 크기가 더 커질 것이다. 그리고 어떤 나라의 비율을 사용하는가에 따라 균형전환율도 달라진다.

북한의 화폐량을 추정하기 위해 구 사회주의 국가들의 생산량과 화폐량 사이의 비율을 적용하는 것은 1990년대 중반 이후의 북한경제와 구 사회주의경제의 차이점을 과소평가하는 것이다. 동유럽, 구소련, 그리고 중국의 체제이행 이전의 시기, 즉 사회주의 말기의 경제는 1990년대 중반 이후의 북한에 비해 훨씬 양호한 상태에 있었다. 1980

11 아래에서 설명하는 대로 사회주의에서는 화폐의 개념을 시장경제에서와 다르게 사용하고 있다. 화폐량에 관해 소련에서 발표하는 통계자료는 민간의 은행저축 정도에 불과하였다.

년대 후반 동유럽, 구소련의 경우, 경제의 비효율성이 누적되어 경제 성장률이 정체되고 소비재 부족현상이 심화되는 등의 문제는 있었지만 정부 혹은 중앙계획기구의 경제에 대한 통제력은 유지되었다.

반면 북한은 1990년대 중후반부터 공식경제는 거의 붕괴수준에 이른 것으로 평가되고 있다(김병연·양문수, 2011). 시장가격을 통하여 살펴 본 북한의 인플레이션 수준은 매우 높은 것으로 평가된다. 2004~2009년 동안 쌀의 시장가격은 1,000원에서 2,100원으로 상승하였다. 반면 1985~1989년 소련의 농민(*kolkhoz*)시장 가격의 증가율은 10.2%에 불과하였다(Kim, 1996).

이러한 사실은 이 기간 동안 북한의 화폐량 증가속도가 사회주의 말기 다른 국가들의 화폐량 증가속도를 크게 앞지른다는 사실을 암시한다. 따라서 동유럽, 구소련, 그리고 중국 등의 자료를 이용하여 이를 북한에 적용하는 데서 오는 문제점을 결코 과소평가할 수 없다. Rhee(2009)의 연구에서 다른 사회주의 국가의 자료를 이용하여 추정된 2000년의 북한 화폐량이 33.5억 북한 원인 데 반해 탈북자 자료를 사용하여 추정한 동일한 연도의 북한 화폐량이 729.3억 북한 원에 달한다는 사실은 바로 이러한 추정오류의 가능성을 보여주는 실례이다.

기존 연구들은 사회주의 화폐량에 대한 중요한 사실을 간과하는 경향이 있다. 사회주의에서의 통화량은 시장경제에서의 통화량과 다른 의미를 가진다는 것이다. 사회주의에서의 화폐에는 두 종류가 있다. 하나는 가계가 소비재를 구입할 때 사용하는 화폐로서 이른바 능동적 화폐(*active money*)이며 다른 하나는 기업 간의 거래에 사용되는 화폐로서 수동적 화폐(*passive money*)이다.[12]

즉 기업부문의 화폐는 원칙적으로 회계적 기능을 수행할 뿐, 실제 구매력은 없는 화폐인 것이다. 반면 가계부문의 화폐는 구매력이 있는

12 북한에서도 기업 간의 거래는 이른바 무현금결제로서 현금을 사용하지 않고 장부상의 기록만으로 처리하도록 되어 있다. 그러나 불분명한 것은 이러한 원칙이 어느 정도 계속 유지되고 있는지에 관해서이다.

화폐이며 따라서 엄격한 의미에서 시장경제에서 사용되는 통화량은 가계부문에 존재하는 통화스톡이라고 봐야 할 것이다.

그러나 사회주의의 통제가 느슨해지면서 기업들은 기업부문의 수동적 화폐를 능동적 화폐로 전환시켜 실제 소비재나 생산재의 구매에 사용하는 경향이 있었다(Kim, 2002). 따라서 화폐통합 시 북한의 통화량을 어떻게 정의할 것인가라는 중요한 문제가 존재한다.

만약 북한의 통화량을 능동적 화폐만으로 정의한다면 기업부문에서 보유하는 화폐를 과소평가하게 되는 것이며 능동적 화폐와 수동적 화폐의 합으로 정의한다면 기업부문의 화폐보유량을 과대평가하는 것이다. 이와 같이 수동적 화폐를 능동적 화폐로 전환하는 것 때문에 사회주의 정부도 실제 화폐량에 대한 정확한 정보를 갖고 있지 못했다(Kim, 1996). 북한도 그럴 가능성이 높다. 그러나 만약 북한이 수동적 화폐와 능동적 화폐의 구분을 없애고 화폐를 일원화시켰다면 상대적으로 정확한 북한 화폐량 자료를 구할 수 있을 가능성이 남아있다.[13]

통화량 접근법으로 추정된 전환율은 북한 화폐의 저량에 적용되는 전환율이다. 통화량 접근법은 북한의 생산량과 화폐량에 걸맞은 전환율을 적용하여 남북통합시 인플레이션을 낮게 유지한다는 목표를 갖고 있다. 따라서 이 추정법을 사용하여 추정된 전환율이 다른 방법, 즉 구매력평가법이나 단위요소비용법으로 추정한 전환율과 일치한다는 보장은 없다.

특히 남북 통화의 전환율 결정의 원칙을 북한의 생산능력 제고에 둔다면 이는 화폐전환 이후에 북한근로자에게 지불되는 임금이라는 유량(*flow*) 변수가 그들의 생산성을 넘지 않도록 하는 것이 중요하다. 즉 화폐통합에 더 중요한 원칙이 인플레이션 비유발성보다 생산능력 제고

13 2009년 11월 초에 시행된 북한 화폐개혁 이후 북한당국이 화폐량에 대한 정보를 계속 축적했다면 통화량접근법에 기초한 추정치의 신뢰성은 어느 정도 확보될 수 있을 것이다. 즉 화폐개혁 이전의 통화량은 100분의 1로 계산되었으며 일정한 한도 이상의 구화폐는 신화폐로의 교환이 금지되었기 때문에 화폐개혁 이후 신화폐의 발행량을 알 수 있다면 북한 화폐량의 추정이 보다 용이할 것이다.

라고 한다면 통화량접근법으로 추정된 전환율은 그 적절성 측면에서 일정한 한계를 가지고 있다.

실물지표 추정법

이상에서 논의한 바와 같이 균형전환율 추정에 필요한 자료의 양으로 볼 때 현 시점에서는 3가지 추정법 모두가 필요로 하는 통계자료를 취득하기 어려운 상황이다. 즉 북한의 가격, 실질생산량, 화폐량, 근로자 생산성 등의 전환율 추정에 필요한 자료를 취득하거나 추정하기가 어렵다는 것이다.

이러한 상황에서 북한경제에 관한 복잡한 통계자료를 요구하지 않고 비교적 단순한 방법으로 달러 표시의 북한의 1인당 소득을 추정하고 이 1인당 소득과 북한 화폐로 표시된 북한 주민 1인당 소득을 비교하면 달러와 북한 화폐 사이의 환율을 구할 수 있다.

실물지표 추정법(*Physical Indicator Approach*)을 이용하여 달러 표시의 북한의 1인당 국민소득은 김병연·이석(2007)에서 추정되었다. 그리고 김병연(2009)은 이 추정치와 탈북자 자료에 의거한 북한 원화표시 북한의 1인당 국민소득을 비교하여 북한 원화와 달러 사이의 환율을 계산하였다.

실물지표를 이용하여 1인당 국민소득을 추정하는 방법은 흔히 국민소득의 계산에 필요한 통계자료가 충분하지 못하거나 국민소득을 발표하지 않는 국가들을 대상으로 하여 사용된다. 즉 이러한 국가에 관한 통계자료 중에서 1인당 국민소득과의 상관성이 높은 것으로 알려진 경제변수, 사회변수, 인구변수 등의 실물지표를 이용하여 1인당 국민소득을 추정하는 방법이다. 이 추정은 다음과 같은 3단계로 이루어진다.

첫째, 1인당 국민소득을 추정하려는 국가에 대한 실물지표를 선정한다. 이 실물지표는 1인당 국민소득과의 상관성이 높아야 하며 관찰

가능하고 수치의 신뢰도가 담보될 수 있어야 한다.

둘째, 달러 표시의 일인당 국민소득과 실물지표가 동시에 존재하는 국가들의 자료를 이용하여 1인당 국민소득(종속변수)과 실물지표(독립변수)의 관계를 추정한다. 여기에 추정의 신뢰성을 제고하기 위해 국가의 특성 등 여러 통제변수를 추가할 수 있다.

셋째, 두 번째 단계에서 추정한 계수값을 북한의 실물지표에 적용하여 달러 표시의 북한의 일인당 국민소득을 추정한다.

김병연·이석(2007)은 북한의 전기소비량, 에너지소비량, 시멘트 생산량 등의 경제변수, 남녀 기대수명, 영아사망률, 5세 이하 아동사망률 등의 인구변수, 그리고 식량칼로리 공급량, 단백질 공급량, 급·만성 영양실조 어린이 비중 등의 영양변수를 포함한 14개의 실물지표를 활용하여 2005년 북한의 1인당 GNI를 시장환율 기준으로 평균 368달러로 추정하고 있다.[14]

김병연(2009)의 방법을 따라 이상의 시장환율 달러 표시 북한 1인당 소득 추정치와 북한 원화표시 북한의 소득을 일치시킴으로써 북한 원화의 대 달러 환율을 추정할 수 있다. Kim and Song(2008)은 약 700명의 탈북자 조사를 통해 2003년 탈북자의 1인당 소득을 각각 88,761원(북한)으로 추정하였다. 그리고 김병연·양문수(2011)가 2008년 탈북한 160명의 탈북자를 조사한 결과 2007년 북한 주민의 연소득은 30만원(북한)에 달하는 것으로 계산되었다.[15]

김병연·이석(2007)은 북한의 1인당 국민소득과 소비를 추정하고 북한의 소비가 국민소득에서 차지하는 비중을 90% 가량으로 계산하

14 이 추정치는 김병연(2008)이 구매력평가 기준의 달러 표시 북한의 1인당 국민소득을 추정하고, 시장환율과 구매력평가 환율의 관계를 이용하여 이를 시장환율 기준의 달러 표시로 나타낸 북한의 1인당 국민소득 추정치, 497달러보다 낮은 추정치이다. 그러나 2005년 한국은행의 추정치인 1,056달러와 비교한다면 김병연·이석(2007)과 김병연(2008)의 추정치의 차이는 상대적으로 훨씬 작다고 평가할 수 있다.

15 이는 2003년에 비해 명목소득이 약 3배 이상 증가하였음을 암시한다. 그리고 이는 실질소득의 증가보다 인플레이션 때문에 일어난 것으로 보인다.

였다. 따라서 2003년과 2007년의 북한 주민들의 1인당 국민소득은 각각 98,623원과 33만 원으로 추정된다. 이 기간 동안 달러 표시의 북한 1인당 국민소득이 368달러로 동일하다는 가정 하에 북한 원화와 달러로 표시된 소득을 일치시키는 환율은 2003년과 2007년 각각 1달러 당 268원, 896원이 된다. 한국 원의 대 미(美) 환율을 1달러당 1,000원으로 가정할 때, 남·북한 화폐의 균형전환율은 2003년, 2007년 각각 북한이 1원일 때 남한은 3.73원, 1.12원이 된다.

실물지표 추정법은 추정대상이 되는 국가의 실물지표와 그 나라 화폐로 표시된 1인당 소비 혹은 소득자료가 있다면 비교적 용이하게 사용할 수 있다는 장점이 있다. 그리고 이 추정법은 실물지표라는 쉽게 획득 가능하고 측정오차가 비교적 작은 지표를 이용한다는 장점이 있다. 사실 사회주의경제와 같이 체제와 제도가 다른 경제의 소득이나 가격, 화폐량 등을 추정하는 것은 어려울 뿐만 아니라 그 신뢰성도 높지 않다. 그럴수록 단순한 지표를 통하여 그 국가의 소득수준을 추정하는 것이 더 나은 방법일 수 있다.

실물지표 추정법의 가장 중요한 장점은 간편성이다. 만약 북한이 급격히 붕괴되어 자본주의로의 체제이행을 거치지 않은 채 남·북한 화폐가 신속히 통합돼야 한다면 다른 접근법을 사용하기 위해 필요한 통계자료의 신뢰성, 취득 가능성이 크게 제한된다. 실물지표 추정법은 자료가 복잡한 추정을 요구하지 않을 뿐만 아니라 신뢰성 있는 실물지표와 북한 주민의 평균소득 자료만 있다면 언제든지 사용가능하기 때문에 남북 화폐의 전환율을 신속히 추정할 수 있다.

실물지표 추정법은 실물지표와 기준 국가들의 선택과 추정식에 따라 추정대상이 되는 국가의 1인당 국민소득, 따라서 전환율이 달라질 수 있다. 따라서 이 방법은 정확한 전환율을 추정하는 것보다 전환율의 대략적인 수치 혹은 범위를 이해하는 데 도움을 줄 수 있다. 그리고 북한의 경우 탈북자의 표본이 북한 전체 주민의 표본이 아닐 가능성이 크기 때문에 탈북자로부터 추정한 평균소득과 북한 전체 주민의 평균

소득은 다를 수 있다는 가능성을 염두에 두어야 한다.

화폐전환율 추정법의 평가

이상에서 논의한 추정법 중 시장접근법을 제외한 나머지 추정법은 여러 통계자료를 이용하여 화폐전환율을 계산하는 방법이다. 일반적으로 여러 방법으로 계산하여 얻은 전환율과 시장에서 발견되고 검증된 전환율 중에서 선택해야 한다면 시장에서 얻어진 전환율이 더 정확하다고 평가할 수도 있을 것이다. 그러나 시장접근법에서 제시된 전환율이 적절한 전환율로 평가받기 위해서는 다음과 같은 두 가지 조건이 필요하다.

첫째, 시장환율이 비교적 안정적이어야 한다. 만약 시장환율의 변동폭이 크다면 어느 환율이 적절한 전환율이 되어야 할지 판단하기 어렵다.

둘째, 시장에서 충분한 기간에 걸쳐 검증받은 환율이어야 한다. 화폐를 거래하는 환 시장에 다수의 참여자들이 참여하여 충분한 기간 동안의 거래를 거쳐 이른바 시장의 시험을 거친 환율이어야 적절한 것으로 평가할 수 있을 것이다. 따라서 시장접근법은 후기 화폐통합으로 갈수록 적용 가능성이 높다. 조기 화폐통합, 특히 독일과 같이 화폐통합이 다른 통합을 선행하는 방식의 통합에서는 시장접근법을 이용하기 어렵다.

구매력 평가법, 단위요소 비용법, 화폐량 접근법, 실물지표법과 같은 추정법에 따른 전환율 추정치의 신뢰성은 자료의 양과 질에 절대적으로 의존한다. 그러나 북한은 구사회주의 국가들과 비교하여 자료의 양과 질 면에서 크게 부족한 상태인 것으로 평가된다(이석, 2007).

이러한 자료의 부족이 개선되지 않은 상태에서 남·북한의 화폐통합이 급격하게 이루어진다면 어느 추정법을 사용하더라도 상당한 정도의 추정 오차가 발생할 것으로 판단된다. 이 추정법 중에서 추정오차의 정도는 필요로 하는 자료의 양과 질에 비례할 것이다.

구매력 평가법, 단위요소 비용법, 화폐량 접근법, 실물지표법 중에서 자료의 양과 질, 그리고 개념적으로 추정오차가 가장 클 것으로 평가되는 추정법은 단위요소 비용법이다. 이 추정법은 남한과 북한의 노동생산성과 임금수준과의 비교를 통해 화폐전환율을 생산측면에서 추정하는 것이다. 따라서 이 방법은 북한의 경제성장 촉진이라는 전환율 결정의 중요한 원칙에 가장 부합하는 추정 방법이라 할 수 있다. 그러나 현재 비공식부문에서의 노동참여율이 공식부문의 노동참여율보다 높은 것으로 평가된 상태에서 북한의 노동생산성을 추정하기는 쉽지 않다.

그리고 이 추정법은 노동생산성과 임금수준은 일치한다는 시장경제에서의 원리를 이용한 것이나 북한경제에서는 이러한 원리가 작동한다고 믿기 어렵다. 즉 화폐전환율을 현재의 북한경제 자료를 이용하여 추정한다면 그 오차는 상당히 클 것으로 판단된다.

그뿐만 아니라 체제이행이 시작된 이후 이른바 이행기 침체(*transition recession*)로 말미암아 노동생산성의 변동이 심한 시기에도 단위요소 비용법을 적용할 경우 전환율의 추정오차는 적지 않을 것이다. 따라서 단위요소 비용법은 체제이행이 상당기간 진행되어 시장경제적 제도가 자리 잡은 이후에 적용해야 추정의 신뢰성이 제고될 수 있을 것이다.

구매력 평가법은 소비측면에서 주어진 공동의 재화와 서비스의 바스켓을 구입하는 데 드는 비용을 국가 간 비교하여 그 화폐의 전환율을 추정하는 방법이다. 그러나 배급제와 공식가격, 시장가격이 공존하는 현재 북한의 경제상황에서 이 추정법을 적용하여 구한 전환율 수치를 신뢰하기는 어렵다. 더욱이 북한에서 거래되는 많은 소비재들이 중국산이며 외부에서 북한으로 지원되는 해외원조, 그리고 각종 사업을 통해 북한이 외국에서 벌어들이는 경화수입 등으로, 현 북한 경제에서는 국내생산 소비재와 국내에서 비롯된 구매력 사이의 관계가 왜곡되어 있다.

따라서 현재 상황에서 이 방법을 이용하여 신뢰성 있는 추정치를 얻기는 어려울 것이다. 이 추정치의 신뢰성이 제고되기 위해서는 일차적으로 북한이 배급제를 완전히 철폐하고 가격자유화를 시도해야 한다. 그리고 북한경제가 본격적인 성장궤도에 진입하여 주민들이 소비하는 재화의 대부분이 북한에서 생산되고 해외에서의 대량원조가 크게 줄어들어 국내소비와 생산 사이의 관계가 회복되는 것이 또 하나의 중요한 조건이 될 것이다.

화폐량 접근법은 인플레이션을 유발하지 않는 전환율을 결정한다는 원칙하에 생산량에 부합하는 화폐량을 허용하는 데 목적이 있다. 이

화폐전환율 추정법의 평가

	추정의 방법	요구되는 통계자료	통계자료의 용이성	체제이행과 화폐통합시기와의 관계
시장 접근법	시장에서 결정된 환율을 전환율로 이용	시장에서 관찰된 환율	용이함	후기 화폐 통합에 적절
구매력 평가법	남한과 북한의 구매력을 일치시키는 전환율	소비자의 재화와 서비스 지출, 가격 자료	비교적 어려움	체제이행 이후에 적절
단위요소 비용법	남한과 북한에서 노동생산성과 임금의 비율을 일치시키는 전환율	임금과 노동생산성	매우 어려움	체제이행과 경제회복 이후에 적절
화폐량 접근법	화폐통합 결과 인플레이션이 유발되지 않도록 생산량과 화폐량을 조율시키는 전환율	화폐량, 화폐유통속도, 실질생산량	보통임	금융부문 개혁 이후에 적절
실물지표 추정법	다른 국가의 자료를 이용, 실물지표와 1인당 국민소득을 추정하고 이를 북한에 적용하는 추정법	실물지표, 북한 원화 표시 소득	비교적 용이함	조기 화폐통합에 사용 가능

추정법은 북한이 수동적 화폐와 능동적 화폐 혹은 현금거래와 무현금 거래의 구분을 철폐하였고, 화폐량에 대한 정확한 자료를 확보하고 있다면 비교적 신뢰성 있는 추정치를 제시할 수 있다. 특히 북한 가계의 현금보유나 예금을 대상으로 한 전환율의 적용에는 화폐량접근법이 개념적으로 가장 부합되는 추정방법이다.

이상과 같이 단위요소 접근법, 구매력 평가법, 화폐량 접근법을 적용하여 신뢰성 높은 화폐전환율 추정치를 구하기 위해서는 북한경제가 체제이행을 거쳐 적어도 부분적으로라도 작동하는 시장경제를 이루어야 한다. 그러나 만약 북한이 체제이행을 시도하지 않은 상태에서 북한에서 급변사태가 발생하고 그 북한 안정화와 통일의 일환으로 남북 화폐통합이 결정되었다면 어떻게 할 것인가? 이 경우는 비교적 자료의 제약을 극복하기 쉽고 간편한 추정법으로서 실물지표법의 장점이 부각될 수 있을 것이다.

북한의 변화 시나리오와 화폐통합 방안

화폐통합 방안은 북한의 변화 시나리오에 따라 큰 영향을 받을 것이다. 만약 북한정권이 스스로 중국과 같이 점진적 체제이행을 시도한다면 남·북한의 화폐통합도 단계적으로 이루어질 가능성이 높다. 이러한 시나리오 하에서 남북 화폐통합은 유럽연합의 화폐동맹의 경우와 같이 단계적으로 진행될 것이다.

먼저 북한의 체제이행의 일부로서 북한 화폐의 태환화(兌換化)가 이루어지고 북한에서 자본주의에 부합되는 환율제도가 성립될 것이다. 앞에서 논의한 바와 같이 북한의 환율제도는 초기에 고정환율제 혹은 통화위원회제를 채택하다가 시간이 흐르면서 점진적으로 변동환율제로 옮아가는 것이 바람직하다. 시장에 의해 북한 환율수준과 그 안정성이 확보된 이후에는 북한 화폐가치를 남한 원화에 대해 고정시키고 일정정도의 밴드를 허용하여 그 밴드 내에서 북한의 환율이 시장에서 결정되도록 한다.

만약 이 크롤링 펙(*crawling peg*)제가 성공하여 북한의 환율이 일정 기간 동안 이 밴드 내에서 비교적 안정적으로 움직인다면 남북 화폐통합의 여건이 성숙된 것으로 간주할 수 있을 것이다. 따라서 어느 일자를 정해 그 일자를 기준으로 남북의 화폐를 단일화시킬 수 있을 것이다. 이때의 전환율은 이전단계에서 북한 화폐를 남한 화폐에 고정시킬 때의 수준을 디폴트로 고려할 수 있을 것이나 여러 상황을 고려하여 약간의 수정은 허락할 수 있을 것이다.

체제이행기에 북한이 고정환율제 혹은 통화위원회제를 채택할 경우 북한 원화를 고정하는 대상 화폐와 그 환율을 결정해야 한다. 북한 원화를 고정하는 대상 화폐로서는 특별한 상황이 발생하지 않는 한, 달러를 우선적으로 고려할 필요가 있다. 국제적으로 가장 널리 유통되며 화폐에 대한 신뢰성, 제도적 예측 가능성이 다른 화폐에 비해 상대적으로 높기 때문이다.

환율을 결정할 때 어느 추정법을 사용할지는 북한이 체제이행의 어느 단계에서 화폐의 태환화와 시장경제적 환율제도를 채택하는지에 달려 있다. 체제이행의 초기부터 바로 고정환율을 결정한다면 우선적으로 실물지표 추정법을 사용해야 할 것이다. 체제이행이 일정한 정도 진행된 상태에서 북한 원화를 대상 화폐에 고정시킬 경우 체제이행의 정도와 체제이행이 일어난 부문에 따라 다른 추정법, 즉 화폐량 추정법, 구매력 평가법, 그리고 단위요소 비용법을 사용할 수 있을 것이다.

고정환율을 결정할 때 북한은 환율로 수출경쟁력 확보를 목적으로 해야 한다. 따라서 체제이행의 초기, 실물지표 추정법을 이용하되, 가능하면 시장환율로 측정된 달러 표시 1인당 국민소득과 북한 원화표시의 1인당 국민소득을 일치시키는 환율보다 북한의 원화를 절하시켜서 고정하는 것이 필요하다.

북한에 급변사태, 즉 북한정권의 정치적, 사회적, 경제적 통제력이 상실되는 상황이 벌어지면 화폐통합의 여부와 방안은 긴급히 결정해야 할 이슈가 될 것이다. 화폐통합은 경제적인 동시에 정치적 문제이며 화폐통합을 하느냐, 그리고 어떻게 하느냐에 따라 이후 통합과정에 큰 영향을 줄 것이다. 이 경우의 시나리오로서는 크게 두 가지가 있다.

첫째는 북한이 UN과 같은 외부의 도움이나 관리를 통해 안정화되는 시나리오다. 그리고 남·북한 사이의 현재의 경계도 유지되어 남한으로의 대규모 탈북사태가 발생하지 않는 상황이다.

둘째는 체제 불안정이 심화되어 북한 주민들의 대량 탈북사태가 발생하는 경우이다.

북한에 급변사태가 발생하더라도 UN 등에 의해 통제와 관리가 가능한 상황이라면 남·북한은 조기 화폐통합과 후기 화폐통합 두 선택을 다 고려할 수 있다. 조기 화폐통합의 경우에는 다른 추정법을 적용하기 어려우므로 실물지표법을 이용하되 북한 제품의 수출경쟁력을 제고하기 위해 균형환율보다 상당히 절하된 수준에서 환율을 정해야 할 것이다.

다른 하나의 선택은 남·북한 통일을 염두에 두면서 보다 점진적으로 정책을 추진하는 것이다. 먼저 UN 등의 관리 하에서 북한의 경제체제를 시장경제로 이행시키는 것이다. 이러한 상황, 특히 UN 등의 관리기간이 비교적 장기화될 것으로 예상되면 앞에서 서술한 후기 화폐통합의 방안을 적용할 수 있다.

그러나 그 관리기간이 단기간, 예를 들어 5년 혹은 그보다 짧다고 한다면 시장접근법 외에도 다른 추정법을 이용하여 전환율을 추정하고, 이를 상호 비교하면서 전환율을 결정해야 할 것이다. 특히 민간의 현금보유 및 은행예금과 같은 저량에 대해서는 화폐량 접근법을 통해 전환율을 추정하고, 임금 및 연금 등의 유량에 대해서는 구매력 접근법과 단위요소 비용법 등을 사용하여 추정할 수 있을 것이다.

만약 북한에서 남한으로의 대량이주가 발생하게 되면 남북경제는 실질적인 통합과정으로 들어간 것이다. 노동의 이동은 통상적으로 통합의 마지막 단계에서 이루어지는 것이 바람직하다. 노동력 통합이 먼저 이루어졌으나 다른 통합정책이 시행되지 않을 경우 심각한 정치, 사회, 경제적인 문제점이 발생한다.

따라서 이러한 시나리오 하에서는 조기 화폐통합으로 북한의 거시경제를 안정화시키는 동시에 북한 주민들의 생계를 보장하는 구호대책을 실시해야 할 것이다. 그러나 이 경우는 북한의 체제이행이 시도되지 않은 상태에서 화폐통합이 이루어지는 것이므로 시장접근법을 사용하기 어렵고 구매력 평가법, 단위요소 비용법, 화폐량 접근법을 통한 전환율 추정치의 오차도 클 것이다. 따라서 실물지표법을 이용하여 대략적인 전환율을 추정하는 것이 필요하다.

북한경제가 현재와 같은 상황에서 남한경제와 통합된다면 화폐통합의 가장 중요한 초점은 북한 가계의 북한 원화로 된 현금보유와 은행예금의 전환율 결정에 맞춰지게 될 것이다. 북한경제가 현 상태에서 급격히 남한경제와 통합되는 경우에 화폐량 접근법을 사용하기 어렵다면 실물지표 추정법을 사용하여 추정한 균형전환율에 적절한 배수를 곱해 가계의 저축을 남한 원화로 전환할 수 있다.

만약 북한 주민들에게 불리한 전환율이 적용된다면 북한 주민들의 반발이 심할 것이며 과도하게 유리한 전환율을 적용할 경우에는 인플레이션 우려가 생길 것이다. 따라서 이 둘 사이의 균형을 유지하는 것이 중요하다. 아래의 표는 북한 변화의 시나리오와 화폐통합 방안에 대해 이상의 논의를 요약하여 보여주고 있다.

전환율을 적용할 대상은 화폐유량뿐 아니라 저량도 포함된다. 이 두 변수에 대해서는 반드시 동일한 전환율을 적용할 필요가 없다. 저량 중 가계의 금융저축에 관해서는 인플레이션을 크게 유발시키지 않는 한, 일정한 한도를 정하여 북한 주민들에게 유리한 전환율을 적용할 수도 있다. 이는 유량의 전환율을 북한 주민들에게 상대적으로 불리하게 적용함에 따른 손실을 저량에 대해 유리한 전환율을 적용함으로써 보상한다는 의미도 있다.

그리고 남한 대비 북한 화폐량 규모가 매우 작을 것으로 예상됨에 따라 저량에 유리한 전환율을 적용하더라도 이에 따른 높은 인플레이션이 발생할 가능성은 낮을 것으로 판단되기 때문이다. 그러나 한편 가계의 금융저축이 유리한 전환율로 교환되는 한도가 정해져서 북한정

북한의 변화 시나리오와 화폐통합 방안

<table>
<tr><th colspan="2">북한의 변화 시나리오</th><th>화폐제도/
화폐통합의 시기</th><th>전환율 결정의 방법</th></tr>
<tr><td colspan="2">북한의
점진적 체제이행</td><td>고정환율제/ 통화위원회제
채택</td><td>화폐 태환화와 환율제도 도입이 조기에 이루어질 경우 실물지표법을 사용하여 환율 고정
화폐 태환화와 환율제도 도입이 중기에 이루어지면 다른 추정법을 사용하여 환율 고정
후기에는 시장환율을 이용하여 남한 화폐와의 전환율 결정</td></tr>
<tr><td rowspan="3">북한의
급변
사태</td><td rowspan="2">남한으로의
대규모 이주
없음</td><td>조기 화폐통합</td><td>실물지표법을 이용하되 성장촉진을 위해 절하하여 통합</td></tr>
<tr><td>후기 화폐통합</td><td>북한의 점진적 체제이행 정책과 동일</td></tr>
<tr><td>남한으로의
대규모 이주
발생</td><td>조기 화폐통합</td><td>실물지표법 이용하여 대략적 전환율 추정
가계 저축에 대해 북한 주민들에게 유리한 전환율 적용 고려(화폐량 접근법 사용가능성 탐색)
임금에 대해서는 실물지표법에 따른 전환율 추정치를 적용하거나 기업/기관에 맡기되 임금보조금 지급 고려</td></tr>
</table>

화폐통합 시 전환의 대상

	유량(*flow*)	저량(*stock*)
가계	임금, 연금	금융저축(북한 원화의 현금과 예금)
은행/기업/기관	–	채권과 채무(은행의 경우 은행예금과 은행자산)

자료: 김병연(2009)

권의 기득권 세력들이 전환과정에서도 상대적으로 과도한 이익을 얻는 것을 막아야 할 것이다.

이상을 고려하여 달러 표시 시장환율을 적용해 실물지표법으로 추정된 균형전환율의 5배까지를 상한선으로 하여 북한 원화의 가계저축을 남한 원화로 전환시키는 방안을 고려할 수 있다. 이 5배는 시장환율로 표시된 2005년의 북한의 1인당 국민소득이 368달러 정도인 데 반해 구매력평가 환율로 표시된 북한의 1인당 국민소득은 1,880달러로서 구매력평가 환율로 표시된 소득이 시장환율로 표시된 소득의 5배가량에 달하기 때문이다(김병연 · 이석, 2007).

즉 북한 주민들의 저축이 갖고 있었던 구매력을 화폐통합 이후에도 그대로 유지하도록 전환율을 결정하는 것이다. 만약 북한 주민이 북한 원화로 200만 원의 저축을 갖고 있다면 이는 최대 1,000만 원의 남한 원화로 교환해 주는 것이다.[16] 이 상한선 내에서 저축의 액수에 따라 그 배수를 다르게 적용하는 방안도 고려해 볼 수 있다.[17]

상대적으로 북한의 임금에 대한 전환율 결정은 독일의 경우에 비해 그 중요성이 낮을 것으로 판단된다. 동독의 경우와는 달리 북한 가계의 소득 중 공식임금의 비중은 20% 이하로서 매우 낮으며, 가계 소득의 대부분은 비공식부문에서 벌어들인 수입이기 때문이다.

그런데 비공식부문의 수입은 시장 활동에서 일어나기 때문에 정부가 전환율을 결정할 필요가 없다. 즉 북한 원화만 일정한 비율로 남한의 원화로 대체되어 거래수단이 남한 원화로 바뀌게 되면 시장활동에서 나오는 수입이 바로 비공식부문 참여자들의 소득이 될 것이다.

16 2011년 6월 현재 북한의 암시장 환율에 따르면 1달러는 북한 원화 2,800원으로 거래되고 있다(http://www.dailynk.com/korean/dailynk.php). 따라서 이 환율을 적용하면 북한 원화 200만 원은 714달러가 된다. 이를 남한 원화 1,000만 원과 교환한다면 이는 미 달러로 9,216달러가 된다(1달러=1,085 남한 원 가정). 따라서 북한 주민의 구매력은 북한의 암시장에서 북한 원화를 달러로 교환할 때에 비해 12배 가까이 증가할 것이다.

17 북한 주민 중 소수의 기득권계층이 아주 많은 금액의 저축을 보유하고 있을 가능성이 크며, 사회적 정의라는 차원에서 이들의 저축에 대해서는 상대적으로 낮은 전환율을 적용할 수도 있을 것이다.

저량 중 은행과 기업, 기관의 채권과 채무에 대해서는 이들에게 유리한 전환율을 적용할 필요가 없다. 이들의 채권과 채무의 상당부분은 특이한 사회주의체제에서 발생한 것으로 가계와 달리 수동적 화폐가 누적된 것이다. 비가계부문의 채권과 채무는 계획경제의 속성상 발생한 것으로 이들의 경영활동과는 큰 관련이 없다.

또한 이들의 채권과 채무는 서로 상계되기 때문에 은행을 제외하고는 상이한 전환율은 순채권, 순채무의 절대적 크기에만 영향을 준다. 따라서 은행과 기업, 기관의 채권, 채무는 전체를 없애는 방안부터 시작하여 채권과 채무를 상계하고, 순채권은 일정한 전환율을 적용하여 남한 원화의 채권으로 전환시키고, 순채무는 탕감하는 방안도 고려할 수 있다. 이때 적용되는 전환율로서 임금에 적용되는 전환율을 고려할 수 있을 것이다.

글을 마치면서

독일통일의 사례가 보여주듯이 화폐통합은 정치적, 경제적으로 중요한 정책결정 사항이다. 화폐통합의 시기는 경제적 편익과 비용을 결정할 뿐만 아니라 다른 경제통합과 정치적 통일에도 파급효과를 갖고 있다. 그리고 남북 화폐의 전환율 결정은 통일비용과 북한의 경제성장, 북한 주민의 복지에 영향을 미친다.

화폐전환율 결정에서 중요한 원칙은 임금과 같은 유량에 대해서는 북한기업의 경쟁력을 제고하도록 전환율을 결정해야 한다는 것이다. 화폐전환율과 관련된 정치적 고려는 경제적 고려와 상충되는 경향이 있다. 정치적 고려에 따르면 정치적으로 받아들여질 수 있는 전환율, 특히 북한 주민에게 유리한 전환율을 선호할 가능성이 있다. 그러나 북한 주민에게 불리한 전환율이 북한지역의 경제적 추격을 가속화하거나 혹은 자생적 성장을 자극하기 데에 더 효과적이다.

북한의 경제성장을 촉진하기 위해서는 구매력 평가법, 단위요소 비용법, 화폐량 접근법 등에서 제시한 남·북한 화폐의 균형전환율보다 북한 화폐를 저평가시킨 전환율로 남한 화폐와 통합하는 것이 필요하다. 저평가된 전환율은 북한기업의 가격경쟁력을 향상시켜 수출을 기반으로 경제가 성장할 수 있는 가능성을 열어준다. 또 이는 통일비용의 감소로도 이어질 수 있다. 동유럽의 선진 체제이행국인 폴란드, 체코 등도 저평가된 상태에서 자국환율을 고정시킴으로써, 비교적 단기간에 이행침체를 극복하고 성장할 수 있는 발판을 마련하였다.

북한기업의 경쟁력 강화를 위한 전환율 결정이라는 원칙은 조기 화폐통합보다는 후기 화폐통합에서 실현되기가 쉽다. 만약 북한에서 급변사태가 일어나고, 남한으로의 대량 이주사태가 발생한다면 화폐전환율 결정에 정치적 요인이 더 중요해질 가능성이 높다. 북한 주민의 탈북동기를 약화시키기 위해서는 북한 주민에게 유리한 전환율로 화폐를 교환하는 것이 필요하기 때문이다.

이 연구는 이런 시나리오 하에서 가계의 현금보유나 은행저축에 대해서는 북한 주민에게 유리한 전환율을 저축 규모별로 차등적으로 적용하는 방안을 제시하고 있다. 그러나 임금과 같은 유량에 대해서는 전환율을 정하지 않고 기업에 맡기거나 기업의 경쟁력 제고를 염두에 둔 전환율을 적용할 것을 제안하고 있다.

북한 주민의 생존과 기본적 복지수준의 보장은 화폐전환율이라는 정책변수를 사용하기보다 다른 정책변수, 예컨대 사회보장 정책이 주로 감당하도록 해야 할 것이다. 또한 토지, 주택, 기업이나 은행의 사유화에 북한 주민들을 참여시키는 방안, 북한기업에 고용보조금을 지급하는 정책, 북한지역에서 사용가능한 식료품 쿠폰을 발행하는 방식 등을 이용할 수도 있을 것이다. 화폐통합은 그 자체로서 뿐만 아니라 전반적인 체제이행과 경제 및 정치 통합정책과 관련해서 분석할 필요가 있는 중요한 주제이다.

■ 참고문헌

단행본

김병연 · 양문수(2011), 《북한경제에서의 시장과 정부》, 서울대 출판부.

전홍택(2005), "북한의 금융과 화폐, 북한경제포럼 편", 《현대북한경제론》, 오름.

하성근(1997), "통화통합과 통화신용정책의 과제, 전홍택 · 이영선 편", 《한반도 통일 시의 경제 통합전략》, 한국개발연구원.

황의각 · 장원태(1997), 《남 · 북한경제 · 화폐통합론》, 법문사.

Kim, Byung-Yeon(2009), The Financial System of North Korea: A Comparative Perspective, Kim, Byung-Yeon & Lim, Cheng-Hoon(Eds.) *Financial Sector Reform in Transition Economies: Implications for North Korea*, Seoul National University Press and IMF.

Kwon, Goohoon(2009), The Choice of Exchange Rate Regimes in Transition Economies: Lessons for North Korea, Kim, Byung-Yeon & Lim, Cheng-Hoon(Eds.) *Financial Sector Reform in Transition Economies: Implications for North Korea*, Seoul National University Press and IMF.

Rhee, Yeongsup(2009), Currency Conversion During the Period of Transition: The Case of North Korea, Kim, Byung-Yeon & Lim, Cheng-Hoon(Eds.) *Financial Sector Reform in Transition Economies: Implications for North Korea*, Seoul National University Press and IMF.

Sinn, G., and Sinn, H-W. (1992), *Jump Start: The Economic Unification of Germany*, MIT Press.

학술논문 및 보고서

김병연 · 이석(2007), "북한 GNI 추계의 대안모색", 〈통일부 연구보고서〉.

______(2008), "북한의 국민소득: 추정치와 평가", 〈수은 북한경제〉 가을호. 수출입은행

______(2009), "북한의 금융체제 이행과 남 · 북한 금융통합", 〈한국은행 연구보고서〉.

문성민(2000), "북한의 금융제도", 〈한은 조사연구 2000-3〉, 한국은행 조사국.

______ · 문우식(2009), "남·북한 통화 통합방식에 관한 연구: 사례분석을 중심으로", 〈경제논집〉 제48권 제1호, 서울대 경제연구소, 21~51쪽.

박석삼(2002), "북한의 사경제부문 연구: 경제규모, 유통현금 및 민간보유 외화규모 추정", 〈한은 조사연구 2002-3〉.

안재욱(1996), "남·북한 경제통합을 위한 재정·금융 정책안 및 화폐교환 대비책", 〈아태연구〉 제3권 제1호, 171~198쪽.

이석(2007), "북한통계: 가용성과 신뢰성", 〈통일연구원 연구총서 2007-17〉.

______ · 이영섭(2002), "남·북한 화폐·금융통합에 관한 연구", 〈KDI 연구보고서 2002-4〉.

한국은행(1998), 〈북한 통화량 규모의 추정과 남·북한 통화통합 시 교환비율 시산〉.

Fischer, S., Sahay, R., and Vegh, C. (1996), Stabilization and Growth in Transition Economies: The Early Experience, *IMF Working Paper* No. 96/31.

Kim, Byung-Yeon(1996), *The Fiscal Policy and Consumer Market Disequilibrium in the Soviet Union*, D. Phil. Dissertation submitted to the University of Oxford.

______(2002), Causes of Repressed Inflation in the Soviet Consumer Market, 1965~1989: Retail Price Subsidies, the Siphoning Effect, and the Budget Deficit, *Economic History Review* 55(1), pp. 105~127.

______ & Jukka, Pirtilla(2006), The Political Economy of Reforms: Empirical Evidence from Post-communist Transition in the 1990s, *Journal of Comparative Economics*, 34(3), pp. 446~466.

______ & Song, Dongho (2008), The Participation of North Korean Households in the Informal Economy: Size, Determinants, and Effect, *Seoul Journal of Economics*, pp. 361~386.

Lougani, P., and Sheets, N. (1997), Central Bank Independence, Inflation and Growth in Transition Economies, *Journal of Money, Credit & Banking* 29, pp. 381~399.

통일과 법제통합

9

홍준형

들어가며

1. 법통합의 중요성

법통합 또는 법제통합은 통일준비작업 중 매우 핵심적인 과제이다. 정치, 사회, 문화, 경제의 통합은 법을 통해 완성되며, 사회통합을 이루기 위해서는 사회의 기본이 되는 법질서 유지를 위한 법통합이 매우 중요하다(신의기 · 박학모 · 이경렬, 2009: 17). 그럼에도 법통합의 의미와 중요성은 통일방안이나 통일재원 등에 비해 종종 간과됐다. 그러나 법통합은 통일과정에서 반드시 거쳐야 하는 단계일 뿐 아니라 사전에 충분하고 세심한 준비가 필요하고, 정치적 통일 후에도 상당기간 지속되어야 하는 방대하고 복잡한, 어렵고 고단한 과제임을 직시할 필요가 있다.[1]

미리 충분한 시간을 가지고 각종 대안과 시나리오를 준비해 놓더라

1 이 점은 통일연구원의 2010년 보고서 "남북 법제통합 기본원칙 및 가이드라인"에서 여실히 확인된다.

도 막상 사태가 벌어지면 예상치 못한 문제가 얼마든지 생길 수 있다. 여러 가지 가능성들을 고려하여 통일에 따른 법통합방안을 미리 충분한 시간을 가지고 숙고하고 또 진화시켜 나가야 한다.

논의의 범위

하나의 역사적 현상으로서 통일은 시간적 차원의 문제이다. 통일이 남·북한의 합의에 의하든 그와는 다른 예기치 못한 급변사태에 따라 실현되든, 거시적으로는 적어도 '통일의 원년은 어느 해'라는 식으로 언제 어느 시점에 통일이 이루어졌다고 말할 수 있어야 하겠지만, 통일은 1회적으로 어느 한 시점에 발생하여 완결되는 사건이라기보다는 상당기간, 그것도 상당히 오랜 기간 진행되는 연속적 과정이다.

따라서 통일이라고 할 때 현실적으로 통일이라는 역사적·민족사적 변화 과정을 말하는 것으로 이해하여야 할 것이다. 그런 의미에서 통일을 시간적으로 그 이전과 이후단계, 그리고 그 사이의 이행기라는 3단계를 밟아 진행될 것으로 가정하고, 논의의 범위를 통일 이후로 한정하기로 한다.

통일 이전단계는 직접적 주제는 아니지만 통일을 위한 준비단계라는 점에서 논의에 포함시킬 수도 있을 것이다. 다만, 통일 이전단계에서 '통일을 위해' 또는 '통일을 실현 또는 촉진시키기 위해' 법 부문에서 무엇을 어떻게 실천해 나갈 것인가 하는 전략적 관점은 여기서는 다루지 않기로 한다.[2] 이 글은 통일이 실현된다는 전제 아래 법통합의 과제와 그 실천방안을 모색하는 데 논의를 한정하고자 한다.

둘째, 통일에 따른 법통합 과제들을 분야별로 구분하여 다룰 필요가 있다. 그 동안 여러 분야에서 통일에 따른 법통합 과제에 대한 연구와

2 그런 뜻에서 남북관계 발전이나 남북교류협력 관련 법제에 대해서는 이 글에서 다루지 않기로 한다. 이에 관해서는 가령 홍준형(2000), "통일지향적 새 남북관계 정립을 위한 공법적 과제", 〈법제연구〉 제18호, 130~157쪽 등을 참조.

논의가 이루어졌다. 법제 및 법질서의 통합, 입법 · 행정 · 사법 등 국가기구의 통합, 지방자치의 통합, 재산권문제의 해결, 이른바 통일 후 불법청산 문제, 그 밖에 북한재건을 위한 입법조치 등 핵심 이슈들 외에도 사회복지법, 환경법, 지적 재산권법제, 군사법제, 형사특별법 등 분야별 법제 통합 등이 그러한 예들이다.

그러나 여기서 이 모든 논의성과와 함께 고려하기보다는 법통합의 핵심 이슈들을 중심으로 법통합의 관점에서 특히 중요하다고 판단되는 관련 문제들만을 선별적으로 다루는 데 그친다. 행정기구 등 국가기구의 통합, 지방자치의 통합은 별도의 연구에 맡기고,[3] 분야별 법통합 문제들도 논의의 대상에서 제외하기로 한다.[4]

셋째, 이 글에서 다루어질 과제들은 주로 법 정책적 이슈들이어서 규범적, 처방적 특성을 띨 수밖에 없다. 목표를 어떻게 설정하느냐, 문제를 어떻게 인식하느냐에 따라 논의의 방향과 내용이 달라질 수 있다. 그러므로 법통합에 대한 논의에 앞서 한국의 통일과 법질서에 대한 전반적인 조망이 선행되어야 할 것이다.

3 이에 관해서는 홍준형(2000), "통일지향적 새 남북관계 정립을 위한 공법적 과제", 〈법제연구〉 제18호, 130~157쪽; 홍준형·김병기(1998), "독일통일과정에 있어 법·행정의 통합에 관한 연구", 〈행정논의〉 제36권 제2호, 서울대 행정대학원, 117~148쪽; Hong, Joon Hyung(2001), Building Local Autonomy after Unification in Korea, *Occasional Paper* Nr.151, Freie Universität Berlin, Berlin 등을 참조.

4 분야별 법제통합에 관해서는 통일연구원(2010), 《남북 법제통합 기본원칙 및 가이드라인》; 이규창(2011), "남북법제통합의 기본원칙 및 방향과 과제", 〈저스티스〉 통권 122호, 한국 법학원, 61~94쪽 등을 참조.

통일과 법통합: 의의, 과제, 기본방향

법통합의 의의

실질적 의미에서의 통일을 이루기 위해서는 더 근본적인 문제, 즉 남·북한 법제의 통합방안 및 정치적 통일 이후에도 상당기간 계속될 통일 후 과정에서 대두되는 법적 난제들의 해결방안을 모색하는 데 더 많은 관심을 기울여야 한다.

법제통합은 이에 관한 당사자 간 합의 도출, 법통합을 위한 제도·조직·재정적 여건의 조성, 통일 이후 제기되는 법적 문제의 해결, 법령·제도의 통합 이외에 상이한 법체계와 법 현실에 대한 상호이해의 확보, 법 의식·법학교육·법 집행양식 등에 관한 법 문화적 통합을 포함하는 통일한국의 법적 기반을 구축하는 문제이다.

통일과 법제통합에서의 과제

어떤 방법이든 통일이 달성된다면 그 후 남북 간 전사회적 통합을 위한 합의가 성립되고, 법질서의 통합이 남쪽의 주도로 진행될 개연성이 크다고 보아야 할 것이다. 이러한 견지에서 통일한국에서의 법통합의 방향과 과제를 모색함은 통일 이후 남북 간 통합에 관한 합의가 성립하거나 적어도 남측의 주도적 영향 하에 추진되는 상황을 전제로 한다.

그러나 법통합에 관한 협상이나 협의에서 상대방을 원천적으로 배제하는 논의는 한민족 전체의 이익을 위하여 바람직하지 않다는 인식 하에 국가적 통합을 통한 한민족 전체의 권익과 인간다운 삶의 보장, 북한 주민에 대한 배분적 정의의 실현이라는 대전제를 실현하는 방향으로 나아가야 할 것이다.

통일이 어떻게 실현되든 상관없이 통일과정은 대체로 공통적인 단계를 거쳐서 진행될 가능성이 크며, 시간적 관점에서 본다면 다음과 같은 3가지 연속된 단계를 밟을 것으로 예상된다. 즉, 통일이 실현되기 이전

단계, 통일이 실현되기 시작하는 전환기로서 정치적 통일 또는 통일조약 등에 의한 법적 통일이 달성되기까지의 이행기, 그리고 통일 이후의 단계가 그것이다.[5]

한편, 이와는 다소 다른 시각에서, 과거 정부가 추진했던 '민족공동체 통일방안'을 토대로 통일과 법제통합 과정이 남북기본합의서에 의한 화해·협력, '남북연합 헌장'에 기초한 남북연합, 그리고 통일헌법에 의한 통일국가단계로, 남북연방제 3단계로 추진될 것으로 상정하는 견해도 나오고 있다.[6]

이에 따르면 남·북한 법제통합 과정은 통합의 준비, 진입, 완성의,

법제통합 기본절차 및 고려사항

구분	화해·협력단계	남북연합단계	통일국가단계
법제통합 기본절차	목표: 법제통합 여건조성 남·북한 신뢰회복 및 기본합의서 재천명 법률실무협의회 구성 운영 화해협력 촉진 위한 법령 개폐	목표: 실질적 법제통합 추진 법제통합 추진을 위해 남북 각료회의 산하 법제위원회 정부 내 법제추진단 운영 통일조약 체결	통일헌법 제정 통일국가 출범 법제통합 실시
고려사항	정치: 정치적 신뢰관계 구축을 위한 법제 군사·안보: 군사적 긴장완화 법제, 정전체제, 평화체제로 전환 경제: 교류협력 활성화 법제 사회문화: 학계, 종교단체, 사회단체 간 교류확대, 민간 교류협력 제도화	제한적·부분적 법제통합 정치: 남북의 기존 외교협약, 외교관계 정리 군사·안보: 군비통제 가시화 (비무장지대 평화적 이용, 군축) 경제: 점진적 화폐통합, 경제·노동·재정 관련 정책통합, 북한체제전환 지원 사회문화: 갈등완화, 정책협력 (동질성 회복)	남북연합 공고화 단계 분야별 협력 제도화

자료: 통일연구원(2010), 《남북 법제통합 기본원칙 및 가이드라인》 요약

5 통일 이후단계는 단기와 중·장기로 구분할 수 있다. '전환'(*Transformation*)의 단계를 통일 이후로 포함시킨다면 이는 주로 단기적 의미를 가지게 될 것이다.

6 장명봉(2006), "남·북한 헌법체제의 비교와 헌법통합방안", 〈2006년도 남북 법제개선 연구보고서〉, 법제처, 12~14쪽.

3단계로 진행되는데, 이를 시간적으로 보면 통일 이전단계, 이행기, 통일 이후단계의 구분과 거의 일맥상통한다. 그러나 통일헌법에 의한 법제통합은 완성보다는 상당기간 진행형의 단계를 거칠 수밖에 없을 것이다. 통일과정에 따라 대두될 법제통합의 과제들을 집약해 보면 아래의 표에서 보는 바와 같다.

통일과정에 따른 법통합 과제

단계	과제	비고
통일 이전단계 (*pre-unification stage*)	통일을 준비하기 위한 법제적 여건조성 통일헌법을 위한 합의형성 남북관계 발전·남북교류협력 관련법 개선 남한법제의 정비·개선	법통합 준비
이행기 (*transitional period*)	법질서 통합추진 입법·행정·사법의 통합을 위한 법적 토대구축 지방자치 및 지방행정 법제통합 통일헌법을 위한 합의형성 통일헌법 제정	법통합 착수/추진
통일 이후단계 (*post-unification stage*)	통일헌법에 의한 법제정비 분야별 법제통합의 추진 내적 통일(*Innere Einheit*)을 위한 입법·행정적 조치	법통합 지속

법통합의 기본방향: 급진론과 점진론, 그리고 법치주의

법통합의 방식 및 속도와 관련하여 급진적·일시적 통합론과 점진적·단계적 통합론이 대립할 수 있다(조은석·김광준·제성호·김병기, 2001: 170~172). 실제 독일에서는 통독과정 중 통일조약 체결 당시 양독지역의 상호 이질적인 법질서를 어떻게 일치·통합시킬 것인가에 대해 행정부 간이나 관련국가 간 또는 의회정당 간에 적지 않은 논란이 있었다.[7]

7 법통합의 기본이념으로는 일반적으로 법치국가이념 수용, 사유재산제 인정을 바탕으로 한 시장경제체

당시 서독 내무부는 원칙적으로 구동독의 법이 존속하도록 하되, 구동독지역에서도 적용되어야 할 연방법률에 대해서는 이를 명시적으로 열거한 목록을 만들어 적용하도록 하자는 점진적 통합론을 제시했다.[8] 그러나 최대한 광범위하고 근본적인 법통합의 필요성을 주장하는 견해, 즉 급진적 통합론이 다수의 지지를 받게 되었다. 사회주의 국가였던 구동독은 그 본질상 법치국가가 아니었기 때문에 사실 법이라고 부르기조차 곤란한 동독의 법령들을 체계적으로 일일이 조사·검토하는 것은 불가능하다는 것이 그 근거였다.[9]

이러한 급진적·포괄적 통합론은 구서독지역 뿐만 아니라 구동독지역에서도 많은 지지를 받았고,[10] 결국 1990년 초 구동독의 총선과 지방선거를 통해 구동독인들이 신속한 통일의 의지를 분명히 함으로써 관철되었다(BMI, 2010: 10). 이에 따라 점진적 통합론을 주장했던 내무부장관이 구동독 집행부와 공식협상을 개시한 시점에 다수의 견해에 동조하게 되었고, 통일조약은 모든 연방법령을 편입한 지역에도 그대로 적용하되 예외적 경우를 명시적으로 열거하는 방식을 취하게 되었다. 그 결과 통일조약 제8조는 독일통일과 동시에 모든 구서독의 연방법령이 원칙적으로 구동독지역에도 적용된다고 규정함으로써 급진적·포괄적 법통합의

제의 확립, 개인의 자유 및 권리 보장 등이 거론되지만 여기서는 이에 대해 상세히 논하지 않기로 한다.

8 그 근본적 이유는 실천가능성(*Praktikabilität*) 또는 집행결함(*Vollzugsdefizite*)에 대한 고려에 있었다고 한다. 즉, 법적용자로 하여금 연방법률 중 어떤 것이 구동독지역에 적용되는지를 명확히 알 수 있도록 해야 할 필요가 있었고, 연방법질서 전체가 일시에 구동독지역에 적용될 경우 발생할 혼란과 신속한 사회경제적 재건과정에서 요구되는 과도기적 융통성의 상실을 우려하지 않을 수 없었다는 것이다. 특히 이 점은 독일통일의 주역이었던 내무장관 볼프강 쇼이블레(Wolfgang Schäuble)의 증언으로 잘 나타난다(Schäuble, 1991: 150 f.)

9 가령 당시 법무부장관이었던 클라우스 킹켈(Klaus Kinkel)은 일시적인 사회주의 법령의 존속에 대해서조차 반대했고, 노동부장관 노베르 블륌(Nobert Blüm)은 구서독 지역의 사회적 성취결과를 신속하고 마찰 없이 구동독지역에 전수하기 위하여 조속한 연방법의 적용확장을 주장했으며, 재무부장관 테오 바이겔(Theo Weigel)은 연방의 재정 및 조세법을 마찰 없이 구동독지역에 정착시키려는 동기에서 역시 같은 주장을 폈다고 전해진다(Schäuble, 1991: 156 f.)

10 당시 구동독 집행부의 협상대표는 연방법의 단계적 적용을 주장했으나 협상의 조속한 타결을 희망했기 때문에 연방법의 포괄적 승계를 수용했다고 한다(Schneider, H., Die Einführung des Bunesrechts in die neuen Bundesländer, ***Für Recht und Staat***, Festschrift für Herbert Helmrich zum 60.Geburtstag, 1994, C.H. Beck, München, 57 ff.)

법통합의 완급 및 범위와 장단점

	법통합의 대원칙	장점	단점	비고
급진적 · 포괄적 통합	남한법 확대적용 원칙 불가피한 범위 내 북한법 유지 통일한국 헌법질서에 부합하지 않는 기존법제, 특히 북한법제의 포괄적 폐지	신속한 법통합 달성과 그에 따른 충격완화 가능 통일 후 북한지역 재건사업의 가속	북한법 자율성 부정에 따른 부작용, 반발 가능성 자본주의법·법치 인식결여로 법 수용 및 실효성 저하 법수용/법제 신뢰의 약화 법과 현실 괴리	독일의 통일방식 1. 연방법의 확대적용 2. 구동독법령 효력유지 3. 통일조약 서명 후 제정된 구동독법 효력유지 4. '특별연방법' 존속
점진적 · 단계적 통합	잠정적 일국양제 제한적 범위 내 북한법 존속 점진적·단계적 과정 거쳐 법통합 완성 단방제, 연방제, 국가연합 모두 가능	북한 현실 고려: 연착륙 가능 주민 적응기간 허용 법통합의 법치 적합성 확보	법통합 지연가능성과 이에 따른 북한재건 차질우려 법적 불확실성에 따른 폐단	급변사태 따른 통일 전제
포괄적 · 단계적 통합	포괄적 통합 북한법 중 존속가능한 법령만 제한적 수용 통일국회의 입법을 통한 법통합 추진	통일법제 명확성제고 북한지역 현실여건 고려: 연착륙 가능	포괄적 통합, 적용 확장에 따른 부작용 잠정적 일국양제에 따른 부작용	북한의 주권적 대표기구 성립을 전제

원칙을 관철시켰다.[11]

그러나 문제는 통합의 속도만이 아니다. 중요한 것은 통합을 어떤 원칙과 기준에 따라 추진할 것인가 하는 문제이며 통합의 속도는 그런 대안 선택의 결과이거나 시간적 차원의 기대효과일 뿐이다.

통일 시점에서의 국제정치적 상황, 통일 추진과정에서의 현실적 불가피성과 법적 통일의 조기정착에 대한 희망을 들어 급속한 법통합이 필요하다는 견해에도 전혀 일리가 없지는 않다. '만일 포괄적이고 급속한 법통합과정에서 발생한 문제점들을 단계적 · 점진적 법통합이 추

11 특히 통일조약의 법통합에 대하여 훔볼트대학의 볼만 교수는 "통일조약이야말로 1990년 10월 3일 한밤중 '논리의 순간'(*logische Sekunde*)에 구동독의 헌법과 법질서를 전면폐지하고 구서독의 것으로 대체시킨 법사상 유례없는 파괴적인 법창조 행위"라고 지적한 바 있다(Wollmann, 1996: 57).

진되었을 경우 발생할 문제점들과 비교해 본다면 통일조약이 택한 길이 훨씬 나은 길'이었다는 게 독일의 교훈이기 때문이다.

그러나 독일이 겪었던 문제점과 부작용들 대부분은 실은 급진적·포괄적 법통합을 추진했기 때문에 생긴 것이었다.[12] '법질서의 일시적·포괄적 통합은 가능하지도 않을 뿐더러 결코 바람직하지도 않다는 점'이야말로 독일의 경험에서 얻을 수 있는 중요한 교훈이다.

또한 법통합이 특히 통일 이후 북한지역에서 전개될 경제·사회 재건에 필요한 법적 안정성과 예측가능성을 제공하려면, 법통합의 원칙과 방향, 내용 및 절차 등에 대한 북한 주민의 참여와 합의가 있어야 한다. 그래야만 법통합으로 조성된 통일한국의 법질서를 정당한 것으로 수용할 수 있을 뿐만 아니라 통일과정에서 예상되는 갈등과 파열음을 예방 또는 최소화할 수 있을 것이기 때문이다.

이러한 이유에서 급진적인 법통합은 결코 바람직한 대안이라고 보기는 어렵고, 오히려 북한의 법과 북한 주민의 법의식을 고려한 점진적·단계적 법통합을 추구하는 것이 바람직하고 볼 수 있을 것이다. 그럼에도 불구하고 사회경제적인 분야에서 상대적으로 신속한 시장경제체제로의 전환을 가능케 하기 위해서는 다소 급진적인 법통합이 요구되는 경우도 있을 수 있다(조은석·김광준·제성호·김병기, 2001: 171).

뿐만 아니라 통일이라는 대격변이 진행되는 과정에서 그와 같은 선택이 여의치 않을 가능성은 상존한다. 더욱이 한반도에 급변사태가 발생할 경우 그와 같은 점진적·단계적 법통합을 추구할 겨를이 없는 상황이 올 수 있다는 가능성도 배제할 수 없다. 점진적·단계적 법통합 방안 뿐만 아니라 급진적·포괄적 법통합방안을 함께 준비해 나가야 하는 이유가 바로 거기에 있다.

12 이런 견지에서 점진적이고 부분적인 통합에 따른 과도기적이고 이원적 법상태의 존재가 불가피하며, 평등통일의 경우 더더욱 법질서 통합의 과도기가 길어질 수밖에 없고 법질서의 이원화에 따른 파생적인 문제들도 훨씬 많아질 것이므로, "우리 민족 특유의 '조급함'을 버리고 '인내심'을 가지고 법질서 통합문제에 접근해야 할 것"이라는 견해[허영(1994), 《독일통일의 법적 조명》, 107쪽]를 경청할 필요가 있다.

그렇지만 어떤 경우든 법통합은 법치주의의 요구에 합당한, 다시 말해 법치주의에 부합하는 방식으로 이루어져야만 그 결과에 대한 수용과 신뢰, 지속가능성을 확보할 수 있다. 그런 관점에서 우리는 법통합이 어떤 방식, 어떤 형태로 이루어지든 북한 주민의 자결권 행사를 보장하고 이를 바탕으로 법치주의의 요구에 합당한 남북 공동노력의 결과로 추진되어야 한다는 결론에 도달한다.

물론 통일이라는 대격변에서 법치주의를 거론하는 것 자체가 너무 경직된 법률주의적 집착이 아닌가 하는 의문이 제기될 수 있다. 그러나 "긴급에는 법이 없다"는 법언에도 불구하고, 상황이 불안정하고 불확실성이 클수록 법치주의야말로 우리가 의존할 수 있는 최소한의 토대가 된다. 사실 통일한국의 법질서에 대한 북한 주민의 신뢰와 수용을 이끌어 내려면 법치주의적 방법에 의존하지 않을 수 없다.

법치주의의 강조는 자칫 법통합을 지연시키거나 복잡하게 만드는 요인으로 작용할 수도 있다. 그러나 이는 법통합 이후 결과를 감안한다면 불가피한 비용일 뿐만 아니라 비용편익 효과가 매우 높은 비용이기도 하다. 이렇게 볼 때, 법치주의는 급진적·포괄적 법통합의 부작용과 폐단을 회피할 수 있도록 해주는 제어장치이며 필수불가결한 법통합의 틀이자 지향점이라고 보아야 할 것이다.

쿠니히(Kunig, 2010: 13)는 "사람들은 우리에게 정의를 약속했지만 우리는 그 대신 법치국가를 얻었다"라는 배어벨 보흘리(Bärbel Bohley)의 말을 인용하면서 구동독의 몰락과정에서 큰 영향을 끼친 여성 시민운동가가 이러한 실망에 공감을 표하면서도 법치국가란 것이 정의를 직접 구현하는 것은 아니며 또 법치국가가 쉽게 이해될 수 있는 것도 아니라는 점이 주의를 환기시킨다.

그는 또한 법치국가가 구동독의 사회주의통일당의 후신인 좌파정당에 통일 이후 최초의 총선에서 구동독 선거권자들의 지지만 기대할 수 있었을 뿐이었던 상황에서도 선거법상 저지조항(*Sperrklausel*)의 수정을 통한 특혜를 부여함으로써 그를 적대했던 자들에게까지 기회를 주고

자신의 존재이유를 입증하였다고 지적한다. 이를 가능케 한 것은 바로 법치국가의 수호자인 연방헌법재판소였으며, 단지 정치만으로는 그러한 힘을 가질 수 없었다는 것이다(Kunig, 2010: 18).

법통합이 법치주의의 요구에 맞게 추진되어야 한다면 특히 법통합으로 불리한 처지에 놓이거나 놓일지 모른다고 우려하는 당사자들, 특히 북한 주민들의 불만을 정규적인 제도적 통로를 통해 해소할 수 있도록 하는 것이 무엇보다도 중요하다. 그러한 맥락에서 특히 사법적 권익구제 시스템에 대한 접근, 다시 말해 재판청구권의 보장에 관심을 기울일 필요가 있다.

다른 무엇보다도 행정소송 등 재판을 통한 권익구제의 기회를 부여하고, 헌법재판소를 통한 법통합 관련 입법이나 공권력 행사를 다툴 수 있는 통로를 제공하고, 이를 통해 통일한국의 법통합에 대한 합의 구조를 형성해 나갈 필요가 있다.[13]

통일독일의 법통합 사례와 시사점

통일과 통합의 틀로서 법치국가의 역할

법의 중요성은 이른바 '합법적 통일'을 이룬 독일에서조차 소홀히 다루어지는 경향이 있었다(Hettlage, 1995: 22). 그러나 돌이켜 보면 독일통일의 전후, 그리고 현재에 이르는 과정에서 법만큼 중대한 역할을 수행한

13 그러나 쿠니히가 적절히 지적한 바와 같이, 법치국가는 그 존재나 발전을 위한 조건들을 스스로 보장할 수 없고 단지 기본적 틀을 조성할 수 있을 뿐이다. 그런 의미에서 법치국가는 생동하는 시민사회, 궁극적으로는 그 가치의 내면화에 의존하며, 그 구성원인 사람들의 의식에 의존한다. 그리고 그러한 의식은 법적으로 강요될 수 없고 스스로 발전해 나가야 한다. 따라서 통일국가에서 법치국가적 구조를 창출하는 일보다 이득과 사욕만을 추구하지 않고, 자유에 대한 공동책임을 인식한 사람들에게 법치국가에 대한 확신을 불러일으킬 수 있는 교육이 훨씬 더 중요한 과제이며, 독일에서 이 과제는 어느 정도 성공했다고 진단한다(Kunig, 2010: 13, 20).

것은 없었다고 해도 과언이 아니다. 우선 1989년의 독일통일 자체가 본질적으로 법적 과정이었고(Hettlage, 1995: 22, 25), 나아가 정치적으로 달성된 통일을 경제·사회적으로 정착시키고, 내적 통일을 추진하는 과정에서 가장 중요한 기반이 되었던 것도 법이었기 때문이다.

1990년 10월 3일 독일의 통일은 '합법적 독일혁명'(*The Lawful German Revolution*)으로서 일종의 '헌법혁명'을 통하여 달성되었다(Preuß, 1990). 독일의 재통일을 달성하고 구동독의 실패한 사회주의체제를 민주주의와 시장경제로 전환시키는 작업을 수행할 때 입법권자는 일종의 전성기를 구가했다.

1990년 5월 18일의 통화, 경제 및 사회통합을 위한 조약에 뒤이어 8월 31일의 통일조약이 체결되고, 그 후 방대한 규모의 입법이 단행되었다. 1990년처럼 법의 결정적이고 핵심적인 역할이 두드러진 적은 없었다. 물론 재통일을 향한 이 모든 과정이 법률가에 의해 시작된 것이라고는 볼 수 없다. 1989년 10월 9일 라이프치히(*Leipzig*) 등지에서 벌어진 대대적인 민중시위를 통하여 한 달 후 베를린장벽이 무너지고, 전후 40여 년간 동구 사회주의 블록의 선구자로서 영예를 구가했던 사회주의정권이 붕괴되었다.

이처럼 독일통일이 이루어지는 과정에서 현명하고 선견지명 있는 결정들을 내림으로써 통일의 길을 열었던 것은 누구보다도 정치인들이었다. 또한 당시 그리고 지금까지도 자유사회와 자유시장의 전혀 다른 기후 아래 국가에 의해 몰락한 사회주의경제를 회복시키기 위하여 조언을 하고 투자결정을 내려야 했던 것은 경제인들이었다. 그러나 이러한 과정 전체는 고도로 복잡한 법의 틀 안에 놓여 있었고 오늘날에도 여전히 법적 과정을 통해 이루어지고 있다(Hettlage, 1995: 22; Nobert, 1991: 725 f.).

독일의 경우 법통합의 원칙은 ① 연방법의 확대적용, ② 구동독법령의 효력유지, ③ 통일조약 서명 후 제정된 구동독법의 효력유지, ④ 이른바 특별연방법으로서 효력유지로 집약된다.[14] 독일통일 이후 통합

과정에서 법이 그와 같은 통일과 통합의 틀로서의 역할을 수행할 수 있었던 것은 무엇보다도 독일이 분단 이후 40여 년간 독일기본법을 통해 정착된 법치국가라는 기반구조가 있었기에 가능했다.

일반적으로 한 나라의 법질서가 제대로 작동하기 위해서는 무엇보다도 법질서와 법에 대한 일반적 신뢰가 존재해야 한다. 그 신뢰는 법의 생성과정과 법의 내용(정의, 공정성, 적실성, 사회적 타당성 등)에 대한 신뢰로 이루어지는데, 이러한 신뢰가 성립하려면 법적용 및 법집행의 정규성, 확실성, 실효성이 확보되어야 하며, 또한 그 여러 요인들에 대한 직·간접의 경험과 주관적 판단, 태도 등으로 형성된 대중들의 법의식과 그러한 법의식에 의해 뒷받침된 법의 적용·집행에 대한 예측가능성, 그리고 이를 통한 거래비용의 회피 또는 최소화 가능성이 수반되어야 한다(Hettlage, 1995: 24).

이러한 신뢰가 있을 때 비로소 수범자의 일반적 순응이 확보됨으로써 법질서가 제대로 작동하게 된다. 아울러 법은 바로 그와 같은 법질서의 제 특성과 그에 대한 일반적 신뢰를 바탕으로 사회적 공동생활에서 준수해야 할 규범질서를 학습시키고, 그에 대한 신뢰와 접근, 이용을 강화시키는 일종의 교육기능을 수행하며, 아울러 공·사법 등 다양한 영역에서 발생하는 각종 분쟁의 처리를 통해 사회적 평화를 달성하고, 이를 통해 규범질서에 대한 신뢰와 순응을 제고시켜 다시금 법질서의 안정성과 사회적 유용성을 강화시키는 일종의 분쟁처리 및 통합기능을 수행한다.

통일과 같은 사회적 대전환기에 법이 수행하는 기능은 훨씬 더 역동적이고 미래지향적이다. 법은 이미 독일통일의 현실적 과정에서 역력히 나타난 바와 같이 사회변화를 위한 적극적인 향도 및 형성의 도구로서의 기능을 수행하게 된다.

14 이에 관해 상세한 것은 홍준형(2002), "독일통일과 법치국가", 《현대공법학의 과제》, 612~617쪽을 참조.

실제로 독일의 경우, 일단 기본적 합의가 성립되고 합의된 것이 법적 형식을 통해 구체화된 다음에는 구동독에서 단행된 대부분의 사회전환 과정이 계속적인 입법조치와 그로부터 나오는 법적 결과들에 의해 추진되었다(Schäfers, 1995: 46; Hettlage, 1995: 24 등).

또한 대부분 간과되는 사실이지만, 통일조약의 체결을 위한 협상과정은 이미 구서독의 법을 새로운 사회변동의 담당자로 삼으려는 의도의 근본결정들이 단행되었음을 의미하는 것이기도 하였다(Hettlage, 1995: 22, 25). 이들 법의 기능은 일정한 국법제도의 틀, 즉 법치국가의 구조 하에서 작동하며, 결국 법치국가의 작동메커니즘을 이룬다. 이들 법치국가의 기능들은 통일이라는 사회적 대전환기에 사회통합 또는 내적 통일을 위한, 결정적으로 응집 내지 통합의 제도적 요인으로 작용할 수 있다.

독일은 분단이후 통일 직전까지 바로 법치국가라는 기반구조를 통해 이러한 제 요소들을 확고히 정착시킬 수 있었다. 통일 이전까지 많은 사람, 독일인은 물론 외국인까지도 이구동성으로 독일 기본법의 성공적 정착을 확신하고, 또 '헌법적 애국주의'를 견지할 수 있었던 것은 바로 그 때문이었다(Grimm, 2001: 107ff.; Starck, 1999; Horstkotte, 1996; Currie, 1994: 339).

이와 같은 역사적 맥락에서 법치국가가 독일통일 이후 통합의 기본틀 내지 기반구조로 작동하게 되는 가장 핵심적인 계기는 새로운 통합된 국가-법공동체 안에서의 사회적 교섭을 가능케 하는 가장 기본적인 게임의 규칙을 제공했다는 데 있었다.

법치국가는 개인에게 자유와 권리를 보장하는 동시에, 그러한 자유와 권리가 있는 시민들 사이에서 일반적 구속력을 가지는 게임의 규칙들이 준수되는지를 독립된 법관이 통제하는 공적 절차를 보장하는 규범적 토대로서(Horstkotte, 1996: 1), 전체적인 사회-국가 시스템의 안정성과 지속성을 뒷받침하는 기능을 수행하였다.

비판과 다양한 설명이 있기는 하지만(가령 Vilmar 외, 2000; Grimm,

2001 등) 독일이 통일 이후 신헌법 제정 또는 헌법 개정논의에서 기본법의 일부규정을 부분적으로 개정, 보완한 것을 제외하고 기존의 기본 틀과 내용을 그대로 유지하게 된 것도 바로 그와 같은 맥락에서 이해될 수 있다.

부연하자면 통일 자체가 일종의 법적 과정으로서 매우 복잡하지만 전체적으로 보아 매우 명확한 법적 형식을 통해 관철되었기에 통일독일이 구서독의 헌법질서에 의거한 하나의 단일 법공동체로 성립할 수 있었고, 법치국가는 그 법공동체가 통일 이후 대두된 엄청난 정치경제, 사회적 과제를 처리하는 데 안정적으로 작동할 수 있도록 만들었던 것이다.[15]

한국 통일에 대한 시사점

1990년 10월 3일, 독일은 1989년 동독에서 일어난 시민혁명을 통해 금세기 최대의 세계사적 변혁이라 일컫는 통일을 달성하였다. 그 시민혁명은 당초 체제내의 개혁을 요구한 "우리가 국민이다"(*Wir sind das Volk*)라는 구호에서 "우리는 하나의 국민이다"(*Wir sind ein Volk*)라는 독일통일을 요구하는 구호로 바뀐, 구동독 주민들의 요구에 의해 진행되었다. 이러한 독일의 체험은 우리에게 귀중한 교훈을 시사한다. 우리의 경우에도 북한 주민이 움직이지 않으면 통일은 기대하기 어렵다는 것이다.

앞서 지적한 바와 같이 정부의 '3대 공동체 통일구상'에도 불구하고 통일이 남·북한 당국자들 간의 평화적인 합의에 따라 단계적·계획적으로 실현될 것이라는 연착륙(*soft landing*) 시나리오는 현실성이 낮다. 잠정적인 남북공존 상태를 거쳐 북한 주민들이 움직이기 시작하면

15 독일통일 이후 진행된 법통합의 원칙과 과정, 결과에 관해서는 홍준형(2008), "한국통일과 공법적 과제", 정부수립 60주년 기념 2008 남북법제 특별세미나, '한국통일과 법적 과제' 발표문 등을 참조. 한편, 통일 이후 독일의 사회통합과정을 정치, 행정, 군, 경제, 사회 등 주요 분야별로 나누어 분석, 평가한 작업으로는 통일연구원(2009), "베를린 장벽 붕괴 20주년 동·서독 통합과정 종합 평가"를 참조.

통일상황은 급물살을 타게 된다.

결국 일종의 '지연된 서든 데스'(*delayed sudden death*)의 형태 또는 개혁과 협상, 합의가 혼합된 형태의 연착륙 형태로 통일상황이 조성될 것으로 가정한다면, 당분간은 독일의 경우와는 달리, 일정한 범위 내에서 실현가능한 것으로 예측할 수 있는 통일상황에 대비할 시간이 있다. 그렇다면 무엇을 해야 하는가?

만일 통일이 북한 주민의 선택이라면, 또는 적어도 그 선택으로 촉발된다면 북한 주민은 통일을 통해 자신의 기대를 최대한 충족시킬 수 있게 되기를 기대할 것이다. 또 통일이 성취된다면 그 결산의 잣대도 당연히 통일이 자신들의 통일조국에 대한 기대와 요구를 얼마나 충족시켜 주었는지의 여하가 될 것이다.

이 점은 통일 이후 통합과정에서 독일이 겪었던 많은 문제점과 통일독일의 법적·정치적 안정성을 가능케 했던 법제도적 여건으로 작용한 법치국가 메커니즘의 역할을 진지하게 음미함으로써 얻을 수 있는 가장 중요한 교훈이다.

독일의 경우, 구서독, 즉 독일연방공화국(BRD)에 가입한 구동독(독일민주공화국: DDR) 지역에 대하여 구서독의 법률을 그대로 또는 통일협약을 통해 약간 수정하여 적용했기 때문에 수용의 문제, 즉 상이한 법제도의 통합뿐만 아니라 상이한 법문화의 통합문제가 생겼고, 구동독의 현실과 새로운 법제도에 상응하는 사회체제의 미비로 문제점이 발생했다.

이는 두 개의 분단국가를 통합할 때 규범적인 근거만 가지고는 충분치 않다는 사실을 보여 주었다. 특히 초기 단계에서부터 필요한 일은, 독일에서 대규모로 발생했던 한 분단국으로부터 다른 분단국으로의 이주현상을 억제할 수 있는 실질적이고 총체적인 경제 및 사회구조가 생겨날 수 있도록 법률적 기반을 마련하는 것이었다. 이는 법률적인 요소만 가지고는 달성할 수 없었고, 통일 이전부터 효과적인 전개과정을 필요로 하는 문제였다. 또한 예전 구동독에 존속했던 것과 같은 사업장 형태나 보육시설 또는 병원 등과 같이 상대방 분단 지역에 존재하던 기존의 제도와 구조들을 검토 없이 무차별적으로 제거하지 말아야 했다(Siegfried Broß, 2010: 27~28).

독일에서 통일 10년을 결산하며 벌어졌던 논란들은 법통합과 관련하여 의미심장한 교훈을 시사해 준다. 통일조약의 주요부분들이 정치적 이유로 제대로 실현되지 못했고, 화폐통합 이후 재산권문제에 대한 정책이 최대의 실패작이었고, 구동독 주민들이 각종 정책 및 의사결정 과정에서 소외된다는 비판들이 대두되었다.[16]

특히 법적 측면에서 통일은 아직 실현되지 않았다는 뼈아픈 지적도 나왔다. 구동독 대다수 주민들이 법치국가적 법질서에 적응하지 못했고, 과도한 법적 규제와 난해한 서독식 법제도, 구 통일사회주의당(SED) 정권의 범죄에 대한 형사처리 논란과 구동독 주민의 서독식 의사결정에서의 소외 등으로 말미암아 발생한 '법치주의의 충격'(*rule-of-law shock*)이 보고되었다.[17]

또 "인간은 누구나 법 앞에 평등하다"는 기본법 제3조의 규정은 구동독 주민들에게 '동일 노동, 동일 임금'이라는 원칙뿐만 아니라 다양한 노동법, 노사협약법 및 연금법의 적용이 배제되었기에 일장춘몽에 불과하며, 중대한 반인륜적 인권침해범에 대한 예외적 형벌소급에 관한 라드부르흐 공식(Radbruchsche Formel)을 구동독에 대해서만 적용하는 등 법적용의 형평이 결여되어, 구동독지역에서 정의와 법치국가가 동의어로 간주되지 않는 것도 놀랄 일은 아니라는 신랄한 비판이 제기되었다.[18] 과거 불법청산에서 점령군 재판식 처리, 형평의 상실,[19] 통합과정에서 나타난 물질만능주의 편향 등에 대한 경계의 목소리[20]도 끊이지 않았다.

16 Dahn, 2000; Vilmar 외, 2000; Hettlage/Lenz, 1995 등.
17 Heitmann, Steffen. 1995.
18 Dahn, 2000: 17~18.
19 Schroeder, 2000: 231~232.
20 Hettlage, 1995: 66~67.

그림(Grimm)의 지적대로 통일 이후, 특히 구서독뿐만 아니라 외국으로부터 지대한 관심을 끌었던 독일 입헌국가에 대한 자부심과 신뢰가 약화되었다. 자신에게 불리하거나 자신의 견해와 다른 헌법재판소의 결정을 단순히 비난하는 데 그치지 않고 그 권한을 제한하자거나 아예 헌법소원제도를 폐지해야 한다는 등 과거 같으면 생각지도 못할 사태가 벌어지기도 했다.[21]

사실, 통일 이전 독일의 기본법과 법치국가 확립에 우호적인 여건이었던 분단구조가 소멸해 버린 상황에서, 거의 반세기 동안 살아있는 헌법과 법치국가, 기본권을 겪어보지 못한 구동독 주민들로부터 헌법에의 충성과 신뢰, 법치국가에 대한 적응을 기대하는 것은 비현실적일 수도 있었다.

통일과정에서 헌법을 구동독 주민의 관심사로 만들기 위한 노력은 지체되었고, 헌법 개정논의는 기본법이 모든 기존의 독일헌법 가운데 최선이고, 따라서 개정할 필요가 없다는 주장에 압도되고 말았다.[22] 그 결과 부분적인 헌법개정은 이루어졌지만, 특히 구동독 주민 사이에서 헌법 무관심이 팽배하게 되었고, 이러한 현상은 통일 20주년이 지난 오늘날까지도 지속되고 있다(BMI, 2010: 33).

독일연방헌법재판관 브로스(Broß)에 따르면, 법통합은 어느 한쪽 국가가 가지고 있던 모든 구조를 파괴하는 것이 아니라, 양측 분단국 국민들이 새롭게 통일되는 국가에서 정체성을 찾을 수 있도록 형성되어야 하며, 그렇지 않을 경우 새로운 법률제도 및 국가형태에 대한 수용자세를 기대하기 어렵다. 통일과정에서 경착륙이 아닌 연착륙이 필요하다는 것이다(Siegfried Broß, 2010: 28). 독일의 경험을 타산지석으로 삼는다면, 통일에 따른 법통합 때, 북한지역의 통일충격을 최소

21 Grimm, 2000: 111~112.

22 뵐케(Jens Woelke)와 필마(Fritz Vilmar)(2000: 71~79)는 보수적 헌법학자들의 헌법이데올로기가 기본법 제23조에 의한 구동독의 연방편입을 정당화했고, 이들이 새로운 헌법제정을 두려워했기 때문에 기본법의 가치를 칭송하여 독일국민의 결정에 의한 신헌법의 제정을 무산시킨 것이라고 비난하고 있다.

화할 수 있는 전략적 고려가 필요하다는 관점에 도달하게 된다.

그러한 맥락에서 제기되는 과제들 가운데 가장 중요한 것으로 통일 헌법 제정[23]과 북한지역에 대한 지방자치 도입문제를 꼽을 수 있다. 그 경우 구동독지역 주들의 연방편입을 통해 단일한 통일 법 공동체를 형성하는 데 성공한 독일의 경험을 통해 배울 수 있을 것이다.

아울러 직접민주주의 제도의 도입이나 행정지원 방안, 재정조달 및 확충방안 등 실제로 유사시에 투입할 수 있는 정책대안들을 미리 강구해 둘 필요가 있다. 나아가 거시적 연구보다는 통일과정 또는 통일 이후 통합과정에서 생기는 법적, 정치경제적, 사회적 문제점들을 하나하나 파고들어 미시적으로 분석함으로써 구체적 대안, 특히 정책수단의 '레퍼토리'(*repertoire*)를 구축하는 것이 필요하다.

또한 북한 주민들에 대한 직접적 접근이 어렵다면 탈북자들, 또는 연변 등 중국거주 해외동포들을 대상으로 한 법사회학적, 법사실 조사연구를 체계적으로 실시하여 이들의 법의식이나 법에 대한 이해를 파악하고 그에 따른 처방들을 강구하는 것이 필요하다.

통일에 따른 법통합 방안

법통합의 원칙

법통합, 즉 통일 이행기에서의 법통합은 가능한 한 통일조약 등 규범적 근거에 기초하여 장·단기적 계획 하에 추진하되, 특히 남북 간 협력 및 합의를 토대로 통일헌법 제정을 추진함과 아울러, 북한에 법치국가의 근간이 될 법제도를 건설하는 데 초점을 맞추어야 할 것이다.

23 통일헌법 문제는 주로 개괄적인 골격, 영토조항과 통일조항, 경제헌법, 권력구조 등에 관한 논의에 집중되어 왔다. 가령, 성낙인(2007), "통일헌법상 권력구조에 관한 연구", 〈공법연구〉 제36권 제1호, 한국공법학회, 389~426쪽을 참조.

첫째, 법통합에 관한 내용을 담을 남북 간 통일조약 또는 합의는 법통합의 기본원칙과 방법, 추진기구, 추진절차 등을 규정하여 이를 토대로 법통합이 법치주의 원칙에 따라 체계적으로 추진되도록 뒷받침해야 한다.

법통합의 기본원칙을 정할 때에는 가능한 한 가장 빠른 기간 내에 통일한국의 법질서 구현을 가능케 하는 방안을 추구하는 데 집중해야 하겠지만, 남측 법의 포괄적 적용확대에 집착하는 것은 금물이다. 헌법적 가치질서에 반하는 북한의 법령을 용인하기도 어렵겠지만, 반면에 신뢰할 만한 입법평가도 없는 상태에서 곧바로 남측 법을 원칙적으로 북한지역에 확장, 적용하도록 하는 것도 매우 위험한 일이기 때문이다.

이를 위해서는 북한법에 대한 전면적인 실사와 평가를 거쳐 헌법적 가치질서에의 부합여부나 내용, 실효성 등의 측면에서 남측 법이 명백히 더 우월하다고 판단되는 경우인지를 판단하고 이를 토대로 적용확대의 원칙과 범위를 정해 나갈 필요가 있다. 마찬가지의 관점에서 남과 북의 사회·경제적 차이나 역사적·문화적 이질성 등에 따라 예상되는 법통합의 부작용을 회피 또는 최소화할 수 있도록 예외조항과 조정규정 내지 경과규정을 두는 방안도 적극적으로 강구해 보아야 할 것이다.

아울러 한반도 전역에 대한 광범위한 법 동화(同化)가 이루어지고, 북한지역의 법들이 새로운 법치국가 원칙에 의한 법들로 대체되어 가면서도, 통일과정 중 북한지역에서 싹틀 사회적·법적 발전과 새로운 사회관계를 형성하려는 자생적 시도가 의도적으로 배제되거나 좌절되지 않도록 보장하는 것이 중요하다.

무엇보다도 통일조약이나 합의에서 법제통합 추진기구의 설치와 임무를 명확히 설정하여 법통합을 추진하는 방안을 강구해야 한다. 이 기구로 하여금 과도기 동안 잠정적으로 북한 주민을 대표할 주권적 대표기구와의 협의를 거쳐 법제통합 방안을 준비하도록 하고, 이어 구성될 통일한국의 국회에서 최종적으로 결정하도록 하는 것이 방안이다.

법제통합 추진기구는 국회의원들과 북한지역의 인민대표자들, 법무부, 법제처 등 남측의 관계부처 법제실무자들, 그리고 북한법 전문가를 포함한 분야별 전문가로 구성된다. 이들은 그동안 통일준비과정에서 축적된 북한법에 대한 지식과 정보, 법정책 자료들을 지원받아 분야별 또는 개별 법률에 대한 남한법의 확대적용 여하, 해당 분야 북한법이 존재할 경우 그 존속여하 등을 심의하여 북한지역에서 적용할 법제의 구체적인 대안을 마련하고, 통일국회에 상정하는 임무를 수행하도록 한다.

특히 통일부의 통일법제 추진위원회, 법제처의 북한법제 연구센터,[24] 법무부의 통일법무과, 북한법연구회 등에서 지속적으로 북한법에 대한 연구성과를 축적시켜 나가도록 하고,[25] 그 성과를 법통합 추진과정에서 활용하도록 하는 한편, 북한의 법령을 일종의 '법통합 영향평가'라는 관점에서 재평가함으로써 법통합 시에 그대로 또는 수정·보완을 거쳐 존속시킬 것인지, 아니면 가령 동일한 분야에서 더 합리적인 법제대안이 있을 경우 이를 대체할 것인지 여부에 대한 개별적 정책방침을 준비해 나가야 할 것이다. 물론 통일조약 등 상위의 법규범에서 이 기구의 설치 및 활동근거, 권한 등 필요한 사항을 미리 규정해 두어야 할 것이다.

둘째, 통일 이후 추진될 방대하고 급속한 입법활동에 따라 북한지역에 새로운, 주로 남한의 법제들이 대거 도입될 것으로 예상된다. 법통합에서 남한법의 우위 또는 적용확대는 불가피한 선택이 될 것이다. 그러나 무분별한 남한법의 우위나 적용확대는 금물이다. 남한법의 도입으로 나타나는 부작용과 폐단에 대해서도 관심을 기울여 대책을 마

24 법제처의 활동 및 성과에 관해서는 http://world.moleg.go.kr/content/kp/list.do를 참조.

25 이와 관련하여 통일대비 법제연구가 각 부처별로 중구난방으로 분산되어 추진되고 있어 효율적인 연구성과를 기대하기 곤란하다는 비판이 대두되고 있다. 이러한 문제점을 해소하기 위해서는 범정부적 통합 연구기구 설치가 필요하다는 것이 중론이다. 이에 관해서는 법률신문(2010.12.8), "창간 60주년 특집 '통일대비 법조계 역할'"을 참조.

련해 나갈 필요가 있다.

가령 법치주의 구축을 위한 남한의 협력에도 불구하고 통일의 파트너인 북한 주민들에게 일종의 후견인 관계 또는 꼭두각시놀음 같은 인상을 주어서는 안 된다. 또 새로운 법제도들을 각 지역의 특수한 실정을 충분히 고려하지 않은 채 무분별하게 채용할 경우 자칫 불신을 조장할 수 있다는 점도 명심하여야 한다. 또 북한지역은 통일한국의 중앙정부로부터 막대한 지원을 받을 수밖에 없을 터인데, 그 결과 재정적 의존성 심화에 따른 부작용도 경계해야 할 것이다.

급진적인 법통합은 무엇보다도 북한에 실효적인 대의제 구조 및 지방자치 기반을 구축할 때에 시간적 압박을 가중시키고, 법통합에 따라 북한지역에 확대적용될 새로운 법이 북한 주민들의 생활실정이나 법의식을 충분히 고려하지 못하게 만드는 요인으로 작용할 수도 있다.[26] 또 새로이 도입하게 될 법령들이, 정치적으로 운영된 사법부와 당의 지시에 따라 좌우되던 행정관행, 그리고 주민들의 무지와 불신 등으로 말미암아 오작동하거나 집행실패를 겪을 수 있다는 점도 미리 고려해야 한다.

셋째, 통일과정과 통일한국에서의 법통합은 한민족 모두에게 기본적 인권과 인간다운 삶의 기회를 확보해 주는 가운데 특히 북한 주민에 대한 배분적 정의의 실현에 기여해야 할 것이다. 이를 위해서는 자유민주적 기본질서와 실질적 의미의 법치주의, 사유재산제 인정을 바탕으로 하는 시장경제체제의 확립, 개인의 자유 및 권리의 보장 등의 확립과 아울러 법질서의 운영을 통해 남・북한 주민 간, 계층 간 사회

26 독일의 경우, 뮐만(Mühlmann)은 채권법분야에서의 법통합과정을 예로 삼아 법규범과 주민들의 법인식의 괴리를 지적하고 있다. 즉 법통합과정에서 역사적으로 형성된 법적·물질적·정신적 특수성을 법적 관습과 함께 고려한 장기적인 접근이 거의 시도되지 않았고, 그 결과 구동독지역의 주민들은 이미 통화, 경제 및 사회통합이 단행되었을 때부터 낯선 법질서에 적응할 수 없었다고 지적한다. 그러한 낯선 법질서의 핵심을 이루었던 민법영역에서도 이렇다 할 적응이 이루어졌다고 말할 수 있다면 고작해야 주택 및 상가임대계약과 토지이용계약 등 극히 제한된 사례에 불과했다고 한다. Vgl. M. Mühlmann(1992), *Zur Rechtsangleichung auf dem Gebiet des Schuldrechts*, Jahresschrift für Rechtspolitologie, 109 ff.

적 통합을 기한다는 것을 법통합의 지도이념으로 삼아야 할 것이다.

정치적으로 볼 때 북한 주민은 북한정권 수립 후 정치적 의사결정과정으로부터 철저히 배제당한 채 이른바 '주체사상'의 미명 하에 일방적인 정치의사 내지 정책결정의 수용만을 강요당했고, 이 때문에 현대 헌법국가에서 당연히 보장되는 '인간으로서의 기본권'의 하나인 '자유로운 인격형성 및 발현권'이 완전히 말살되고 있음은 주지의 사실이다.

따라서 통일과정에서의 법통합은 그 내용적 정당성 못지않게 절차적 정당성, 즉 북한 주민의 법통합에 관한 동의 내지 합의를 전제로 해야 할 것이다. 법통합에 관한 합의는 구체적으로 독일의 경우처럼 남북당사자간의 합의를 통일조약의 체결로 문서화시켜 법통합의 추진일정과 방법을 정하거나, 통일조약 내지 협약과는 별도로 남북당사자가 법통합에 대한 협정을 체결하는 방식, 또는 통일 이후 법통합을 위한 별도의 입법의 형식을 취할 수도 있을 것이다. 어떤 형식을 취하던 간에 북한 주민의 참여를 통한 당사자 간 합의를 도출하고 그 합의에 의거하여 법통합을 추진해야 할 것이다.

한편, 경제적으로 볼 때에도 북한 주민은 만성적인 식량난이 말해주듯이 최소한의 인간으로서의 생존권조차 국가로부터 보장받지 못하는 비참한 지경에 놓여 있다. 따라서 통일과 이에 따른 법통합은 현대 헌법국가의 공통된 기본원리의 하나인 복지국가 내지 사회국가의 이념 하에 북한사회와 주민에 대한 경제적 특별배려를 통해 구체화되어야 하며, 사회적 기본권을 보장한 헌법과 이를 실현하기 위한 각종 법령과 제도들이 이러한 특별배려의 수단으로 조율되어서 북한 주민이 상대적으로 '2등시민'으로 전락하는 것을 방지해야 할 것이다. 그렇지 않으면 남·북한 통일은 북한 주민의 상대적 소외감과 이에 따른 상대적 박탈감과 이질감의 증대를 초래하여 또 하나의 분단으로 이어질 가능성이 크다.

마지막으로, 법통합은 궁극적으로 완전한 의미에서의 국가적 통합의 실현을 지상목표로 삼아야 할 것이다. 점진적·단계적 통합방안을 추진할 경우 일시적·잠정적으로 남북 간 상이한 법제도가 공존하게 되고 이원적 법상태가 나타나게 되겠지만, 그렇더라도 법통합의 궁극적 목표는 어디까지나 국가적 · 전사회적 통합에 두지 않으면 안 된다. 통합에서 오는 충격에 대한 완충장치는 필요한 최소한도에 그쳐야 하며 이를 위해서는 법통합이 완전한 의미의 국가통합의 실현을 위해 보다 고차원적인 국가 조직이념 내지 법원리에 의해 지도되어야 한다.

여기서 우리는, 자유민주주의와 실질적 법치주의에 의해 향도되며 완전한 의미의 국가통합을 지향하는 법통합작업의 성공적 수행을 위해 북한의 반민주적 · 반법치적 과거를 청산하는 작업 못지않게 남한의 자체적인 법체제의 정비와 개혁이 시급하다는 사실을 알 수 있다.

그동안 정치 · 사회의 민주화 과정에서 사회 전반에 걸친 개혁을 통해 인권이 신장되고 공정한 기회와 경쟁이 보장되는 사회를 실현하기 위한 노력이 경주되었으나, 아직까지도 개혁의 성과가 미진한 영역들이 많고, 특히 법개혁에 대한 국민적 합의가 제대로 이루어지지 못하고 있는 실정이다. 바람직한 법통합을 위해서는 남측의 자기중심적 오만과 우월감에서 벗어나 자체적인 법적 부문에서의 자기혁신을 위한 실천적 노력이 수반되어야 한다.

한편, 통일 후 북한법의 효력을 계속 유지시키는 문제는 흡수통일의 경우에는 남측 헌법과, 합의통일의 경우에는 통일헌법과 저촉되는 법을 어떻게 처리할 것인가 하는 문제와 직결된다.[27] 우선, 모든 북한법을 남한헌법 내지 통일헌법에 저촉된다는 이유로 당장에 폐지할 수는 없을 것이다. 따라서 과도기적 조치로서 당사자 간의 합의에 의한 통일조약이나 개별 입법을 통해 남한헌법 내지 통일헌법에 저촉되는 북한법이 일정기간 효력을 유지하도록 하는 법적 근거를 마련하여야 할 것이다.

그러나 다른 한편으로는 모든 북한법을 남한헌법 내지 통일헌법에

27 '국가승계이론'에 의한다면 통일방법에 상관없이 통일한국의 헌법질서에는 포기할 수 없는 기본원리들이(예컨대, 자유민주주의, 법치주의, 사유재산제 보장 등) 존재하는 것이고, 이는 대부분 현행 남한헌법상의 기본원리와 일치할 것이므로 실질적으로 통일방법과는 상관없는 결과가 될 것이다. 상세한 것은 김병기(1997), "북한지역 몰수재산권의 반환여부에 관한 고찰", 〈행정법연구〉, 196쪽 이하를 참조.

저촉됨에도 불구하고 조약이나 개별입법에 의해 일정기간 동안 효력을 유지하게 할 수도 없는 것이다. 따라서 효력이 유지되는 북한법은 그 근거법령에 명시적으로 열거되어 있거나 남북 간 특별히 합의된 것에 국한되어야 할 것이다. 이와 관련해 법통합 과정에서 독일이 겪었던 문제점들을 참고할 필요가 있다.

첫째, 독일의 법통합은 그 시행과정에서 법수용 또는 법제도에 대한 신뢰의 약화현상을 초래했다. 가장 주된 원인은 통일조약 제8조에 의한 법통합 원칙에 있었다. 비록 '통일조약 부속서 I'에 의하여 구서독지역과 구동독지역 간의 현저한 사회·경제적 차이를 고려하여 필요한 예외조항과 경과규정이 마련되었을지라도, 급속한 법통합의 결과, 한편에서는 전 독일지역에 광범위한 법동화가 단행되었다.

또한, 구동독법들이 새로운 법치국가 원칙에 의한 법들로 대체되었지만, 다른 한편에서는 급속한 법·행정의 통합으로 당시 구동독지역에서 싹트던 사회적·법적 발전과정이 단절되고, 새로운 사회관계를 형성하려는 자생적 시도까지도 모두 좌절되는 결과를 낳았다.

둘째, 통일 이후 구동독지역의 주들이 추진한 방대하고 급속한 입법활동에 따라 새로운 법제들이 대거 도입되었으나, 법치국가적 입법절차를 구축하기 위한 구서독 파트너 주들의 노력은 마치 '후견' 또는 '꼭두각시놀음' 같은 인상을 불러일으켰다. 이들의 협조로 도입된 법제도들이 각 지역의 특수한 실정을 충분히 고려하지 않아 오히려 주민의 불신을 조장하는 결과를 낳았다.

아울러 구동독 신설주들이 연방과 구서독의 파트너 주들로부터 막대한 지원을 받음으로써 재정적 의존이 심화되고 따라서 신설주들과 소속 지방자치단체들의 지역사단적 지위가 크게 약화되었다. 이들 신설주에서 자치의식과 관행이 결여되어 연방과 파트너 주들에 대한 정치, 인사 및 재정을 둘러싼 주민들의 반감이 확산되었다.[28]

28 이에 대해 동독출신의 학자인 시벨(Seibel)은 "편입지역의 새로운 주들과 지방자치단체는 구동

여기에는 급속한 통일과정이 구동독에 실효적인 지방자치와 주의 기능을 구축하는 데 필요한 시간을 허락하지 않았다는 요인이 작용했다. 그 결과 구동독지역에 적용이 확대된 새로운 법과 이에 따른 행정제도가 주민들의 생활실정과 법의식을 제대로 고려하지 못하여 주민들로부터 외면당하거나 충분한 이해를 받지 못하는 상황이 초래되었다는 비판을 받게 된 것이다(Dahn, 2000: 18).

입법·사법 관련 법제의 통합

주권적 대표기구의 구성

북한지역에서 민주적 선거 등 자발적 합의를 통하여 새로운 주권적 대표기구가 구성되도록 하여야 한다. 이 대표기구는 독일의 '원탁회의'처럼 체제전환을 이끄는 중추기관으로서 통일여건을 조성하기 위한 작업에 착수하고, 통일 이후 남북통합의 합의가 성립될 때까지 과도기 동안 일시적으로 존속해야 할 것이다.

즉, 통일 이후 남북통합에 관한 합의가 성립하면 다시 선거를 통하여 북한 주민의 대표를 선출하여 통일한국의 국회구성에 참여하도록 함으로써 단일한 국민 대표기관으로 통합되어야 할 것이다. 이 경우 북한 주민의 배분적 정의실현의 관점에서 선거구제도 및 대표자수에 관하여는 산술적 인구비례 원칙이나 남한의 현행 선거구제를 기준으로 하기보다는, 반세기 동안 전체적 국가 의사형성 과정에서 철저히 배제되어 왔던 북한 주민의 처지를 고려하여 최대한의 정치적·입법정책적 재량에 의해 남한과 대등한 수준에 이를 수 있는 수준으로 정하는 것이 바람직할 것이다.[29]

독시절의 중앙집권보다 더 교묘한 '중앙집권적 의존성'의 학대를 견뎌내기 어려웠다"라고 풍자하고 있다(Seibel 외, 1993: 13).

29 법제처(1992), 《독일통일관계법연구》, 11쪽 이하를 참조.

사법의 통합

통일 이후 북한지역에서의 사법제도 개혁은 무엇보다도 사법부에 대한 인사개혁을 선행시켜야 하겠지만, 다른 분야에서처럼 기본적으로 북한에서 실시된 사법제도의 성격과 내용을 정확히 파악하여 추진되어야 할 것이다. 구체적으로는 전술한 행정조직의 개편과 마찬가지로, 재판소의 심급별·지역별 조직에 관하여 존속보호의 원칙에 의하여 일정기간 종래의 재판소 조직을 유지시키면서, 남측 사법부에 의한 인적·재정적 지원을 바탕으로 하여 점진적으로 남한과 일치시키는 과정이 바람직하다. 또한, 통일 후 소유권관계의 불명확에서 오는 법률관계의 불안정성과 투자심리 위축에 따른 북한지역 경제재건의 지체를 방지하기 위해 부동산등기제도의 도입을 서둘러야 할 것이다.

인사개혁

법통합을 통한 중요한 개혁과제는 인사문제일 것이다. 북한지역의 행정재건과 지방자치제도의 도입을 위해서는 그 인적· 재정적 지원을 위한 제도적 장치를 마련하는 것이 무엇보다도 중요하다. 북한지역에는 자유민주적 기본질서에 적합한 능력을 갖춘 공직자가 부족할 수 있으므로 통일 후 우선적으로 남한의 중앙행정조직과 지방자치단체로부터 북한지역으로 공직자를 이주시킬 필요는 절실할 것이다.

전술한 바와 같이 독일의 경우 인적 지원과 관련해 연방정부는 서독지역의 공직자가 신설주에 가서 행정·사법개혁을 지원하는 것은 공직자의 자발적인 의사에 따른다는 원칙을 택하였다. 그러나 특히 우리의 경우는 더욱 심하다고 판단되지만, 일반적으로 볼 때 현재 남한의 공직자가 북한지역의 공직을 수행하는 데는 예컨대, 적체된 대학교수 인사 부문 등을 제외하고는 여러 가지 어려움이 예상되므로 자발적인 의사에 의한 지원을 기대하기란 상당히 어려울 것이다.

따라서 통일한국의 정부는 북한지역에서 근무할 공직자, 즉 공무원, 판사, 군인, 공직근로자 등에게 야기되는 경제적, 인적 부담을 보상하고, 자발적인 결정을 촉진하는 복지후생분야에서의 지원대책을 세워야 할 것이다. 그 외에 북한지역 신설되는 지방자치단체를 지원하기 위해 독일의 경우처럼 평양, 해주 등 주요도시에 가칭 '신설자치단체 지원부'를 설치해서 일반행정 문제와 토지문제 등에 대한 자문을 하고 인력을 알선하는 역할을 담당하게 함도 고려해 볼 만한 일이다.

그러나 장기적으로 북한지역의 원활한 행정 및 지방자치제도의 운영을 위해서는 북한의 이념과 체제 하에서 교육을 받고 공직에 종사했던 사람들이 자유민주주의와 법치주의에 따라 행정업무를 수행할 수 있도록 전반적 재교육이 시행되어야 할 것이다.

인사개혁의 기본방향은 통일 이후에도 북한지역 공직근로자의 근로관계가 소정의 재교육을 통해 계속 유지된다는 근로계약 존속의 원칙에 입각하되, 입법부나 법관·검찰, 그 밖의 일반 행정공무원 및 군부의 구성 등 모든 분야에서 적법절차에 의한 자격심사를 통하여 결격자를 공직으로부터 배제한다는 것이다.

지방자치의 통합

지방자치의 통합은 이제까지 살펴 본 다른 어느 문제 못지않게 중요한 통합과제이다. 지방자치제도는 통일 후 통합과정에서 대두될 분열의 위협과 도전을 극복하는 굳건한 제도적 틀과 수단이 된다. 한반도 통일 후 급작스러운 변화로 야기될 반작용에 대한 완충장치를 미리 마련할 필요가 있다.[30]

북한지역에 지방자치제도를 도입하기 위해서는 특별법의 제정이나 현행 지방자치법이나 통합선거법에 의하여 지방행정구역을 개편하고, 그에 따라 단체장과 지방의회의원을 선거에 의해 선출하는 전반적인

30 이에 관하여 상세한 것은 Hong, Joon Hyung(2001), Building Local Autonomy after Unification in Korea, *Occasional Paper* Nr.151, Freie Universität Berlin 등을 참조.

지방자치선거제의 확립이 선행되어야 하나, 과도기적 조치로서 기존의 행정구역을 지방자치의 단위로 존속시키면서 단체의 장을 현지인 중에서 임명하는 방안도 국민화합의 차원에서 고려해 봄직하다.

재산권 문제의 해결

'미해결 재산권 문제'라 불리며 독일을 괴롭혔던 재산권문제가 우리라고 비켜가지는 않을 것이다. 이에 관해서는 많은 연구와 논의가 있었으므로,[31] 상론은 생략하기로 한다. 다만, 이 문제는 헌법상 재산권 보장의 원칙과 북한지역 경제재건을 위한 통일정책적 고려라는 두 가지 요소를 균형 있게 고려하는 수준에서 해법을 찾아야 한다고 본다.

이와 관련하여 최근 원소유권 반환원칙은 통일한국에는 타당하지 않으며, 남북의 토지 소유제도를 현상 유지하는 선에서 북한지역 토지소유 관계를 재편해야 한다는 주장이 제기되고 있어[32] 주목을 끈다. 즉, 북한은 1946년 3월 '토지개혁에 대한 법령'에 의거 '무상몰수, 무상분배' 원칙에 따른 토지개혁을 단행했고, 남한도 1949년 6월 농지개혁법을 제정하여 지주층 몰락을 초래하면서 '유상몰수, 유상분배' 원칙에 따른 농지개혁을 단행했는데, '북한의 몰수토지를 반환해야 한다면 남한의 몰수토지가 반환되지 말아야 하는 이유를 설명할 수 없고', 보상 역시 막대한 통일비용 문제뿐 아니라 토지소유관계의 진정성을 확보할 수 있는 방법이 없기 때문에 통일 후의 소유권 회복은 원물반환이든, 금전보상이든 허용하지 않아야 한다는 것이다.

31 이에 관해서는 표명환(2008), "통일한국의 헌법적 과제, 북한 주민의 재산권형성을 위한 방법론적 기초를 중심으로", 〈토지공법연구〉 제39집, 한국토지공법학회, 611~ 633쪽; 김경호(2007), "북한의 토지법제와 통일 후의 과제에 관한 연구", 〈토지법학〉 제23-1호, 한국토지법학회, 125~145쪽; 정영화(1997), "남·북한 통일과 재산권문제에 관한 헌법적 논의", 〈공법연구〉 제25권 제4호, 한국공법학회, 463~496쪽; 김병기(1997), "북한지역 몰수재산권의 원상회복여부에 관한 고찰", 〈행정법연구〉 제1호; 성연동·오창석, "통일 이후 북한의 토지소유권 처리방안 연구", 〈한국지적정보학회지〉 제8권 제2호(2006.12), 77~90쪽 등을 참조.

32 김성욱(2007.12.27), "통일 후 토지소유권 재편방안은 무엇인가?", 제123회 북한법연구 월례발표회, 북한법연구회.

증거 산일(散逸)에 따른 사실규명의 곤란, 개발 등에 따라 가격급등의 우려가 있는 토지소유권 문제를 둘러싼 소송폭주와 그에 따른 사법부의 부담, 보상을 실시할 경우에 예상되는 통일비용의 가중도 문제가 있지만, 무엇보다도 어려운 점은 원상회복 원칙을 채택하면 재산권문제를 둘러싼 법적 불확실성이 생겨, 통일과정에서 북한지역의 재건을 추진할 때, 가장 중요한 시기에 투자를 위축시키거나 거래비용을 증가시킬 우려가 크다는 데 있다.

이미 독일이 뼈저리게 경험했듯이 토지소유권을 둘러싼 법적 불안은 국내외 기업들이 북한지역에 투자하는 데 가장 중요한 장애요인으로 작용할 공산이 크다. 게다가 북한지역 주민의 기득이익을 소홀히 하여 걷잡을 수 없는 반발을 불러일으킬 우려마저 있다.

그렇지만, 통일 이후 재산권문제는 우리 헌법상의 재산권보장의 원칙에 부합하는 방법으로 처리되지 않으면 법적으로 관철될 수 없으므로, 원소유권자에게 보상마저 배제하기는 어렵지 않을까 생각한다. 다만, 보상의 기준과 방법, 시기는 헌법에 반하지 않는 범위에서 통일의 부담을 최대한 완화시키는 수준으로 구체화할 필요가 있다.

여기서 법통합이 헌법과 법치주의의 요구에 합당하게 추진되어야 할 또 하나의 이유가 나온다. 이러한 문제에 대한 해결책은 헌법에 합치되는 방향에서 모색되어야 하지만, 헌법적 효력 또는 헌법제한적 효력을 가지는 통일조약 또는 남북 주권적 대표기구 사이의 합의로 미리 타결하는 과정을 거치도록 하는 것이 중요하다.

그와 같은 헌법적 합의를 거쳐야 남·북한 국민 모두에게 법적 구속력을 발휘할 수 있게 되기 때문이다. 물론, 그러한 사항을 통일헌법에 명문의 규정으로 반영하거나, 이를 근거로 특별법을 제정하여 법적 명확성과 예측가능성을 기하는 등의 후속조치가 있어야 할 것이다.

그 밖의 과제들

통일에 따른 법통합 논의에서 빼놓을 수 없는 과제로 통일 초기단계에서 발생할 우려가 있는 북한 주민의 대규모 유입사태에 대처하기 위한 법적 준비, 북한지역 경제재건 및 발전촉진을 위한 입법조치, 통일 이후 급격하게 표출될 가능성이 큰 북한 주민의 생활수준 향상에 대한 요구를 충족시킬 수 있는 사회보장 법제의 구축이 있다.

또한 북한 주민의 사회주의적 타성, 정치적 소외에 따른 무력감과 불만을 해소할 수 있도록, 자치와 참여의 통로를 열어주기 위한 법제도적 장치 마련, 교육기회와 취업기회 확대를 위한 입법, 청소년·노인 복지, 환경·에너지, 사회문화 법제의 정비 등을 꼽을 수 있을 것이다.

이 글을 마치면서

통일은 이미 독일이 겪었듯, 우리에게 불만과 고통, 불확실성의 험난한 계절로 다가올 공산이 크다. '내적 통일'(*innere Einheit*)이란 말은 그 계절의 고민, 고통을 상징하는 화두가 될 것이다. 통일의 환희와 통일이 가져다 줄 편익보다는, 그 불만과 고통, 좌절의 그늘에 주목해야 하는 이유도 바로 거기에 있다.

통일이 어떠한 모습으로 다가오더라도 우리가 의존할 수 있는 확고한 법제도적 기반구조를 구축하는 데 미리미리 노력을 기울여야 한다. 그런 뜻에서 통일에 따른 법통합이란 과제는 법치주의의 틀 안에서 '법의 통일'을 추구하는 법정책적 실천으로 집약된다.

통일 이후의 진정한 의미의 통합, 즉 내적 통일을 위해 우리는 법통합을 위해 현재의 법치국가적 역량을 극대화하는 데에도 힘을 아끼지 말아야 할 것이다. 구서독처럼 세계 유수의 강력한 법치국가 메커니즘을 가지고도 통일 이후의 상황에 대처하는 것은 결코 쉽지 않았다는 사실, 우리의 경우에는 구동독 주민보다 훨씬 더 격하고 직접적인 북한 주민의 요구와 불만을 제대로 대처하지 못하면 훨씬 더 심각한 혼란과 위기에 빠질 우려가 크다는 사실, 그리고 통일의 진정한 당위성이 무엇인지에 대한 내적 성찰이 필요하다는 사실을 직시하여야 한다.

법의 통합은 통일한국의 새로운 국가구조의 기축이며 민족국가 내지 '전체로서의 한국'의 형성을 보증하는 수단이기도 하다. 그런 의미에서 통일 이후 통합과정에서 발생할 손실과 고통은 장차 법통합이 이루어지고 남·북한이 다시 건강한 국가적 통일체로 탄생될 때 기대되는 수익을 위한 비용이며, 그 비용을 줄이고 불확실성을 최소화하는 방안을 모색하는 일이 법치주의에 입각한 법통합 논의이다.

한민족의 숙원인 통일이 달성되더라도, 불만과 고통의 계절이 다가오는 것은 불가피하다. 이 계절을 얼마나 빨리 빠져 나가는가, 계절의 불만과 고통을 안도와 희망으로 바꾸어 나가는가는 법통합을 얼마나 잘 준비했는가에 따라 달라질 것이다.

■ 참고문헌

단행본

김승대(1996), 《통일헌법이론》, 법문사.

도회근(1999), “헌법 제3조(영토조항)의 해석”, 《권영성교수 정년기념논문집 헌법규범과 헌법현실》, 법문사.

뮐러(Müller, Uwe)(2006), *Supergau Deutsche Einheit*(이봉기 역, 대재앙 통일: 독일통일로부터의 교훈, 문학세계사).

장명봉(2006), “남·북한 헌법체제의 비교와 헌법통합방안”, 《2006년도 남북 법제개선 연구보고서》, 법제처, 1~30쪽.

조은석·김광준·제성호·김병기(2001), 《남·북한 평화공존과 남·북한 연합 추진을 위한 법제정비 방안연구》, 통일연구원.

최대권(1990), 《통일의 법적 문제》, 법문사.

통일부(2010), 《통일백서 2010》, 통일부.

통일연구원(2009), 《베를린 장벽 붕괴 20주년 동·서독 통합과정 종합 평가》, 통일연구원.

_____ (2010), 《남북 법제통합 기본원칙 및 가이드라인》, 통일연구원.

한부영·김병국(2009), 《통일대비 남·북한 지방행정인력 통합에 관한 연구》, 한국지방행정연구원.

허 영(편저)(1994), 《독일통일의 법적 조명》, 법문사.

홍준형(1994), “남북관계 활성화에 대비한 남북교류협력관련 법제보완의 방향”, 《남북교류협력 법·제도 실천과제 연구》, 통일원.

Blumenwitz, D. and Gornig, G. (1992). *Staatennachfolge und die Einigung Deutschlands Teil I*, Mann.

Currie, David P. (1994), *The Constitution of the Federal Republic of Germany*, The University of Chicago Press.

Noelle-Neumann, E. and Köcher, R. (1997), *Allensbacher Jahrbuch der Demoskopie 1993~1997*, Saur.

학술논문 및 보고서

권영설(1999), “통일지향적 정부형태로서의 대통령제”, 〈공법연구〉 제27권 제3호, 한국공법학회, 27~47쪽.

김경호(2007), “북한의 토지법제와 통일 후의 과제에 관한 연구”, 〈토지법학〉 제 23권 제 1호, 한국토지법학회, 125~145쪽.

김병기(1996). "통독 후 구동독 국영기업의 사유화와 공공재산의 귀속", 〈서울대 법학〉 제 37권 제 2호, 388쪽 이하.

_____ (1997), "북한지역 몰수재산권의 원상회복여부에 관한 고찰", 〈행정법연구〉 제 1호.

_____ (2011), "대한민국의 북한지역 관할권 확보의 법적 타당성과 남·북한 법제통합의 기초", 〈저스티스〉 통권 121호, 93~146쪽(https://www.dbpia.com/view).

김상겸(2004), "헌법상의 남북관련조항에 관한 연구", 〈헌법학 연구〉 제 10권 제 3호, 221~240쪽.

김선택(1998), "헌법과 통일정책", 〈'한국 법학 50년 - 과거, 현재, 미래(I)' 한국법학교수회 주최 대한민국 건국 50주년기념 제 1회 한국법학자 대회 논문집〉.

김성욱(2007. 12. 27), "통일 후 토지소유권 재편방안은 무엇인가?", 제 123회 북한법연구 월례발표회, 북한법연구회.

김승대(2010), "헌법개정과 남·북한 통일", 〈공법연구〉 제 39집 제 2호, 한국공법학회, 135~153쪽.

김종세(2008), "한국의 통일방안을 위한 헌법적 접근", 〈공법학연구〉 제 9권 제 1호, 61~83쪽.

김형남(2008), "통일한국의 헌법재판제도에 대한 전망", 〈헌법학연구〉 제 14권 제 2호, 한국헌법학회, 507~529쪽.

김형성(1998), "한반도 통일의 헌법적 과제", 〈헌법학연구〉 제 4집 제 2호.

나인균(1994), "한국헌법의 영토조항과 국적문제", 〈헌법논총〉 제 5집, 헌법재판소.

도회근(2006), "헌법의 영토와 통일조항 개정론에 대한 비판적 검토", 〈헌법학연구〉 제 12권 제 4호, 35~36쪽.

_____ (2010), "남북관계의 현실과 국가의 평화통일의무", 〈공법연구〉 제 39집 제 2호, 한국공법학회, 155~177쪽.

로벨(Wrobel, Ralph Michael) (2010), "독일통일의 성과", 통일연구원 학술회의 총서, 41~59쪽.

마티유(Mathieu, Bertrand) (2010), De la réunification allemande à l'Union européenne ou la difficile transposition du concept d'Etat et du principe démocratique dans un ordre juridique en formation〔전훈 역: "독일통일과 유럽연합 그리고 형성중인 법질서상의 국가의 개념과

민주주의 원칙(리) 확(정)립의 난제"〕, 〈공법연구〉 제39집 제2호, 한국공법학회, 119~133쪽.
박인수(2006.5.20), "헌법개정논의- 총강편", '통일시대를 대비한 헌법개정의 방향' 한국공법학회 제129회 학술발표회 토론문.
박정원(1997), "구동독의 헌법개혁과 남·북한 통일헌법 구상", 〈공법연구〉 제25권 제4호, 한국공법학회, 574~597쪽.
_____ (1998), "통일헌법에 관한 골격구상", 〈공법연구〉 제27권 제1호, 한국공법학회, 317~334쪽.
_____ (2010), "통일법제 연구동향과 향후과제", 《통일과 법률》 창간호, 법무부, 150~196쪽.
박종배(2010), "남·북한 산업재산권 법제의 비교에 관한 연구: 법제통합을 위한 제언", 〈지식재산연구〉 제5권 제3호, 한국지식재산연구원, 1~53쪽.
박종수(2010), "통일세 신설의 필요성과 방향에 대한 법적 검토", 〈공법연구〉 제39집 제2호, 한국공법학회, 179~201쪽.
방승주(2010), "헌법재판소와 대법원의 남북관계 관련 판례에 대한 헌법적 평가", 〈공법연구〉 제39집 제2호, 한국공법학회, 203~229쪽.
법제처·북한법연구회·한국법학교수회 북한법연구 특별위원회(2008), "한국통일과 법적 과제", 〈정부수립 60주년 기념 2008 남북법제 특별세미나 자료집〉.
성낙인(2007), "통일헌법상 권력구조에 관한 연구", 〈공법연구〉 제36집 제1호, 한국공법학회, 389~426쪽.
성연동·오창석(2006), "통일 이후 북한의 토지소유권 처리방안 연구", 〈한국지적정보학회지〉 제8권 제2호, 77~90쪽.
슈나이더(Schneider, Hans-Peter) (2010), Die Deutsche Wiedervereinigung - Eine Herausforderung für den Föderalismus(박진애 역: "독일통일 - 연방제도에 대한 하나의 도전"), 〈공법연구〉 제39집 제2호, 한국공법학회, 1~30, 31~55쪽.
신우철(2003), "독일통일 10년, 그 비용과 수익의 총체적 평가", 〈통일문제연구〉 2003년 하반기 통권 제40호, 247~271쪽.
신의기·박학모·이경렬(2009), "통일대비 북한범죄자 처리방안에 관한 연구", 《형사정책연구원 연구총서 09~10》, 17~298쪽.
심경수(2001), "영토조항의 통일지향적 의미와 가치", 〈헌법학 연구〉 제7권 제2호.

오센뷜(Ossenbühl, F.)(1994), "통일된 독일의 문제와 과제로서의 법질서 통합", 〈공법연구〉 제22집, 한국공법학회, 97~116쪽.

유타 림바흐(Jutta Limbach)(1998), "법적 관점에서 본 독일통일", 〈통일한국〉 제16권 제10호(통권 제178호), 평화문제연구소, 70~72쪽.

이규창(2011), "남북법제통합의 기본원칙 및 방향과 과제", 〈저스티스〉 통권 122호, 한국법학원, 61~94쪽.

이승우(2010), "남북통일에 대비한 헌법개정의 필요성과 방향", 〈공법연구〉 제39집 제2호, 한국공법학회, 231~253쪽.

정영화(1997), "남·북한 통일과 재산권문제에 관한 헌법적 논의", 〈공법연구〉 제25권 제4호, 한국공법학회, 463~496쪽.

______(2010), "분단이후 정부의 평화통일정책의 비교 및 헌법적 평가", 〈공법연구〉 제39집 제2호, 한국공법학회, 255~287쪽.

제성호(2000), "남북통일과 법체계 통합", 〈통일정책연구〉 9권 1호, 통일연구원, 101~134쪽.

______(2005. 6. 14), "헌법상 영토조항과 통일조항의 개폐문제", 헌법을 연구하는 국회의원모임 주최 헌법개정을 위한 심포지엄 발제문.

지크프리트 브로스(Siegfried, Broß)(2010), "독일통일과정에서의 법제통합과 시사점", 〈국민대학교 법학연구소 독일통일 20주년 통일법제 세미나 자료집〉, 21~27쪽.

최경옥(1999), "한국 헌법 제3조와 북한과의 관계", 〈공법학연구〉 제1권, 191~228쪽.

최대권(1992), "한국헌법의 좌표 - 영토조항과 평화통일조항", 〈법제연구〉 제2권 제1호, 한국법제연구원.

최윤철(2010), "평화통일 관련 입법에 대한 헌법적 평가", 〈공법연구〉 제39집 제2호, 한국공법학회, 289~317쪽.

쿠니히(Kunig, Philip)(2010), Die Rolle des Rechtsstaatsprinzips bei der Herstellung der deutschen Einheit(정혜영 역: "독일통일에 있어서 법치주의원리의 역할"), 〈공법연구〉 제39집 제2호, 한국공법학회, 57~79쪽.

표명환(2003), "통일한국의 헌법적 과제, 북한 주민의 재산권형성을 위한 방법론적 기초를 중심으로", 〈공법연구〉 제32권 제2호, 한국공법학회.

______(2008), "통일한국의 헌법적 과제, 북한 주민의 재산권형성을 위한 방법론적 기초를 중심으로", 〈토지공법연구〉 제39집, 한국토지공법학회, 611~633쪽.

하일브로너(Hailbronner, Kay)(2010). Deutsche Wiedervereinigung und Staatsangehörigkeit(공진성 역: "독일통일과 국적"), 〈공법연구〉 제39집 제2호, 한국공법학회, 93~99쪽.

홍준형(1995), "통일 이후 남·북한 법체계 통합방안에 관한 연구", 《북한 및 통일연구 논문집 196》, 한국통일원, 257~304쪽.

_____·김병기(1998), "독일통일과정에 있어 법·행정의 통합에 관한 연구", 〈行政論叢〉 제36권 제2호, 서울대 행정대학원, 117~148쪽.

_____(2000), "통일지향적 새 남북관계 정립을 위한 공법적 과제"〈법제연구〉 제18호, 130~157쪽.

_____(2002), "독일통일과 법치국가", 《현대공법학의 과제: 청담 최송화교수 화갑기념논문집》, 597~614쪽.

_____(2008), "한국통일과 공법적 과제", 정부 수립 60주년 기념 2008 남북법제 특별세미나 '한국통일과 법적 과제' 발제논문.

Brie, Michael(1994), Die Ostdeutschen auf dem Weg vom 'armen Bruder' zur organisierten Minderheit?.

Bundesregierung(1993), Materiallen zur Deutschen Einheit und zum Aufbau in den neuen Bundesländern.

Dahn, Daniela. (2000), Thesen zur inneren Uneinigkeit, in: Vilmar, Fritz(Hrsg.), *Zehn Jahre Vereinigungspolitik, Kritische Bilanz und humane Alternativen*, pp. 11~19.

Degenhart, C. (1993), Deutsche Einheit und Rechtsangleichung -Öffentliches Recht, Jus 1993, S. 627ff.

Drobing, H. (1994), Anwendung und Auslegung von DDR-Recht heute, DtZ 1994, S. 88f.

Dümcke, Wolfgang/Vilmar, Fritz. (1996), *Kolonialisierung der DDR - Kritische Analysen und Alternativen des Einigungsprozesses*, Münster 3. Aufl.

Fiedler, W. (1990), Die Rückgliederung des Saarlandes an Deutschland -Erfahrungen für das Verhältnis zwischen Bundesrepublik Deutschland und der DDR?, JZ 1990, S. 168 ff.

Försterling, W. (1993), Recht der offenen Vermögensfragen.

Glaeßner, Gerd-Joachim(1999). Demokratie und Politk in Deutschland, Leske+Budrich.

Goerlich, H. (1992), Legislative Vollzugsdefizite und ihre Kontrolle am Beispiel der deutschen Vereinigung, ZG 1992, S. 302 ff. ;

Grawert. (1991), "Rechtseinheit in Deutschland," Der Staat, 1991, S. 209 ff.

Grimm, Dieter (2001), Die Verfassung und die Politik, Einspüche in Störfällen, C. H. Beck.

Heitmann, Steffen (1999), Rechtsstaat und Gerechtigkeit-zehn Jahre Herrschaft des Rechts in Ostdeutschland, Neue Juristische Wochenschrift, 52 (1999) 51, S. pp. 3761~3763.

Heitmann, Steffen (1995), Die ostdeutsche Revolution-Fortsetzung mit rechtsstaatlichen Mitteln?, *Jahrbuch für Recht und Ethik* Vol. 3.

Hettlage & Lenz. (1995), Deutschland nach der Wende, Eine Bilanz, Beck'sche Reihe.

Hettlage, Robert (1995), Integrationsleistungen der Rechts im Prozeß der deutschen Einheit, in: Hettlage & Lenz, Deutschland nach der Wende, Eine Bilanz, Becksche Reihe, 22~67 ff.

Hoesch, J. (1992), Probleme des Verwaltungsaufbaus in den neuen Bundesländern, DtZ 1992, S. 140 f.

Hong, Joon Hyung (2001), Building Local Autonomy after Unification in Korea, *Occasional Paper* Nr. 151, Freie Universität Berlin, Berlin.

Horstkotte, Hermann (1996), Rechtsstaat als Hauptprinzip der Verfassung -Das deutsche Grundgesetz hat sich bewährt, Innenpolitik, Recht, 17~1996 ff.

Kim, Choong-Gu (1994), Die staatliche Einheit Koreas unter Berücksichtigung des Selbstbestimmungsrechts des koreanischen Volkes, Würzburg.

Klein, E. (1991), "Der Einigungsvertrag-Verfassungsprobleme und -anträge-", DÖV, 1991, 569ff.

Kloepfer/Kröger (1991), "Rechtsangleichung nach Art. 8 und 9 des Einigungsvertrages," DVBl, 1991, S. 1031ff.

Knemeyer, Franz-Ludwig (2000), 10 Jahre kommunale Selbstverwaltung in den "neuen Ländern": Von der DDR-Kommunalverfassung zu eigenständigen Länderselbstverwaltungsgesetzen, *Die Öffentliche Verwaltung* 53 (2000) 12, S. 496~501.

Lachmann, J. P. (1990), Das Treuhandgesetz, DtZ 1990, S. 238 f.

Leutheusser-Schnarrenberger, Sabine(1993), Zur Struktur der Rechtsangleichung im vereinten Deutschland, NJW 1993, S. 2465~2560.

Möller, K. (1991), Die öffentlichen Rechte im Einigungsvertrag, NVwZ 1991, S. 133 f.

Mühlmann, M. (1992), Zur Rechtsangleichung auf dem Gebiet des Schuldrechts, Jahresschrift für Rechtspolitologie.

Niksch, H. J. (1990), Die Einführung des Berufsbeamtentums im Gebiet der früheren DDR nach dem Einigungsvertrag, DtZ 1990, S. 342 f.

Nobert, Horn(1991), AJCL, 725 f.

Roggemann, H. (1994), Fragen und Wege zur Rechtseinheit in Deutschland, Berlin.

Rudolph, Hermann(2000), Das erste Jahrzehent, Die Deutschen zwischen Euphorie und Enttäuschung, DVA.

Schäfers, B. (1995), Gesellschaftlicher Wandel in Deutschland, Stuttgart.

Schäuble, Wolfgang(1991), Der Einigungsvertrag-Vollendung der Einheit Deutschlands in Freiheit, in: Die Verfassungsdiskussion im Jahre der deutschen Einheit 1991.

Schneider, H. (1994), Die Einführung des Bundesrechts in die neuen Bundesländer, in: Für Recht und Staat, Festschrift für Herbert Helmrich zum 60. Geburtstag, 55~64 ff.

Schröder, Klaus(2000), Der Preis der Einheit, eine Bilanz, Carl Hanser Verlag.

Schulze, C. (1993), Probleme der Akzeptanze der Gesetze in den neuen Bundesländern, ZG 1993, S, 120 f.

Seibel, W. etc. (1993). Verwaltungsintegration im vereinigten Deutschland, in: Verwaltungsreform und Verwaltungspolitik im Prozeß der deutschen Einigung, Baden-Baden.

Sieverts, C. (1994), Der Übergang ehemals volkseigener Grunstücke auf Treuhandunternehmen oder Gebietskörperschaften.

Starck, Christian(1999), Das Grundgesetz nach fünfzig Jahren: bewährt und herausgefordert, Juristische Zeitung, 1999, 473~528 ff.

Stern, Klaus(1990), Der verfassungsändernde Charakter des Einigungsvertrages, DtZ 9/1990, 289 f.

Teyssen, G. (1987), Deutschlandtheorie auf der Grundlage der Ostvertragspolitik, Würzburg.

Vilmar, Fritz (Hrsg.) (2000), Zehn Jahre Vereinigungspolitik, Kritische Bilanz und humane Alternativen, trafo verlag.

Wittkowski, R. (1992). Die Staatensukzession in völkerrechtliche Verträge unter besomderer Berücksichtigung der Herstellung der staatlichen Einheit Deutschlands, Frankfurt a. Main.

Woelke, Jens/Vilmar, Fritz (2000), Keine Verfassung, vom deutschen Volk in freier Entscheidung beschlossen, in Vilmar, Fritz (Hrsg.). 2000. Zehn Jahre Vereinigungspolitik, Kritische Bilanz und humane Alternativen, 71～79 ff.

기타

Beauftragter der Bundesregierung für die neuen Bundesländer (2007), Jahresbericht der Bundesregierung zum Stand der Deutschen Ein heit 2007: Chancen nutzen, Zusammenhaltsichern. (http://www. bmi. bund. de/cae/servlet/contentblob/816898/publicationFile/50774/20 07. pdf)

Bundesministerium des Innern (2010), Jahresbericht der Bundesregierung zum Stand der Deutschen Einheit 2010. (22. September 2010: http://www. bmi. bund. de/ SharedDocs/Downloads/BODL/Jahres berichte/2010. pdf?__blob=publicationFile)

북한 사회복지체제의 재구축

10

권혁주 · 류이현

들어가며

1990년대 대기근과 이후 경제적 침체로 북한의 사회주의체제는 경제적, 사회적 해체현상을 겪고 있다. 이와 더불어 핵무기 개발을 둘러싼 국제적인 제재로 북한의 경제적 성장에 필요한 재정적 지원과 교류의 활로가 막혀, 장래의 전망이 불투명한 상태로 남아 있다. 이러한 상황에서 최근 김정일 국방위원장의 사망과 이에 따른 김정은의 권력승계로 북한이 정책적으로 유연한 개혁과 개방을 추구하기는 더욱 어려워지는 것처럼 보인다.

북한이 직면한 이러한 현실은 북한체제가 붕괴할지 모른다는 우려를 낳고 있으며, 이러한 상황에서 남 · 북한 통일이 이루어지게 되면 남 · 북한 모두 경제적, 사회적 혼란을 촉발할 수 있다는 점에서 정책적 대비가 시급한 실정이다. 이러한 맥락에서 좀더 현실적인 통일구상이 필요하며, 그 가운데 사회복지 분야에서 통일에 대한 정책적 대안마련은 매우 중요한 과제라고 할 수 있다. 이 글에서는 첫째, 북한 사회복지체제의 변화과정에 대해 살펴보고, 2000년대 북한의 사회복지체제의 현실에 대해 논의하기로 한다. 둘째, 남·북한 사회복지체제의 통합을 위한 북한의 사회복지체제의 재편방안에 대해 검토하기로 한다.

이글에서는 논의 전개의 전제로서 남·북한 통일의 시나리오를 단계적 통일을 상정한다. 즉 현재의 남·북한 정치체제가 상호합의에 의하여 정치, 경제체제를 민주주의, 자본주의를 지향하는 연방제로서 남·북한이 각각 자율적 연방 구성국가를 유지한 이후 궁극적으로 통일을 이루는 대안을 상정한다. 이것이 이글에서 가정하고 있는 첫 번째 단계론적 통일 시나리오이다.

둘째, 시나리오는 북한이 정치, 경제적 격변상황을 직면하여, 이를 극복하지 못하고 현 정권이 물러나고 국제적인 지원과 감독을 통하여 새로운 정부가 들어서는 경우이다. 이 경우에도 북한에서 자율적인 정부를 구성하고 남·북한 연방의 구성국가로서 상당기간 유지되고, 그 이후 궁극적으로 통일 이룬다는 가정이다. 따라서 이러한 연방체제를 유지하는 기간 동안 북한제도를 민주주의, 자본주의 정치경제체제에 부합하도록 점진적이고 단계적으로 남·북한을 통합하는 정책을 모색한다.

사회복지체제 발전과정에서 북한은 해방 직후부터 매우 적극적인 정책을 취했다. 북한은 조국광복회 10개 강령과 해방이후 북한 사회주의 체제 건설을 위한 20개조 정강을 통하여 복지정책에 뚜렷한 방향을 갖고 있었다. 또한 북한은 공산주의 사회로 나아가기 위한 단계인 사회주의 국가를 표방하고,[1] 헌법을 통하여 사회주의 복지제도를 체제의 근거로 제시하였다.

1 북한의 사회정책 기조는 '온 사회의 주체사상화와 공산주의사회 건설'이라는 당이 추구하는 당면목적을 충실히 성취시키는 데 두고 있다. 노동당 규약 전문에 "조선노동당의 당면목적은 공화국 북반부에서 사회주의의 완전한 승리를 이룩하여 전국적 범위에서 민족해방과 인민민주주의의 혁명과업을 완수하는 데 있으며, 최종 목적은 온 사회의 주체사상화와 공산주의사회를 건설하는 데 있다"(사회주의헌법 제2조)고 명시하고 있는 것처럼 사회정책도 이 목적 달성을 위해 추진되고 있는 것이다.(통일연구원, 2009)

특히 20개조 정강은 8시간 노동제, 아동노동의 금지, 남녀의 평등, 국가 사회보장의 원리를 제시하는 사회주의 복지체제에 근거하였으며, 북한체제수립 이전부터 실시한 토지개혁과 함께 남한에도 강한 정책적 영향을 주었다. 특히 '북풍'으로 사회적 혁명의 가능성이 높아지자 남한에서도 토지개혁은 불가피한 것으로 받아들여지고, 이에 따라 실시된 토지개혁 정책은 이후 남한의 급속한 사회, 경제적 발전에 기반을 제공하였다.

그러나 남·북한의 대립과 체제의 경쟁으로 말미암아 북한의 사회복지체제 및 제도에 관련해서는 깊이 있는 연구가 수행되지 못했다. 더욱이 북한의 폐쇄성으로 북한의 사회복지제도나 정책은 경험적 자료를 기초로 하는 체계적인 연구를 수행하기 어려웠던 것이 사실이다. 또한 북한과 남한의 체제가 근본적으로 다르기 때문에 다른 제도 역시 마찬가지겠지만 특히 사회복지제도는 기본적 정의와 개념부터 차이가 있을 수밖에 없다. 그렇기 때문에 연구자들마다 각자의 근거로 분석의 기준을 세우는 경향이 있어 연구의 통합에 어려움이 있음은 물론이고 북한의 제도를 파악하는 데도 혼란이 발생할 우려가 있다.

또 사회복지체제의 전체적인 연구가 깊이 있게 이루어지기 보다는 각 분야별로 연구가 이루어지는 경향이 있으며, 그렇기 때문에 대안을 모색함에도 통합적인 대안보다는 단편적인 제언에 그치게 되었다. 그러나 최근 탈북주민들을 대상으로 북한 사회복지제도의 운영현실에 대한 조사가 이루어지면서 보다 구체적인 연구가 실시되고 있다(예를 들어, 이철수 2004, 2008; 정우곤 2006).

한편 '고난의 행군'이라 불리는 경제난과 2002년 7·1 조치 이후의 북한의 제도 변화 및 실질적 운영에 관련한 연구는 미흡하다. 물론 경제적 상황의 악화로 북한 복지제도의 마비가 온 것이 큰 원인이라고 할 수 있지만, 효과적으로 통일을 대비하기 위해서는 현실의 어려움을 파악하는 것과 더불어 북한의 정책변화의 방향성과 지향을 정확히 분석하고 앞으로의 변화 정도를 예측하는 것이 필요하다. 그러한 연구는 북한 사회복지제도의 마비의 원인이 어디에서 기인하는지 명확하게 분석할 수 있게 하고 대북정책을 수립하는 데도 효율성을 높일 수 있을 것이기 때문이다.

또한 남·북한 복지체계의 통합의 상을 모색함에도 독일식 흡수통일을 전제로 상정하는 경우가 대부분이다(김대빈, 2000; 이명재·서동희, 2004; 조운희, 1997; 차정훈, 2001). 물론 실험이 불가능한 사회과학 연구에서 분단과 통일을 앞서 경험한 독일의 사례는 좋은 참고자료임에는 분명하다. 그러나 독일의 사례에만 집중하게 된다면 제시할 수 있는 대안의 폭이 협소해질 수밖에 없을 것이다.

또한 앞에서 언급한 바와 같이 이 연구에서는 남·북한이 통일에 합의하더라도 상당기간 연방의 단계를 거친다고 전제하기 때문에 짧은 시간 동안 흡수통일이 이루어진 독일의 사례는 제한적인 준거가 될 것이다. 이러한 맥락에서 이 글에서는 앞서 전제한 단계론적 통일론에 입각하여 북한이 경제적, 사회적으로 매우 피폐한 상황에서 경제체제 전환과정을 상정하고, 그에 따른 사회복지제도의 재구축 방안을 모색하기도 한다.

북한의 사회복지체제

북한은 사회주의 국가를 표방하며, 사회복지의 실현을 존재 이유로 하는 사회체제라고 할 수 있다. 북한헌법 제25조는 "조선민주주의인민공화국은 인민들의 물질·문화생활을 끊임없이 높이는 것을 자기 활동의 최고원칙으로 삼는다. 세금이 없어진 우리나라에서 늘어나는 사회의 물질적 부는 전적으로 근로자들의 복리증진에 돌려진다. 국가는 모든 근로자들에게 먹고 입고 쓰고 살 수 있는 온갖 조건을 마련하여 준다"라고 규정하고 있다. 이 조항은 북한 사회복지의 근거가 되며, 이는 국가 사회복지체제가 헌법적 원칙으로 자립잡고 있음을 의미한다

(이철수, 2003). 따라서 이론적으로 남한이 자본주의체제 하에서 운영하고 있는 복지국가는 불필요한 개념이다.

그러나 북한을 포함하여 역사적으로 존재했던 사회주의체제는 이러한 사회주의 이상을 실현시키지 못하고 경제적 쇠퇴, 사회적 계층화와 불평등을 경험했다. 자본주의체제에서 시민들은 가족, 시장, 국가를 통하여 복지를 제공받는다. 특히 사회정책, 혹은 사회복지제도를 통하여 자본주의 시장경제에서 발생하는 사회적 위험에 대비하거나 보호를 받는다.

이러한 자본주의 복지제도를 수립, 운영하는 남한에 비해 북한의 사회주의 복지는 국가와 가족의 두 개의 주체를 중심으로 제공되는 원리에 입각하고 있다. 구체적으로 북한은 국가와 가족(개인)으로 구성된 '2층 체계'에서 국가가 가장 중요한 역할을 한다. 국가는 의식주, 무상교육, 무상치료, 사회보험, 사회보훈을 책임지고, 기업도 궁극적으로 국가의 소유이므로 고용, 임금, 장려금 등의 노동(기회)에 따른 물질적 소득도 국가의 책임에 있다(이철수, 2007).

그러나 의식주, 무상교육은 국가가 개인에 직접 제공하는 1차적 보장의 성격이 있고, (국영) 기업을 통해 제공되는 실업수당, 사회보험 등은 2차적 성격을 갖는다. 이 같은 사회주의체제에서도 사람들이 삶을 영위하는 가족(개인)의 영역은 존재하고, 개인과 가족이 일정하게 생산하고 향유하는 물질적 재화를 통해 복지와 안녕을 확보한다.

이처럼 남한과 북한의 사회복지체계는 구조 자체에 대한 차이가 있기 때문에 북한의 사회복지체계를 이해할 때 중복과 혼란을 방지하기 위해, 이 연구에서는 1차적 가계생활 보호의 목적이 있는 국가사회보장과 2차적으로 사회생활 보호를 위한 국가사회보험으로 크게 구분하여 분석하고자 한다.

특히 북한의 대표적이고 중요한 복지제도인 의료보장제도는 국가사회보장과 국가사회보험에 모두 해당될 수 있는 중복적인 모습을 보이고 있다는 점도 특기할 만하다. 그렇다면 북한 사회복지제도의 근간이 되는 상위규정부터 검토해 보기로 한다.

북한헌법의 사회복지 규정

북한 사회복지정책의 상위규정은 조국광복회 10대 강령(1936.5.5), 20개조 정강(1946.3.23), 북한헌법(4차례 수정:1948/1972/1992/1998)으로 이어져 왔다. 김일성 주석의 공식적 복지에 대한 견해로 알려진 조국광복회 10대 강령은 북한 사회복지의 제도적 기원과 정통성에 대해 알 수 있게 하고, 강령의 실현여부를 떠나 북한의 사회복지에 대한 인식 정도를 보여주는 것이다.

20개조 정강은 조국광복회 10대 강령의 복지관련 내용을 확대·구체화시킨 내용으로 볼 수 있다. 북한헌법은 조국광복회 10대 강령을 확대·구체화시킨 20개조 정강을 토대로 제정된 것이고, 최고 상위법으로써 사회복지에 대한 규정을 매우 구체적이고 상세하게 제시하고 있다. 북한헌법에 나타난 대표적인 복지 관계조항은 다음과 같다(장명봉, 2008).

> 제41조: 국가는 노동하는 나이에 이르기까지의 자라나는 모든 세대들에 대하여 전반적 10년제 고등의무교육을 실시한다. 국가는 모든 학생을 무료로 공부시킨다.
> 제48조: 국가는 전반적 무상치료제를 더욱 공고히 발전시키며 예방 의학적 방침을 관철하여 사람들의 생명을 보호하며 근로자들의 건강을 증진시킨다.
> 제56조: 공민은 노동에 대한 권리를 가진다. 노동능력이 있는 모든 공민은 희망과 재능에 따라 직업을 선택하며 안정된 일자리와 노동조건을 보장받는다.
> 제57조: 공민은 휴식에 대한 권리를 가진다. 이 권리는 노동시간제, 공휴일제, 유급휴가제, 국가비용에 의한 정·휴양제, 계속 늘어가는 여러 가지 문화시설들에 의하여 보장된다.
> 제58조: 공민은 무상으로 치료받을 권리를 가지며 나이가 많거나 병 또는 불구로 노동능력을 잃은 사람, 돌볼 사람이 없는 늙은이들과 어린

이는 물질적 방조를 받을 권리를 가진다. 이 권리는 무상치료제, 계속 늘어나는 병원, 요양소를 비롯한 의료시설, 국가사회보험과 사회보장제에 의하여 보장된다.
제 61조: 혁명투사, 혁명열사 가족, 애국열사 가족, 인민군 후방 가족, 영예군인들은 국가와 사회의 특별한 보호를 받는다.
제 62조: 여자는 남자와 똑같은 사회적 지위와 권리를 가진다. 국가는 산전 · 산후 휴가의 보장, 여러 어린이를 가진 어머니들을 위한 노동시간의 단축, 산원, 탁아소 및 유치원망의 확장, 그 밖의 시책을 통하여 어머니들과 어린이들을 특별히 보호한다. 국가는 여성들을 가정 일의 무거운 부담에서 해방하며 그들이 사회에 진출할 온갖 조건을 보장한다.

이렇게 보면 북한이 사회복지의 실현을 존재의 이유로 하는 사회체제를 표명하고 있다는 것을 알 수 있다. 또한 제도적 측면에서 북한은 인민복지를 표방하는 사회주의체제의 이념에 따라 다양한 사회복지제도를 구체적으로 적시하는 헌법을 갖추고 있다고 할 수 있다(김충렬, 1997). 이러한 헌법의 조항을 받아 아래에서 설명하는 바와 같이 다양한 법령에 의해 다시 사회복지제도가 구체화된다.

사회복지체제의 구성

북한의 사회복지법령은 복지제도별 법령들이 독립된 형태가 아니라 여러 가지의 법령의 속에서 존재하는 항목별로 규정되어 있다. 1차적으로 가계생활을 보호하는 국가사회보장제도는 노동자 계층을 포함하여 전 계층을 대상으로 하며, 대상자에게 지급되는 혜택을 국가가 부담한다. 2차적 사회안전망인 국가사회보험과의 가장 뚜렷한 차이점은 보장기간이 6개월 이상인 장기의 경우에 해당된다는 것이다. 여기에 해당되는 되는 제도는 공적 부조의 성격을 가진 의식주 배급제, 특수계층 생활보호 등이다.

국가사회보험의 대상은 현직 노동자에 한하고 임금의 1%를 납부한 경우 지급된다. 그리고 연금을 제외하고는 6개월 미만의 단기 대상자에게만 지급된다. 실업에 관련된 고용제도는 일시적 보조금, 실업 보조금, 노동능력상실 보조금, 해산(임신)보조금으로 구성되어 있으나 1978년 '노동법'의 실업보장제도로 공식적인 실업의 존재를 부정한 이후부터 폐기된 것과 마찬가지이다. 연금제도는 양로 연금, 유가족 연금, 국가공로자 연금, 영예군인 연금으로 구성되어 있고, 산업재해 보장제도는 폐질연금, 유가족 연금(직무관련 사망)으로 구성되어 있다.

그러나 한 예로 임산부는 고용제도의 해산(임신)보조금과 공적 부조의 특수계층 생활보호에 모두 해당되게 된다. 이렇게 급여의 성격과 수급 대상에 따라 중복되는 경우가 발생하게 되는 것은 남한사회와는 다른 북한 사회주의체제의 특징에서 비롯된 것이라고 할 수 있겠다. 의료

북한 사회복지체제의 구조

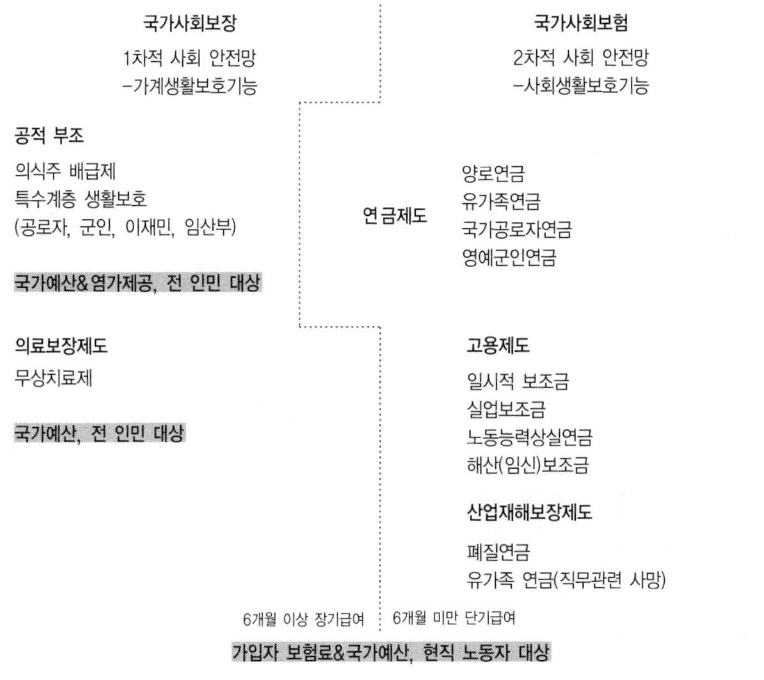

*의료보장–무급치료제의 의료급여는 국가사회보험, 국가사회보장 모두 수급자의 요구에 따라 지급 가능.

보장제도는 북한이 건국 이전부터 사회주의체제의 우월성을 강조하기 위해 체계적으로 준비한 대표적인 제도로서 전액 무상치료를 기본전제로 하며, 의사담당구역제, 주체의학, 예방의학 등으로 운영을 보장하고 있다. 그 외 사회복지서비스는 여성복지, 아동복지, 노인복지, 장애인복지 등으로 규정된다.

제도별 특징

연금제도

북한은 1946년에 처음 연금제도를 도입하여 1950년대 전쟁 피해자와 국가유공자까지 대상을 확대하였다. 1978년에 노동자, 1986년부터는 협동농장 농민들과 자영업자들도 연금제도의 적용을 받게 되어 이 제도는 전 국민을 대상으로 하고 있으며 보험료를 7개월 이상 계속적으로 납부하여야 수급자 자격을 가진다(이두식, 2003).

공로자연금은 북한의 각종 급여인 양로연금, 노동능력상실연금과 보상연금, 장례보조금에 대한 특례조항을 언급한 것이라 하겠다. 즉, 공로자연금은 일반 급여와는 별도로 보다 높은 급여를 제공하는 차등급여형식이 부가적으로 결합되어 있다. 양로연금은 1985년 이전에는 연령이 남자 만 60세, 여자 만 55세에 도달하고 남자는 15년, 여자는 12년의 일정 근속년수가 요구되었고, 중노동의 경우에는 남자 12년, 여자 10년이 요구되었다. 1985년부터는 20년 이상으로 연장하였다.

재원의 조달방법은 국가나 기업소, 그리고 사회단체에서 부담하는 근로자 급여의 5~8%와 노동자 사무원이 부담하는 급여의 1% 사회보험료, 개인기업소의 경우에는 10~12%의 보험료를 통해 조달하고 있다. 그리고 국가예산을 이러한 사회보험제도 운영의 주요재원으로 삼고 있는데, 개별 사회보험제도는 별개의 계정을 가지고 있는 것이 아니라 통합운영 방식을 택하고, 재정은 부과방식으로 이루어지고 있다.

국가조합의 보험료 납부비율이 개인기업 등에 비해 최고 5%까지 차이가 나는 것을 보았을 때, 사회주의 국가임에도 불구하고 북한의 소득보장 도구로서 연금제도는 계급간의 불평등을 드러내고 있음을 알 수 있다. 그리고 실제로는 경제난의 여파로 사회보장 제도가 사실상 유명무실해졌기 때문에 중앙당 간부, 군 장성급이나 김일성 훈장, 김정일 표창장 등 1급 국가표창자들을 제외한 대부분의 근로자들은 정년 후에 노후보장제도의 혜택을 제대로 받지 못하고 있다(통일연구원, 2009). 이러한 사실을 통해 북한 연금제도는 소득보장 보다는 북한체제에 기여한 사람들에게 주는 포상적인 성격을 갖는다는 것을 알 수 있고 이는 소득보장제도로서의 연금제도가 체제수호적 성격을 갖는 것으로 변형되었음을 할 수 있다.

전달체계는 노동부 감독 하에 연금뿐 아니라 사회보험 전체가 일원적이고 통일적인 체계를 형성하고 있는 것이 특징이다. 북한은 노동부

북한의 사회보험료 급부 기준

구분	내용
사회보험 행정비용	국고 및 지방비에서 지출
피보험자 보험료	보수의 1% (보수는 가급, 상금, 수당, 현물급여, 임금을 포함)
기관, 단체 보험료	임금의 5~8%
보험료 연체에 따른 벌금	봉급 지급일로부터 5일경과 후 납부하는 보험료에 대해 납부금액의 0.5%에 해당하는 벌금징수
사회보험료 납부 비율 (임금대비)	5% 납부-행정기관, 문화기관, 금융기관, 정당, 사회단체, 소비조합 6% 납부-교육기관, 의료기관, 채신기관, 여관, 음식업, 등 7% 납부-섬유공업, 제지업, 제당업, 시멘트제품제조업, 철공업 등 8% 납부-광업, 토건업, 석재가공업, 어업, 조선업, 해운업 등 10~12% 납부-개인 기업소 및 고용주 (그러나 개인기업소가 인정되지 않는 현재로서는 무의미한 규정으로 판단 됨.)

자료: 조운희, 1997 재구성

산하에 사회보험처를 두고 있다. 그리고 지방에서는 도, 시, 군 인민위원회 노동행정기관에서 사회보험 업무를 수행하고 있다.
그 수행을 위해 도, 시, 군 각각에 사회보험금고, 사회보험 사무소, 심사위원회, 사회보험검사원이 관계하고 있다.

고용제도

북한은 1946년 '사회보험법'에 의거하여 실업보조금을 지급하여 왔으나 1978년 '노동법 제5조'는 "사회주의 하에서 모든 노동자들은 노동에 대한 권리를 가지고 있다"는 법적 규정과 함께 "조선민주주의 인민공화국에서는 실업이 영원히 사라졌다"고 사실에 대한 규정을 내리고 있다. 즉 실업의 존재를 부정함에 따라 실업보장제도는 폐기되었다고 보아야 한다(통일연구원, 2009).

배급제도

북한의 공적 부조는 특수한 계층과 대상에 대한 (임시)구호적·생활보호적인 성격을 가지고 있다. 이를 근거로 판단해 볼 때, 북한에는 빈민을 대상으로 하는 빈곤대책의 전형적인 공적 부조는 존재하지 않는다. 이러한 인식은 배급제에 의해 인민들이 최저생활을 유지하고 있다고 보기 때문인 것으로 판단된다.

배급제를 제외한 공적 부조는 1990년대 후반 이후에 제정·발표된 법령이 전무하다. 이것은 북한에서 외적으로는 공적 부조의 대상자가 부재하고, 다른 한편으로는 이는 공적 부조의 대상자인 요구호자의 발생을 국가가 억제·방지했다는 것을 의미한다. 이는 이러한 요구호자의 발생을 억제하는 제어기능을 의식주 배급제가 담당하여 최저생활을 유지시켜 왔다는 것을 의미한다. 따라서 이러한 이유로 북한의 공적 부조는 배급제에 '흡수'되었다 하겠다(이철수, 2003).

의료보장제도

북한의 의료보장제도는 국민에 대한 일체의 의료서비스가 무상으로 제공되는 것을 기본특징으로 하는 일종의 국가보건서비스제도[2]이다. 1947년 초부터 전체 노동자, 사무원 및 그 부양가족에 대한 무상치료제를 도입하고 전염병 환자와 빈민들에게 무상치료를 제공하였고, 1953년부터는 전반적인 무상치료제를 시행하였다. 제도상으로는 "수술비, 치료비, 외래약값, 입원환자 식사비, 요양치료비, 예방접종비, 교정기구비, 보철비 등을 모두 국가가 부담한다"(조선중앙연감, 2001)고 규정하고 있으나, 소요되는 일부의 재정을 마련하기 위해 주민들의 봉급에서 1% 정도를 사회보험료 명목으로 원천징수하고 있다(통일연구원, 2009).

북한은 사회주의 보건사업의 일반원칙인 보편성(포괄적 의료, 수혜대상자의 보편성, 무료서비스, 광범위한 예방의료 등)과 더불어 북한의 주체적인 특수성을 결합시켜 북한식의 보건의료정책을 발전시켰다는 시각도 존재한다(강정구, 1991). 특히 무상치료제와 의사담당구역제를 핵심으로 한 예방의학, 보건사업 등을 그러한 제도의 일환으로 지적할 수 있으며 비록 경제난 이전 상황에 대한 평가이기는 하지만 대다수의 탈북자들도 제도의 우수함을 인정하고 있다(이미경 · 정우곤, 2003).

무상치료제는 단계적으로 확대되어 1960년대의 완전하고 전반적인 무상치료제로 발전하였다. 북한헌법 제48조는 전반적인 무상치료제와 예방의학적 방침을 분명히 명시하고 있다. 예방의학은 치료의학 지향적인 자본주의 의료제도와는 대조적으로 북한의 예방의학의 원칙 하에 모든 보건의료사업을 벌이고 있다. 북한의 인민보건법 제3조는 "국가는 인민보건사업에서 사회주의 의학의 원리를 구현한 예방의학적 방침을 확고히 견지한다"라고 서술하여, 이 원칙을 북한 보건의료사업의

2 국가보건서비스제도(*national health service system*)는 국가 혹은 지방자치단체가 조세를 기반으로 운영하며, 의료서비스 제공시점에서 국민에게 무료로 제공된다. 이에 비해 국민의료보험 제도는 보험료를 재정기반으로 하며 보험료를 납부한 사람에게 의료가 제공된다.

핵심으로 삼고 있다.

특히 의사담당구역제는 예방의학에 초점을 맞추어 왔다. 의사는 의무적으로 환자진료, 보건교육, 소독, 예방접종, 신체검사 등 일상적인 업무를 진행한다. 주민 1인당 1년에 한 번씩 담당의사에 의한 신체검사를 받고 중노동, 식당, 식품업 종사자는 년 4회 신체검사를 받도록 되어 있다. 임신과 출산의 경우는 적어도 18회의 산전·산후 관리를 받으며 1살 미만 어린이의 월 1회의 건강관리, 1~6세 어린이는 4개월에 1회 건강관리를 받게 된다.

이 제도를 통해 북한의 모든 주민은 편의에 따라 직장과 거주지 양쪽에서 국가가 제공하는 무료의 건강관리 혜택을 선택적으로 이용할 수 있다(이철수, 2003). 담당의사는 자기 구역의 환자 명단을 확보하고 있기 때문에 일상적인 관심과 함께 급박한 상황에서 용이하게 대처할 수 있다. 이러한 의사담당 구역제는 국민보건서비스 제도에서 일반적으로 채택되고 있는 일반의사(*general practioner*)와 매우 유사한 성격을 갖는다고 볼 수 있다.

여성복지, 아동복지 및 장애인복지

북한은 일찍이 여성해방의 문제에 대해 정책적인 관심을 표명하였다. 1945년부터 한국전쟁이 일어나기 전까지의 법령을 보면 토지개혁을 통해 여성들이 사회적 해방을 실현하고자 하였으며, 노동법령을 공표하여 남녀평등을 주장하고자 하였다.

이에 따라 1949년 '탁아소에 관한 규정'을 만들었으며 여성들의 사회참여 및 경제활동을 적극적으로 도모하였다. 북한에서는 "여성들이 사회에 나와 마음껏 일할 수 있는 조건을 마련하는 것은 단순한 기술·실무적 문제가 아니라 여성들에게 자주적이며 창조적인 생활을 보장하기 위한 사회적·정치적 문제"로서 여성복지를 다루었다(황무임, 1999).

그러나 1950년대부터 1970년대 말까지는 이중적인 여성정책을 추진했다고 볼 수 있는데, 여성을 계속 생산현장에 동원하는 동시에 가정에서의 여성의 역할을 강조하여 두 가지 목표를 동시에 추구하는 여성 정책의 성향을 보였다. 즉 여성의 노동계급화와 함께 어머니의 역할을 중시하여 각지에 어머니 학교가 설립되었으며 여성들은 전통적인 아동 양육의 담당자로 환원되는 모습을 보였다(김영미, 2000). 이러한 현상은 1980년 대 초반 이후 전통적으로 여성의 일 또는 여성의 영역으로 간주된 역할만을 지원하면서 여성평등이라는 궁극적 목적은 퇴색되었다고 볼 수 있다.

북한은 국가차원에서 장애인에 대한 직접적인 서비스를 위한 제도나 법령을 정권초기에 제정하지 않았고, 1998년에 '조선불구자지원협회'라는 장애인단체를 설립하여 장애인 실태조사, 재활용품 지원, 재활치료 등을 실시하는 것으로 알려지고 있다. 2003년 '장애자보호법'이 제정되기 전까지 주로 '불구자'라는 표현을 사용했다는 점을 지적할 만하다(노용오, 2006).

선천적 장애인의 경우 서비스 공급주체는 주로 가족인 반면, 후천적 장애인의 경우 장애의 원인이 되는 공무와 관련된 것이라면, 서비스 공급주체가 국가이고 이때는 높은 급여를 보장받는다. 즉 북한의 장애인복지 서비스는 사회적 공훈이나, 업무상 재해로 후천적 장애인에 대한 보호 중심이라고 하겠다. 이러한 원인은 북한 사회복지 급여계상이 사회보험과 사회보훈이 혼합된 형태, 즉 '사회적 공훈+노동기간+사회적 계층=복지급여(수준)'의 구조이기 때문이다. 이러한 이유로 북한사회복지에 선천적인 장애인 복지정책이 차지할 수 있는 법적 공간은 실질적으로 극히 미약하다(이철수, 2003).

'장애자보호법'을 채택한 이후에 국제사회에 장애인용품 지원을 요청하는 등 과거의 일방적인 장애인 억압정책에서 다소 탈피하여 장애인 보호에 관심을 기울이는 모습을 보이고 있다(통일연구원, 2009). 북한 자체의 장애인 관련 복지제도 및 시설이 부족한 상황에서 외국의 자선단체들의 노력으로 장애인들을 위한 시설들이 건설되고 있다는 언론의 보도[3]가 있기는 하지만 그것의 규모 및 운영 상황, 지속적인 재원 조달 등에 대한 정보를 접하기는 힘들다.

노인복지 서비스

북한은 2002년 말 노인인구(12.4%)가 유엔이 정한 '노령화 수준'을 넘어섬에 따라 노인보호사업을 국가의 중요시책으로 추진하기 위해 2003년 4월 조선연로자보호협회를 발족하였으며, 2006년 3월 이 협회를 조선 연로자보호연맹 중앙위원회라는 상설 국가기구로 승격시켰다. 이 단체는 '연로자 보호법'(2007.4)을 제정하여 연로자보호사업에 대한 통일적인 기반을 마련하였고, 치매 관련 소책자 발간, 양로원 개보수, 국제노인의 날(2010.2) 문화사업 등 각종 노인 관련 사업을 추진한 것으로 알려져 있다.

기금은 연로자 보호기관이 조성하는 자금과 국제기구, 자선단체, 해외동포들이 기증하는 자선자금 등을 적립, 이용할 예정이다. 이는 실제로는 외화를 국제기구나 해외동포 등으로부터 합법적으로 확보하려는 의도로 분석되기도 한다.[4]

특수 사회복지시설로 양생원, 양로원 등을 운영하고 있다. 양생원은 무의탁 지체부자유자들을 수용하는 곳으로 각 도에 1개소를 두고 있었으나 경제난에 따른 운영의 어려움으로 일부 도에서는 통·폐합되고 있다. 양로원은 부양능력이 없는 남자 60세, 여자 55세 이상자를 수용하여 부양하는 곳이다. 그 외에도 북한에는 전쟁 또는 불구가 된 자를 수용하여 장기치료를 해주는 영예군인병원, 장기치료와 요양을 해주는 영예군인정양소·휴양소 등이 있다. 현재 북한에는 근로자들이 휴양생활을 할 수 있는 휴양소가 100여개 있는 것으로 알려지고 있다(통일연구원, 2009).

지금까지 북한의 사회복제제도의 구조와 구체적인 제도의 운영원리

3 Radio Free Asia(2008.3.5), "North Korea begins to help disabled".
4 공감코리아(http://www.korea.kr).

에 대해서 알아보았다. 해방 이후 사회주의 원리에 따라 매우 선구적인 복지제도를 구축하고 운영했음을 알 수 있다. 최소한의 의식주에 대한 국가의 직접보장과 국가 기업을 통한 사회보험을 통한 보장의 두 축을 기본으로 하면서, 국민보건서비스를 기간으로 하여 사회서비스가 구축되어 있음을 알 수 있었다.

그러나 1990년 경제 봉쇄와 홍수, 가뭄 등의 자연재해로 심각한 경제난〔대표적으로는 식량난, 외화난, 전력(에너지) 난과 의료난(빈곤)〕을 경험한 이후 북한은 지금까지 예전 경제수준을 회복하지 못하고 있다. 이른바 '고난의 행군'의 시대라고 하는 이 시기 이후 북한의 경제 및 사회체제는 심각한 와해현상을 거치게 된 것이다.

이로 인해 지금까지 살펴본 사회복지 제도와 정책들이 실효성 있게 시행되지 못하고 있음은 탈북자의 증언이나 외국 언론의 보도를 통해 분명히 드러난다. 북한 정부도 이러한 어려움을 극복하기 위해, 경제적 봉쇄를 풀기 위한 노력과 더불어 사회제도의 개혁을 통한 사회복지 체제의 복구를 꾀하고 있다.

2000년대 변화 : 2002년 7 · 1 조치 이후와 현재

시장체제 도입과 현실

지금까지 북한의 사회복지를 공식적이고, 법적으로 규정되어 있는 제도적 측면에서 살펴보았다. 그러나 이러한 제도가 실제로 어떻게 운영되고 궁극적으로 북한 주민들에게 사회적 보호와 서비스가 제공되는가는 전혀 별개의 문제이다. 최근 북한 사회복지체제는 피폐된 경제 속에서 실제로 기능하지 못하고 일부 제도가 특정한 사람들에게만 부분적으로 적용되는, 파편화 내지는 형해화된 상태라 볼 수 있다.

이러한 과정에 결정인 역할을 한 것이 2002년 도입된 7 · 1 조치이다. 이 조치는 임금을 대폭 인상하여 현실화하는 동시에 국가가 보장하던 사회보장을 대폭 축소하고 저렴하게 국가로부터 공급되던 의식주 가격의 대폭 인상한다는 것을 기본 내용으로 한다. 궁극적으로 북한에 시장경제체제를 도입하기 위한 준비조치라고 볼 수 있다.

북한이 기존의 계획경제체제와 상반된 7·1조치를 도입한 배경은 1990~1998년까지 9년 동안의 마이너스 성장, 경제난 이후 발생한 암시장의 성행과 화폐가치의 변화, 식량배급제의 붕괴, 시장주의적 경제요소 만연화 등에 따라 변화에 대응해야 할 필요성이 있었다. 이에 7·1조치는 북한의 경제 질서에 시장적 요소를 가미하고 국가의 재정적 부담을 축소하여 경제난을 타개하기 위한 정책이라고 할 수 있다.

요약하면 자본주의 시장과 본격적으로 경쟁하기 위한 새로운 경제환경을 구축하고자 하는 의도에서 비롯된 것이다. 이러한 맥락에서 2000년대 북한의 사회복지체제를 주목할 필요가 있다. 왜냐하면 북한 사회복지체제가 복지체제 자체의 문제보다는 간접적인 경로와 경제개혁이라는 기제를 통해 상당부분 변화한 모습을 나타내고 있기 때문이다(이철수, 2008).

구체적으로 2000년대 북한 사회복지의 성격과 기능을 변화하게 한 대표적인 요인은 2002년 7·1 경제관리개선조치(이하 7·1조치), 2003년 9월 개성공업지구(개성공단), 2004년 5월 금강산 관광지구, 대규모의 보건의료법제 정비라고 할 수 있다.

특히 보건의료를 제외한 조치들은 일종의 경제조치로서 북한의 자구책이자 북한이 처한 대내외 환경에 의한 불가피한 선택이라고도 할 수 있다. 따라서 무엇보다도 이러한 경제조치들의 궁극적인 목적과 정책 초점은 북한경제의 회복과 성장에 있다.

이에 7·1조치의 주요 내용은 ① 전 노동계층에 대한 대규모의 임금 인상, ② 국정가격의 대폭 상승, ③ 의식주 공급제의 변화, ④ 각 근로자의 기술수준에 따른 차등임금, ⑤ 환율의 현실화, ⑥ 공장, 기업소의 책임경영 강화(독립채산제) ⑦ 사업장의 실적제 도입(인센티브),

7·1조치 이후 분배물의 성격과 구조변화

구분	내용	현상
각종 식량 (현물급여)	모든 식용품 가격의 상승 공공요금의 인상 무상의 현물급여 폐지	차등구입 현상 발생 평등구입 현상 퇴조 국가급부 퇴조
물질적 수입	전 노동인구의 임금상승 노동능력에 따른 차등임금 물질적 차등분배	차등분배의 고착화 물질적 수입의 계층화 사회적 연대성 후퇴
국정가격	소비품목의 전 분야의 상승 공공요금의 상승	구매비용의 본인 부담 증가 구매자의 능력에 따른 구입

자료: 이철수, 2004

⑧ 농민시장을 종합시장으로 양성화 등으로 요약된다.

이를 한마디로 진단하자면 북한의 사회복지체제가 '탈사회주의화'를 추구하는 경향을 나타내고 있다고 하겠다. 결국 7·1조치로 북한은 과거 국가책임의 인민복지가 후퇴 내지는 감쇄하여 개인(노동능력)과 가족의 책임으로 분화내지는 전가된 현상을 야기하였다. 북한은 이러한 7·1조치에 대해 토지개혁 이후 최대사변이라 자평하였다(이철수, 2008).

7·1조치는 북한 사회복지 책임주체의 변화를 야기하여 ① 국가 책임의 축소, ② 개인·가족 책임의 확대로 고착되었다. 또한 복지급여는 분배물의 성격과 기능의 변화로 ① 국가 공급력의 축소, ② 개인의 능력에 의한 분배 확대로 재편되었다. 또한 개성공단의 사회복지체제는 ① 지역적·제도적 운영원리의 이원화, ② 가입자의 재정부담 확대와 복지급여수준의 격차 유도라고 볼 수 있다.

현실적으로 2002년 7·1조치로 북한의 현실은 급격히 악화되었다. 만성적 기근과 부패로 대다수의 주민은 국가에 대한 기대를 포기하고 스스로 연명을 위해 북간의 자생적 시장경제체제에 적응할 수밖에 없었다고 보인다. 곡창지대인 황해도에서도 굶는 사람들이 속출하고, 노인들이 길에서 쓰러져 있는 모습을 보는 것이 흔하다고 보고되고 있다(한영진, 2010). 현실적으로 배급제도가 없어졌다고 하는 것이 정확한 관찰이며 사람들은 어떤 식으로는 삶을 연명할 방식을 찾아야 하는데 남자들은 장마당에 내다 팔 것을 마련하고, 여성들은 그것을 장마당에 내다 파는 생활이 점점 확산되고 있다(김보배, 2007).

이러한 북한 현실의 원인은 원천적으로 식량의 부족이라고 할 수 있다. 북한의 인구를 2천만으로 할 때 450만~500만 톤의 식량이 필요하다고 가정하면 매년 150만~200만 톤의 식량부족을 겪고 있는 것이다. 더욱이 흉년이 드는 해에는 수확량이 200만 톤에도 미치지 못하는 극심한 식량난을 경험하고 있다.

이와 더불어 식량의 배급체계가 원활히 작동하지 않고 있으며, 배급이 되더라도 평양을 중심으로 한 지역에 상층부를 중심으로 배급되고 있기 때문에 아동과 노인, 지방주민 등 취약계층들은 식량난으로부터 가장 커다란 타격을 받는 계층이 될 수밖에 없는 것이다.

결과적으로 북한의 경제난과 식량난으로 퇴색된 국가 사회복지체제는 2002년 '7·1 경제관리 개선조치'와 함께 형해화 과정을 거치는 것으로 판단되는데, 최근 탈북자들의 인터뷰는 이러한 평가를 뒷받침하고 있다(정우곤, 2006). 왜냐하면 사회복지체제는 기존의 외형적인 틀은 그대로 유지하고 있음을 강조하지만,[5] 대다수의 주민들은 복지 수요를 독자적으로 사장을 통해 해결하는 실정이기 때문이다. 7·1조치로 사실상 포기한 의식주 공급제와 국가사회보험과 국가사회보장에서 명시하고 있는 각종 복지급여는 노동자 개인의 수입에 의존하는 실정이다.

과거의 '평균적 분배주의'가 유명무실해졌으며 성과와 실적, 개인의 노동력에 따른 차등분배를 강화하였다. 실적에 따른 분배로 나타난 임금의 격차 등 거의 모든 부분에서 차등분배가 발생하는 실정이다. 의

5 북한당국은 "나라가 인민들의 생활을 책임적으로 돌보아 준다는 정책적 입장에는 조금도 변함이 없다. 무상의무교육제, 무상치료제, 사회보험제와 정휴양제, 영예군인우대제 등은 계속 유지해 나갈 것"이라고 밝히고 있다(정우곤, 2006). 그리고 2010년 신년공동사설을 통해 '인민생활 향상'의 일환으로 '무상치료제, 무료의무교육제를 비롯한 인민적 시책 확대'를 주요과제로 제시한 바 있다.

식주 공급제의 경우 저가의 공급정책을 포기하였고 임금인상만큼 각종 소비품의 시장가격화가 이루어졌다. 또한 표준 임금제를 포기한 가운데 사업장별 실적제를 도입하여 각 노동자의 수입에 확연히 차이가 발생하기 시작했다(박순성, 2003).

여기서 지적해야 할 점은 북한의 시장경제가 매우 독특한 성격을 갖고 있어서 자원과 상품의 배분과 적절한 소비수요에 대한 공급이 이루지는 체제가 아니라는 점이다. 이 때문에 시장이 갖는 자원의 공급과 배분 기능이 매우 왜곡될 수밖에 없다는 것이다. 이러한 현상의 원인은 첫째, 북한의 시장은 상품생산이 매우 적은 교환위주의 시장이라는 것이다. 따라서 상품의 희소성이 높아 시장에서 상품의 구입을 통해 소비자가 수요를 충족하기가 매우 어렵다는 것이다.

둘째, 이로 인해 시장의 거래가 제도화되지 못하고 신뢰에 기반을 둔 안정적 성격을 갖지 못한다는 점이다. 시장의 거래는 언제나 속임수, 약탈적 거래 등에 노출되었고 이러한 행태를 관리할 국가적 관리제도가 없어 시장의 기능이 매우 취약하다는 것이다.

사회복지제도

현재 북한의 사회복지 제도는 형해화되어 실질적인 기능을 수행하고 있지 못한 것으로 보인다. 배급제도는 매우 예외적으로 국가적 기념일에만 작동하는 것으로 퇴화되었으며, 그 경우에도 상층계층을 중심으로 매우 불균등하게 작동되는 것이다. 국가사회보험에 해당되는 연금 등도 탈북자의 증언에 따르면 실질적으로 작동하지 않아 이러한 제도가 유명무실해지고 있다.

북한의 의료시설도 실제 운영에서 보건의료시설, 장비 및 기술이 낙후되어 있고, 의약품의 절대적 부족 등으로 의료의 질적 수준이 높지 않은 것으로 평가되고 있다. 그러나 최근 북한 보건성은 WHO와 협조하여 2010년 2월부터 김만유 병원(평양시 대동구역 위치)을 중심 거점으로 전국의 9개도의 병원들과 광섬유 통신케이블로 연결한 '먼 거리 의료봉사체계'(*telemedicine*)를 가동하는 등 의료체계 복원을 위한 노력을 지속하고 있다.

이번 '원격 의료서비스 시스템 구축'을 계기로 삼아 지방병원들의 열악한 의료체계를 평양의 병원들과 연계시킴으로써 붕괴된 의료체계를 복원해 나가기 위한 노력을 경주하고 있는 것으로 보인다. 향후 보건성은 체신성과 협력하여 2012년까지 먼거리 의료봉사망을 각 시·군 단위까지 확대할 계획이라 알려졌다.[6]

보건의료 부문에서 주목해야 할 점은 개성공단에서 남한의 보건인력들이 개성공단 북측 근로자를 위한 일종의 의료보험제도를 실시하고 있다는 점이다. 특히 개성공단의 경우 북한 근로자들은 급여의 15%를 의료보험료로서 납부하고 남한 보건인력들의 진단과 치료를 받는다. 또 만약 장기적인 치료가 필요하다고 판단될 경우 회복일까지 남한지역의 병원에서 입원·통원치료를 받게 된다.

지엽적이지만 남한의 지원을 통해 '북한의 지역적·제도적 복지공간'에 남한이 존재한다는 것을 의미이다. 일단 북한이 개성공단 근로자들의 보건의료에 대한 책임을 남한에 일부 의존하게 되는 현상이 발생한 것이다(이철수, 2004).

한편 북한은 여성의 해방이라는 사회주의 원칙과 노동력 활용이라는 경제적 측면에서 탁아소 등의 제도를 구축, 도입했다. 1958년 이후 북한에서 탁아소가 급격하게 증가되었는데, 주탁아소, 일탁아소, 월탁아소 등으로 분화되어 관리 및 강화되고 있었다. 특히 1976년에 '조선민주주의 인민공화국 어린이 보육교양법'으로 제도화되어 법적, 이론적 체계를 갖추게 되었고 탁아소와 유치원의 수는 6만여 개소이고, 수용된 아동의 수는 350만 명으로 기록되어 있다.

1971년의 탁아소, 유치원의 수 15,400개소(탁아소 8,600개소), 원아

6 공감코리아(http://www.korea.kr)

수 250만 명(탁아소 수용아동 138만 명)과 비교해 볼 때 괄목할 만한 성과가 있었다고 보인다(성영혜 · 김수정, 2001). 만 5세 이하의 취학 전 아동으로 만 3세 이하의 아동들을 위한 탁아소, 만 4~5세까지의 어린이를 위한 유치원, 부모가 없는 어린이들을 위한 육아원과 애육원이 있다.

재원은 탁아소의 시설운영과 아동의 식비 등은 국가가 부담하고, 아동의 의복, 신발, 여러 가지 용품은 국가의 지원 하에 생산비 정도의 저렴한 가격으로 개인이 구입하도록 되어 있다(이두식, 2003). 그러나 최근 이러한 탁아소들이 매우 열악한 상태로 운영이 악화되고, 실질적인 아동 보육역할을 하지 못하는 것으로 지적되고 있다.

이와 같이 북한이 복지체제의 변화를 시도했지만, 그 전략이 '직접경로'가 아닌 '간접경로'를 통한 개선과 개혁을 유도하고 있다. 즉 북한이 새로운 복지법령을 제정, 기존의 국가책임의 축소를 공식적으로 명시하는 것이 아니라 복지제도와 간접적으로 관련된 '(경제)정책기제'들을 활용하고 있다. 이러한 북한의 복지개혁 의지에도 불구하고 북한의 사회복지 '현실'은 호전되지 않았다. 이는 결국 북한경제의 성장과 인과관계를 갖고 있는데, 북한은 여전히 '먹는 문제'와 '의료빈곤'을 해결하지 못하고 외부에 의존하기 때문이다(정우곤, 2006).

이와 같은 북한의 현실을 고려할 때, 처음에 언급한 것과 같이 단계론적 시각에서의 연방제적 통일방안이 사회적 저항 및 부담을 최소화할 수 있는 방안으로 판단된다. 그러나 북한에 대한 국제사회의 지속적인 제재와 이에 따른 북한의 강경한 대응이 반복되고 있기에, 격변의 상황에 대처하기 위한 방안이 반드시 모색되어야 한다. 따라서 흡수통일의 과정을 경험한 독일의 통합을 위한 전략을 거시적인 차원에서 짚어볼 필요가 있겠다.

독일의 통합적 접근과 함의

독일통일은 사회주의 국가와 자본주의 국가 간 국가연합 또는 연방제가 아니라 사회주의 국가인 동독이 서독헌법에 의거하여 자본주의 국가인 서독에 평화적 방법과 절차에 따라 '편입된 흡수통합'이었다. 이와 같은 독일통일의 기본 성격은 동독과 서독 사회보장체제 통합에도 그대로 적용되어 동독 사회보장체제가 서독 사회보장제로 일원화되었다(이용갑, 2002). 이러한 의미에서 통일독일의 사회보장체제의 재구축은 이 연구가 단계론적 통일론에 근거하여 제시하는 북한의 사회복지체제의 재구축 방안과는 대조되는 것이다.

사회보장에 대한 동·서독 통합의 첫 단계는 1990년 5월 18일에 이루어진 동·서독 화폐·경제·사회통합조약과 이로 인하여 1990년 7월 1일에 체결된 국가조약이었다. 국가조약[7]은 통일의 전단계로 동·서독의 분단이후 약 45년간 서로 다른 지역에서 서로 다르게 운영된 각종 법률을 대체하여 서독의 법률을 동독지역에 확대적용하게 되었다.

이는 통일과정 중 노동법적, 사회 정책적 측면에서 통합을 의미하여 그 골자는 과거 동·서독간의 차별적이었던 복지수준의 통일에 있다고 할 수 있다(김대빈, 2000). 이러한 통합방식은 동독지역 주민의 피해를 최대한 줄이기 위해서 유보조항과 경과조치를 제정하게 되었고 관리운영체계는 동독지역에 신설되거나, 서독의 조합을 동독지역에 확대 적용하였다. 결과적으로 동독지역 주민들은 사회복지혜택의 수준이 증가하였지만 서독지역 주민들은 동독 주민의 급여를 충당하기 위해 부담이 가중되었다(이명재·서동희, 2004).

동·서독 사회보장제도 통합에 따른 가장 두드러진 특징은 동·서독지역에 동일한 사회보험제도를 적용하고 있지만 각 사회보험제도의

7 1990년 7월 1일 화폐통합에 따라 동독의 임금과 연금에 대해 높은 1:1 교환비율을 적용하면서 연방독일식 사회보장체제가 동독지역에 점진적으로 확대된다(국가조약 제18조에서 동독지역에 서독제도와 동일한 사회보장제도의 도입을 규정하고 있다) (이태욱, 2000).

재정은 동·서독지역에 따라 분리 운영하고 있다는 점이다. 이것은 사회보험 재정을 통합하여 운영하는 경우에 발생 할 서독지역 주민들의 반발을 우려했기 때문이다. 따라서 사회보험 재정은 지역에 따라 분리 운영하되 동일지역 내 가입자가 부담한 재원으로 급여를 지급하고 결손액은 국고보조금 및 무이자의 기업운영차관 등을 차입하여 충당하는 것을 원칙으로 하고 있다(김대빈, 2000).

이뿐만 아니라 여러 보험 분야에 대해서도 각기 다른 과도기 규정을 적용함으로써 사회적 저항을 줄이고자 했다. 구동독의 사회보험제도는 의료보험, 연금보험, 상해보험 등이 하나로 통합되어 단일한 사회보험으로 되었으며 실업보험은 폐지되었다. 한편 서독의 사회보험제도는 연금보험, 의료보험, 실업보험, 산재보험 등으로 나누어져 각각 상이한 보험기관에 의해 운영되어 왔으며, 1995년부터 간병보험이 도입됨으로써 5대 보험으로 되었다(김영탁, 1997).

동독의 이러한 단일보험의 개편을 조직적으로 관리하기 위해서 여러 보험 분야에 대해 각기 다른 과도기 규정을 적용했다. 즉 서독 연금법의 급속한 이전은 많은 사회적 저항을 야기할 수 있기 때문에 신의보호의 원칙에 입각하여 과도기의 규정을 마련하고, 연금보험기관과 연금수혜자의 부담을 덜어준 것이다(강일선, 1999).

또한 동독지역의 의료보험은 제도적으로 잘되어 있었으나, 의료시설과 기술과 같은 질적인 측면에서는 서독에 비해 많이 낙후되어 있었다. 따라서 정부는 동독지역의 의료기술향상과 인력확보를 위해서 의사들의 동독지역 개업지원과 자질향상을 위한 상담소 운영과 같은 정책을 실시했다(차정훈, 2001). 의료보험법의 경우도 갹출료율에서 서독의 경우는 차등효율제를 유지하고 동독지역에는 일괄적으로 12.8%의 갹출료율을 적용시키는 등의 수많은 과도기 규정들이 들어 있었다(차정훈, 2001). 이를 통해 독일은 서독의 제도를 동독으로 확대 적용하는 방안을 기본으로 하였지만, 재정의 분리운영 등 수많은 과도기적 규정을 통해 예상되는 사회적 문제를 축소하고자 노력하였음을 알 수 있다.

북한 사회복지체제의 재구축

지금까지 북한의 사회복지체제의 구조와 정책을 살펴보았으며, 독일의 통일사례를 검토하였다. 남·북한의 통일이 북한의 급격한 변화로 독일식 통일이 진행될 경우 남한이 통일에 대한 대비와 그에 상응하는 재정적 능력이 있다고 보기 어렵다. 그렇기 때문에 이에 대한 준비와 정책적 대안마련이 더욱 시급할지 모른다.

그럼에도 불구하고 이 연구에서 단계론적 시각에서 연방제적 통일이라는 전제 하에, 북한이 상당한 정도의 기간 동안 정책적 자율성을 갖는 정부를 구성하고 정책을 실시한다는 전제 하에서 사회복지 체제 재구축 방안을 고려하고자 한다.

이러한 전제에서 남·북한 사회 정책통합의 과제로 크게 두 가지 차원에서 대두될 것으로 보인다.

첫째, 북한지역에서 사회정책체제의 구축이 정책적 과제로 제기될 것이다. 지금까지 형해화, 파편화된 사회복지체제를 정리하고 새롭게 사회복지 프로그램을 도입 운영하는 것이 구체적인 과제가 될 것이다.

둘째, 남·북한 연방체제하에서 북한 출신 시민이 남한에서 경제활동을 하는 경우 어떠한 사회복지를 제공할 것인가 하는 사회적 권리의 범위의 문제가 될 것으로 보인다. 연방제적 통일을 추구하더라도 경제적으로 풍요롭고 기회가 풍부한 남한에서 경제활동을 하려는 사람들이 많을 수밖에 없고, 그에 따라 대규모의 인적 이동현상이 발생하게 될 것이 분명하다. 이러한 경우에 현재 남한에서 실시하는 사회정책에 어떻게 편입시킬 것인가 하는 것이 정책적 과제로 대두될 것이다.

소득보장

북한의 사회정책체제의 구축을 고려하면서 또 하나의 전제는 북한이 자본주의 시장경제체제를 채택하여 민간 기업들이 생산활동을 위해 고용을 창출하고, 노동자들은 임금을 받고 노동을 한다는 것이다. 이렇게 되면 지금까지 북한의 사회복지체제의 근간을 이룬 국가사회보장체제가 불필요하게 된다. 의식주를 국가를 통하여 배급하는 체제가 아니라 자기가 필요한 상품을 구매하는 시장을 통한 재화의 배분이 일어나기 때문이다.

그러나 스스로의 노동력으로 경제활동을 효과적으로 하지 못해 빈곤상황에 빠지는 사람이 존재할 수밖에 없고, 이들은 임금획득을 통한 시장의 구매력을 가질 수 없기 때문이다. 따라서 통일 이후 북한에 가장 시급히 필요한 것은 빈곤층에 대한 기초생활보장제도이다. 이 경우에도 직접적인 현물급여가 아니 일정한 소득지원을 통한 지원이 가능하게 될 것이다.

이러한 기초생활보장제도는 결과적으로는 북한이 지금까지 유지해 온 배급체제를 대치하는 것이다. 이를 위해서 기초생활보장의 기준이 되는 빈곤선을 설정해야 하고, 이러한 빈곤선에 따라 기초생활보장 대상자를 선정해야 한다. 이러한 기초생활보장 정책을 집행하기 위해서는 중앙정부의 재정과 지방정부의 정책집행체계가 효율적으로 작동해야 한다. 배급체계가 작동하지 않고 있는 것을 감안할 때 북한 정부의 정책집행체계가 이러한 기초생활보장체제를 운영하는 데 커다란 장애가 될 수밖에 없다. 이러한 문제를 해결하기 위해서는 두 가지 접근방법을 고려할 수 있다.

첫째, 보편적 접근방법이다. 북한주민의 대부분이 빈곤선 이하에서 삶을 영위한다고 보면 단기적 측면에서 기초생활보장을 위한 소득파악과 해당자에 대한 별도의 소득보장 정책이 무의미 하다고 볼 수 있다. 그렇다면 북한의 일부 고소득층을 제외한 전 주민을 대상으로 기초생활보장을 제공하는 것이 더 효율적이고 효과적일 수 있다.

그러나 이러한 정책을 추진하려면 단기간에 막대한 재정이 소요될 수밖에 없다. 물론 통일을 준비하기 위한 단계론적 시각에서 보면 초기단계에서 불가피한 선택이라고 판단된다. 문제는 여기에 필요한 재원소요의 측정과 이에 대한 조달방안을 강구하는 것이라 하겠다.

둘째, 단기간의 막대한 재원을 필요로 하는 보편적 방식이 아닌 기초생활보장을 위한 기금조성과 이를 통한 지원 방안을 고려할 수 있다. 특히 북한의 빈곤층이 노인과 아동뿐만 아니라 대부분의 주민이라고 보았을 때, 이들 모두에게 보편적 복지를 제공하는 것보다는 소득보장제도를 정책적 수단으로 활용할 수 있는 조건부 소득보장제도의 도입을 고려할 수 있다. 이러한 제도를 통해 근로연령의 주민들에게 경제활동을 위한 일정한 노력을 요구하고 그것을 만족하는 경우에 일정한 소득을 제공하는 제도를 도입한다는 것이다.

한편 연금의 경우 북한은 제도적으로 부과방식을 취했다고 볼 수 있는데, 지금까지의 현실은 일부 국가공로자에게만 연금이 실제 지급되었다. 따라서 남한과 같이 적립방식을 취하는 연금제도를 도입한다면, 어떤 형태로 도입할 것인가 하는 문제가 제기된다.

즉 적립방식의 연금을 도입하더라도 순수한 적립방식을 택할 것인지 아니면 남한과 같은 재분배 기능이 있는 혼합형 적립방식을 취할 것인가 하는 것에 대한 정책적 결정이 필요하다는 것이다. 적립방식을 취하게 되면 여기서 축적되는 재원을 북한의 사회적 기간시설 등에 투자할 수 있다.

그 경우 이미 60세 혹은 65세 이상의 연령에 도달한 인구에게 최소한의 연금(혹은 기초노령연금)이 지급되어야 할 것으로 보인다. 그것은 북한이나 남한 정부의 재정을 통해서 실시될 수밖에 없을 것이다. 연금과 함께 도입되어야 할 제도는 산업재해보상보험이다. 민간기업에 고용되어 일하던 노동자가 산업재해를 당했을 때 지금까지 북한에서처럼 국가에서 치료를 보장한다고 할 수 없기 때문에, 이에 대한 사회보험체계는 가장 시급히 제도화되어야 할 것이다.

결론적으로 연금과 관련하여서는 좀더 장기적 관점에서 연금기금 축적에서부터 제도구축을 시작하는 것이 바람직하다. 이미 검토한 바와 같이 북한에서도 국가기업에서 월급을 받는 노동자들은 자신들의 급여에서 일정금액을 납부하여 연금재정에 기여하였다. 또한 신의주, 개성 등지에서 급여의 15% 정도를 의료보험료로 납부하였다.

자본주의 경제체제가 도입이 되더라도 사회보험 형식의 연금과 의료보험제도를 운영하는 것이 바람직하다. 그 운영체제는 그 동안 국가에서 직접 운영하는 방식이었지만, 궁극적으로 남한 제도와의 통합을 추구한다면, 남한에서와 같이 연금과 의료보험을 운영하는 별도의 조직을 마련하는 것이 바람직하다. 이러한 연금제도가 실제로 작동하려면 한국에서처럼 최소 10~15년 정도의 연금가입 기간을 필수적으로 설정할 필요가 있다.

의료보장

의료보험은 의료전달체계를 전제로 하는 것으로서 현재 북한의 의료전달체계를 어떻게 평가하는가 하는 것이 중요한 문제가 될 것으로 보인다. 북한은 지금까지 국민보건서비스 체제로서 병원 등을 국영으로 운영했다. 그러나 이러한 병원들이 필요한 의료시설을 갖추지 못하고, 현재 있는 시설들도 쓸 수 없는 상황에 이른 것이 대부분이라고 본다면, 남한과 같이 의료보험 체제를 도입하더라도 적정한 의료시설을 갖추는 것이 필요하나, 이러한 의료전달체계를 구축하는 데 상당한 재원이 소요될 것이 분명하다.

이와 함께 북한의 의료인력이 남한에서 요구하는 의료적 훈련과 기술을 갖추고 있는가 하는 것을 검토해야 한다. 만일 기존의 의료인력들의 의학적 수준이 적정하지 못하다고 판단된다면 의료인력 확보를 위해 다양한 정책적 대안이 마련되어야 할 것으로 보인다.

결론적으로 북한의 공중의료체계 인프라를 재구축하는 것이 가장 시급한 과제라고 판단된다. 이렇게 기본적 공중의료체계를 도입하면 이에 대해서는 모든 주민에게 의료혜택을 받을 수 있도록 해야 한다. 그러나 이러한 공중의료체계는 기본적으로 1차 의료체계를 기본으로 하기 때문에 복잡한 치료와 장기간의 관찰이 필요한 질병에는 별도의 2차, 3차 의료기관이 필요하다. 따라서 이러한 2, 3차 의료기관을 북한에 일정한 수 이상으로 확보하는 것이 중장기적 과제라고 보인다. 이와 더불어 이러한 2, 3차 의료기관에 소요되는 진료비를 마련하는 의료보험의 도입이 필요하다.

만일 북한이 외부 의료기관의 지역 내 병원 설치를 허용하면 매우 빠른 속도로 북한에 2, 3차 의료기관이 설립될 것이라고 보는 관측도 존재한다. 이러한 관측의 근거는 두 가지인데, 종교기관 등을 비롯해 다양한 기관들이 인류애적 차원에서 의료기관을 설립할 것이라는 예상과 북한을 잠재적 의료시장으로 판단하고 의료기관 진출을 모색할 것이라고 보는 것이다. 인류애적 측면에서 비영리 의료기관의 진출은 적극 권장할 필요가 있다고 보이나, 영리를 목적으로 하는 민간의료기관은 장기적 안목에서 검토하는 것이 필요하다고 판단된다.

사회서비스

북한의 여성노동력의 활용이라는 측면에서 여러 가지 독특한 시설의 운영과 탁아소 및 유치원 시설을 설치 운영해 왔다(김충렬, 1997). 그러나 이러한 시설도 매우 열악한 상황에 빠져 실질적인 기능을 못하고 있기 때문에 적절한 재구축이 필요하며, 이러한 시설은 국가의 재정지원을 통해 운영되어야 할 것으로 보인다. 이밖에도 장애의 정도가 심한 장애인, 생활에 심각한 불편이 있는 노인 등 사회서비스를 필요로 하는 사람들이 존재한다. 이러한 사회복지 수요에 대응하여 사회복지 서비스의 인프라 구축이 필요하다.

글을 마치면서

지금까지 이 글에서는 북한의 사회복지체제의 기본적 구조와 성격을 분석하고, 북한의 사회복지 현실에 대해 논의하였다. 이러한 논의의 결론은 북한의 사회복지제도는 형해화 되어, 그 구실을 전혀 하지 못하고 있다는 것이다. 따라서 단계론적 연방제적 통일론에서 보면 이 같은 통일을 국가적 과제로 설정하는 북한 정부는 처음부터 사회복지제도를 새롭게 구축해야 하는 지난한 과제에 직면하게 된다.

이 같은 시나리오는 서독의 제도에 동독 주민을 그대로 흡수 통합한 독일의 경험과는 아주 대조되는 것이다. 궁극적으로는 북한에서 상당한 정도로 효과성을 발휘하는 사회복지체제가 재구축된다면, 남·북한의 통합된 사회복지체제를 위한 노력을 경주하는 단계에 이르게 될 것으로 이 연구는 가정한다.

이 글에서는 이러한 시각에서 기초생활보장제도의 도입, 공중의료체계의 구축, 사회서비스 인프라 구축을 가장 시급한 제도적 구축 과제로 제시하였다. 그런데 이러한 제도는 사회보험과 같은 재원조달 방식이 효과적이지 않기 때문에 불가피하게 북한의 중앙정부의 재원을 통해 조달되어야 하는 것이다.

그러나 북한이 이러한 재정을 조달한 재정적 여력을 갖고 있지 못한 상황이라는 점은 분명하다. 따라서 이에 필요한 재정은 남한 정부의 몫으로 돌아올 수밖에 없으며 이에 대한 재정조달 방안을 마련하는 것이 시급한 과제라고 할 수 있다. 그러나 이에 앞서 이 같은 사회복지의 기본적 인프라 구축에 소요되는 재정수요를 다양한 시나리오 별로 추정하는 작업이 시행되어야 한다. 기초생활보장, 공중의료체계, 사회서비스 인프라 구축은 남한에 재정책임이 돌아오게 될 것으로 보인다.

독일의 경우 통일 이후 10년 동안 사회복지 분야에서 약 12조 원을 추가 지출하였는데, 이러한 규모의 10분 1을 상정하면 매년 1조 2천억 원 정도의 재원이 소요된다. 한편 현재 남한의 노동과 공적연금을 제외한 복지예산 규모가 약 33조 원임을 감안할 때 이에 대한 10분 1을 상정하면 약 3조 원의 재원이 필요하다고 보인다.

재정조달 방법에는 단계론적 통일론에 따라 남·북한이 구체적인 통일 작업을 시작하기 훨씬 전부터 통일을 위한 기금을 마련하는 방안과 재원수요에 임박하여 조달하는 방안 등이 있으므로 이에 관해 다양한 검토가 필요하다고 보인다.

■ 참고문헌

단행본

김연정(2010), 《북한 복지체제의 성립과 성격변화 연구》, 이화여자대학교 대학원 박사학위논문.

김영탁(1997), 《독일통일과 동독재건과정》, 한울아카데미.

이두식(2003), 《남·북한 사회복지제도에 관한 비교연구》, 단국대 정책경영대학원 석사학위논문.

이철수(2003), 《북한사회복지 — 반복지의 북한》, 청목출판사.

______(2004), 《북한사회복지의 변화와 전망 — 탈사회주의의 전주곡》, 아주 남·북한 보건의료연구소.

장명봉(2008), 《2008 최신 북한 법령집》, 북한법연구회.

차정훈(2001), 《남·북한사회복지 통합에 관한 연구》, 명지대 대학원 석사학위논문.

통일연구원(2009), 《2009 북한개요》, 통일연구원.

학술논문 및 보고서

강일선(1999), "독일통일에 관한 연구(Ⅲ) — 동·서독 사회통합을 중심으로", 〈사회과학연구〉 제 6집 제 4호, 대구대.

강정구(1991), "주체사상과 북한의 사회정책", 〈안보연구〉 제 20호.

김대빈(2000), "남·북한 사회복지제도의 통합방안에 관한 연구", 경희대 행정대학원 석사학위 논문.

김보배(2007), “내 마음에 흐르는 눈물의 강”, 〈북한〉 제 428호, 북한연구소.
김영미(2000), 〈남·북한 여성정책의 현황과 변화가능성〉 제 13권, 상명대학교 사회과학연구소.
김충렬(1997), “북한체제유지와 주민복지제도에 관한 고찰”, 〈한국동북아논총〉 제 6집.
노용오(2006), “북한의 장애인목지 정책·제도·지원전략”, 〈한국동북아논총〉 제 41집.
박순성(2003), “북한의 가격·배급제도의 변화와 전망”, 〈민족발전연구〉 제 8호.
성영혜·김수정(2001), “북한 보육제도 비교연구”, 〈한국아동복지학〉 제 12호.
이명재·서동희(2004), 〈통일 후 한국의 사회복지정책 통합방안 — 통일독일의 사례를 중심으로〉 제 19권, 상명대학교 사회과학연구소.
이미경·정우곤(2003), “북한사회보장제도의 실증적 연구: 의료보장제도의 운영실태를 중심으로”, 〈북한연구학회보〉 제 7권 제 1호.
이용갑(2002), “통일 이후 구 동독지역 사회계층간 소득분배의 불균등 발전, 1989~1995년— 남북통일을 준비하는 사회정책적 시사점”, 〈한국사회정책〉 제 9집 통권호.
이철수(2007), “남·북한 사회복지 ‘체제’ 비교 연구: 거시-구조적 수준을 중심으로”, 〈북한연구학회보〉 제 13권 제 1호.
______(2008), “2000년대 북한사회복지 동향에 대한 소고”, 〈동서연구〉 제 20권 제 1호.
정우곤(2006), “북한 사회복지제도와 사회경제적 계층구조 변화”, 〈국방연구〉 제 49권 제 1호.
조운희(1997), “통일한국의 바람직한 연금제도”, 〈사회과학논총〉 제 12집.
한영진(2010), “북한의 실상: 북한의 식량난 평양시도 위협”, 〈북한〉 제 465호, 북한연구소.
황무임(1999), “북한의 여성정책에 관한 연구”, 〈복지행정연구〉 제 15집.

기타

공감코리아, http://www.korea.kr.
Radio Free Asia(2008. 3. 5), “North Korea begins to help disabled”.

이 글의 초고에 논평을 주신 조병희(서울대 보건대학원), 김태균(이화여대 행정학과) 교수께 감사의 뜻을 전하며, 연구의 과정에 염상원(서울대 행정대학원)이 참여하였음을 밝혀 둔다.

북한지역 사회기반시설의 구축

11

김동욱

들어가며: 통일한국의 사회기반시설 비전과 전략

통일한국 사회기반시설의 비전

이 글은 김정일 사후에 김정은 체제가 제대로 자리잡지 못하고 북한 내외의 혼란으로 붕괴되는 상황이 향후 5년 이내 일어날 것으로 전제한다. 또한 북한체제의 붕괴과정에서 북한 주민의 통일의지가 확인되면서 급속히 남·북한이 정치적 통일을 구현하는 시나리오를 수용한다.

다수의 경제전문가들이 예상하는 대로 2030년경에 동북아시아는 북미와 유럽(EU)을 넘어서는 세계 최대 경제권으로 부상할 것이고, 통일한국은 동북아시아 거대 경제권의 한 축으로 부상할 것이다. 통일 이후 20년 이내로 북한지역이 남한경제와 완전히 통합되면서 통일된 한국 경제권은 태평양과 아시아대륙을 연결(*bridge*)하는 것만이 아니라 네트워크의 허브로서 중국, 극동, 동남아시아, 태평양 경제권을 연계하게 된다.

1990년 독일의 통일이 동 · 서유럽 간 분리를 극복하는 계기가 되었고, 결국 다수의 동유럽 국가가 EU로 편입되는 결과를 가져왔듯이, 향후 한반도의 통일도 중국의 동북3성과 러시아 극동지역에까지 새로운 발전의 계기를 가져올 것이고, 통일한국이 그 발전의 주역을 맡을 것이다.

한반도 분단으로 그 동안 남한지역은 반도이지만 아시아대륙과의 연결이 차단되면서 사실상 섬나라로 기능하였고, 북한지역은 동서로 분리되고 동해안과 서해안의 연계발전을 도모할 수 없었다. 남 · 북한의 공간이 분리되면서 상호단절과 중복개발이 심화되었는데 중앙행정기능이 서울과 평양으로 이원화되었고, 한반도의 가운데 허리인 휴전선 지역은 경제적으로 전혀 개발되지 못하는 토지공간의 낭비를 초래하였다.

통일된 한반도는 온전히 태평양과 유라시아대륙을 가교하는 반도로서의 기능을 회복하게 한다. 북한지역의 사회기반시설은 통일 이후 20년 이내에 급속히 확충되면서 현재 남한 수준의 50~70% 수준까지 발전할 것이고, 북한지역이 새로운 경제성장 거점으로 도약하는 데 크게 기여할 것으로 전망한다.

통일한국의 교통, 에너지 사회기반시설은 남 · 북한의 통합을 넘어 동아시아 경제권을 통합하는 기제로 작용하게 된다. 북한지역이 남한과 통합되면 한반도와 일본까지 이어지면서, 아시아고속도로, 유라시아철도, 극동아시아가스관 등이 완결된다. 통일한국의 사회기반시설 구축의 비전을 남 · 북한 통합을 통한 한반도의 동아시아 허브화로 설정하기로 한다.

북한지역 사회기반시설의 추진전략

남 · 북한 통합을 통한 한반도의 동아시아 허브화의 비전을 달성하기 위해 통일정부는 북한지역의 사회기반시설을 획기적으로 확충하여야 한다. 북한지역 사회기반시설 확충을 위한 추진전략으로 남 · 북한지역 통합성 확보, 북한지역 경쟁력 강화, 동북아 사회기반시설 네트워크 구축 등 3가지로 설정할 수 있다.

국토연구원은 한반도의 비전과 개방형 국토발전 전략(이상준 외, 2009)에서 한반도의 경쟁력 강화를 위한 기반조성, 남·북한의 통합성 강화를 위한 기반조성, 한반도의 국제네트워킹 강화를 위한 기반조성 등 3대 국토전략을 제시하였다. 이 글의 3가지 북한지역 사회기반시설 추진전략은 국토연구원의 3대 전략 중 마지막 2개 전략에서 통일 이후 북한지역의 사회기반시설을 우선적으로 개발한다는 점과 맥을 같이 하고 있다.

첫째, 과거 연결되었으나 해방 후 남북분단과 한국전쟁으로 그어진 휴전선을 경계로 완전히 단절된 도로와 철도를 우선적으로 회복시킨다. 휴전선 접경지역의 경의선, 동해선, 경원선 철도를 연결하고 국가간선망 도로계획에 담긴 남북축 7개 중 1호선(경의선), 3호선(철원-평강), 7호선(동해선)의 국도도 연결한다.

장기적으로는 도로와 철도망 계획에 따라 남한과 연결할 도로와 철도를 확충한다. 또한 북한지역의 공항도 남한 통행 항공노선에 맞추어 정비되어야 하며, 항만시설도 남한으로부터의 물자수송이 가능하게끔 정비되어야 한다. 북한지역의 교통시설은 남·북한지역 주민들이 서로 통행하고 물자를 수송하는 데 불편이 없어야 확충되어야 한다. 또한 남한지역에서 유입된 장비와 물자가 북한지역에서 온전히 작동될 수 있게 북한지역의 철도, 전력, 가스, 석유, 통신 등 시설의 기술규격과 표준이 남한의 것과 동일하게 전환되어야 한다.

둘째, 북한지역은 통일 이후 상당기간 동안 남한지역에 비해 저임금의 노동력이 남아있고, 개발비에서 차지하는 토지수용비의 부담이 낮을 것이다. 이러한 저가의 경쟁력을 통일 초기에 활용하여 급속한 경제성장을 이루기 위해서는 경제특구 형태의 거점개발을 추진하고, 이들 경제특구 등 거점지역에 사회기반시설을 집중적으로 투자하는 전략이 요구된다.

신의주, 평양, 개성, 나선(나진·선봉), 원산, 남포, 해주 등 거점도시를 중심으로 산업단지를 개발하고 필요한 교통, 에너지, 주거환경 시설을 투자한다. 북한지역의 거점도시를 발전시킴으로써 통일 이후 북한지역 주민의 수도권과 남한지역 대도시로의 대규모 이동을 억제할 수 있다.[1]

셋째, 북한지역은 태평양과 남한의 개발축이 중국 동부(베이징과 동북3성)와 러시아 극동지역으로 이어지는 길목에 위치한다. 아시아하이웨이 1번(불가리아국경-이스탄불-앙카라-테헤란-카불-뉴델리-양곤-프놈펜-호치민-하노이-광저우-베이징-평양-서울-부산-도쿄), 6번(벨로루시 국경-모스크바-노보시비르스크-이르쿠츠크-하얼빈-블라디보스토크-원산-부산)으로 북한지역 서해안과 동해안은 아시아고속도로의 경유지가 되고 있다.

남·북한 철도가 연결되면서 한반도종단철도(*Trans* Korea *Railroad*; TKR)는 신의주에서 중국횡단철도(TCR), 몽골횡단철도(TMGR)로 연결되고, 청진과 나진에서 몽골횡단철도, 시베리아횡단철도로 연결된다. 나진항과 청진항은 부동항으로서 중국 동부와 극동러시아의 해상물류의 거점으로 성장할 수 있다.

러시아 천연가스 파이프라인(PNG)은 블라디보스토크에서 북한의 경성, 고산을 거쳐 남한의 인천과 평택으로 이어질 계획이다. 고속도로, 철도, 항만, 석유·가스관이 북한을 통해 중국-러시아-남한지역으로 나아가 일본까지 이어지면서 북한지역의 지리적 위치는 동북아 사회기반시설 네트워크의 핵심적 위상을 갖게 된다.

북한지역 사회기반시설 개발 우선순위를 결정하는데 통일 후 독일이나 베트남의 사례를 참조할 수 있다. 독일의 경우 철도, 도로 등 육상

1 통일 이후 동독지역 주민 250만 명이 서독지역으로, 서독지역 주민 120만 명이 동독지역으로 이주하였는데, 이때 증가한 동독 인구 130만 명은 1990년 동독 인구의 1,600만 명의 약 8%를 차지한다. 통일 후 북한지역 주민의 8%인 약 200만 명이 남한지역으로 이주한다면 남한지역도 상당한 사회경제적 어려움에 직면할 것으로 전망된다.

교통시설에 대하여 우선적으로 투자하였고, 베트남의 경우 교통과 에너지 시설에 대하여 우선적으로 투자하였다. 북한의 경우에도 전력 등 에너지 시설개발과 철도, 도로 투자를 우선적으로 진행할 필요가 있다.[2] 공간적으로는 북한지역 수요와 중국과의 연계를 고려하면 서해안축 개발이 동해안축보다 선행될 필요가 있다.

교통기반시설의 재구축

북한지역 교통기반시설 현황

현재 북한지역은 전력, 석유 등 에너지원의 부족으로 교통량은 미미한 수준이고 교통시설은 전반적으로 매우 열악하다. 도로의 경우 평양-개성, 평양-남포 구간을 제외하고는 폭원, 선형, 포장상태가 열악하여 시속 50㎞ 이상의 주행이 어려운 실정이다. 고속도로의 경우에도 평양-남포, 평양-강동 노선(11.6%) 등에만 콘크리트 위에 아스팔트 포장이 되어 있고, 나머지 구간은 단순 콘크리트 또는 아스팔트 포장이다.

철도의 경우 100여개의 노선으로 총 5,235㎞로 남한의 3,392㎞의 154%에 달하고 전철화 구간은 4,132㎞로 전철화 비율은 78.9%에 이른다. 철도는 화물수송의 약 90%, 여객수송의 약 62%를 담당하고 있지만 시설이 노후화되어 시속 30~50㎞ 정도로 운행하고 있다.[3] 노반이 약화되어서 궤도보강이나 선로의 전면 개량이 필요하다.

주요항구로 청진항, 남포항, 흥남항, 원산항, 나진항, 해주항 등이 있지만 항만시설과 하역장비가 매우 낙후되고, 부두면적이 협소하다. 따라서 대형컨테이너 선박이 이용하기 어렵고, 하역능력 부족으로 선박

2 이상준(2011.4.11), "'통일 이후 북한지역 사회기반시설 구축 방안' 토론문", 서울대 정책지식센터 제555회 정책&포럼.

3 전력난으로 1996~1998년에는 철도 가동률이 40%미만까지 떨어졌다.

체류시간이 길어져 물류비용 상승이 야기된다.

공항은 33~39개로 추정되며 대부분 군용공항인데 민간이 이용가능한 곳은 순안(평양), 어랑, 혜산, 삼지연, 황주, 원산(갈마), 선덕 등 10여 개소이다. 대형항공기가 이착륙이 가능한 공항은 순안공항과 어랑공항 두 곳이며 나머지 공항은 활주로 등 주요 시설용량이 부족하고 노후화되었다.

북한지역 교통기반시설 확충방안

도로

통일 직후 1~2년 내에는 남한지역의 인력과 물자가 북한지역 주요 지역으로 수송되어야 하는데, 긴급하게 투입될 수 있는 교통수단은 차량이라고 볼 수 있다. 따라서 최우선적으로 북한지역을 남한지역과 연결하는 주요 국도를 신속히 확장·정비하여야 한다.

3호선(철원-평강-신계-양덕-초산), 5호선(김화-평강-원산-함흥-중강진), 43호선(김화-회양-금강산-고성), 31호선(양구-회양-신고산), 48호선(강화-대성-개성) 등 남북 단절도로를 1년 이내에 우선적으로 연결하고,[4] 1호선 신설(개성-평양-신의주) 확충 공사를 통일 직후 개시하여 최단기간 내에 완공하여야 한다.

다음 우선순위로 7호선(금강산-원산-나진), 평양-원산 간 도로, 나진-중국 원정 간 도로 등 간선도로를 확충한다. 통일 후 5년 이내에는 서해안 아시아하이웨이 1번(인천-개성-해주-남포-안주-신의주)와 서울-개성-평양 고속도로, 아시아하이웨이 6번(삼척-고성-금강산-원산-김책-청진-나선-온성) 공사를 순차적으로 개시한다. 남북방향 고속도로가 완성되고 개통된 후에 북한지역의 동서축으로 남포-평양-원산 간 고속도로, 신의주-초산-강계-해산-백두산-온성 고속도로 공사를 개시한다.

4 1번국도의 경우 파주시-개성시(개성공단)는 이미 연결되었다.

철도

현재의 주요 거점도시를 잇는 철도를 궤도보강과 선형개량을 통해 보강한다. 특히 TCR과 TSR로 연결되는 경의선과 동해선 그리고 경원선 전 구간을 우선적으로 보강한다. 고속철도(KTX) 건설이 가능한 노선은 경의선(서울-평양-신의주)인데, 호남선 완공(2014년 예정) 이후 서울-평양 구간을 우선 착공한다. 경의선 고속철도 전체가 완공되는 시점에는 중국 고속철도와의 연계도 가능할 것이다.[5]

항공

현재 남·북한은 국내선 항공수요가 그다지 크지 않지만 통일이 되면 남·북한 길이가 통일 전에 비해 두 배로 늘어나기 때문에 국내선 항공수요가 늘어나게 된다. 통일 초기에는 육상교통 여건이 열악하여 남한지역에서 북한지역 주요 거점도시로의 접근성이 낮을 것이므로 우선적으로 기존 공항을 정비하여 통일한국 정부의 북한지역 행정력을 담보할 교통망으로서 공항시설을 확보하여야 한다. 통일 직후 1~2년간 인구가 집중된 북한 도시 인근의 공항들은 남한지역에서 조달되는 물자와 행정인력의 수송을 위해 최소한의 이착륙시설을 확충·정비하여야 한다.

통일 후 10년 이내에는 주요관광지 인근의 공항수요가 남한지역 주민의 관광 목적으로 늘어날 것이고, 장기적으로 북한지역의 개발이 집중되는 지역을 중심으로 남·북한지역 주민과 일본 중국 등 외국 투자자의 업무용 항공수요가 점차 생길 것으로 본다. 따라서 우선적으로 시설이 양호한 평양 순안공항과 함경북도 청진 인근의 어랑공항을 정비하고, 관광객이 이용할 금강산(통천, 신설)과 백두산(삼지연) 공항을 확충한다.

5 4년 이내로 단둥-선양, 단둥-다롄 간 준고속철도(시속 200㎞ 이상)가 개통될 예정이고, 베이징-선양 간 고속철도(시속 300㎞ 이상) 노선이 2012년에 완공될 예정이다.

장기적으로는 나선지역에 어랑공항을 대체할 거점공항을 신설한다.[6] 나선지역은 중국과 러시아의 투자를 유도할 수 있는 경제특구 지역이고, 동아시아와 북미 간 항공노선에서 인천공항 못지않은 좋은 입지를 차지하고 있어 나선(선봉) 공항이 단시간 내 거점공항으로 발전할 가능성이 크다고 본다.[7]

항만

북한지역의 주요 거점도시는 평양을 제외하고는 거의 해안도시이다. 따라서 거점도시의 기존 항만시설을 남한지역, 중국, 러시아, 일본의 물자를 교역하기 위해 전반적으로 개보수하여야 한다. 통일 초기에는 청진, 남포, 원산, 흥남, 나진, 해주 등 항만의 접안과 하역시설을 정비한다. 물동량이 상당히 많을 항구로 남포, 나진, 신의주 등이 예상되며 따라서 이들 항구의 시설용량을 대폭 확장하여야 한다. 장기적으로는 경제특구로 지정된 도시의 항구를 집중적으로 확충한다.

에너지와 수자원 기반시설의 재구축

에너지 기반시설의 재구축

북한지역 에너지 기반시설 현황

현재 북한경제가 침체된 원인 중 하나가 에너지부족이라고 볼 수 있다. 1990년대 이후 전력과 석유가 부족하여 생산시설의 가동률이 떨어지고 물류를 위한 차량과 열차를 제대로 운영하기 어려워 전반적으로

6 국가항공체계를 중추공항, 거점공항, 일반공항으로 나눈다면 장기적으로 인천공항을 중추공항으로 하고, 김포공항, 동남권 신공항, 평양 순안공항, 나선지역 공항, 제주공항을 거점공항으로 발전시킬 수 있을 것이다.

7 나선지역은 이미 중국의 동북3성의 대외무역의 창구로 활용되기 시작하였다.

물류가 마비 수준이라고 볼 수 있다. 나아가 난방을 위한 석유, 석탄이 주민들에게 배급되지 못해 벌목이 만연하여 홍수를 유발하고, 홍수로 발전용 댐에 토사가 유입되어 발전용량을 훼손하기도 한다.

북한의 석탄(무연탄과 갈탄) 생산량은 남한의 4배 정도이나 1975년 이후 계속 줄어들고 있다. 외화부족으로 석유수입이 1990년대부터 급감하였고 석탄, 석유의 부족과 함께 발전설비도 노후화되고, 보수용 자재가 부족하여 가동률이 저하되면서 심각한 전략난이 지속되고 있다.

2009년 발전용량은 693만kW이고 발전량은 235억kWh로 추정되는데 20년 전보다 전력설비용량과 발전량이 감소한 것으로 나타난다. 화력발전설비 용량의 83%가 수명이 30년 이상 경과한 노후발전기이다. 송·배전망이 노후화되고 제대로 관리되지 못해 송·배전 손실률이 50% 정도라고 한다. 남한의 경우 대부분의 송전 간선망 전압이 765kV인 데 반해 북한지역은 220kV이어서 송전효율이 높기 어렵다.

북한지역 에너지 기반시설 확충방안

• 전력

우선 북한지역 송·배전 설비를 대폭 정비한다. 전압을 남한지역과 같이 간선망을 765kV로 교체하고, 지역부하 공급용을 345kV로 교체하는 방식으로 송·배전시설을 정비한다. 전체 송·배전계통을 완전히 남한의 설계기준과 안전기준에 맞춘 지역만 남한 전력계통으로 통합하고 나머지 북한지역 전력계통은 남한과 분리하여 운영한다.[8] 따라서 남·북한 전력통합작업은 휴전선 접경지역부터 북쪽으로 점진적으로 진행하게 된다.

북한지역의 발전설비를 새로운 발전설비로 대체한다. 새로운 발전설비를 설치할 경우 북한의 발전설비 가동률을 남한과 비슷하게 향상

8 송·배전설비는 신경망처럼 얽혀 있어 어느 하나의 불량 부하지역에서 고장이 발생하면 빛의 속도로 파급 고장이 발생한다. 파급 고장은 1초 이내에 남한 전력계통에도 고장을 일으킨다.

시킨다면 3배의 설비증설 효과를 갖게 된다.

현재 남한지역에는 21기의 원전이 운영되고 있고, 향후 10년 이내에 10기의 원전이 추가 건설될 예정인데 최근 후쿠시마 원전사고를 계기로 추가건설에 대하여 남한지역 주민들이 강하게 반발할 것으로 예상된다. 따라서 상대적으로 주민반발이 적을 것으로 예상되는 북한지역에 원전을 건설하는 방안을 적극 검토하여야 한다.

그리고 러시아 천연가스 파이프라인이 북한지역을 경유하게 되면 가스발전소를 PNG라인 옆 여러 곳에 건설할 수 있다. 수몰지역에 대한 보상비용이 거의 없기 때문에 장기적으로 발전용 댐 건설을 통해 수력발전 용량을 확충할 필요가 있다. 통일 후 단기적으로는 남한지역에서 북한지역으로 송전하지만 장기적으로는 북한지역의 발전용량이 획기적으로 증대되면서 북한지역에서 남한지역으로 송전할 것으로 기대된다.

• 석유와 가스

단기적으로는 석유는 인천-고양-개성-평양으로 송유관을 연결하고 연안선으로 남포항, 청진항, 나진항으로 직접 공급하고, 남한의 LNG배관망을 파주-개성-평양으로 연결하여 개성과 평양 인근의 가스발전소를 건설하는 것이 경제적인 방안이다. 그리고 러시아의 PNG 공급망이 완공되면 나진-청진을 경유하기 때문에 이들 지역에 천연가스로 가스발전소를 운영하거나 경제특구의 난방용으로 사용할 수 있을 것이다.

석유저장과 정유를 위해서는 기존 신의주와 선봉지역의 정유공장을 개보수하여야 한다. 현재 남한지역의 정유설비용량이 북한지역의 신규수요를 어느 정도 감당할 수 있으나 장기적으로는 수요가 늘어남에 따라 북한지역의 정유설비용량을 확충하여야 한다. 항만설비와 물류망의 우수성 측면에서 가장 유리한 항구라고 볼 수 있는 남포항에 석유저장과 정유시설 신설을 우선적으로 추진하는 것이 적절하다고 본다.

수자원 기반시설의 재구축

북한지역 수자원 기반시설 현황

현재 북한의 하천은 지속적인 홍수로 하천에 흙이 많이 퇴적되어 하상계수가 매우 커졌다. 상수도의 보급은 확대되었으나 여전히 상수도보급률은 낮은 편이며, 1인당 물 공급량은 오히려 감소하고 있고, 상수도망이 노후화되어 누수율은 50%에 이르렀다.

북한지역 수자원 기반시설 확충방안

댐의 개보수 공사기간이 길고, 그 효과도 장기에 걸치기 때문에 통일직후에 대규모 투자는 경제적으로 어렵다고 본다. 그렇지만 북한지역 주민의 노동력을 활용하고 고용을 유지한다는 점에서 일정규모의 공사를 추진할 필요가 있다. 현재 관개용수와 발전을 위한 댐은 절반이상이 대동강과 압록강에 위치하고 있는데, 장기적으로는 두만강, 청천강, 예성강, 임진강, 금야강, 장연남대천 등 주요 강에도 댐을 신설한다. 댐 주변 하천을 준설하여 모래와 골재들을 북한지역의 건설공사용 자재로 활용할 수 있다.

상수도의 경우에는 평양, 개성, 청진 등 거점도시를 중심으로 상수도시설을 확충해야 할 것이다.

산업단지 · 경제특구와 통신시설

북한지역 현황

현재 북한에서는 신의주경제특구, 나진선봉(나선)경제특구, 금강산관광특구와 개성공단이 운영되고 있고, 2011년 최근 중국자본 주도로 압록강 하구의 황금평(여의도 면적의 4배) 개발을 개시하였다. 개성공단은 남한기업이, 신의주특구와 나선특구는 중국기업이 주도하고 있다.[9] 그 외에 산업단지 또는 경제특구로 발전가능성이 높은 도시로는 남포, 평양, 해주, 원산, 청진 등이 지목된다. 현재 특구와 대도시 내에서 통신회선이 제공되고 있으나, 도시 구역을 넘어선 통신 접속은 제한되고 있다.

북한지역 산업단지·통신시설의 확충방안

현재의 개성공단 같은 거점 개발방식을 전국적으로 확산하는 차원에서 남포, 신의주, 해주, 평양 등 서해안 교통망 거점도시와 원산, 함흥, 신포, 청진, 나선 등 동해안 교통망 거점도시에 산업단지를 건설한다. 산업단지를 위한 주거시설도 함께 건설하며 북한지역으로부터 남한지역으로 이주할 잠재적 인력을 고용하여 정주시키는 기능을 수행하게 한다.

이들 거점도시의 산업단지에 교통, 물류, 에너지, 통신 기반시설을 남한수준으로 확충하고 산업단지에서 근무하는 근로자에게는 남한의 최저임금수준을 보장해줄 필요가 있다. 산업단지 입주기업에 대하여 각종 재정·세제·금융적 혜택을 주기 위해 산업단지를 중심으로 주변지역을 경제특구로 지정할 필요가 있는지 검토할 필요가 있는데, 특정도시나 지역을 경제특구로 하기보다는 통일 초기에는 북한지역 전체를 경제특구로 지정해 행·재정적 지원을 하는 방안을 제안한다.

산업단지의 핵심기반은 양질의 전력공급 용량이기 때문에 우선적으로 개성과 해주 등의 남·북한 접경지역의 단지에는 남한지역의 전력을 송전하고, 나머지 산업단지에서는 인근에 독자적인 화력발전소를 건설하고 송·배전시설을 정비하여 전력을 공급한다. 통신시설은 기존 2G 이동통신 시설을 흡수하면서 남한의 3G, 4G의 이동통신 시설

9 북한과 중국은 신의주-단둥의 연계개발을 위해 신압록강 도로대교를 건설하고 있고, 나선-훈춘 간 도로를 2011년 내로 개통할 예정이다.

을 거점도시 중심으로 확충한다.

한편 금강산과 백두산 지역의 관광자원을 개발하고 장기적으로는 묘향산도 관광지구로 지정하여 개발할 필요가 있다. 이때 금강산 특구를 위해서는 서울-금강산-고성 구간의 도로와 철도시설을 확충하며, 백두산과 묘향산을 위해서는 일반공항을 우선 정비할 필요가 있다.

투자재원 확보를 위한 제도개선

북한지역 건설투자를 위한 법제

2009년 기준으로 북한의 국민총소득은 28.6조 원으로 남한의 1/37 수준이고 1인당 국민소득은 123만 원으로 남한의 1/18 수준에 불과하여 경제적 격차는 매우 큰 셈이다. 이렇게 낙후된 북한지역 경제를 통일 이후 경쟁력을 갖추고 남한의 절반 수준으로 끌어올리기 위해서는 엄청난 사회기반시설을 투자하여야 한다.

현재의 남북협력기금은 통일 이후 북한지역발전기금으로 전환되면서 그 재원규모를 획기적으로 확대할 필요가 있다. 또한 목적세 형태로 통일세를 소득세와 부가가치세 등에 일정비율(%)로 부과하여 북한지역 투자재원으로 확보하여야 한다. 그리고 북한지역 건설투자를 위한 장기 국공채를 발행하되, 정부가 보증하고 채권매입기관에 세제혜택을 부여한다.

그리고 북한지역 내 경제특구와 관광특구에 입주한 기업들에게 세제혜택을 주는 대신 북한지역 사회기반시설 투자 부담금을 부과하여 재원을 확보할 수 있다. 이러한 기금, 목적세, 부담금 등을 부과할 근거 법률로 '북한지역 사회기반시설 건설촉진을 위한 특별법'을 제정할 필요가 있다.

북한지역의 경우 국가가 개인의 토지소유권을 박탈하고 집단농장으로 토지소유권을 편입시켰기 때문에 통일독일에서와 같이 원소유자의 소유권을 인정할 경우에는 수많은 법적 소송이 제기될 것이다. 따라서 북한지역 토지소유권에 관하여 기존 북한 주민들이 일정 자산을 확보할 수 있는 공유제를 당분간 유지하면서 점진적으로 개인소유를 인정하는 방안을 법률적으로 모색하여야 한다.

당장 개인소유를 전면적으로 인정할 경우 대규모 사회기반시설을 건설하는 데 적지 않은 비용과 기간이 소요되어 조기에 북한지역의 사회기반시설을 확충하기가 어렵게 된다. 따라서 통일 초기에는 토지의 개인소유화가 유보되어야 한다. 한편으로 북한지역 주민들이 자유시장경제에 적응하기 위해서는 일정수준의 자산을 보유하여야 하므로 통일되고 수년 후에는 북한지역 주민들이 자신의 생산과 생활의 근거였던 토지에 대한 소유권을 점진적으로 인정할 필요가 있다.

북한지역 주민이 개인 자산을 획득하는 데 통일 후 일정기간 동안 북한지역에 정주해야 한다는 요건을 규정함으로써 북한지역 주민들이 개인자산 취득을 위해서 남한지역으로의 이주동기를 스스로 억제하는 효과를 기대할 수 있다. 통일 직후 '북한지역 토지소유권에 관한 특별법'을 제정하는 방식으로 토지소유권 분쟁 가능성을 사전에 해소하고 국유화·공유화를 토지에 대한 개인지분의 요건에 통일 이후 거주기간을 비례하는 조항을 규정할 수 있다.

국제기구와 민간부문의 재원참여

통일 이후 북한지역 개발을 위한 개도국 지원 성격의 세계은행(IBRD), 아시아개발은행(ADB), 유엔개발계획(UNDP) 등의 지원을 기대하기란 쉽지 않다. 다만 식민지배에 대한 북한지역 몫의 대일청구권은 유효하다고 본다. 대일청구권 자금은 북한지역 사회기반시설 개발 재원으로만 사용한다. 그리고 통일정부는 세계은행과 ADB의 컨소시엄이 통일정부의 매칭 방식으로 북한지역 개발을 원조하는 방안을 모색하여야 한다.

산업단지, 관광특구 등의 개발사업이나 전력, 항만, 고속도로, 철도 등 이용요금을 징수할 수 있는 경우 민간투자사업을 추진할 수 있다. 다만 통일 후 상당기간 동안 북한지역 주민의 소득이 매우 낮고 기반시설에 대한 수요가 작아서 민간투자자들이 수익성을 확보하기가 쉽지 않을 것이다.

결국은 대다수의 재원은 통일정부의 재정에서 나와야 하는데 세율인상과 함께 국채발행을 확대할 수밖에 없다. 통일 후 10년 내지 20년 동안에는 중국경제가 상당히 커져 있을 것으로 전망할 수 있기 때문에 통일정부가 발행한 국채의 상당 부분을 중국정부와 민간자본이 소화할 것으로 기대한다.

글을 마치면서: 현 정부를 위한 정책제언

통일 이후 북한지역의 사회기반시설을 조기에 남한 수준에 가깝게 만들기 위해서는 지금부터 한국사회는 정부를 중심으로 착실히 대비해야 한다.

현 정부를 위해 몇 가지 정책제언을 한다면, 첫째, 현 북한정권이 사회기반시설을 확충하려고 할 때 최대한 남한의 규격이나 기술기준을 적용할 수 있게 적극적으로 협의하고 기술지원을 아끼지 않아야 한다.

둘째, 목적세 형태의 통일세 또는 남북협력기금을 확대개편한 통일기금을 신설하여 정부 내 통일재원 기반을 확대하고, 공기업의 요금에도 북한지역 개발을 위한 자금으로 사용될 부담금을 반영하여 공기업들이 일정 잉여금을 적립하게 하여야 한다.

셋째, 사회기반시설 관련 전공 학과에 북한지역 전문 인력을 교육할 수 있는 교과과정을 개발하여 통일 이후 대규모 전문 인력 수요에 대비하여야 한다. 북한 주민의 고용창출 효과를 감안한다면 남한과 선진국 수준의 고급기술만이 아니라 중급기술에 대한 교육과정도 고려하여야 한다.

마지막으로, 정부는 북한지역 사회기반시설 현황에 대한 통계 등 자료를 체계적으로 수집하고, 통일 시점부터 10~20년간의 건설투자계획을 지속적으로 현행화해야 한다.

■ 참고문헌

단행본

김철환 외(2007), 《독일 통신통합 사례분석 및 시사점》, 정보통신정책연구원.

서민호(2008), 《북한의 도로현황과 향후 정책방향》, 국토연구원.

양의석(2005), 《북한 에너지산업 인프라 투자효과의 파급경로 분석》, 에너지경제연구원.

원동욱 외(2008), 《북한경제특구 개발에 따른 연계교통망 구축방안 연구》, 한국교통연구원.

이상준 외(2004), 《남북 경제통합에 대비한 북한 주요도시의 산업발전 방향과 남북 협력방안》, 국토연구원.

______(2008), 《한반도 공동번영을 위한 국토분야의 대응방안》, 국토연구원.

______(2009), 《한반도의 비전과 개방형 국토발전 전략》, 국토연구원.

______(2010), 《동북아 협력시대의 한반도 서해안권 종합발전 구상》, 국토연구원.

통일연구원(2005), 《남북협력과 동북아 협력연계 추진방향》.

학술논문 및 보고서

국토해양부(2011), 〈제 2차 국가철도망 구축계획(2011~2020년)〉.

서울대 행정대학원 정책지식센터(2011), "통일 이후 북한지역 사회기반시설 구축 방안", 〈제 555회 정책&포럼 자료집〉.

한국은행(2010), 〈2009년도 남·북한경제력 비교 추정자료〉.

종합적 논의

최동훈

들어가며

북한에 급변사태가 발생할 가능성이 점점 커지고 있다.[1] 3대 세습체제가 확립되지 않은 상태에서 돌연 김정일 국방위원장이 사망한 사건이 급변사태 발생가능성의 가장 큰 이유가 되겠지만, 외부적으로는 핵개발로 국제사회로부터 고립되어 제재를 받고, 내부적으로는 화폐개혁의 실패로 더욱 극심한 경제난을 겪고 있는 북한의 현 상황이 그러한 급변사태의 개연성을 더욱 높이고 있다.

북한의 급변사태는 한국의 국가안보에 중요한 영향을 미침은 물론 나아가 그러한 급변사태가 어떻게 마무리되느냐에 따라 남·북한 통일의 시기와 유형에 결정적인 영향을 미칠 가능성이 크다. 이 책에서는

1 북한 급변사태의 개념에 대해서는 여러 논의가 있지만 대체로 '북한 내에서 빠른 시간 내에 자체적으로 극복할 수 없는 급격한 변화가 일어나 북한 정권이나 사회주의체제, 나아가 국가의 붕괴 가능성이 고조되고, 이로 말미암아 한반도와 동북아의 세력균형에 영향을 미쳐 외부로부터의 개입이 요구되는 상황'을 의미한다고 할 수 있다(한관수, 2009: 66).

북한의 급변사태와 그에 따른 여러 가능성들 중에서 특히 북한지역에 급변사태가 발생하여 우리가 예상하지 못한 시점에 급작스럽게 남·북한이 통일의 시대로 이행될 가능성에 초점을 맞추어, 그러한 상황이 실제 닥쳤을 때 고통을 최소화하기 위해 우리가 무엇을 어떻게 준비해야 할 것인지에 대해 고민해 보았다.

사전에 준비되었을 때 통일이 수반하는 엄청난 사회적 충격을 완화하고 비용을 절감할 수 있다는 점에서 이 책에 실린 글들은 시의적절하며 시사적이라 할 수 있을 것이다. 다만 지면의 한계로 이 책 본문에서는 정부가 대책을 마련해 두어야 할 여러 과제들 중 그 과제를 슬기롭게 해결하지 못할 경우 막대한 비용과 갈등을 초래할 것으로 판단되는 몇 가지 주요 과제만 다룰 수밖에 없었다.

이에 이 책의 마지막 장에서는 이 책에서 논의된 내용들을 간략히 정리하는 한편, 본문에서 다루지 못하였으나 우리 정부가 반드시 준비해 두고 있어야 할 몇 가지 주제에 대해 논의해 보도록 하겠다.

통일시기 한국 정부의 대응 전략

통일 대비한 준비 상황의 점검: 조직과 재원

통일준비 행정체제 점검

통일은 현대를 살아가는 한국인에게 주어진 가장 중요한 공공과제인 동시에, 불확실성과 위험성을 배경으로 하면서도 그 속에서 기회와 가능성을 아울러 모색하고 실천해야 하는 매우 어려운 과정이기도 하다.

통일은 실존하는 두 '국가'(*the state*) 간의 통합을 의미한다. 따라서 국제적이면서 국내적이고, '국가' 정책의 문제이자 시민사회의 협력이 필수적인 과정이다. 그러하기에 통일준비 추진체계는 가능한 많은 분화와 아울러 유기적 통합이 가능해야 하며, 이를 위해 연결망과 계서제의 조직화 원리를 모두 필요로 한다.

더 나아가 다차원적이고 상황변동적이며 신축적인 대응이 가능할 수 있는 시무(時務) 혹은 맥락지성의 리더십이 발휘될 수 있는 거버넌스 체계를 구축해야 한다. 이와 같은 맥락에서 기존의 통일준비 추진체계에 대한 평가를 시도하였다.

우선 행정부를 중심으로 통일준비 관련 국가기구를 살펴 볼 경우, 첫째, 핵심 행정부에는 유사한 기능을 수행하는 기구를 중복적으로 설치하여 의사결정체계에 혼란을 가져오고, 또 법적 근거가 없는 임의기구도 존재하여 '인치'(人治)가 개재할 여지를 지니고 있었다.

둘째, 통일준비 과정에서는 경제, 사회, 문화 등 거의 모든 중앙부처 간의 긴밀한 협의가 필요한데, 실제로 사안별로 다수의 관련 부처가 정책과정에 참여하고 있는 것으로 나타났다. 다만 이러한 기능분산으로 복잡성, 부처 간 협조 및 공유 미흡 등의 문제가 발생하고 있는 바, 이를 해소하기 위한 사안별 협의체를 활성화할 필요가 있다.

셋째, 지방자치단체도 북한 지자체와 자매결연이나 사회·문화교류사업 등을 추진하고 있으나, 일부 자치단체에 국한되고, 또 이러한 사업을 추진하는 데 통일부의 사업승인을 받도록 요구되므로, 통일준비 행정에서만큼 지방자치단체는 중앙부처에 비해 주변적이라고 할 수 있겠다.

남북관계 및 통일준비와 관련된 사안들을 매개하는 중간조직들의 경우, 우선 민주평화통일자문회의의 경우 국내외에 거주하는 한국인의 범민족적 통일관련 협의체로서 국민의 통일의지를 성실히 대변하여 대통령에게 건의하고 자문하는 것이 본연의 목적이라 하겠으나 정파적 차원에서 일종의 동원체제로 이용되는 등 그 목적과는 괴리가 있는 활동을 보여 왔다.

다음으로 이북5도위원회는 북한이탈주민의 남한사회 조기정착을 위한 통일학교 운영과 가족결연 사업을 함으로써 통일준비 관련 매개기구로서의 역할을 수행하고 있다. 그리고 정부산하의 공기업이나 공공기관들 또한 남북교류협력사업, 북한 이탈주민 대책사업 등 각 분야별로 정부와 협력하여 통일준비행정을 수행하고 있다.

대북협력 민간단체협의회(북민협), 민족화해협력 범국민협의회(민화협) 등의 순수 민간기구, 통일부 등록 사단법인 및 재단법인들, 현대아산을 포함한 민간 기업들, 대북지원 민간단체들, 경제관련 주요단체들(예: 전국경제인연합회, 한국경영자총연합회, 대한상공회의소, 중소기업중앙회, 무역협회 등) 등 비정부 조직도 남북 관계 및 통일준비를 위한 활동을 수행하고 있다.

이들 조직들은 통일준비와 관련해 가장 많은 지식을 생산하고 있고, '권위보다는 설득 및 교환'을 통해 통일준비행정 연결망에 긍정적인 영향을 미치고 있으나, '국가'와 보다 긴밀한 연결망을 형성함으로써 지식정보의 공유와 활동의 시너지를 기할 여지가 있는 것으로 판단된다.

통일재원의 규모와 그 조달방안

통일에 소요되는 비용을 어느 정도 조성하고, 또 이를 어떻게 조달할 것인가 하는 문제는 우리가 온전한 통일을 이루어내는 데 대단히 중요한 선결과제라 할 수 있다.

우선 통일비용의 규모를 파악하기 위해서는 '통일'이 경제적으로 어떤 상태를 말하는지, 어떤 방법(급진적, 점진적)으로 이루어질 것인지에 대한 고려가 필요할 뿐 아니라, 통일비용 산출의 기초가 되는 북한의 경제 상태에 대한 데이터, 나아가 북한의 경제를 언제까지 어느 정도의 수준으로 발전시키는 것이 통일이라고 할 수 있는지에 대한 고려 또한 필요하다.

그런데 이러한 변수들을 결정할 객관적인 기준과 판단자료가 존재하지 않기 때문에 통일비용 규모에 대한 논의는 주관성이 개입될 수밖에 없다. 이에 남·북한이 교류협력을 점진적 통일과정으로 추진할 경우, 남·북한 제도·체제통합을 위해 통일 이후 1년간 필요한 재원의 규모를 계상하면, 신규화폐발행, 토지사유화, 기업민영화 지원, 가격개혁 대책비 지원, 행정분야 제도통합, 국가 대외부채 인수, 군사분야 통합 등에 총 133.2억 달러 즉, 2010년 초 현재 가격으로 한화 약 15조 5천억 원이 필요할 것으로 예상된다.

여기에서 만약 통일이 급진적으로 이루어지는 것으로 가정할 경우에는 앞에서 열거한 각 항목별 예상소요액이 증대될 뿐 아니라 북한에 대한 긴급구호 및 위기관리 비용, 사회간접자본 건설비용 등 새로이 고려해야 할 지출항목이 발생하기 때문에 필요한 통일비용은 크게 증대될 것이다.

한편 통일비용을 어떤 방식으로 조달할 것인지에 대해서는 사회적 합의가 필요하다. 이에 대해 최근 통일세 문제가 거론된 후 통일비용 문제가 크게 공론화되고 있다. 그렇지만 통일재원 마련에 대해 아직까지 이렇다 할 합의가 조성되지는 못하고 있다. 다만 국회 차원에서 통일재원 조달의 한 방법으로 통일기금 조성을 위한 법률개정안을 발의해 놓은 형편이다.

통일 이전에 통일비용 조달에 대비하기 위한 방안의 하나로 그러한 통일기금 조성은 가장 현실적인 방안이 될 수 있을 것이다. 다만 통일기금을 조성하는 것은 현재의 부(負)를 통일의 시점으로 이전시키는 것을 의미하며, 따라서 우리가 당장 필요한 분야에의 투자가 이루어지지 않는 데 따른 기회·손실비용을 발생시키기 때문에 그 규모는 최소수준으로 한정시키는 것이 필요할 것이다.

급진적 통일에 따른 최우선 과제와 그 해법

북한지역의 안정확보

통일 이후에도 질서를 유지하고 치안을 확보하기 위해 우리의 국군과 경찰이 중심적인 역할을 해야 할 것이라는 점은 의심의 여지가 없다 할 것이다. 특히 통일 직후의 과도기 상황의 혼란에서 대규모 치안수요가 발생했을 때 이에 군과 경찰이 어떻게 효과적으로 대응할 수 있을 것인가는 통일이 안정적으로 진전되는 데 가장 중요한 과제라 할 수 있다.

통일 직후 과도기 상황에서 우리 군과 경찰이 수행해야 할 구체적인 대응책(임무)에는 ① 북한지역 내 주민에 의한 제반 방해요인을 제거 또는 최소화하고, ② 주민을 보호하며 그들의 협조 및 지지를 획득하고, ③ 인적·물적 자원을 효과적으로 통제·운용함으로써 북한지역 및 통일한국의 안정과 발전이 성공적으로 수행될 수 있도록 지원해야 하는 임무 등이 포함되어야 할 것이다.

이러한 임무들을 시간의 흐름에 따라 살펴보면, ① 우선 통일 직전과 직후의 과도기 상황에는 통일에 불만을 가지고 있거나 통일에 저항하는 북한 관료나 주민들의 적성활동을 통제하고, 그들이 인적·물적 자원을 활용하는 것을 억제하는 것이 중요할 것이다.

구체적으로, 주민들의 지원을 얻어 폭도들을 색출하고, 적대세력들의 주민접촉을 차단하여 지역 내 주민을 보호하며, 적대세력에 대한 물적 자원의 공급을 방지하고, 적대세력들의 첩보 및 선전활동의 효과를 감소시키며, 주민들의 도피현상과 폭력에 의한 위협을 제거하는 등의 활동을 통해 주민으로부터 자발적 지지와 협력을 확보해야 할 것이다.

그런데 이 시기에 통일에 불만을 가진 주민들이 집단화, 세력화될 경우 평화적인 통일의 수행에 중대한 장애요인이 될 수 있으므로 이러한 작업에는 대규모의 군, 경찰력이 투입되어 신속히 이를 수행해야 할 필요가 있다. 다만 정부 인력에는 한계가 있고, 또 북한에 치안공급이 몰릴 경우 이른바 '풍선효과'에 의해 남한의 치안공백이 발생할 수 있으므로, 이에 대비한 계획이 철저히 짜여 있어야 할 것이다.

② 위와 같은 활동을 통해 북한지역의 상황이 다소 안정화된 이후에는 '보호관리 대민활동'을 수행해야 할 것이다. 주민에 대한 선무활동을 통해 주민의 불안감과 공포감을 해소하여 민족동질성을 회복하고, 아직 남은 적대세력에 의한 물적 자원에 대한 훼손·파괴 기도를 제거해야 할 것이다.

그리고 이재민 구호, 지역주민 생활안정 조치, 환자 처리 등의 주민

구호활동을 통해 인적자원을 확인·획득·보호하며, 획득된 물적 자원을 관리·보호해야 할 것이며, 사회간접자본의 복구·활용, 필수 생산시설의 가동 및 생업유도 등의 자원관리를 통해 인적·물적 자원의 활용도 지원해야 할 것이다.

③ 이러한 활동을 통해 통일에 불만을 가진 세력이 거의 사라지고, 통합에 동참하려는 평성이 확보된 다음에는 자유민주주의 확보를 위한 주민 내 자치조직의 결정, 민생안정을 위한 가용자원의 적극적인 동원과 활용, 군·경과 관련된 민원 처리 등의 '민주개혁 대민활동'을 추진해야 할 것이다.

식량난의 해결

우리에게 통일이 급작스럽게 다가왔을 때 식량문제의 해결은 최우선적으로 해결해야 할 선결과제의 하나가 될 것이다. 현재 남·북한 모두 식량을 자급하지 못하고 있기 때문에 사전에 대책을 세우지 않으면 매우 혼란스런 상황이 발생할 것이 명백하기 때문이다.

독일의 경우 통일 이전 동·서독 모두 식량수급에 큰 어려움이 없었음에도 불구하고, 통일 이후 동독지역의 농산물 시장이 붕괴되어 많은 농산물이 서독에서 동독으로 이전되어야만 했던 사례는 우리에게도 시사하는 바가 크다 할 것이다.

현재 남한의 식량자급률은 26.7%에 불과하다. 그러나 남한은 해외에서 식량을 조달할 수 있는 여건을 갖추고 있기 때문에 식량문제를 염려할 상황은 아니다. 북한의 경우 적어도 연간 530만 톤의 곡물이 필요하지만 자체 생산량은 430만 톤에 불과하여 100만 여 톤의 곡물을 외부에서 조달해야 한다. 하지만 상업적 수입을 통해 들여오는 양은 30만 톤에 불과하기 때문에 나머지 70여 만 톤은 국제사회의 지원에 의존하고 있는 실정이다.

현 상황에서 남·북한이 통일(흡수 통일)을 하게 되면 7,300만 명의 인구를 부양하기 위해 연간 2,700만 톤의 곡물이 필요하지만 공급량은

1천만 톤에도 미치지 못하기 때문에 1,700여 만 톤의 곡물이 부족하게 된다. 더욱이 통일 이후 북한 주민의 곡물수요가 빠르게 증가할 것이라는 점을 감안하면 식량부족량은 2,100만 톤으로 늘어날 수도 있다.

통일 직후 과도기 상황에서는 북한지역에 대한 긴급 식량지원을 실시할 필요가 있다. 남한의 수급상황을 크게 해치지 않는 범위에서 잉여 양곡을 우선 지원하고 부족량은 해외에서 신속히 확보해야 할 것이다. 북한지역에서는 식량분배를 실시하되 기존의 배급체계를 활용하는 것이 바람직하다. 단기적으로는 무상분배를 실시할 수도 있으나 원칙적으로는 저가 유상분배를 실시해야 할 것이다. 이러한 식량분배제도는 북한 주민의 남한으로의 이동을 막아 이들이 향후 북한지역 경제재건에 활용할 수 있게끔 하는 주요수단으로서 활용될 수도 있을 것이다.

북한지역의 식량지원은 통일정부가 직접 담당하는 것이 바람직하지만 불가피할 경우 국제기구를 활용하는 방안도 강구해야 할 것이다. 지역에 따라 식량수급의 격차가 있으며 도로교통의 흐름이 원활하지 않는 점을 감안하면 남한에서 북한지역으로 식량을 운송할 때 동서해안의 거점 항구를 충분히 활용해야 할 것이다.

식량분배를 통해 단기적 식량난을 해결한 이후 중장기적으로는 북한 농업의 구조조정을 실시할 필요가 있다. 이는 최소한 2단계로 나누어 단계적으로 접근하는 것이 바람직하다. 즉, 첫 단계에서는 국영농장과 협동농장의 국유화 조치를 취하며, 다음 단계에서는 농지의 사유화를 실시하는 것이다. 이러한 정책구상은 통일 직후 북한 주민에게 신속하게 전달되어 주민의 동요를 막고, 이동을 차단하는 수단으로 활용할 필요가 있다.

행정서비스 공급체제의 구축

우선 통일 이후의 혼란스러운 상황에서 정부 전체 차원에서 북한 관련 정책을 수립하고, 이를 체계적으로 집행하며, 적시에 적절한 행정서비스를 제공하고, 불필요한 행정낭비를 막기 위해서는 북한지역에 필요한 행정에 대한 종합적인 실행계획을 수립하고, 개별부처의 업무를 조정하는 총괄조직이 설치될 필요가 있다.

이러한 조직을 설치하는 방안으로는 새로운 조직을 신설하는 방식과 기존 조직을 활용하는 방식을 상정해 볼 수 있다. 전자는 다시 대통령 직속의 위원회를 설치하는 방안, 국무총리 직속의 기구를 설치하는 방안, 그리고 새로운 부처를 신설하는 방안 등 몇 가지 방안을 고려할 수 있다.

그런데 각 방안은 공히 장점과 함께 단점을 지니고 있으므로 이를 미리 인지하여, 어느 방안을 선택하든 장점을 극대화하고 단점을 최소화할 수 있도록 해야 할 것이다. 후자는 통일부를 해체하고 각 행정부처의 하위조직 수준에서 남한과 북한지역 업무를 병렬적으로 다루게 함으로써 시너지효과를 얻도록 하자는 안이다. 이러한 조직들 중 서비스 제공을 총괄하는 기구는 북한지역(특히, 평양)에 둘 경우 근접성을 높이고, 상징성 차원에서도 긍정적일 수 있으므로 적극 고려되어야 할 것이다.

한편 통일 이후 북한의 각 지역에서 발생하는 다양한 행정수요에 적절하게 대응하기 위해서는 서비스 총괄조직 아래 각 지역별로 서비스 공급 거점조직을 설치해야 할 것인데, 이 때 인간 욕구에 따른 행정수요단계를 반영해 구성한다면 효과적일 것이다.

즉, 긴급구호 단계→ 사회안정 및 일자리창출 단계→ 민주주의로의 이행 등 행정수요의 변화에 따라 그 상황이 가장 필요로 하는 기구를 우선적으로 구성해 수요에 대응하는 노력이 이루어져야 할 것이다. 그리고 이러한 행정서비스가 주민들에게 효과적으로 집행되기 위해 최일선에 '국가종합행정사무소'라는 원스톱(*one-stop*) 서비스 기관을 설치하는 방안도 적극 고려할 필요가 있다.

통일 이후 효율적이고 효과적인 행정조직을 구성하기 위해서는 북한 관료조직의 전략적인 활용방안에 대해서도 구상해 둘 필요가 있다. 통일독일의 사례를 참고할 경우, 초기상황에서는 기존 북한 관료를 잘 활용하여 통일 직후의 유동적이고 불확실한 환경과 상황에 대응하고, 북한지역을 담당하는 조직이나 기구를 구성하는 데 필요한 실제적인 정보를 확보하도록 해야 할 것이다.

다만 북한체제의 유지에 핵심적 역할을 담당했던 이들이나, 능력이나 전문성이 매우 부족한 인력은 활용이 아닌 처리의 대상임이 명백한 만큼 이에 대해 미리 준비해 두고, 통일 직후 신속히 이를 이행해야 할 것이다. 이후 북한지역이 어느 정도 안정화된 이후에는 기존의 북한 관료를 다시 재분류하는 작업이 필요할 것이다. 이때에는 주로 능력과 전문성을 기준으로 해고하거나, 교육훈련을 거쳐 정규직으로 재임용하는 단계를 밟는 것이 적절할 것이다.

지방행정체제의 재구축

주민들과 가장 가까운 거리에서 상호작용하고 각종 공공서비스를 배분하며 중앙정부의 정책결정사항을 직접적으로 집행하는 분야로서 지방행정은 그 중요성이 매우 크다. 특히 통일 이후 구(舊)북한 주민이 일상적으로 접촉하게 될 지방행정이 그들에게 어떠한 이미지로 각인되는지에 따라 통일 한국 정부에 대한 구북한 주민의 기본적인 인식과 태도가 달라질 수 있다는 점에서 통일 이후 지방행정체제를 어떻게 구축하느냐 하는 과제는 매우 중요하다고 할 수 있을 것이다.

통일 이후 구북한지역의 지방행정체제를 새로 구축하는데 가장 먼저 논의되어야 할 사항은 그것이 개선된 남한 지방행정체제를 기본으로 구축되어야 한다는 점이다. 여기서 '남한 지방행정체제를 기본으로 한다'는 것은 현재의 남한의 자치제도와 같이 기관병립형의 지방행정기구 운영, 주민직선에 의한 의원 및 자치단체장의 선출, 다양한 주민참여제도의 도입 등을 말한다고 할 수 있다. 또한 '개선'이라 함은 광역단위는 효율성에 초점을 맞추고, 기초 단위는 민주성에 초점을 맞추어 기존의 구조를 개편한다는 것을 의미한다 하겠다.

구체적으로, 현행의 광역-기초의 2계층제는 그대로 유지하되 광역

단위에서는 시와 도를 통합하여 규모의 경제를 확보하도록 하고(2특별시 10도 체제), 기초 단위에서는 시·군은 자율적인 통합을, 광역시의 자치구는 행정구나 대동(大洞)으로는 전환하는 방향으로 개편하는 대신 읍·면·동 단위에서 행정과 주민참여의 로컬거버넌스 체제를 구현해 근린단위에서의 지방자치를 강화해야 할 것이다. 한편 이러한 광역과 기초자치단체는 서로간의 기능중복을 최소화하여 고유기능을 확대하도록 해야 할 것이며, 아울러 각 자치단체에는 기관구성방법에 대한 자율권을 부여해야 할 것이다.

이러한 지방행정체제 통합은 각종 정치적·경제적 이해관계에 따른 대립 가능성을 차단하고, 북한지역 주민들에 대한 효과적인 관리와 필수적인 공공서비스의 적절한 제공을 위해 통일 직후 신속하게 처리되어야 할 것이다. ① 지방행정체제 통합방안의 실질적 집행을 위한 추진체계의 구축, ② 북한지역 지방공무원의 인사와 재교육을 위한 제도적 장치의 도입, ③ 통합을 촉진하기 위한 재원(지방행정통합지원기금)의 마련 등 구체적인 추진전략도 고려할 필요가 있다.

진정한 통일로 가기 위한 중·장기 과제들

경제의 통합

• 경제통합의 비전과 실천전략

남·북한 사이의 경제통합은 통일을 전제로 하는 것이기 때문에 단순히 인력과 물자, 자본과 기술 등의 자유로운 왕래 여부를 의미하는 일반적인 경제통합을 넘어, 남한과 북한 주민이 온전히 하나가 된 경제에서 동등한 시민으로 살아가는 상태 즉, 실제로는 융합(*fusion*)을 의미한다고 할 수 있을 것이다.

이러한 통합은 남한과 북한의 체제와 제도와 정책과 규범 등 경제적 기초(*economic fundamentals*)가 동일해질 때 비로소 달성될 수 있을 것이다. 우리는 한편으로는 남한경제를 더욱 철저하게 개혁하고 개방함으로써 하루 속히 선진경제로 전환하는 동시에, 지금은 매우 낙후되고 폐쇄적이어서 극도로 비효율적인 북한경제를 가능한 한 빠른 속도로 개혁하고 개방하는 것을 통해, 선진화된 남한경제와 동화시켜 나감으로써 이를 달성해야 할 것이다.

구체적으로, 우선 통합의 방식과 속도로는 체제와 이념, 관행과 규범, 제도와 정책 등 경제의 기초를 남한의 것으로 바꾼 다음 오랜 기간에 걸쳐 자발적이고 점진적으로 통합이 이루어지는 것이 바람직할 것이나, 급격한 물리적 통합이 불가피할 수 있으므로 이에 대한 대비도 필요할 것이다.

통합의 순서는 체제와 제도와 규범과 정책 등 경제의 기초를 통일하고, 교통, 통신, 에너지, 교육, 도량형 등의 표준을 통일하며, 자본시장, 금융시장, 외환시장 등의 시장을 통합하고, 화폐를 단일화하며 사회간접자본을 통합해 나가면서 그 바탕위에서 노동, 물적 자본, 인적 자본 그리고 기술이 자연스럽게 통합되도록 유도하는 것이 바람직할 것이다.

통합의 비용은 남한 주민이 분담하거나, 북한 주민에게 부담을 지우거나, 우방국이나 국제기구의 도움을 얻는 방안 등 3가지 방안을 고려해 볼 수 있을 것이다. 세 방안을 모두 활용하되 유상차관 등의 방식으로 가급적 북한 주민이 직접 부담하게 하는 것이 적절할 것이다.

규범, 제도, 시장기구, 평가기준은 남한경제에서 통용되는 기준으로 통합하는 것이 옳을 것이다. 다만 남한경제의 입장에서 볼 때에 바람직하지 않은 규범과 제도와 표준을 통합 한국경제에 그대로 적용해서는 안 될 것이 때문에 미비점을 찾아 미리 개선해 둘 필요가 있다.

북한지역의 가격 및 임금은 시장에서의 수요와 공급의 균형에 따라 저절로 정해지는 방향으로 자유화해야 할 것이다. 금융, 통화 및 재정 역시 남한 위주로 통합함이 적절할 것이다. 북한의 토지, 건물, 지하자원, 기업체 등 재산 소유권의 민영화는 가능한 늦추어 상당한 기간이 경과한 후 북한지역 재산의 가치가 제대로 평가받게 되었을 때 매각하는 것이 좋을 것이다.

이때 소유권은 가급적 북한 주민에게 귀속될 수 있도록 제도적 보장을 해 두는 것이 필요할 것이다. 한편 소유권 외의 재산 이용권 또는 기업의 경영권은 조기에 매각하는 것이 좋다. 그 외 산업개편, 기술이전, 사회간접자본 구축, 인적 자본 통합 등은 각 분야별 성격에 맞게 완급을 가려 추진하되, 한 세대가 지난 후에는 통합이 완결될 수 있도록 추진해야 할 것이다.

통합을 추진하려면 다수의 인력이 소요될 것이므로 지금부터 통합일꾼을 양성해 나가야 한다. 통합 프로그램 역시 지속적으로 개발하고 개선해야 한다. 남한 주민의 북한에 대한 이해를 높여 나가야 하며 동시에 북한 주민의 시장경제이해 프로그램을 가동해야 한다. 북한 체험마을 조성사업과 북한사업지구 조성사업이 한 대안이 될 수 있을 것이다.

• 화폐통합의 문제

독일통일의 과정에서 볼 수 있었듯이, 화폐통합은 정치적, 경제적으로 중요한 정책결정사항이다. 화폐통합의 시기는 경제적 편익과 비용을 결정할 뿐만 아니라 다른 경제통합과 정치적 통일에도 파급효과를 갖고 있기 때문이다. 특히 통일 이후 남·북한 간 화폐의 전환율 결정은 통일 비용과 북한의 경제 성장, 나아가 북한 주민들의 복지에도 영향을 미치게 될 것이다.

실제로 화폐통합을 추진할 때는 화폐의 전환비율을 어느 수준으로 할 것인가와 그러한 화폐전환을 언제 실시할 것인가가 논의의 핵심이 될 것이다. 우선 화폐전환율에 대해 살펴보면, 기존의 화폐전환율 추정법으로는 구매력 평가법, 단위요소 비용법, 화폐량 접근법, 실물지표법 등이 있다. 그런데 이들 추정법 중 앞의 세 가지 추정법은 북한경제에 적용할 경우 신뢰성 있는 추정치를 얻기는 힘들 것으로 판단된다.

시장경제와 다른 사회주의 경제 자체의 문제뿐만 아니라 북한의 경우에는 공식가격과 시장가격의 혼재, 비공식부문의 팽창, 화폐량의 정의에 따르는 문제, 체제이행이 생산력에 미치는 충격 등으로 남·북한의 화폐를 전격적으로 통합해야 하는 상황에서 이들 추정법을 사용하기가 곤란하기 때문이다.

특히 북한이 급격히 붕괴되어 자본주의로의 체제이행을 거치지 않은 채 남·북한 화폐를 신속히 통합돼야 할 경우 이들 접근법을 사용하기 위해 필요한 통계자료의 신뢰성, 취득 가능성이 크게 제한되기 때문에 더욱 그러하다.

따라서 남북통일 시에 화폐의 전환율은 실지표추정법을 사용해 결정하는 것이 적절할 것으로 판단된다. 이 방법은 추정대상이 되는 국가의 실물지표(에너지 공급량, 식량칼로리 공급량, 기대수명 등)와 그 나라 화폐로 표시된 1인당 소비 혹은 소득 자료를 활용해 전환율을 추정하는 방식이다.

이 방식은 요구하는 자료가 복잡한 추정을 요구하지 않을 뿐만 아니라 신뢰성 있는 실물지표와 북한 주민의 평균소득 자료만 있다면 언제든지 사용 가능하기 때문에 북한의 붕괴에 의해 급속히 통일이 진행되는 상황에서 이 방식을 활용할 경우 화폐의 전환율을 신속히 추정할 수 있을 것이기 때문이다.

그러나 북한의 붕괴가 지연되어 자본주의로의 점진적인 이행과정을 거쳐 통일을 하게 됨으로써, 화폐통합도 점진적으로 할 수 있게 될 경우(후기 화폐통합)에는 다른 추정법의 사용가능성이 증가할 뿐만 아니라 시장에서 결정된 환율을 전환율로 이용하는 시장접근법을 사용할 수도 있을 것이다.

다만 어떠한 상황이 닥치든 화폐전환율 결정에서 중요한 원칙은 임금과 같은 유량에 대해서는 북한 기업의 경쟁력을 제고하도록 전환율을 결정해야 한다는 것이다. 이는 여러 방법에 의해 추정된 남·북한 화폐의 균형전환율보다 북한 화폐를 저평가시킨 전환율로 남한 화폐와 통합해야 한다는 것을 의미한다. 저평가된 전환율은 북한 기업의 가격경쟁력을 향상시켜 수출을 기반으로 경제가 성장할 수 있는 가능성을 열어주기 때문이다. 또 이는 통일비용의 감소로 이어질 수 있기도 하다.

그런데 이는 정치적 고려를 배제하고 경제적 관점에서 전환율을 결정할 때보다 달성하기 쉬워진다. 전환율 결정에서 정치적 고려를 할 경우 정치적으로 받아들여질 수 있는 전환율, 즉 북한 주민들에게 유리한 전환율을 선호할 가능성이 커지기 때문이다.

그러나 북한 급변사태에 의해 조기통일이 이루어질 경우 화폐전환율 결정에서 정치적 요소가 작용할 가능성이 커질 수 있다. 북한 주민의 탈북 동기를 약화시키기 위해서는 북한 주민들에게 유리한 전환율로 화폐를 교환하는 것이 필요하기 때문이다.

다만 이 경우에도 북한의 경제성장과 조기안정화를 위해서 차등적인 전환율 결정을 위한 노력은 필요할 것이다. 즉, 현금보유나 은행저축에 대해서는 북한 주민에게 유리한 전환율을 저축 규모별로 차등적으로 적용하는 방안을 고려할 수 있고, 임금과 같은 유량에 대해서는 전환율을 정하지 않고 기업에 맡기거나 기업경쟁력 제고를 염두에 둔 전환율을 적용할 수 있을 것이다.

한편 북한 주민들의 생존과 기본적 복지수준의 보장은 화폐전환율이라는 정책 변수를 사용하기보다 다른 정책 변수, 예컨대 사회보장정책이 주로 감당하도록 해야 할 것이다. 또한 토지, 주택, 기업이나 은행의 사유화에 북한 주민들을 참여시키는 방안, 북한 기업들에게 고용보조금을 지급하는 정책, 북한지역에서 사용이 가능한 식료품 쿠폰을 발행하는 방식 등을 이용할 수도 있을 것이다.

법제도의 통합

법통합 또는 법제통합은 통일준비작업 중 핵심적 과제의 하나라고 할 수 있다. 정치, 사회, 문화, 경제의 통합은 법을 통하여 비로소 완성되며, 사회의 통합을 이루기 위해서는 사회의 기본이 되는 법질서의 유지를 위한 법의 통합이 무엇보다 중요하기 때문이다.

법제 통합은 남·북한 법제의 통합방안 및 정치적 통일 이후에도 상당기간 계속될 통일 후 과정에서 대두되는 법적 난제들의 해결방안을 모색하는 것까지 포괄한다. 즉, 법통합 관련 당사자 간 합의도출, 법통합을 위한 제도·조직·재정적 여건의 조성, 통일 이후 제기되는 법적 문제의 해결, 법령·제도의 통합 이외에 상이한 법체계와 법현실에 대한 상호이해의 확보, 법의식·법학교육·법집행 양식 등에 관한 법문화적 통합을 포함하는 통일한국의 법적 기반을 구축하는 문제이다.

법통합, 즉 통일 이행기에서의 법통합은 가능한 한 통일조약 등 규범적 근거에 기초하여 장·단기적 계획 하에 추진하되, 특히 남북 간 협력 및 합의를 토대로 통일헌법 제정을 추진함과 아울러, 북한에 법치국가의 근간이 될 법제도를 건설하는 데 초점을 맞추어야 할 것이다.

첫째, 법통합에 관한 내용을 담을 남북 간 통일조약 또는 합의는 법통합의 기본원칙과 방법, 추진기구, 추진절차 등을 규정하여 이를 토대로 법통합이 법치주의 원칙에 따라 체계적으로 추진되도록 뒷받침해야 한다.

둘째, 통일 이후 추진될 방대하고 급속한 입법활동에 따라 북한지역에 새로운, 주로 남한의 법제들이 대거 도입될 것이다. 이때 무분별한 남한법 도입으로 나타나는 부작용과 폐단에 대해서도 관심을 기울여 대책을 마련해 나갈 필요가 있다.

셋째, 법통합은 특히 북한 주민에게 기본적 인권과 인간다운 삶의 기회를 확보해 주는 계기가 되어야 하며, 특히 북한 주민에 대한 배분적 정의의 실현에 기여해야 할 것이다.

이를 위해 자유민주적 기본질서와 실질적 의미의 법치주의, 사유재산제 인정을 바탕으로 하는 시장경제체제의 확립, 개인의 자유 및 권리의 보장 등을 확립함과 아울러 법질서의 운영을 통해 남·북한 주민 간, 계층 간 사회적 통합을 기한다는 것을 법통합의 지도이념으로 삼아야 할 것이다. 마지막으로, 법통합은 궁극적으로 완전한 의미에서의 국가적 통합의 실현을 지상목표로 삼아야 할 것이다. 따라서 통합에서 오는 충격에 대한 완충장치는 필요한 최소한도에 그쳐야 하며 이를 위해서는 법통합이 완전한 의미의 국가통합의 실현을 위해 좀더 고차원적인 국가조직이념 내지 법원리에 의해 지도되어야 할 것이다.

통일 이후 각 분야별로 구체적인 통합의 방향을 살펴보면, 우선 통일 이후 남북 통합의 기본적 방향에 대한 합의를 위해 주권적 대표기구(입법기관)가 필요할 텐데, 이는 민주적 선거 등 북한 주민의 자발적 합의에 의해 구성되도록 해야 할 것이다.

다음으로 사법부는 재판소의 심급별 · 지역별 조직에 관하여 존속보호의 원칙에 의하여 일정기간 종래의 재판소 조직을 유지시키면서 남측 사법부에 의한 인적 · 재정적 지원을 바탕으로 점진적으로 남한의 그것과 일치시키는 과정이 바람직할 것이다.

북한지역의 행정재건과 지방자치제도의 도입을 위해서는 그 인적 · 재정적 지원을 위한 제도적 장치를 마련하는 것이 무엇보다도 중요하다. 특히 북한지역에서 근무할 남한 공직자, 즉 공무원, 판사, 군인, 공직근로자 등에게 경제적, 인적 부담을 보상하고, 자발적인 결정을 촉진하는 복지후생분야에서의 지원대책을 세워야 할 것이다.

한편 통일 이후 가장 주요한 법적 이슈가 될 수 있는 미해결 재산권 문제에 관해 남 · 북한의 현 실정상 원소유권 반환을 인정하지 않고, 남북의 토지 소유제도를 현상유지하는 선에서 북한지역 토지소유 관계를 재편하는 것이 바람직할 것이다. 다만, 우리 헌법상 재산권 보장의 원칙에 입각해 원소유권자에게 보상을 하는 것은 적극 고려해야 할 것이다.

사회복지체제의 통합

북한체제의 붕괴 우려가 점증하는 최근의 상황 아래에서 실제로 남 · 북한 통일이 이루어질 경우 막대한 경제적, 사회적 혼란이 촉발될 수 있고, 이에 따라 다수의 남 · 북한 주민이 질병과 기아, 주택난 등으로 고통을 겪게 될 것이다.

따라서 이러한 문제에 대응하기 위해 사회복지 분야에서 통일에 대한 정책적 대안을 마련하는 것은 매우 중요한 과제라고 할 수 있다. 다만 여기서는 통일 직후의 혼란기에 발생하는 사회복지 수요에 대처하는 단기적 처방보다는 남과 북으로 단절되어 지금까지 전혀 다른 방식으로 전개된 남·북한의 사회복지체제를 통일 이후 어떻게 조화롭게 통합할 것인가에 초점을 맞추어 논의를 전개하였다.

사회복지제도와 관련하여 통일 이후 북한에 가장 시급히 필요한 것은 빈곤층에 대한 기초생활보장제도라 할 수 있다. 통일 이후 북한지역에서 국가를 통하여 의식주를 배급하는 체제가 시장을 통해 자기가 필요한 상품을 구매하는 방식으로 변화하게 될 경우, 스스로의 노동력으로 경제활동을 효과적으로 하지 못해 빈곤상황에 빠지는 사람이 나타나게 될 것이고, 이들은 임금 획득을 통한 시장의 구매력을 가질 수 없기 때문이다.

이를 위해 기초생활보장의 기준이 되는 빈곤선을 설정하고, 이러한 빈곤선에 따라 기초생활보장 대상자를 선정해야 할 것이다. 이 경우 북한 주민의 대부분이 빈곤선 이하에서 삶을 영위한다고 보고, 북한의 일부 고소득층을 제외한 전 주민을 대상으로 단기적으로 기초생활 보장을 제공하는 방식과, 근로연령의 주민들에게 경제활동을 위한 일정한 노력을 요구하고, 그것을 만족하는 경우에 일정한 소득을 제공하는 방식 등 두 가지 접근방식을 고려해 볼 수 있을 것이다.

연금의 경우 남한과 같이 적립 방식으로 연금기금을 축적하는 방식으로 제도 구축을 시도하는 것이 바람직할 것이다. 더불어 산업재해를 당한 노동자에 대한 국가 차원의 치료를 보장하기 위해 사회보험 체계도 시급히 제도화되어야 할 것이다.

의료보장과 관련해서는 우선 공중의료체계의 인프라(장비, 인력)를 시급히 재구축하여 모든 주민이 의료혜택을 받을 수 있도록 한 후, 복잡한 치료와 장기간의 관찰이 필요한 질병에 대처하기 위해 2, 3차 의료기관을 점진적으로 늘려 나가야 할 것이다. 아울러 이러한 2, 3차 의료기관에 소요되는 진료비를 마련하는 의료보험의 도입도 필요하다.

탁아소, 유치원 등의 보육시설을 재구축하는 한편, 장애인, 노인 등 다양한 사회서비스 수요에 대응하는 복지 인프라도 점진적으로 늘려나가야 할 것이다.

북한지역 사회기반시설의 구축

현 북한체제가 붕괴하면서 남·북한 통일이 급작스럽게 진행될 경우, 남한에 비해 엄청나게 낙후된 북한지역의 사회기반시설(*Infrastructure*)을 정비하거나 새롭게 구축해야 할 정책과제가 통일 한국 정부에게 주어지게 될 것이다. 이에 실제 그러한 상황이 닥쳤을 때 정부가 통일 직전부터 통일 후 10~20년 동안 북한지역 사회기반시설을 어떻게 개선하고, 새로 구축할 것인가를 미리 계획해 두는 것은 불확실성을 통제한다는 측면에서 매우 중요하다 할 수 있다.

우선 개별적인 논의에 앞서 북한지역 사회기반시설 구축이 궁극적으로 지향하는 바를 설정하는 것이 필요할 것인데, 여기에서는 북한지역 사회기반시설 구축을 통해 통일된 한반도가 동아시아 경제권을 하나로 묶는 허브가 되는 것을 장기적 비전으로 설정하고자 한다. 이러한 비전을 실현하기 위해서는 남·북한지역의 통합성 확보, 북한지역의 경쟁력 강화, 동북아 사회기반시설 네트워크 구축 등의 세부 추진전략을 마련해 실천할 필요가 있다.

통일 직후 긴급 상황에서 남한지역의 인력과 물자를 북한 주요지역으로 신속히 수송하기 위해 최우선적으로 북한지역을 남한지역과 연결하는 주요국도를 신속히 확장 정비하여야 할 것이다. 이후 순차적으로 남북방향의 고속도로, 동서방향의 고속도로를 구축해야 할 것이다.

철도는 주요 거점도시 간 철로를 위주로 궤도보강과 선형개량을 우선 추진해야 할 것이다. 공항과 항만은 통일 직후에는 신속히 비상구호품과 식료품 수송을 위해 기존의 주요시설 위주로 보완해 활용하고, 이후 경제특구 등 거점지역을 위주로 신설을 추진해야 할 것이다.

남·북한 전력통합작업은 남한의 설계기준과 안전기준에 맞춘 지역을 중심으로 휴전선 접경지역부터 북쪽으로 점진적으로 진행하고, 발전설비를 새로운 발전설비로 대체해야 할 것이다. 상대적으로 주민반발이 적을 것으로 예상되므로 북한지역에 원전을 건설하는 방안도 적극 검토하여야 할 것이다. 북한지역 주요 강에 댐을 신설하고, 거점도시를 중심으로 상수도 시설을 확충하는 등 수자원 기반시설의 확충 방안도 준비해야 할 것이다.

남포, 신의주, 해주, 평양 등 서해안 교통망 거점도시와 원산, 함흥, 신포, 청진, 나선 등 동해안 교통망 거점도시에 산업단지를 건설하고, 금강산, 백두산 등지의 지역 관광자원을 체계적으로 개발할 수 있도록 관광특구 정책도 추진해야 할 것이다.

통일 이후 북한지역 사회기반시설을 구축하는 데는 엄청난 재원과 인력이 소요될 것으로 예상된다. 이에 통일정부는 공공기관의 역량을 최대한 동원하고, 세계은행, 아시아개발은행 등 국제기구가 적극적으로 북한지역 개발에 참여하도록 노력을 경주해야 할 것이다.

아울러 통일 전부터 통일세, 통일기금, 사회기반시설 건설용 채권 등 다양한 재원확보 방안을 신설하여 북한지역 투자재원을 확보하여야 하며, 국제기구와 국내외 민간투자를 유인하기 위해 필요한 법령 정비 작업을 조속히 진행하여야 할 것이다. 또한 통일 이후 사회기반시설을 조기에 개발하기 위해 북한의 국유제/공유제의 근간을 당분간 유지하고, 점진적으로 토지와 재산의 사유화를 진행하는 방안을 적극 고려해야 할 것이다.

더 고려해야 할 사항들

이 책의 본문에서 다룬 주제들 외에 급진적 통일이 이루어질 경우를 대비해 우리가 준비해 두어야 할 과제가 몇 가지 더 있다. 통일 직후 북한 주민의 대량 탈북사태, 북한지역의 실업, 그리고 남북 주민간의 사회적 갈등과 같은 것들이 그것인데, 앞의 두 주제는 통일 이후 북한지역의 조속한 안정과 발전을 위해 반드시 대응책이 마련되어 있어야 한다는 점에서, 마지막 주제는 남·북한 간의 사회적 통합을 통한 내면적 통일이라는 통일의 궁극적 지향점과 맞닿아 있다는 점에서 논의의 필요성이 있다.

북한 주민의 대량탈북에 대한 준비

만약 북한지역의 급변사태로 현재와 같이 경제력 격차가 큰 상태에서 남·북한 통일이 이루어지게 된다면 북한 주민의 남한으로의 대량탈북이 일어날 가능성은 크다 할 수 있다. 특히 북한의 급변사태가 내전상황으로 전개되어 북한지역의 기본적인 산업시설이 붕괴되고, 농경지도 황폐화된다면 북한 주민 대부분이 직업을 얻고, 식량을 구하기 위해 남한으로 이주하려 할 가능성이 있다.

남북통일의 주요한 선례라 할 수 있는 독일의 경우 통일 시기인 1989~1993년 사이에 동독지역에서 서독지역으로 이동한 인구는 약 140만 명(동독인구의 9%)에 달하였다. 특히 남·북한 간의 경제력 격차가 동·서독의 경제력 격차에 비해 10배 이상 차이가 나는 현실을 감안할 때, 통일 이후 전면적인 거주이전을 허용할 경우 독일의 경우보다 훨씬 많은 인구가 이주하려 할 가능성은 매우 크다고 할 수 있다.

실제 일부 연구자는 통일 이후 북한인구의 90%인 2천만 명이 남한으로 이주하려 할 것이라고 추정했다(Noland, 1999). 하지만 대체로 통일 후 북한 주민의 대량탈북 예상규모는 추정방법과 가정 등에 따라 다르지만, 대체로 108만~427만 명으로 추정하고 있다(이영훈, 2009: 84).

대량 탈북을 통해 북한 주민이 남한으로 이주할 경우 경제적 잉여창출 효과와 함께 특정 경제부문의 인력난을 해소하고, 저임금 노동력 공급의 증대 효과도 기대할 수 등 긍정적 효과도 일부 기대할 수 있겠지만, 남한(저임금) 노동시장의 잠식과 교란, 남한의 임금하락, 지가상승, 대도시 과밀화현상 심화, 빈곤과 차별에 따른 범죄가능성, 나아가 북한지역 경제재건 지연 등의 부정적인 효과가 더 클 수 있기 때문에 신중한 접근이 필요하다 할 수 있다(노용환·백화종, 1998; 서청석·최영준, 2003).

통일 이후 북한 주민의 남한이주를 억제하는 방안으로 기존에 논의된 것은 두 가지라 할 수 있다. 경제적 유인을 통한 억제방식과 남한으로의 거주이전을 직접 제한하는 방식이다. 후자는 다시 북한 주민의 이주를 제한적으로 허용하는 방식과 완전히 차단하는 방식으로 나뉜다(박진, 1996; 구성열, 2000; 서청석·최영준, 2003; 조동호, 2008).

경제적 유인을 통한 억제방식은 재산권 분배와 차별적인 사회보장제도의 시행(북한 잔류자에게 특별한 복지혜택 부여), 투자확대를 통한 고용창출, 그 외에 화폐통합 비율의 조정, 금융 및 조세정책의 활용 등을 통해 북한 주민이 자발적으로 북한지역에 머무르는 것을 유도하는 정책을 말한다. 한편 거주이전을 직접 제한하는 방식은 사회보장제도의 한시적 분리운영, 고용허가제, 차별적 이민제한정책 등의 제도를 도입, 실시하여 물리적으로 남한으로의 이주를 막도록 하는 방식을 말한다.

경제적 유인을 통해 북한 주민들로 하여금 자발적으로 북한에 잔류하도록 하는 방식은 기본적으로 거주이전의 자유를 보장한다는 차원에서 진정한 통일, 통합의 의미에 부합한다고 할 수 있다. 다만 이 경우 남한 차원에서는 경제적 부담이 발생하기 때문에[2] 그 규모를 무작정 확대할 수 없는 한계가 있다.

2 북한지역 재산권의 북한 주민에 대한 사유화는 남한 차원의 부담이 거의 없다고 할 수 있지만(기존에 북한지역에 재산권을 소유한 남한 거주자에 대한 손실보상 문제는 있을 수 있다), 사회보장이나 임금보조와 같은 차별적 사회보장제도는 분명 남한 측에 부담이 될 수 있다.

더욱이 인구이동을 억제하기 위해 노동생산성의 증가도 없이 인위적으로 화폐를 통합하고, 임금을 인상시키는 경우, 이는 물가상승, 북한기업의 경쟁력 약화, 북한지역 실업확대 등의 결과를 초래할 수 있기 때문에 신중한 접근이 필요하다고 할 것이다(이영훈, 2009: 98).

북한 주민의 남한으로의 주거이전을 직접 제한하는 방식은 인구이동을 억제하여 남·북한 지역의 고용안정과 그에 따른 동반성장을 가능하게 하고, 북한지역의 저임금, 저물가가 일정기간 유지됨으로써 남한이 부담해야 할 통일비용이 줄어들 수 있다는 장점이 있다. 나아가 이는 북한지역 기업의 임금경쟁력을 확보하는 데도 긍정적으로 작용할 수 있다(이영훈, 2009: 99). 그러나 통일된 상황에서 거주이전을 제한하는 것은 정서적으로나 제도적으로 수용하기 어렵다는 한계가 있다.

통일 이후 발생할 수 있는 경제적, 사회적 혼란을 최소화하기 위해서는 북한 주민의 대량탈북을 억제할 수 있는 방안을 마련하는 것이 절실하다는 점에 대해서는 이견이 없다 하겠다. 다만 그 방식에서는 기본적으로 경제적 유인방식을 활용해야 할 것이나, 부수적으로 거주이전의 자유를 제한하는 물리적 강제도 필요하다고 판단된다. 남한으로의 이주를 직접적으로 통제하는 방식을 취한다고 해도 다른 경로를 통해 이주가 계속 발생될 것이고, 또한 일시적으로 이주를 봉쇄할 수는 있겠으나 장기적으로 이는 이주에 대한 잠재적 수요의 폭증을 의미하기 때문이다.

따라서 이주를 제한시키는 조치는 통일 초기의 혼란기에 한시적으로만 활용할 필요가 있다고 생각된다. 대신 이주할 경우 경제적으로 이익보다는 불이익이 더 많을 수 있다는 통일 초기 정부정책의 명확성이 제시되어야 할 것이다.

한편 통일 직후의 이주 제한 시기에도 경기도 북부, 황해도 남부 등에 일종의 접경지역을 설정해 그 공간 내에서는 거주이전의 자유를 부분적으로 도입해 이를 점차 확대하는 방식으로 점진적으로 접근하는 방식도 고려해 볼 필요가 있다고 판단된다.

실업문제의 대비

여러 연구에 의하면 통일 초기에는 실업률이 40~50%에 이를 것으로 추정하며(보건사회연구원 내부자료), 대체로 통일과정에서 25~30%의 실업률이 유지될 것이라고 보고 있다(김진수, 2005: 175). 남·북한 통일 이후에 북한지역에 발생할 것이 예상되는, 이러한 대규모의 실업사태를 해결하는 것은 통일 이후 북한이 새로운 체제로 안정적으로 전환하는 데 가장 핵심적인 과제라 할 수 있다.

나아가 이러한 실업문제를 해결하는 것은 앞에서 논의한 통일 이후 인구이동 문제에 대한 중요한 대책이 될 뿐 아니라 뒤에서 설명할 남·북한 주민 간 갈등의 한 원인을 제거한다는 차원에서도 중요하다 할 수 있다.

통일 시기에 실업을 해소하기 위한 적절한 대책을 마련하기 위해서는 실업이 어떠한 메커니즘을 통해 발생하게 될 것인지에 대한 분석이 필요할 것이다. 이에 남·북한 통일에 주요한 선례가 될 독일통일 사례를 살펴보면, 통일 이후 구동독지역은 대략 15% 내외의 실업률을 지속하고 있는데, 이렇게 높은 실업률이 구조화된 데에는 다음과 같은 요인이 작용한 것으로 알려지고 있다(이종원 외: 2001).

통일독일의 실업률 추이(1988~1998년)

단위: %

구 분	1988	1989	1990	1991	1992	1993	1994	1995	1996	1997	1998
독일(전체)	-	-	-	7.3	8.5	9.8	10.6	10.4	11.5	12.7	12.6
동독	-	-	-	10.3	16.1	15.8	16.0	14.9	16.7	19.5	17.5
서독	7.7	6.8	7.2	6.3	6.6	8.2	9.2	9.3	10.1	11.0	8.9

자료: Deutsche Bundesbank(1999)

• 구사회주의체제에서 유래한 비효율성

명령형 계획경제 및 연성예산제약에 따른 자원의 비효율적, 비합리적 배분으로 생산구조가 왜곡돼 경쟁력이 없는 산업구조가 유지되었고, 노동자들의 자율성제약에 따라 창의성을 이끌어 내지 못함으로써 생산성을 향상시키지 못하였던 것이 구동독지역 산업의 고용능력을 떨어뜨리는 기본적인 제약요인으로 작용하였다.

• 부적절했던 거시경제정책 및 여건

공급측면에서는 시장에서의 교환비율을 무시한 구동·서독간의 통화통합과 공격적인 고임금 정책 등에 따른 비용상승이, 수요측면에서는 동유럽시장의 붕괴와 서독제품으로의 대체에 따른 구동독제품에 대한 수요격감이 기업의 경쟁력을 떨어뜨리고, 구동독제품을 시장에서 퇴출시키는 요인으로 작용해 실업률을 높이는 또 다른 요인이 되었다.

• 미진했던 미시경제정책 및 여건

통일독일 정부는 구동독지역의 기업 등 자산을 통일 초기에 직접 매각중심으로 급진적으로 사유화하는 정책을 펼쳤는데, 이러한 사유화 정책을 통해 대규모 국유기업을 매입한 구서독기업이 인수한 국유기업의 생산을 대폭 축소하는 등 구동독의 산업을 상당 부분 와해시킴으로써 대규모 실업사태를 초래하는 계기가 되기도 하였다.

또한 통일 초기에 발생한 대량실업에 대응해 정부가 막대한 소비적 공공이전지출을 단행한 것은 체제전환의 혼란기에 사회안전망으로서 긍정적인 평가를 내릴 수도 있겠으나 이 때문에 상대적으로 투자적 이전지출을 어렵게 만들기도 하였다.

그리고 구동독 노동자에 대한 재교육 등을 통해 생산성향상과 고용을 촉진시키려 하였으나, 이와 병행하여 실시되어야 할 시장경제로의 제도 전환 및 정착에 대한 정책적 배려가 미흡하여 노동자들이 새로운 환경에 신속히 적응하지 못함으로써 대량실업의 폭이 쉽사리 줄어들지 않기도 하였다.

이러한 독일의 선례를 참조하고 북한의 실정을 고려해 통일 이후 실업 대책의 기본 방향을 제시해 보면, 우선 구북한 노동자의 임금은 노동생산성에 상응해 시장에서 결정되도록 해야 할 것이다. 인위적으로 임금을 인상시키는 것은 인플레를 유발하고, 기업경쟁력을 약화시키며, 국가 재정부담을 키우는 문제가 있어 적절하지 않다고 할 수 있다.

그렇다고 임금인상을 인위적으로 억제하는 것도 자유로운 시장기능을 저해해 시장경제체제 정착을 어렵게 하고, 소비수요를 감소시켜 경기침체를 가져올 수 있으며 북한 주민의 남한으로의 이주를 가속화시키는 등 여러 문제점이 있다.

따라서 노동생산성에 상응해 시장에서 임금이 결정되도록 하는 것이 가장 바람직할 것이다. 다만 이 경우 남·북한 간의 임금격차로 북한 주민이 남한으로 이주하는 바, 이를 억제하기 위해서는 아래에서 언급할 다른 정책적 고려와 연계한 정책의 추진이 필요할 것이다.

다음으로 북한의 산업 특성을 고려한 사유화정책을 펴야 할 것이다. 통일 이후 북한기업의 사유화는 기본적으로 생산성이 낮은 한계기업을 재정비하고 과잉노동력을 감축시키는 결과를 초래하여 실업문제를 악화시키는 방향으로 전개될 가능성이 크다.

따라서 통일 초기에 대량실업을 방지하기 위해 각 기업의 시장경쟁력을 평가한 후 경쟁력이 떨어지는 것으로 평가된 기업의 경우에는 성급한 사유화보다는 정부 공기업체제를 유지하면서 투자와 노동자 재교육을 통해 기업의 경쟁력을 강화시킨 후 사유화 시키는 정책이 필요할 것으로 판단된다.

특히 북한의 산업과 고용구조를 보면, 2차 산업에 종사하는 노동자의 비중이 3차 산업에 비해 3배 정도 많은 반면, 2차 산업의 생산규모는 3차 산업의 절반 미만인 것으로 조사되고 있으므로(이종원 외, 2001; 79~80), 통일 이후 즉각적으로 사유화를 실시할 경우 상대적으로 경쟁력이 떨어지는 2차 산업에서 구조적 실업이 발생할 가능성이 크다고 할 수 있다. 그러므로 2차 산업부문의 사유화에는 더욱 신중을 기해야 할 것이다.

북한 노동력의 생산성을 향상시키기 위해 시장경제에 대한 이해력과 개인이 창의성과 자발성을 제고시킬 수 있는 교육 및 훈련 프로그램을 광범위하게 도입해야 할 것이다. 이러한 교육훈련 프로그램은 산업구조의 변화와 미래의 노동수요를 고려하여 제공되어야 할 것이다.

다만 모든 교육훈련 프로그램을 정부가 운영하는 것은 불가능하므로, 정부는 주로 재원을 지원하고, 개별기업이 스스로 또는 민간의 교육훈련 전문기관을 통해 프로그램을 제공하는 것은 좀더 현실적인 대안이 될 것이다. 다만 이 경우 교육과정 운영에 대한 철저한 감독과 교육훈련 프로그램의 효과성에 대한 지속적인 평가가 뒤따라야 할 것이다.

한편 북한에서의 실업문제에 접근할 때 산업구조 조정과정에서 경제활동계층이 노동시장에서 탈락하는 경우 외에 인구대비 세계에서 가장 높은 비율[3]을 차지하는 군인계층이 사회로 복귀함에 따라 발생하는 대량의 실업문제에 대한 해법도 모색해 두어야 할 필요가 있다.

이에 대해 우선 민간부문으로 전직할 수 있는 전문능력을 갖춘 군인 외의 나머지 인력은 통일 이후 대대적으로 시행될 사회간접자본(SOC) 구축 사업에 우선 투입하여 실업을 막고, 점차 민간의 노동수요에 맞는 교육훈련 프로그램을 제공하여 전직을 도와야 할 것이다.

사회적 갈등의 해소

통일이 임박했을 때 남·북한 주민을 대상으로 한 통일준비교육과 남북 주민간의 부분적인 교류를 통해 서로에 대해 어느 정도 알게 되는 기간이 주어진다고 해도 60년 가까이 서로 다른 역사관, 국가관, 인간관을 갖고 있는 체제 하에 살던 사람들이 함께 모여 산다는 것은 그

3 적게는 70만 명에서 많게는 100만 명으로 추정되고 있다.

려 간단한 일이 아닐 것이다.

왜냐하면 5천 의 역사 속에서 민족문화를 일구어오면서 형성된 동질적 가치관이나 의식에도 불구하고, 분단 이후 50여 년 동안 남·북한 간에는 서로가 추구해온 이념과 체제에 따라 이질화가 진행되었기 때문이다.

특히 흡수형 통일은 북한사회가 일시에 붕괴됨으로써 생겨나는 사회적 일탈현상과 통일 이후 낙후된 북한지역의 경제체제를 복구하기 위한 경제적 비용의 문제, 그리고 북한의 사회주의 체제를 자유민주주의 시장경제체제로 전환시키기 위한 비용분담 문제 등이 발생할 것이므로 통일 이후에도 커다란 사회적 혼란을 가중시킬 가능성이 크다.

나아가 남·북한의 경제적 격차로 나타나는 지역적 갈등과 계층적 갈등은 남한 주민들에 대한 북한 주민들의 상대적 박탈감으로 이어져 갈등의 수준을 더욱 심화시킬 것이다. 통일은 외형적 통일보다는 사회적 통합을 통한 내면적 통일이 이루어져야 진정한 통일을 이룬 것이라 할 수 있을 것이기에(김진수, 2005: 158), 통일 이후 이러한 남·북한 주민 간의 갈등을 관리하는 일은 진정한 통일을 이루기 위해 반드시 준비해 두어야 할 과제라 할 수 있을 것이다.

통일 이후 발생할 것으로 예측되는 사회적 갈등을 그 유발요인별로 살펴보면, 우선 이념적 차이에 따른 갈등이 나타날 것으로 예상된다. 자유민주주의를 근간으로 반공이데올로기가 주류를 형성한 남한 주민과, 공산주의와 주체사상을 근간으로 한 북한 주민 간에, 특히 이념적 경직성을 지니고 있을 가능성이 큰 남·북한지역의 장년층을 중심으로 이러한 이념적 갈등이 빚어질 가능성이 크다 할 수 있다.

또한 고도로 배타적이고 이분법적 논리와 원칙을 강조하는 북한의 지배이데올로기 아래에서 가치관이나 행동규범에서 혁명성과 과격한 집단주의를 강화한 북한 주민들은 개인적이고 실용지향적인 남한 주민들의 삶의 방식에 이질감을 느낄 가능성도 있다.

둘째, 경제력 차이에서 비롯되는 갈등이 나타나게 될 것이다. 통일

후 북한지역에 재원을 집중 투자하더라도 남북 간 경제력 차이가 장기간 지속될 것이기 때문에 양 지역 간의 부의 불균형에서 오는 북한지역 주민들의 사회·심리적 박탈감과 열등의식은 상당기간 지속될 것이다.

남한 주민들은 통일이 가져올 국제적 위상강화, 남·북한의 보완적 경제통합을 통한 경제부흥, 국토의 효율적 이용 등 통일이 민족번영에 기여할 것이라는 막연한 기대를 갖고 있다. 그러나 통일로 정치·사회적 안정이 일시적으로 저해되거나, 통일비용 부담으로 경제적 어려움을 겪게 된다면 기대 수준만큼 불만수준도 높아지게 될 것이다. 또한 북한 주민들도 통일 이전의 생활수준보다 훨씬 나은 생활을 영위할 수 있다하더라도 남한지역 주민들과의 격차로 매우 심한 상대적 박탈감을 느끼게 될 것이다(오기성, 2000: 34).

한편 이러한 경제력 차이에 기인한 갈등은 자녀의 교육문제에도 영향을 미칠 수 있다. 통일 이후 남한의 현 교육제도를 따른다고 가정할 경우 북한지역 주민들이 겪을 경제적 어려움으로 북한지역의 학령인구는 그만큼 균등한 교육기회를 보장받지 못하게 될 수 있는 것이다.

그리고 이는 결과적으로 북한지역 학령아동의 진학률을 낮추게 만들 것이다. 또한 정규교육 이외에 사교육에서도 남한지역 학령아동에 비해 북한지역 학령아동이 교육을 접할 기회가 적어 경쟁력이 상대적으로 낮아질 수 있으며, 이는 특히 취학 전 아동에게 중요한 타격이 될 수 있다. 이러한 남·북한지역 학령아동 간 교육기회의 불균형은 사회·경제생활에서의 경쟁력 차이로 연결되어 남·북한지역 주민 간 소득격차, 생활수준의 차이 등을 발생시키는 등 실질적인 사회통합에 주요한 장애요인이 될 것이다.

셋째, 문화적 이질성에서 오는 갈등이 나타날 수 있다. 서로 다른 사회 체제에서 살면서 상이한 의식과 사고, 생활관, 생활 감각이 형성된 사람이 서로 만날 경우, 이들이 만나는 장면에서는 상호간에 낯선 것들이 충돌하기 마련이다.

특히 젊은 세대에 대해 장년 이상의 세대들은 기존 체제에 익숙하고 사회교육의 기회가 상대적으로 적을 것이므로 기존의 이념체계와 문화 성향을 고수하려 할 것이다. 이러한 세대는 새로운 체제에서 문화적 소외감을 느끼거나 이질적인 문화에 대해 적대감을 표출할 수도 있을 것이다.

한편 문화적 이질감의 하나로서 여성의 역할 인식에 대한 차이로 갈등이 나타날 수도 있다. 북한에서는 여타 사회주의 사회에서와 마찬가지로 남한에 비해 여성의 사회참여도가 높으며 사회활동에서 남녀차별이 상대적으로 적은 것으로 알려져 있다. 따라서 통일 후 여성의 사회적 역할과 지위, 성적 가치관에 대한 차이에 따른 여성문제가 부각될 수 있는 것이다. 또한 남·북한 간 여성의 근로조건, 탁아정책, 가족정책 등 여성 관련 정책에도 상당한 차이가 존재함으로 통일정부의 이에 대한 조율이 이루어지지 않을 경우 성적 갈등은 더욱 증폭될 수도 있다(오기성, 2000: 43).

이와 같은 여러 요인에 의해 발생하는 세대 간, 계층 간, 지역 간 갈등을 극복하기 위해 적극적인 방안이 마련되어야 할 것이다. 먼저 이념적 차원에서는 개방적 민족주의가 이념으로서 강조될 필요가 있다. 남·북한이 특정한 가치관이나 이념을 공유할 수 있는 경우 갈등은 공유된 이념을 매개로 하여 완화될 수 있기 때문이다.

이는 독일의 통합과정에서 증명된 바 있다. 독일은 동일한 민족의 통일당위성을 강조하되, 주변국의 우려를 고려해 과거 2차 대전의 교훈을 명심하고, 인류의 보편적 가치의 증대를 강조하는 민족주의를 강조하였는데, 이는 사회주의와 자본주의의 이념적 차이를 극복하는 데 기여하였다.

다음으로 경제적 차원에서는 통합 이후 계층·지역 간 소득불균형 문제를 해소하기 위한 정책대안을 마련할 필요가 있다. 여기에는 앞에서 이주제한, 실업 해소를 위해 논의된 여러 방안들이 포함될 수 있을 것이다. 다만 이러한 방안을 추진할 때는 반드시 재정적 제약이 따르므로 정부는 북한과의 통합에 소요되는 통일비용을 정확히 추산해 보고, 정부가 감당할 수 있는지를 미리 검토해 둘 필요가 있음은 물론이다.

문화적 차원에서는 민족동질성을 회복할 수 있는 다각도의 정책이 마련되어 시행되어야 할 것이다. 우선 자라나는 미래세대가 특정 지역(출신)에 대해 편견을 갖지 않도록 교육과정에 문화통합에 관한 교육 내용을 포함시켜야 할 것이다. 자매학교, 교환학생 프로그램 등도 적극적으로 활용할 필요가 있다.

성인을 대상으로는 방송 등 대중매체를 활용한 사회교육을 전개하는 것이 효과적일 것이다. 교류를 위해서는 활발한 상호방문도 중요하므로 교통 인프라의 조속한 구축과 함께 저렴한 요금으로 교통시설을 이용할 수 있는 정책적 고려도 필요하다.

일상적으로 남·북한 출신 주민들이 접촉할 수 있는 환경을 만드는 것도 중요하다. 따라서 과거 국경지역에 여러 개의 신도시를 건설해 남·북한 출신 주민들이 이주해 생활하도록 하는 방안도 고려할 필요가 있다. 또한 민간기업의 북한 출신 채용을 장려하는 한편 정부, 공기업 내부에도 북한 출신 공무원 채용목표제 등을 도입하는 방안도 고려되어야 할 것이다.

글을 마치면서

한반도를 중심으로 한 정치, 외교적 상황이 급속히 변화하고 있다. 어제의 상황은 이미 오늘과는 다르며 오늘의 예측이 내일에 적용되지 못하는 혼돈이 빚어지고 있다. 이러한 혼돈 속에서 남·북한 통일이 언제, 어떠한 방식으로 이루어질지는 누구도 감히 예언할 수 없는 불확실 영역에 놓여 있다. 그러나 분명한 것은 우리가 통일을 대비해 장기적이고 일관성 있는 준비를 해두지 않으면 통일은 우리에게 축복이 아닌 위기로 다가올 것이라는 점이다.

이 책에서 우리는 통일에 대비해 우리가, 우리 정부가 준비해 두어야 할 몇 가지 중요한 과제에 대해 살펴보았다. 특히 북한체제가 돌발적인 변수에 의해 붕괴되어 통일이 급작스럽게 이루어지게 될 경우 북한지역에서 발생할 수 있는 행정수요는 무엇이고, 그러한 수요에 대해 정부는 어떻게 대응해야 할 것인가에 초점을 맞추었다.

책에서 검토한 이러한 주제들과 그에 대한 정책제언들은 실제로 북한체제가 붕괴되어 급작스런 통일의 상황에 닥쳤을 때 한국 정부가 이에 대처해 나가는 데 있어 적지 않은 기여를 할 수 있을 것이다. 다만 마지막으로 한 가지 덧붙일 말은 아무리 통일의 상황을 예측하고 그에 대해 준비한다고 하더라도 실제 통일의 상황이 닥쳤을 때 정부는 무수한 불확실성과 계속되는 난제에 직면하게 될 것이라는 점이다.

비록 이 책이 그러한 난제를 해결하는 데 다소 도움이 될 수 있겠지만, 이 책의 논의를 넘어서는 돌발적인 상황은 언제든지 발생할 수 있고 또 실제로 발생하게 될 것이다. 통일의 사태를 맞아 정부가 맞닥뜨리게 되는 행정환경은 무수한 변수와 변수들 간의 피드백 속에서 계속해서 변화하는 생명체와도 같기 때문이다.

정부가 그러한 상황을 헤쳐 나가는 유일한 방안은 여러 문제와 이슈 속에서 무엇에 우선순위를 두고 어떠한 정책수단을 채택하며, 어떻게 국민들의 힘을 결집하여 이를 수행할 것인지를 합리적으로 판단하고 효율적으로 실행할 수 있는 능력, 즉 행정능력을 발휘해야 하는 것이다(정정길, 2000: 18).

바람직한 정책결정을 위한 창의성과 전문성, 효과적인 정책 집행을 위한 집행의 설계능력, 자원동원능력, 외부지지 획득능력, 이러한 현대 정부에게 요구되는 가장 기본적인 능력을 지속적으로 유지하고 강화하는 것이 어쩌면 통일을 대비해 우리 정부가 준비해 두어야 할 가장 중요한 과제일지 모른다.

■ 참고문헌

단행본

노용환·백화종(1998), 《통일 후 남한이주의 정책과제: 사회보장제도의 한시적 분리운영을 중심으로》, 한국보건사회연구원.

박진(1996), 《남·북한 경제통합 시 경제·사회안정화 대책》, 한국개발연구원.

전형호(2011), 《독일통일에 비추어 본 한반도 통일준비에 관한 연구》, 상지대 평화안보대학원 석사학위논문.

정정길(2000), 《행정학의 새로운 이해》, 대명출판사.

조동호(1994), 《통일 후 북한지역의 예상실업규모》, 한국개발연구원.

홍성이(2003), 《분단 통일국의 통합과 사회갈등에 관한 연구》, 경기대 정치전문대학원 석사학위논문.

학술논문 및 보고서

구성열(2000), "통일로 인한 남·북한 인구이동 예상과 시장통합전략", 〈북한의 노동제도와 노동력에 관한 국제비교 연구〉, 한국노동연구원.

김진수(2005), "남·북한 통일단계의 빈곤과 실업, 인구이동에 대한 연구 - 독일 경험의 한국적용을 중심으로", 〈사회보장연구〉 제21권 제3호, 157~184쪽.

김창권(2010), "독일 통일 이후 구동독지역 인구이동 및 인구변화와 한반도 통일에 주는 시사점", 〈경상논총〉 제28권 제1호, 28~55쪽.

서청석·최영준(2003), "경제통합 모형을 이용한 남북통일에 따른 인구 이동 정책에 관한 연구", 〈무역학회지〉 제28권 제1호, 77~96쪽.

신 율(1999), "욕구이론을 통해서 본 통일독일의 사회적 갈등", 〈통일문제연구〉 제21권, 211~234쪽.

오기성(2000), "통일 후 남·북한 사회갈등 양상 연구 - 북한 주민들이 겪게 될 사회·문화·교육적 갈등을 중심으로", 〈통일문제와 국제관계〉 제11권, 23~69쪽.

이영훈(2009), "통일시 노동이동 억제방안 평가 및 정책적 시사점", 〈경제논집〉 제48권 제1호, 서울대 경제연구소, 83~106쪽.

이종원·함정호·김창권·Horst Brezinski(2001), "통일한국에서의 대량실업 및 인구이동 대응방안: 통일독일의 노동정책에 대한 평가를 중심으로", 〈동북아경제연구〉 제13권 제1호, 53~90쪽.

조동호(2008), “노동분야의 남북한 통합정책”, 〈한반도평화연구원 주최 세미나 자료집〉.

한관수(2009), “북한의 급변사태와 군사대비”, 〈전략연구〉 제47호. 63~93쪽.

Noland, M. (1999), Modeling Korean Unification, *Journal of Comparative Economics* 28(2).

편저자 약력 (가나다 순)

권태진 權泰進

미국 워싱턴주립대학교 농경제학 박사

현재 한국농촌경제연구원 부원장

통일부 정책자문위원, FAO한국협회 부회장

주요 저서: 《북한의 농업부문 개혁·개방정책과 남북협력》(공저) 외

권혁주 權赫周

영국 옥스퍼드대학교 정치학 박사

현재 서울대 행정대학원 교수

주요 저서: *The Korean State and Social Policy* 외

김대욱 金大旭

서울대 행정대학원 박사과정 수료

현재 한국행정연구소· 연구원

김동욱 金東旭

미국 오하이오주립대학교 정책학 박사

현재 서울대 행정대학원 교수

정보통신정책연구원 원장

주요 저서: 《새 정부조직 설계》

김병섭 金秉燮

미국 조지아대학교 행정학 박사
현재 서울대 행정대학원 교수
　　서울대 행정대학원 원장
주요 저서:《편견과 오류 줄이기: 조사연구의 논리와 기법》,
　　《휴먼조직론》(공저) 외

김병연 金炳椽

영국 옥스퍼드대학교 경제학 박사
현재 서울대 사회과학대학 경제학부 교수
주요 저서:《북한경제에서의 시장과 정부》(공저) 외

김영윤 金瑩允

독일 브레멘대학교 경제학 박사
현재 통일연구원 명예연구위원
주요 저서:《통일독일의 분야별 실태연구》,《통일비용연구》외

류이현 柳梨賢

서울대 행정대학원 석사
현재 한국국제협력단 ODA 인턴

손기웅 孫基雄

독일 베를린 자유대학교 정치학 박사
현재 통일연구원 선임연구위원
주요 저서:《독일통일: 쟁점과 과제 Ⅰ, Ⅱ》외

안지호 安志祜

독일 베를린 자유대학교 정치학 박사
현재 고려대학교 행정학과 BK21사업단 박사 후 연구원
주요 저서:《남과 북 뭉치면 죽는다》외

이승종 李勝鍾

미국 노스웨스턴대학교 정치학 박사
현재 서울대 행정대학원 교수
주요 저서: 《지방자치론》, 《지방행정체제개편론》 외

이지순 李之舜

미국 시카고대학교 경제학 박사
현재 서울대 경제학과 교수
주요 저서: 《메가트렌드 코리아》(공저) 외

임도빈 任道彬

프랑스 파리정치대학 사회학 박사
현재 서울대 행정대학원 교수
주요 저서: 《한국지방조직론》, 《한국행정조직론》 외

정용덕 鄭用德

미국 남가주대학교(USC) 행정학 박사
현재 서울대 행정대학원 교수, 한국사회과학협의회 회장
주요 저서: 《한일 국가기구 비교연구; 거버넌스, 정치, 그리고 국가》(공역)

최동훈 崔烔熏

서울대 행정대학원 박사과정 수료
현재 한국정책지식센터 연구원

홍준형 洪準亨

독일 괴팅겐대학교 법학 박사
현재 서울대 행정대학원 교수
서울대 행정연구소 소장, 한국공법학회 회장
주요 저서: 《행정법》, 《행정과정의 법적 통제》, 《행정구제법》 외